第二届中国工程建设行业供应链研究与创新发展论坛
暨中国建筑业供应链知识体系成果发布会

国家会展中心（上海）　2021.11.07

中国能建·安徽铜陵发电厂六期"上大压小"（1×1 000兆瓦）机组扩建工程

中国能建·金沙江乌东德水电站

中国安能·（武警水电）唱凯堤特大决口封堵抢险

中国安能·(武警水电)舟曲特大泥石流疏浚抢险

中国安能·"救援航母"动力舟桥在河南郑州转移受困群众

· 中国建筑业供应链管理知识体系 ·

供应链管理领导力

第三册

主 编◉陈川生

副主编◉王 燕 杨崇谊

大连海事大学出版社
DALIAN MARITIME UNIVERSITY PRESS

图书在版编目(CIP)数据

供应链管理领导力/陈川生主编. — 大连：大连
海事大学出版社，2022.1
中国建筑业供应链管理知识体系
ISBN 978-7-5632-4195-8

Ⅰ.①供…　Ⅱ.①陈…　Ⅲ.①建筑企业–供应链管理
–资格考试–自学参考资料　Ⅳ.①F407.906

中国版本图书馆 CIP 数据核字(2021)第 209995 号

中国建筑业供应链管理知识体系

供应链管理领导力

GONGYINGLIAN GUANLI LINGDAOLI

大连海事大学出版社出版

地址:大连市黄浦路 523 号　邮编:116026　电话:0411-84729665(营销部)　84729480(总编室)

http://press.dlmu.edu.cn　E-mail:dmupress@ dlmu.edu.cn

大连金华光彩色印刷有限公司印装　　　　　大连海事大学出版社发行

2022 年 1 月第 1 版	2022 年 1 月第 1 次印刷
幅面尺寸:184 mm×260 mm　印张:23	字数:570 千

出版人:刘明凯

责任编辑:张　华	责任校对:刘长影
封面设计:张爱妮	版式设计:张爱妮

ISBN 978-7-5632-4195-8　　定价:69.00 元

中国建筑业供应链管理知识体系

一、参编单位

中国建筑集团有限公司

中国化学工程集团有限公司

中国铁路工程集团有限公司

中国铁道建筑集团有限公司

中国交通建设集团有限公司

中国电力建设集团有限公司

中国能源建设集团有限公司

中国安能建设集团有限公司

二、支持单位

中国物流与采购联合会

中国施工企业管理协会

中国建筑材料流通协会建设工程供应链委员会

中建电子商务有限责任公司

中铁物贸集团有限公司

中铁物资集团有限公司

中国交通物资有限公司

北京华科软科技有限公司

中国能源建设集团电子商务有限公司

招商局集团有限公司

三、中国建筑业供应链管理知识体系课题领导组

组　　长：王彤宙

副组长：王海怀

成　　员：周　勇　韩　兵　孔　遁　王立新　张建文　周厚贵
　　　　　吴汉明

四、中国建筑业供应链管理知识体系编委会

组　　长：陈　重

副组长：李　晶

成　　员：张晓葵　李建伟　陶　锋　聂宁新　李中强　肖于太
　　　　　孟祥红　高晓东　庄泽亮　苟达平　万明罡　陈　静
　　　　　王喜菅　梁建忠

五、中国建筑业供应链管理知识体系编写组

主　　　编：陈川生

副主编：王　燕　杨崇谊

编写组成员：向红军　陈金宝　段永理　刘宝庆　李文杰　张文辉
　　　　　　邵化梅　赖远恩
　　　　　　以下按姓氏笔画排列：
　　　　　　王　勇　方思忠　孔　月　曲　雯　闫淑梅　杜正海
　　　　　　李立周　李贞伟　杨　迪　杨亚玲　张　玮　张　涛
　　　　　　张　雏　张敬纬　陈　兵　陈杼晖　林　冀　郑毅兴
　　　　　　赵　坤　赵成柱　段久洋　侯晓鸣　黄　波　曹永辉
　　　　　　庹兴邦　彭　林　谢　杰　撒晓健

六、中国建筑业供应链管理知识体系顾问

张　超　彭新良

七、中国建筑业供应链管理知识体系审定组

组　　　长：马国荣

审定组成员：李前艺　何玉龙　杨寅超　刘福和　宋玉卿　吴　烽

序　言

当前,百年变局和世纪疫情叠加,给世界经济发展和民生改善带来严重挑战。全球供应链从过去三十年的高速发展,步入了重构阶段。全球供应链重构并非全球化的倒退,而是全球化的再平衡。全球供应链的重心从增量发展转变为存量竞争,从追求速度和规模转变为注重效率和质量。以往为了经济效益最大化而建立的漫长、复杂的全球价值链,已很难适应当前复杂多变的世界政治、经济环境。

为此,党中央提出要加快构建以国内大循环为主体、国内国际双循环相互促进的新发展格局。现代供应链是构建新发展格局的重要支撑。推动供应链创新与应用,运用现代供应链管理思维,利用现代科技赋能,找准供应链薄弱环节和堵点,着力补足短板、消除堵点、锻造长板,有利于加快打通生产、流通、分配、消费等各环节,推动供需精准适配,实现需求牵引供给,供给创造需求的更高水平动态均衡。

这几年,产业链供应链得到中央和政府的高度重视。2017年,习近平总书记在十九大报告中提出"在现代供应链等领域培育新增长点、形成新动能",这标志着中央将供应链发展提升到国家战略的高度,供应链发展进入了一个全新阶段。2017年10月,国务院办公厅发布《国务院办公厅关于积极推进供应链创新与应用的指导意见》(国办发〔2017〕84号文件),对供应链工作提出发展目标。2020年习近平总书记多次强调要高度重视产业链供应链稳定、高效和安全。"保产业链供应链稳定"被列为国家"六稳""六保"的重要任务之一,体现了供应链对于国民经济稳定,尤其是在稳外贸、稳外资方面的重要作用。十九届五中全会上,中央将"提升产业链供应链现代化水平",作为"十四五"期间"加快发展现代产业体系、推动经济体系优化"目标的重要组成部分,为下一步供应链工作指明了新方向,提出了新要求。"十四五"规划和2035年远景目标纲要也提出,要分行业做好供应链战略设计和精准施策,形成具有更强创新力、更高附加值、更安全可靠的产业链供应链。2020年底中央经济工作会议又将"增强产业链供应链自主可控能力"列为八大重点任务之一。2021年7月30日,中共中央政治局会议提出,要强化科技创新和产业链供应链韧性,加强基础研究,推动应用研究,开展补链强链专项行动,加快解决"卡脖子"难题,发展专精特新中小企业。新冠肺炎疫情和贸易战已经证实了产业链供应链安全稳定具有不可替代的价值,是后疫情时代的核心竞争力。只有安全稳定的产业链供应链,才能有效应对复杂多变的国内外政治、经济环境。

为贯彻落实国办发〔2017〕84号文件精神,2018年,中华人民共和国商务部(简称"商务部")、中国物流与采购联合会(简称"中物联")等8部门启动了全国"供应链创新与应用试点",共有55个城市、266家企业被评为试点城市和试点企业。2021年7月,商务部、中物联等8部门确定了94家供应链创新与应用示范企业,其中有14家是央企,央企占总数的14.9%。可以看出,央企中供应链创新与应用示范企业所占比例很大,示范企业中央企的比例也很大。这说明央企具有非常好的引领作用,央企供应链转型升级推动了整个中国的供应链创新。

自新冠肺炎疫情爆发以来,供应链的资源配置偏向抗击疫情领域。但是,在恢复经济增长过程中,供应链资源配置将在科技创新和基础设施建设领域不断加大。基础设施建设供应链资源配置不断加大是有市场条件的。当前,中国经济的发展正在加快构建以国内大循环为主体、国内国际双循环相互促进的新发展格局。国内大循环的战略基点是扩大内需,而基础设施建设是其中非常重要的一部分。

供应链资源配置改变了全球经济增长的动力。可以预见,未来十年,在供应链资源配置的引导下,建筑行业将迎来发展的历史机遇,同时也对建筑行业供应链管理人才队伍建设提出了更高要求。

近几年,中物联投入了大量的精力,推动全国供应链人才的培养。2020 年 11 月,中物联牵头编写的《供应链管理师国家职业技能标准(2020 年版)》由中华人民共和国人力资源和社会保障部正式颁布施行。

近日,欣闻 8 家建筑央企在中国交通建设集团有限公司 2018 年编制的"中国交建供应链知识体系"的基础上,整合完善,共同编写了"中国建筑业供应链管理知识体系"。相信此举顺应我国建筑业快速发展、供应链亟待提升的行业发展趋势,必将对我国建筑行业供应链人才培养产生积极的影响。本知识体系包括《供应链管理基础》《供应链管理整合》《供应链管理领导力》《POCAS 采购人员能力评估体系》,结合了我国建筑行业的需求和特点,从操作、管理、领导三个层面对建筑行业供应链管理知识体系进行了总结和分析,并收录了 25 个建筑行业供应链管理案例,是建筑行业供应链管理从业人士的必备参考书目。

最后,衷心预祝"中国建筑业供应链管理知识体系"正式出版。

蔡进

2021 年 10 月

前　言

目前,我国供应链的创新和转型升级正在快速发展,而且开始迈向高端化,表现为供应链运营管理的数字化,即供应链数字化转型。所谓数字化在新工业发展阶段主要表现为计算机化+互联系统,数字化转型表现为业务可视化、透明化、预测性和自我适应性(智慧企业)。

供应链管理理念和实践始于制造业,一般包括供应管理(寻源)、运营管理(加工)和物流管理(交付)。管理的重点是整合协同,通过协同实现全链增值;管理的核心要素是"人、技术和流程"。

2021年年初,国务院国有资产监督管理委员会(简称"国务院国资委")组织对央企的采购工作进行例行对标考核,我很荣幸参加了第七组建筑行业的对标考核工作。第七组包括中国建筑集团有限公司、中国化学工程集团有限公司、中国铁路工程集团有限公司、中国铁道建筑集团有限公司、中国交通建设集团有限公司、中国电力建设集团有限公司、中国能源建设集团有限公司和中国安能建设集团有限公司8家。

在40多天的时间里,考核组对8家建筑业央企的项目工地实地考察、观摩、学习。我们目睹了我国工程建设队伍在高山沟壑、大江大河、戈壁沙漠等异常艰苦的环境中创造出的一个又一个的奇迹。在听取各项目汇报时,我们深深感受到,我国工程建设队伍被世界称为"基建狂魔",除了党的领导、社会主义体制优势和中华民族与生俱来的吃苦耐劳的秉性外,建筑业央企结合建筑工程项目特点,对供应链理论的研究和相关技术工具的成功应用也是一个重要原因。

"对标"活动结束后,考核组认为,为继续保持中国基建在全球的领先地位,我们应当组织力量系统总结我国建筑业供应链理论研究成果和实践的经验;同时,我们也看到,从供应链创新和发展的要求看,我国建筑业供应链管理优秀人才的短缺仍然是建筑业提升可持续力和竞争力的短板。经对标考核组提议,8家央企领导和供应链管理部门一致支持和响应。之后,在国务院国资委改革局领导的指导下,作为对标工作的延续,我们启动了"中国建筑业供应链管理知识体系"课题研究。中国交通建设集团有限公司(简称"中交集团")王彤宙董事长亲自挂帅担任课题领导组组长,成员包括了8家建筑央企集团的领导。各级领导的支持对课题的顺利完成起到重要作用。

现在,在8家建筑业央企的共同努力下,本套"中国建筑业供应链管理知识体系"正式出版。

编写组按照CIPS世界级采购与供应管理的基础要求,融入国内外知名的ISM、C.P.M.、SCMP知识体系的精华,结合我国建筑行业的需求和特点,从执行、管理、领导三个层面编纂了具有中国建筑业特色的供应链管理知识体系。

本套知识体系是在中交集团2018年完成的三级16册的"中国交建供应链知识体系"(1.0)的基础上整合完成的,整合后体系的名称为"中国建筑业供应链管理知识体系",包括《供应链管理基础》《供应链管理整合》《供应链管理领导力》《POCAS采购人员能力评估体系》四册,分别对应建筑业供应链的执行、管理和领导三个层级的人员。其中第一册、第二册在原框架体系内做了重大调整和内容补充,第一册第四部分"仓储与物流管理"以及第三册做了部分删节、补充、合并,增加了相关案例。本套知识体系覆盖了中华人民共和国人力资源和社会保障部颁布的《国家职业技能标准》职业编码4-02-06-05中供应链管理师要求的战略管理、计划管理、采购管理、生产管理、物流管理、创新管理等的全部知识点,并在此基础上进行深化和知识扩展,同我国的SCMP相关知识点的定义保持一致。

本套知识体系由低到高,迭代渐进。

第一册《供应链管理基础》分为采购与供应管理基础、采购与供应链管理策略、采购实施与合同、仓储与物流管理等四个部分,针对基层供应链管理人员的执行层面。所谓"执行"就是按照规定流程不走样地完成采购供应、精细生产和履约交付工作。全书知识点属于基础流程范畴。

第二册《供应链管理整合》分为供应链环境、战略和增值,供应链与项目管理,供应链管理的可持续和竞争力等三部分,针对中级供应链管理人员的管理层面。所谓"管理"就是通过建立和被管理者根本利益目标一致性基础上的约束管制,通过协同整合,实现供应链的增值。全书知识点属于战术提升范畴。

第三册《供应链管理领导力》分为采购与供应的领导力、采购与供应战略、合同与商务管理、绿色供应链等四部分,针对高级供应链管理人员的领导层面。所谓"领导"就是领导者通过其理念和影响力,引导被领导者自愿追随企业发展的战略目标,凝聚全链,争当世界一流。全书知识点属于战略拓展范畴。

三册书对供应链管理的知识体系进行了全面的梳理和总结,凝练了建筑业供应链管理的定义,总结了建筑业供应链管理特点,归纳了供应链管理的基本要素。

在建筑业供应链管理中,项目是核心,环境是条件,计划是依据,整合是手段,协同是关键,增值是目标。

同 1.0 版本相比,本体系采纳了课题组研究的以下创新成果,主要是:

1. 建筑业供应链的概念;
2. 项目采购与运营采购的概念;
3. 以寻源周期为框架的供应链流程;
4. 采购工具箱;
5. 建筑业 BIM 技术的解读;
6. 供应链构型研究;
7. 供应链管理与项目管理的研究;
8. 建筑业供应商管理;
9. 建筑业客户管理;
10. 建筑业数字供应链的研究。

为了加深学员对本体系相应知识点的理解,编写组在 8 家央企推荐的众多案例中选择了 19 个优秀供应链管理案例,加上 1.0 版保留的 6 个案例,形成 25 个案例。这 25 个案例生动具体,经验可复制,与体系知识点内容紧密融合,也是我国建筑业央企供应链管理理论研究的成果和业绩展示。

翻开本书彩页,我们在欣赏各建筑业央企选送的美轮美奂的工程图片时,编写者和读者作为中国建筑业央企的一员会感到由衷的自豪。

本体系的参考资料,除了附录所列参考文献外,还有中国物流与采购联合会组织翻译或编著的美国 C.P.M.职业资格认证核心教程、美国 ISM 专业系列丛书、中国供应链管理专家职业水平认证指定教材 SCMP 的有关内容。在本体系正式出版之际,谨向中国物流与采购联合会及其各位专家表示衷心感谢。

中国建筑业供应链管理知识体系课题组组长

2021 年 11 月 7 日

目　录

第二部分　采购与供应战略

第三部分　合同与商务管理

第四部分　绿色供应链

本册综述

一、学习内容

本册是为培养建筑业供应链高级管理工作者而编写的扩展性知识体系。

本册分为四个部分：

第一部分为采购与供应的领导力。本部分主要介绍采购与供应管理领导力原理的理解和应用，对管理工作中的员工激励、团队管理如何协作和化解冲突、招聘与选拔、培养与发展等内容做了务实性的介绍和分析。

第二部分为采购与供应战略。本部分介绍供应战略理论与案例的理解与运用，包括运用相关的分析工具和技术，帮助采购与供应链领域的专业人士正确运用采购战略，提高采购与供应链中的产品和服务的分析评估能力，特别是能够有效协助集团高管解决全球、跨国采购与供应链中可能出现的各种障碍与困难。

第三部分为合同与商务管理。本部分介绍合同谈判和管理理论与案例的理解与应用，以提高学员对合同相对人的应对能力和分析能力，提高合同管理能力。

第四部分为绿色供应链。本部分介绍绿色供应链理论原理的掌握应用，以增强学员在采购与供应专业工作中绿色采购的开拓创新意识，掌握绿色采购的理论和实施方法。

四个部分构成供应链管理的扩展性知识体系，内容偏重供应链管理的领导层面。

二、学习要求

1.理解组织中个人、团队的管理方法；为了在采购与供应中制定并完成组织目标和职能部门的目标，熟悉有关采购与供应团队人员管理的理论和技巧。

2.充分理解供应战略框架内容；合理确定采购策略；理解不同的供应商关系和合同的类型；掌握供应定位模型中的四种不同品项供应运营战略选择的理论和方法。

3.充分理解合同管理的五个阶段内容；理解需求及通过财务因素了解成本和费用；通过财务建模，综合考虑风险采购过程及其规则和成本识别的具体要求；合理确定合同的类型；理解合同在采购谈判过程中的战略目标以及不同的谈判风格；熟悉合同管理阶段的活动和资源计划。

4.准确地掌握环保采购基本概念和基本原理；熟悉在采购中实现环保原则的主要方法；熟悉环保采购过程制定标准的各种要素；了解采购与供应专业人员在参与确定环保采购需求时应当考虑的各种备选方案。

三、学习目标

完成本册相关知识点的学习后,能够提高学员在企业供应链管理中的领导能力,创建并领导管理一个或多个项目的供应链管理团队;能够准确理解针对不同类型的采购,确定采购战略,包括内包和外包的管理、与供应商建立战略合作伙伴关系等;能够准确理解针对不同类型的合同,审核条款的严谨性、合规性,改进控制性;能准确地理解在采购中实现环境保护的一些做法并督促实施。

四、知识模块和考核

本册知识模块由各章节首页予以列示。

每一模块标注了"了解""理解""熟悉""掌握"四个层次。

其中:

"了解"指对培训内容达到知晓的程度,其内容属于常识性知识点;

"理解"指知其然,知其所以然,其内容属于应当基本掌握的知识点

"熟悉"指对教材内容反复研读,其内容属于应掌握的知识点;

"掌握"指对原有知识能够做到消化吸收,并能进行创新和变化,能够解决不同情况的问题,其内容属于应完全掌握的知识点。

本册学习任务完成后,学员需要通过必要的评估并参加建筑行业组织的考试。考试及格,可获得建筑业供应链管理相应资格证书(名称待定),并作为考生在建筑企业内岗位竞聘和晋职的参考依据之一。

第一部分

采购与供应的领导力

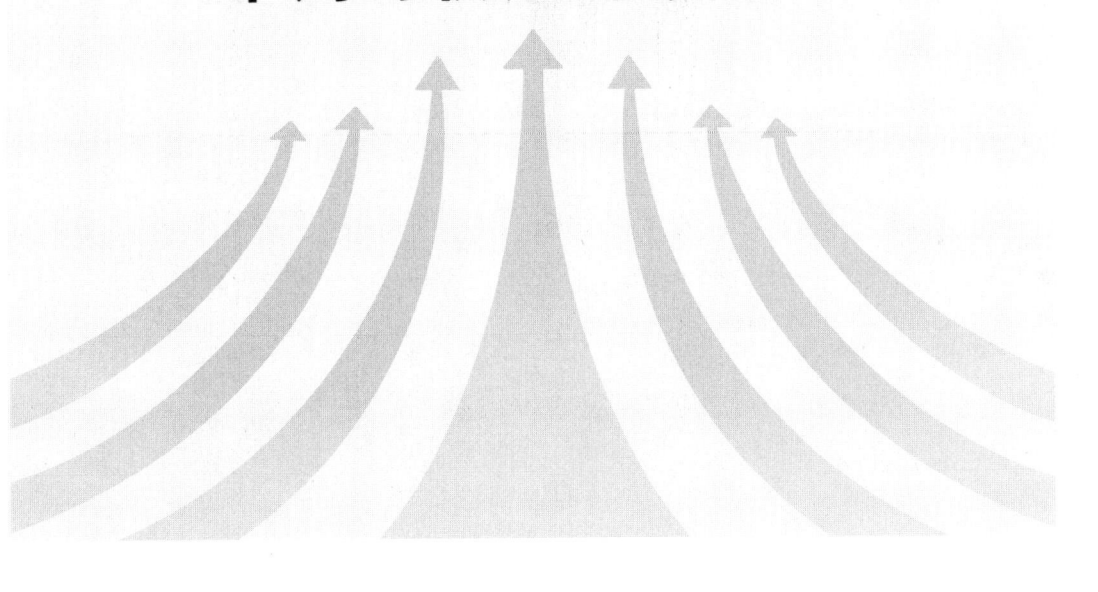

第1章　领导与领导力

管理和领导的区别在于管理侧重通过权力作用,一般用制度约束体现。而制度的精髓不在于强制,在于被管理者利益一致性的拉动;领导侧重于理念和影响力,作为供应链高级管理工作者主要从战略层面对供应链组织管理。

◎本章目标

1.理解管理和领导的区别。
2.熟悉领导力理论中六项基本原理的内涵。
3.熟悉管理理论中激励理论和期望理论的内涵。

>>>> 1.1　领导与管理

1.1.1　领导和管理的区别 ◢◢◢

"管理就是界定企业的使命,并激励和组织人力资源去实现这个使命。界定使命是企业家的任务,而激励与组织人力资源是领导力的范畴,二者的结合就是管理。"这就是彼得·德鲁克(Peter F. Drucker)对管理的定义。

管,原意为细长而中空之物,其四周被堵塞,中央可通达。使之闭塞为堵;使之通行为疏。管表示有堵有疏、疏堵结合。所以,管既包含疏通、引导、促进、肯定、打开之意,又包含限制、规避、约束、否定、闭合之意。

理,本义为顺玉之纹而剖析,引申义为事物的道理、发展的规律,包含合理、顺理的意思。管理犹如治水,疏堵结合、顺应规律而已。

通常,人们习惯把管理和领导当作同义词来用,似乎管理者就是领导者,领导过程就是管理过程,而实际上,管理和领导是两个不同的概念,二者既有联系,又有区别。

杰克·韦尔奇(Jack Welch)有一句名言,"多一点领导,少一点管理"。美国前国家安全顾问兹比格涅夫·布热津斯基(Zbigniew Brzezinski)也在他出版的《大抉择》中说:"我们不是要做世界的警察管理世界,而是要去领导世界。"翟鸿燊在《领导的力量》前言中也感叹"我们正处在一个管理者太多,而领导者太少的时代"。这是因为太多的领导者,仅仅把自己扮演成管理者,而忘记了他是集团前进的领袖、群体行动的导师。

被誉为"领导力第一大师"的哈佛商学院教授约翰·科特(John P. Kotter)说:"管理者试图控制事物,甚至控制人,但领导人却努力解放人与能量。"这句话实际上道出了领导与管理之间的辩证关系:领导和管理互不相同。管理的工作是计划与预算、组织及配置人员、控制并解决问题,其目的是建立秩序;领导的工作是确定方向、整合相关者、激励和鼓舞员工,其目的是产生变革,显然,这也正是领导力的运行轨迹。

具体地说,领导通常关注意义和价值,关注所要达到的目标是否正确、是否值得。领导关注做人、人的尊严、人的价值、人的潜能、人的激励和发展。如果说管理是侧重技术和手段、侧重过程和方法,那么领导便是侧重人文和目的、侧重结果和艺术。当然二者间还存在一些重要的区别。比如,管理侧重权力作用,而领导侧重魅力作用、侧重影响力等。

1.1.2　领导者有别于管理者的 12 项特征　◢◢◢

(1)管理者执行管理,领导者实施创新。

(2)管理者询问怎么办与何时完成,领导者询问什么与为什么。

(3)管理者关注系统,领导者关注人。

(4)管理者正确地做事,领导者做正确的事。

(5)管理者维持现状,领导者开发未来。

(6)管理者仰仗控制,领导者营造信任。

(7)管理者只讲短期的愿景规划,领导者具有长期的愿景规划。

(8)管理者接受现状,领导者挑战现状。

(9)管理者着眼于底线,领导者关注于地平线。

(10)管理者模仿,领导者创新。

(11)管理者效仿杰出的优秀士兵,领导者拥有他们各自的特性。

(12)管理者是复制,领导者展示创意。

一个人所需要具备的管理或领导力行为取决于组织需求,而这些组织需求大部分是由内外部的复杂性和变革的步伐决定的。组织在快速变革时迫切需要有战斗力的领导者,而非常复杂的组织渴求高效的管理者。当复杂的组织需要快速显著变革时,就兼需领导者和管理者。

▸▸▸▸ 1.2　什么是领导力

1.2.1　不同年代和文化的多种角度定义　◢◢◢

英语单词"lead"(领导)和"leadership"(领导力)的词根出自古英语中的词义是"togo"战争中"前进并牺牲"。根据这个意思,领导一词的定义是,动员一个团队对抗另一团队并战斗至死。领导者具有典型的权力象征,依靠他们的地位就拥有领导者身份。

领导力也出现在中国的道教哲学体系中,"道家的领导者是指通过博采众长的某位能维持向心力、有思想、能审时度势、凝聚团队、建立共识并发现解决方案的人。""要成为一名出色的领导者,你不得不摒弃对上下的阿谀奉承,出色地无为而治,钻研与众不同的技能和上下自然融合,同时指挥他们关注完成使所有人受益的工作。当工作完成后,他们都会以参与了这项有意义的工作为荣"。

中国的领导力模型更注重管理关系。据 Hewlett-Packard Technology Solution Group 亚太地区及日本高级副总裁 Lien Siacm-Sze 称:"在人们心甘情愿地并狂热地追随之前,他们必须完全信赖领导者,这是领导者长期积累核心价值和信誉的结果。"

海尔集团首席执行官张瑞敏谈到了他的管理风格。他认为海尔的员工"在工作中需要由他们自己决定,而不是觉得他们是在追随着我"。在解释时,他引用了老子的名言:"太上,不知有之。"张瑞敏解释道,"一个领导者的存在已不为其下属所知,那他就是最优秀的领导者"。根据仲裁专家 Mark Ger Zon 所说,有效领导力可以被视作为"在某个大系统或环境中为完成一个目标能够召集他人的过程"。这就是说,一个领导者领导或影响一个合作者或一群合作者朝着完成一个组织、社团和环境的目标奋进。所以,领导者有能力帮助人们和组织去往他们能够去或应该去的地方,而领导力则是有关变革、成长和运动。

当代的定义大多不认同领导力是指领导者的能力、行为、风格或感召力。如今,学者们讨论的领导力的本质,换言之,是指在过程中涉及的领导者和追随者之间的"相互作用"。因而,领导力就不是一个独立的个人工作;恰当地说,它可以被解释和定义为是在一群成员之间的一种"协同努力"。因此,领导力的本质并不等同于领导,而是关系。这一观点与供应链管理领导者必须与内部各相关部门及外部供应商协作的要求相吻合。

心理学认为,领导是个动态过程,包括领导者、被领导者及其所处的环境等复合因素,其中领导者为主体。以匡世济民为己任的儒家,对这方面的阐述是详尽的,既涉及领导者的影响力,又涉及领导者的领导艺术和修养等,多有独到之处,迄今仍富有现实意义。尽管限于时代,阐述时把领导与领导者合二为一,以领导者替代领导,但其仍不失为经典之言。

1.2.2 领导者的职责

无论领导力的定义和理论如何,几乎所有定义都认为领导者与管理者处事是不同的。认为领导力是有关行动的,与那些认为领导力是一切关于结果的观点完全吻合。

The Extraordinary Leader 的作者 John Zenger 和 Joseph Folkman 将领导力定义为是所有特质的总和结果。一个伟大领导者的特质是指那些推进结果的诸如单股收益率、留存统计、客户满意和员工承诺机制,以及那些对于被领导者最有益的特质。

在 Harvard Business Review 有关领导力一文中,Charles M. Farkas 和 Suzy Wetlaufer 描述了领导力的 5 种方法,每一种都有其单一的关注:战略、人、专用技术、控制和变革。这些方法的采纳取决于领导者如何能够最佳体现他的价值哲学体系。

关注战略的领导者倾注他们大量时间于外部事物,诸如客户、竞争对手、领先技术和市场趋势,并对内部运作性事务予以授权。

关注人的领导者倾注他们精力管理和开发组织的人才,并授予他们认为将导向成功的价值、行为及品质,这些领导者将战略发展授权于那些接近市场的人们。

关注专用技术的领导者倾注他们精力于竞争优势资源的专用技术领域。

关注控制的领导者将他们的时间倾注于创建、沟通及监督内部的控制,这在高度管制的行业有所见证,如银行。

关注变革的领导者将他们的精力倾注于通过沟通去驱动人们,去适应和创建一个持续创新的环境。这 5 种方法的每一种都被发现对首席执行官的领导力角色提供了结构和意义,并使首席执行官能传递"透明度、一致性和承诺"。根据业务的本质和复杂度、供应组织机构所需的变革程度,以及供应领导者的特长,这些方法或许可以适用于供应管理组织的领导层。

领导的职能归结起来主要是处理"三大关系",即与人的关系、与事的关系以及与时间的关系。将领导职能细化于领导者的身上,具体表现在以下几方面,它们切实地体现了上述三种关系:

(1)制定组织经营战略;

(2)建设领导集体;

(3)进行组织设计;

(4)处理各种关系;

(5)应对临时重大危急事件。

1.2.3 有关领导层成功的要素 ◢▟▛

❶ Ram Charan 指出了 8 项有关领导层成功的要素

(1)通过关注能满足客户需求并创收的核心创意对业务进行定位并再定位。

(2)超前与他人对外部变化模式进行精确的调查。

(3)通过修正员工合作的方法来领导业务社交体系。

(4)通过获得员工的真诚并释放他的才智来判断人。

(5)在一群充满活力、动力与自我的人中塑造一支领导者工作团队。

(6)发掘目标以维持业务发展的期望与能够现实地实现之间的平衡。

(7)设定像激光一样精确的优先次序,确定完成目标路径。

(8)在超越业务经济价值创造活动之外,有创意并主动地处理社会压力。

❷ 应用其他咨询项目的案例分析

Gharan 发现领导者的个人显著特点能帮助或妨碍其成为一名真正的领导者:

(1)雄心:驱动完成某事,但并不是不惜代价。

(2)坚韧:驱动探索、持续并坚持不懈,但并不是太长久。

(3)自信:驱动克服失败和回应的恐惧,或需要扮演角色并明智地运用权力,但不是高傲自大和自我陶醉。

(4)心胸开阔:能够接受新的和不同的观点,而不是不许他人进言。

(5)现实主义:能够洞察什么能够完成,而不是掩盖问题或假设最坏结果。

(6)嗜好学习:能够成长和改善 8 种"秘诀",而不是重犯同样的错误。

❸ 领导力创造中心(The Center for Creative Leadership)

领导力创造中心描述了下列领导者的行为,它将有助于领导者做出有效的转变:

(1)设定方向:供应领导者必须创立一个未来的愿景,然后制定实现此愿景所必需的变革。关键问题包括:我们要向何处发展? 我们打算干什么? 为什么我们要这样做?

(2)使人员步调一致:它包括交流和建立团队或联合关键的责任人并确定每一个人都理解组织正向何处发展并采取相应的行动以实现愿景。关键问题包括:我们怎样团结一致? 我们怎样才能作为一个团队工作得更好? 我们怎样才能改善合作?

(3)激励和鼓励:领导者通过鼓励和支持行为使人们保持旺盛的精力面对变革的阻力。这需要心无旁骛地专注于未来及向着未来行动,从而使领导者有别于追随者。关键问题包括:我们如何才能对我们的状况形成一个共同的认识? 如何才能将我们的行动协调得更好?

>>>> 1.3 领导力理论

在 20 世纪 80 年代之前,在组织中领导力的开发起初关注于鉴别领导力风格并将这一风格与某一特定的情景相吻合。有效领导力过去是针对某一特殊情景,一个人调整自己的风格和行动,有效地完成特定工作。

1.3.1 行动激励者 ◢◗◗

心理学家 David McClelland 是研究领导者动机和动机如何影响领导层行为的先驱者,他发现了三种社会动因或内部驱动力,它们是成功、亲和和权力。

David McClelland 的研究显示动因产生需求从而产生渴望并驱动行为。通过鉴别他主要的内部驱动力,一个人就能评估他领导力风格并做出判断以改善领导层的工作表现。

成功导向的领导者,一个主要动机是成功的领导将渴望改善个人的工作表现并达到或超过卓越的标准、完成某些新任务或为他的长期职业成功做规划。结果,一个领导者可能需要精细管理下属,亲力亲为或为他人设定节拍以确保成功。这些领导可能很少给予正向反馈、指导或指使,在高压情况下,高成功导向的领导者可能走捷径并关注指标与成果胜过关注人。

亲和导向的领导者,一个主要动机是从属关系的领导者将渴望建立、维持或为期望或公认的需要而努力重建亲密的友好关系。个人可能会因为社交原因参与团队活动。结果,领导者可能会避免对质并避免给予负面反馈,关注人胜过关注工作业绩,总是在寻求创造和谐的途径。

权力导向的领导者。一个主要动机是权力的领导者将渴望强悍并影响他人。权力有两种形态:

❶ 个人权力

个人权力是指领导者通过控制他人并使他们感到软弱而获取的力量。非常需要个人权力的领导者希望控制、说服或影响人们。他们采取行动在组织内外部人们心中留下印象,并维护他们的名誉、地位或实力。这些领导者在他人中产生强烈的、积极的或消极的情感。结果,领导者可能会强制地、无情地控制或操纵他人,留心他自己的名誉和兴趣,并关注在上司那里留下印象胜过给部下留下印象。

❷ 社会权力

社会权力指领导者通过帮助人们感到更强大并且更能干而获得的力量。非常需要社会权力的领导者希望帮助人们感到更强大且更能干。非常需要社会权力的领导者如同那些非常需要个人权力的领导者,同样采取行动在他们的组织内外部留下印象,并维护他们的名誉、地位或实力。然而,他们在影响他人时更为积极。这些领导者给予人们帮助、建议或支持,并在他人中产生强烈的积极的情感。结果,领导者的训练和讲授是非常有帮助性的和民主的,并在决策中协同他人共做决定。这些领导者关注团队和团体胜过关注他们自己,与他们一同来完成工作。他们使人们能够胜任工作而并非由他们亲力亲为。

1.3.2　领导力效用的情境权变模型 ◢❚❚❚

情境权变模型关注于变化的情境,而不是领导者。调查数据显示,领导力效用的情境权变模型对领导力培训项目的影响一直持续到 20 世纪 80 年代。这一模型主张领导力效用是领导者驾驭控制某一情境和个人的风格,或这个人与团队成员惯用的处事方式的权变程度。这个模型认为领导者能够通过关注情境的关键变化来改善效力以帮助领导者更好地管理情形,而非关注改变他的领导风格。领导者对任务的驾驭控制程度,对团队和结果来说就是情境控制。当一个人具有恰当的情境控制度,他会感觉更安全、更放松、更安逸。恰当程度的情境控制影响着领导者处事的行为和能力。为了绩效,一个人必须先建立恰当程度的情境控制,然后再决定如何修正或管理情境以达到恰当的水准。

领导力情境。在情境权变理论中,领导力情境是由以下几个方面界定的:领导者控制和影响程度;领导者能预见和决定他的团队打算做什么及他的行动和决定将产生的结果是什么的程度;以及当领导者希望完成某事时,他能准确预见事情的发生。控制和影响是由以下因素决定的:

(1)领导者成员关系;

(2)任务结构;

(3)职位权力。

一个高度控制的情境是指某人所处的团队是忠诚的、可靠的和支持的;任务是非常明确的、目标是知晓的,并且有明确的已被认同的工作流程;领导者有正式的组织权力并有权认可和奖励工作表现出色或惩罚表现差的人。在上述三者之间,领导者与成员关系是最为重要的,其次是任务结构,最后是职位权力。

1.3.3　领导力效用的胜任素质模型 ◢❚❚❚

领导力效用的胜任素质模型关注于高效领导者的素质。根据 *Merriam-Webster Dictionary* 字典,“质是指某物的属性或特点”。这一属性的构成使物体或个体能够被鉴别。领导力特征通常被称为习惯、特性、能力、行为、风格、动机、价值、技能和特点。这些动作已界定了领导者所拥有的知识、技能和行为。

学者针对知识型员工推荐了一个框架结构。领导者应具备:

(1)技术能力:商务知识并精通某一领域。

(2)概念技能:熟悉抽象或战略思维。

(3)历史记录:完成任务的历史记录。

(4)人事技能:沟通、激励和授权的能力。

(5)鉴赏:鉴别和培养人才的能力。

(6)判断:在短时间内并且在数据不完善的情况下做艰难的决定。

(7)特点:素质,界定我们是何种人。

学者认为所有这些技能都是重要的,在未来的世界楷模型的领导者需要熟练掌握软技能:人事技能、品位、判断及以上所有特点。

1.3.4　领导力就是关注结果 ◢❚❚❚

Dave Ulrich、Jack Zeng 和 Norman Smallwood 在他们撰写的 *Results-Based Leadership* 书中

断言,结果并与结果密切相关的是组织能力(如敏捷或适应能力)及领导能力(如信任、愿景及特点)。公式为:有效领导=特质×结果。领导者必须展示适当特质,并且必须提交理想的结果。结果来自四个主要方面:雇员结果(人力资本)、组织结果(学习、创新)、客户结果(取悦目标客户)和投资者结果(现金流),重点是确定和制定有效衡量领导力的方法,因为什么被衡量什么就被重视,并应随着时间推移而有所改善。特质方面的因素界定了领导者的行为,所以他们不注重如何不惜一切代价获得结果或从心理上及行动上表达出我不在乎什么是你必须做的,但必须完成指标;什么被完成了是重要的,如何完成的也同样重要。

1.3.5 领导者能力模型

领导力创造中心(The Center for Creative Leadership)建立了一个领导者能力模型,以协助领导者了解有效领导所需的更广泛更全面的知识、技能和能力。根据这一模型,不同类型的活动和任务造就了不同的能力。领导者的任务就是获得经验并需要付诸实施。表 1-1-1所示为开发领导能力。

表 1-1-1 开发领导能力

行为	行动
适应性	选择经验迫使你打破常规或迫使你从不同角度考虑问题
自信	寻求经验使人们更容易给你反馈,因为你是工作新手,你打算改变或改善情况
管理你自己	发现机会设定优先次序、管理压力并在平衡中追求艰难的目标
学习能力	采取经验增加多样性,或需要你在完全不同的环境中工作
领导地位	寻求经验使你具有吸引力和感染力
驱动和目的	寻找方法,在组织取得重要成果时发挥关键作用
道德操守、廉政	承诺高度信任关系至关重要
管理有效团队	实施管理,在各种各样场合管理各种各样的团队
建立和维持关系	选择通过在与他人一起工作中创造变化
价值的多样性和差异	寻求机会展示你的价值的多样性与差异
开发他人	必须发现机会,激励并开发员工,使其成功
有效沟通	对不同的听众操练你的沟通技巧
解决问题及做决定	需要解决界定不清或经常发生的问题,或需要在组织广泛投入的基础上做决定
管理政治并影响他人	抓住机会跨组织边界地工作,不靠职权或在受人高度关注的工作中施加影响
冒险与创新	探索经验,针对某一情境使你和他人带来新观点,或针对问题趋势发现新的解决方案

1.3.6 变革型领导

变革型领导关注愿景、变革管理、鼓励持续改善并建立信任促进真正的团队合作精神。过去的十年已见证了通过愿景领导和提携领导(学习并帮助其他领导者)扩展的变革领导。这将凸显关于倡导变革、实现核心价值、认识到每个人的潜能、帮助并授权于人的其他领导才能。

关于领导力的新观点认为领导们不具有影响力,只不过是他们拥有职权罢了。更确切地说,领导者是承诺"创建一个人们所向往的世界"的人。这一承诺需要一组特殊的模式及能力去有效地并且现实地阐述愿景,指导人们致力于变革。它包括在一个组织、网络或社会系统中的交流、交互和管理关系以实现一个人的最高理想。变革型领导者的责任概述如表 1-1-2 所示。

表 1-1-2　变革型领导者的责任概述

责任	行动
制定愿景与战略	让你思考未来可能的情形并起草战略使人们和系统协调一致以实现长期目标
管理工作	选择经验以汲取管理知识和专业技能
加强业务技能和知识	找到机会参与到你不太熟悉的业务或组织中
理解和驾驭组织	在广泛的战略举措、相互竞争的优先事项以及关系网络范围内探索营运方式

>>>> 1.4　什么是管理

1.4.1　管理的定义 ◢◣◢

"Manager"一词在 1588 年开始使用,被用来描述实施管理的人。到 1705 年,这一词汇开始被用于特别描述"一个控制整个家族产业或公共机构的人"。

"Management"表示:

(1)"管理行为或艺术":实施或监督某事(如商务)。

(2)明智地利用手段达到最终目的。

(3)"管理或指导一个企业的团体。"从更早的年代,管理是与处理事务联系在一起的,管理者处理事务和他们用来处理事务的工具已随着时间而改变。

管理工作包括人际角色、信息角色和决策角色。这些角色需要多种技能,即开发同僚间的关系、实施谈判、激励下属、解决冲突、建立网络、传播信息、在资讯不足或不明确的情况下做决策并分配资源。

Chris Chen 描述了下列有序管理复杂体系的管理行为:

(1)计划与预算:计划与预算行为包括按时间阶段设定业绩考核、建立目标、确定详细步骤以完成这些目标并分配资源。

(2)组织与招聘:这些行为确保组织有能力实现目标。它们包括建立组织结构;谁汇报给谁、谁拥有决策权以及如何传递信息;明确岗位职责;面试及挑选组织成员;监督工作表现。

(3)提供监督并解决问题:这些行为包括按计划监督结果找出偏差或例外并解决问题或纠纷。

1.4.2　管理的理论 ◢◣◢

管理思想与实践的发展可以追溯到早期人类组织。18 世纪的工业革命(第一次工业革命)促使人们在动力机器驱动的新工厂环境下探求各种方法提高效率与利润。每一个管理理论的重大贡献都在为当今管理思想和行为的起源和起因提供关联线索。

西方管理思想在大多数跨国企业盛行了几十年。接着,许多靠质量和精益成功的日本公司将日本的管理理论注入全球众多的组织中。我们所面临的挑战是如何将带有文化背景的理论成功地融入另一个不同的文化中。例如,早期接受 JIT 或全面质量实践的西方组织通常都痛苦地失败了,因为美国工人和美国管理者没有按日本同样的方法组织团队以及追求质量和做工作。同样,西方的管理方法也可能不适用于其他不同的文化。新兴的有灵感的创造价值和创造社会正义的印度管理可能也不能完全照抄地应用于全世界所有企业。然而,全球化的商业和管理思想表明,走向全球化的管理理论已做调整以适应当地文化、习俗和规范。从全球化思考,从本地行动着手。这与有关激励的讨论特别相关。

1. 激励理论

有三个主要学派出现并解释动机与绩效之间的关系:

(1)意愿理论(主要研究个人诉求)

马斯洛的需求层次理论认为人类基本需求的满足,可以不同程度上导致可预测的某种行为模式。生理需求和安全需求比其他的需求更基本、更具体。另外,社会、尊重和发展需求是抽象的,不易识别。马斯洛认为,对于人的动机来说,低层次的需求部分满足以后,下个高层次的需求才可以占据支配地位。

实践中,员工的具体需求得到了合理的充分满足后,专业供应经理就该首先满足他们的社会需求,然后是他们的尊重需求,最后才是发展需求。这些需求中任何一种需求的不断满足,都会产生更高层次的、更积极的激励作用。

(2)过程理论(主要研究影响和激励行为的变量)

赫茨伯格的保健激励理论。赫茨伯格的保健激励理论(有时候也叫双因素理论)将激励因素分为两类:①内在的因素;②外在的因素。

根据这一理论,对大多数人来说工作满意继而得到激励的最主要的来源是工作本身的内在奖赏。这些奖赏包括成就、赏识、责任、个人发展和提升。一个人可以通过良好的工作绩效来赢得这些奖赏(通常按照发展的顺序)。

外在的因素在工作之外,诸如工作条件、工资、与同事的关系、领导的风格以及组织的政策之类的因素,如果不达到某一个可以接受的水平,就会导致“不满意”,大多数人对于这些工作环境的外部因素都希望有一个最低满意水平。然而,超过这个最低限度,这些外部因素的改进便不能让人“满意”,而这种满意能产生强大的、积极的激励作用。因此,赫茨伯格称它们为“保健”因素。

(3)强化理论(主要研究结果对于行为的影响)

麦克利兰的成就激励理论。麦克利兰指出了三个激励人们行为的需求:①权力;②社会交往;③成就。

从管理的角度看,从这些方面对员工进行评估可以帮助经理们确定每个员工最适合从事的活动、最有利于成功的工作环境以及有利于激励的奖赏。

2. 期望理论

根据这个过程理论,个人的行动原因将受到以下两个因素的支配。

(1)行动获得成功结果的重要性或价值。

(2)个人对他取得这种行动成功结果的能力评估。

因此,这一常识性的概念认为,人们会选择能力可以达到的又有高回报的事情来做。

3. 公平理论

另一个过程型激励理论是公平理论。公平理论认为,员工的激励水平是由他们认为的与其他人相比对其工作评判的公平程度决定的。每一个员工都会进行这样的评估,而评估的结果(积极的或是消极的)会影响工作动机和绩效。最初的公平理论重点关注报酬,但近年来的研究包含了一些其他的变量。

④ 强化行为理论

强化行为理论是在 B. F. Skinner 的操作性反射条件的基础上研究出来的。它的基本概念是,如果结果是有利的,那么个人受到激励就会继续他的行为;如果结果是不利的,那么他们就会停止或改变他们的行为。

考核与奖励或激励项目。激励计划的设计目的是激发那些行为适当的员工,与他们分享由他们协助完成的成本下降及其他财务指标改善的成果。对于那些供应管理职能,奖励计划旨在奖励和激励组织相应部门的员工和供应商。

>>>> 1.5　管理风格

1.5.1　管理风格的理论 ◢◢◢

经理们对激励理论的看法和对人的一般看法,会影响他们的管理风格。某些激励理论的应用会产生相关的管理风格。

① 戴明管理十四条法则

W. Edward F. Deming 过去是一位统计研究的顾问及 New York University 的统计学教授。他因将统计方法应用于制造质量改善而闻名于世。他的工作是 20 世纪 50 年代日本质量运动的基础,最后在 20 世纪 80 年代在美国获得认可和应用。戴明管理十四条法则适用于所有类型的组织,从小公司到大公司、从服务业到制造业以及公司的某一事业部。十四条法则为:

(1)建立永恒的目标,改善产品和服务,围绕着更有竞争力的目标,留在业内并提供岗位。

(2)接受新的概念。我们正处在新经济时代。面对挑战西方的管理者们必须觉醒,必须学会承担责并领导变革。

(3)质量不能仅依赖于产品检验。取消批量检验,要从一开始就把质量融入产品中。

(4)停止按价格授予业务,而是要降低总成本。对任何一个商品要朝单一供应商发展,建立忠诚和信任的长期关系。

(5)用不断改善和永远的系统生产和服务来改善质量和生产力并持续降低成本。

(6)建立岗位培训。

(7)建立领导力。监督的目的是要帮助员工、设备及器械,以便更好地完成工作。监督管理需要对生产工人进行检查和监督。

(8)消除恐惧,使每一个员工都能有效地为组织工作。

(9)打破部门间的壁垒。研发、设计、销售及制造人员必须以一种团队的方式工作,以发现和解决产品和服务在生产和使用中可能遇到的问题。

(10)消灭要求员工有关零缺陷和新的生产力水平的口号,因为大部分低质量和低生产力是系统而不是工人们所能控制的。在车间,取消工作标准(配额),用领导力取而代之,取消目标管理、取消数字化管理及数字目标,用领导力取而代之。

(11)消除计时工作障碍,使工人为工艺而自豪。主管们的职责必须由纯数字转向质量。

(12)消除员工在管理和工程方面的障碍,同样使员工为工艺而自豪。意味着,除其他事项外,取消年度或绩效评价,取消目标管理。

(13)建立一个强有力的教育和自我改善项目计划。

(14)使公司的每一位员工共同参与完成再造,组织的再造是每个员工的工作。

2. X 理论与 Y 理论

20 世纪 60 年代,Douglas McGregor 提出了广为人知的 X-Y 理论。McGregor 发现很多用传统方法进行管理的经理们,认为他们的下属懒惰,缺乏创造性,没有纪律,对做好工作不感兴趣。他称这些特征是 X 理论对人的本性的假设。工作环境中,X 理论的假设容易导致专制的、严密监督的管理风格。

与 X 理论相反,McGregor 做出了另一套假设——Y 理论,他认为 Y 理论的假设与大多数人的潜在本性更一致。Y 理论假设:

(1)工作就像娱乐与休息,是一种很自然的活动。

(2)适当的条件下,人们不但接受并且能主动承担责任。

(3)大多数人都具有一定程度的创造力和想象力,但这些技能并没有在大多数工作中被充分利用。

(4)大多数人以他们所从事的工作为荣,因此,如果他们觉得值的话就想把工作做好。

McGregor 认为,相信 Y 理论假设的经理们会使用共同参与的管理风格,就是设计一个让下属积极地参加计划/运作/控制活动的流程。McGregor 说,这样做的结果将是个人能力的更大发展、个人自我目标的更好的自我实现。

3. Z 理论

20 世纪 80 年代初期,Whilimn Ouchi 对主要的日本公司进行了深入的研究,试图确认对这些企业的成功做出巨大贡献的管理特征。他发现了日本企业管理结构的一个共同之处。实际上,所有的日本公司都有一个公司内的管理哲学,这一哲学建立了一个高于一切,且与每位雇员和经理们的利益相关的管理体系。质量圈的广泛使用,以及其他一些参与性管理技术,对于西方的观察者来说,可能代表了 Y 理论概念的延伸。然而,Ouchi 把日本的这种方法称为 Z 理论。因为它成功地将员工个人的目标与组织的共同目标整合在一起。这种类型的管理有 4 个特征:

(1)长期雇用。

(2)缓慢但稳定地向更高层次位置的提升。

(3)组织的各个层次都参与决策制定。

(4)个人对于组织高度忠诚。

一个人的管理风格主要涉及两大方面:雇员(人)方面和工作(生产)方面。很少有经理们的管理风格完全集中在一个方面。日常工作中,大多数经理们用的都是这两个方面的混合,根据他们对下属本性和激励认识的不同而不同。

1.5.2　团队管理

团队是由一群为实现一个共同目标,一起工作或发挥职能作用的人组成的,团队概念的变化可以从非正式团队到高度结构化的团队再到自发自我管理的团队。

非正式工作小组。每个正式组织内部都存在一个或多个非正式小组。通常,这些小组很小,围绕成员的特殊兴趣而形成。这些小组可以是社会组织、特殊兴趣小组,有时候是为了得到改变而被迫形成的小组。无论是哪种情况,非正式组织都是构成组织的一部分。非正式组织的态度和行动或者会辅助目标的实现,或者会阻碍目标的实现。

明智的经理们用一种建设性的态度来利用非正式小组的潜在影响。要做到这一点,经理们必须首先确认有这类小组,并找出小组的领导。然后,运用决策过程中开放交流和群体参与的概念,经理们应该尽力使非正式组织的目标与部门目标一致,这是部门和组织在处理个人和正式工作小组过程中,参与式管理战略的延伸。可以使用的具体方法有:

(1)要求通过个人、非正式团队使用头脑风暴法技能,收集合适的关于个人和非正式小组的决策的意见。只要有可能,就用其来作为群体决策的依据。

(2)建立和开发好的工作气氛和回报系统,来鼓励团队工作和相互合作。

(3)发展非正式小组的凝聚力,让这种凝聚力能够对正式工作小组产生积极影响。

经理们使用这一整合方法的目的就是促进正式的和非正式的各种人群在日常活动中的合作,他们之间的合作有助于达到部门的整体目标。

正式团队。正式团队由指定为成员的一些个体组成。建立跨职能团队的原因很多,包括产品质量改进、流程改进、寻源、评估和选择供应商,或者新产品开发。

小组或团队的领导能力。领导一个小组或团队,无论多大的规模,领导者就是要确定方向、团结大家以及激励和鼓舞大家的能力。领导授权其他人一起工作,来实现组织的愿景。

授权有利于培养人才,他们成长并行动,通常无须监督,就可以为组织和他们自己做出贡献。

1.5.3　供应流程管理

如果供应的职能是对组织做出战略和营运贡献的,那么这一职能将如何组织、如何管理、如何评估?供应管理的目标是捕捉供应网络对组织贡献的机会,会给供应商带来影响,因而,管理供应商对组织的成功至关重要。同时,因为供应商的影响关系到组织的成功,他们太重要了,以至于不能将其留给一个部门管理。作为采购或供应方面的组织开始受到关注,供应流程的管理人员和所有者必须改变其方向聚焦于内部客户、供应商及最终用户。如果供应职能能真实地对组织做出巨大贡献,那么将供应职能及供应商的贡献与组织的整体使命联系起来就非常重要,需要与内部客户合作而不是对抗。各职能领域之间的相互依存关系,需要有能力跨越职能界限,在组织内部以及外部团队结成联盟,只关注于供应管理专业人员和供应管理部门的成果,而不是关注于具体行动是困难的,但是这是领导、管理和评估供应职能的基本职能。为获得最佳效果,组织中的供应职能职责首先必须被理解和认同。

图 1-1-1 所示为供应经理或管理团队的主要职责。

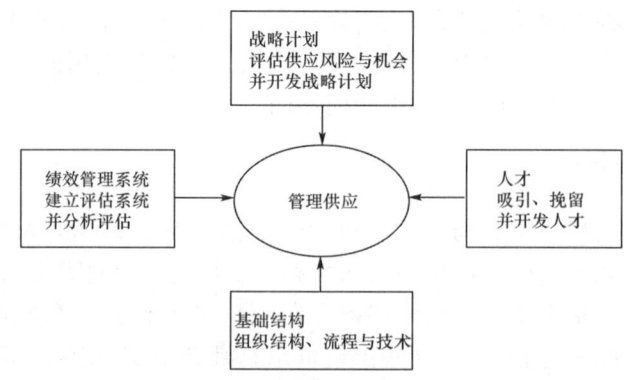

图 1-1-1　供应经理或管理团队的主要职责

案　例 1-1-1　　电力公司(PGC)收购公司后的领导和管理

电力公司(PGC)最近收购了一家规模较小的竞争对手——通用电力(EG)。收购的主要动机是可以在两家公司供应链之间获得协同效应。尽管收购受到EG公司管理层和股东激烈的反对,但当PGC公司以EG公司股东可接受的价格发出正式报价后,收购得到了批准。PGC公司向投资者大举借贷来支付收购,高级管理层也必须做出一些艰难的决策。公司目前正在实施执行一项重组计划,变革的关键之一就是对EG公司的高级管理团队进行裁员,同时也提出了增加产量和降低成本的目标。

詹姆斯·史密斯是PGC公司的供应链主管,其部门规模因收购而变得更为庞大,吸收了来自EG公司的5名新员工。他意识到EG的员工对自己的新角色持怀疑态度,因为他们担心被裁员只是一个时间问题。来自PGC公司的团队成员同样不喜欢新的目标,他们认为高级管理人员的做法过于激进。詹姆斯清楚团队的怀疑态度,他与其高级管理同事都认为来自EG的员工对公司来说将是一笔宝贵的资产。5名新员工的专业技能对于公司改善其采购流程和关键品类(如工程维护、设施和电子设备)的支出管理非常重要。詹姆斯希望避免一切与团队新成员之间不必要的冲突,以及两家公司员工之间不必要的冲突。创建团队凝聚力是詹姆斯的当务之急。

随着部门的扩张,詹姆斯认为这是一个增加供应链职能在业务中影响力的机会。与利益相关者的关系一直是个问题,许多工程师不重视关键程序,例如竞争性招标的必要性。在采购服务或产品时,通常只选择单一的供应商,而且没有经过充分的论证和审核,也不采用正式的投标程序。詹姆斯希望改善采购的各个方面,例如标准化规格的使用、合同的制定和管理以及供应商绩效评估方法。PGC公司需要降低成本,并且要实现减少公司供应链碳足迹的目标。

PGC的企业文化很大程度上受其工程师的推动。企业文化的趋势就是要"完成工作",而许多人认为这些工作在供应链中是一个问题。工程师们关注的是生产最大化,这为詹姆斯实现降低成本的目标带来了很大的困难。

 本章思考题

以下所有问题都与案例有关,应当根据案例提供的信息回答问题。

1.评价为了改善案例中描述的采购和供应链管理现状,詹姆斯可采用的一系列不同的领导风格。

2.请使用案例中材料解释领导者和管理者的区别。

第2章 设定方向

所谓方向就是战略指引。而战略是一种理性选择,它包括外部环境的机会风险和内部环境风险略的匹配。战略是一个计划、一个定位、一个愿景、一个模式。

◎ **本章目标**

1.理解企业的愿景和战略的内涵。

2.掌握在战略层级风险评估的方法。

⟫⟫⟫ 2.1 创建一个基于价值的组织

2.1.1 什么是价值 ◢◢◢

英语中的"价值",是从法语中的动词"valoir"得来的,意思是"值得"。我们的"价值",描述了在我们追求愿景时每天想要如何运作。一些组织与利益人一道为利益人制定一套核心价值以定义集团内部的行为以及同外部利益人,比如顾客、供应商和当地社区的行为。愿景告诉我们组织想往哪里去,而价值描述了该组织将要使用何种手段以达到这个愿景。全球化增加了每一个人的压力使其完全理解并执行组织的核心价值。

道德原则是从道德价值而来的行为规范。比如,诚信是管理行为的价值,这个价值的原则形式表现为说实话、不欺诈、正直、不欺骗。这样,价值就以特定的做什么、不做什么的形式反映为原则。图1-2-1描述了价值和行为之间的关系。

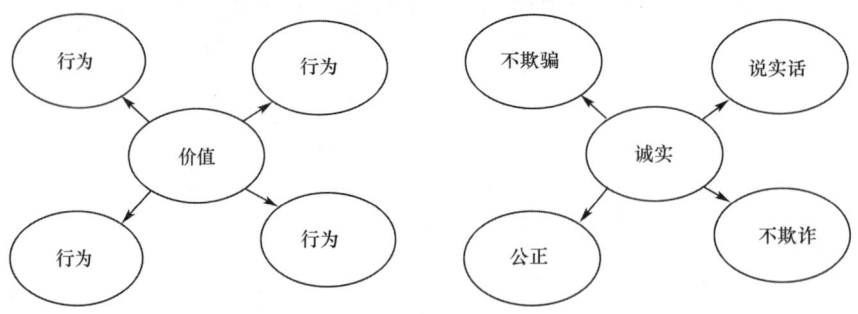

图 1-2-1 价值和行为之间的关系

道德和行动。道德就是关于将原则付诸行动。我们所说和行动价值的一致性是一个诚信问题。约瑟森道德研究中心认为"它还关乎自我控制,不去做你可以做的事"。一个行为如果仅仅是因为被允许做,或者可以侥幸做成而去做是不合适的。不做你有权力去做的事,你有权力做的事和做正确的事是有很大区别的,不要想做什么就做什么。通常认为,一个有道德的人经常选择做多于法律要求做的,少于法律允许做的。

商业界对道德行为的关注由来已久,全球商业环境呈现前所未有的道德挑战,并受到越来越多的关注。公司可以采取三个步骤帮助确保他们组织常驻外国的同事的行为不但合适而且符合道德要求:

(1)制定一套紧密联系的核心价值作为全球政策和决策的基础。

(2)培训员工提出问题以便使他们做出既有文化敏感性又在这些核心价值的灵活范围内的决定。

(3)平衡政策的需要,灵活性或者想象力的需要。任何在另外一个文化环境中工作的人面临的挑战均有两个:如何避免"道德帝国主义";要求国际组织和同事跟我们一样行事,反对文化相对论,遵守当地法规要求。

2.1.2　一个领导者可以做什么

展示道德行为。研究发现道德推理发展的水平越高,这个人做出合乎职业道德决定的可能性就越大。领导者们可以通过培训和示范来支持道德推理的发展。在决定过程中的透明度展示了用于解决一个道德困境的思维过程。

创建强烈的道德文化。领导者们通过创建一种强烈的组织文化对道德建设做出至关重要的贡献,设定高调的价值观指导行为和建立对商业业绩的期待。

为供应组织建立行为规范。大部分的供应组织都有成文的供应管理人员以及供应商行为规范。

将道德事宜纳入表现评价和雇用决定。领导者应该公开地将道德纳入雇用、辞退、留用或者晋升的决定中。他们应该以他们的行动表达这种想法,为组织的价值如何转化成行动做出榜样。

参与有意义的道德培训。如果这是他们一年中唯一的一次听说道德这个词,领导者们应该避免一年一次的强制学习和单独在行为规范上签字。领导者们应该想办法参与关于供应形势的道德讨论,并学习现实案例,通过培训支持道德推理的发展。

▶▶▶▶ 2.2　机遇和风险

2.2.1　发现并评估组织和供应相关的机会和风险

从一个供应管理的角度来看,组织的机遇及风险的种类和数量随公司、行业和经济体的不同而不同,而且还根据形势的变化而变化。一个领导者可能会在一些区域寻找机会和风险,这包括市场的增长,特别是在低成本国家或者有可持续产品的市场,战略合作伙伴,兼并和并购,金融市场和政企合作伙伴关系的市场等。

市场的增长。企业的产品或者服务的市场增长机会在哪里?供应基础在多大程度上可以并能够支持打入这些市场?供应基础的软肋的根源在哪里?从一个供应的视角看,这些新市场会创造什么样的机遇和风险？还有，供应基础的增长机遇和风险在哪里？所在国的政府及其法律、法规倾向国际化企业有哪些？有没有法律或者制度的障碍需要克服？是否有政治或者社会不安定？

低成本国家的市场的增长。在低成本国家做买卖是否有增长的机遇？是否已经做出决定远离低成本国家，进军已经国际化的城市和国家，或者是进军还没有被过度开发的二级市场？

有可持续产品的市场的增长。是否已有或者正在出现针对可持续产品和可持续服务的市场？如果没有，组织是否有机会赶在这个趋势的最前沿，并朝这个方向发展？

战略合作伙伴。是否有机会与一个营利性企业、非营利性组织、非政府组织或者政府组织结成战略性合作关系，以理解新生事物、营造商业机会、为创新注资或者避免负面事件或者后果？

兼并和并购。通过兼并、并购和售让，改变内外部环境评估与供应相关的机会，即将会发生什么？供应管理团队对任何突发事件的准备程度如何？供应领导者是否看到机会，并想呈报给关键决策者？如果一项兼并或者并购案正在审议中，供应管理团队可以在兼并前的两个关键问题上提供有价值的数据和见解：

（1）这个拟议的交易从商业角度讲是否有吸引力？

（2）组织是否可以完全获得拟议中的交易的全部潜在价值？兼并后，供应管理团队审视供应连续性的风险和5个方面的协力优势的机会：合同、减少冗余和复杂性、减少责任风险、售让资产和全球化经济。

金融市场。金融市场日益认可并给予具有可持续性的组织以奖赏。具有社会责任的投资者和基金的数量越来越多；可持续性是具有社会责任感的组织的一个重要组成部分。一个反映社会责任投资增长的指数是道琼斯可持续性指数，该指数是1999年创立的，以跟踪全球主要可持续性驱动的公司的金融表现。该指数为与经济、环境和社会标准相连的金融产品提供了客观的基准。有没有可以提高企业的声誉和品牌形象的供应方面的机会？有没有由于现存的供应政策、流程、程序、合同或者供应商关系使公司声誉受损？

政企合作伙伴关系。政府机构启动计划与不同行业的组织在关于可持续性的领域结成伙伴关系。西欧的一些国家在地方、国家和欧盟层面在可持续发展领域走在了前面。事实上，欧盟的法规驱动着一些跨国公司的环境政策。在美国，环境保护局制订了大量的可以归入一个组织的可持续发展的行业计划，从污染预防和气候变化到产品管理和绿色产品设计。供应管理可以通过审视外部环境的机会，比如绿色产品的供应商或者新技术，以及通过评估内部利益人的需求并创造性地从供应角度把它们收集到一起。

2.2.2 评估风险

风险管理是度量或者评估风险，然后制定策略消除、减少、缓解或管理风险的过程。总之，实施的战略包括转移风险给另一方、规避风险、降低风险的负面影响、接受某个特定风险的部分或者全部结果。传统的风险管理重点关注源于自然界的或者法律原因的风险（比如，自然灾害或者火灾、事故、死亡和诉讼等）。金融风险管理重点关注可以用可交易的应用票据进行管理的风险。供应和供应商风险管理重点关注那些由一个供应链事宜引起的，或者可通过实施适宜的供应战略进行管理的风险。不管什么类型的风险管理，所有大型组织都有风险管理团队，而小团体和组织实施非正式团队管理风险。

风险评估矩阵法。风险评估矩阵法提供了风险的更高层次的关注，并用图表展示风险。

以组织的业务单位为一个轴,一系列风险为另外一个轴形成一个矩阵(见表1-2-1)。

表1-2-1　风险评估矩阵法

风险5	W	Y	G	R	G
风险4	R	Y	R	Y	Y
风险3	Y	G	Y	R	G
风险2	G	W	G	W	R
风险1	G	R	W	W	Y
	BU1	BU2	BU3	BU4	BU5

风险的数量通常在12~16个,尽管可视模型只能显示4个。一个团队对每一个业务单位的每一个风险进行评估,结果显示在矩阵上的合适的单元格:G代表低风险,Y代表中度风险,R代表高风险,W或者空白代表"不适用"。

矩阵方法的优势是其具有灵活性,可以快速实施,并且通过包括单元格的内容提供风险的三维图像。尽管这些假设并不是那么容易解释的,但图像表示风险影响是巨大的。

这种方法要求评估团队拥有大量可靠的商业知识。另外,维护这个矩阵有难度,因为在注意到一个显著的变化时就要进行一次评估。在业务单位跟踪可能的变化并确保进行一轮新的评估可能是困难的,因为它取决于管理信息系统和报告系统的功能强度。因此,矩阵不能像数据库那样容易展示风险形状的动态变化。另一个选择是,每一个业务单位可以针对同样的风险创立其独特的矩阵,但是以这个业务单位更小的工作团队为参照。这些评估可以综合起来形成组织的总体风险矩阵图。

同样的方法可以被用于重点关注针对业务单位与供应相关的风险。可能适用的风险是:

(1)金融风险。

(2)经营风险,包括生命周期终结。

(3)出于道德、社会责任或由于可持续发展事宜,或者组织文化而产生的品牌/声誉风险。

(4)法律和法规风险(诉讼的风险、Sarbanes-Oxley合规性、雇用法律及知识产权事宜)。

(注:Sarbanes-Oxley法案,始创于2002年,由美国证券交易委员会(SEC)提交,经美国总统小布什签署,是即Enron公司和WorldCom公司曝出财务破产的丑闻之后的一部为消除企业欺诈和弊端的历史性典型法规。)

(5)环境风险。

(6)技术风险。这项评估可以被汇编为一个供应和/或供应商风险轮廓表,如表1-2-2所示。

表1-2-2　按经营单位分的供应风险

技术风险	W	Y	G	R	G
环境风险	R	Y	R	Y	Y
法律和法规风险	Y	G	Y	R	G
品牌/声誉风险	G	W	G	W	R
经营风险	G	G	Y	R	W
财务风险	G	R	W	W	Y
	BU1	BU2	BU3	BU4	BU5

每一个风险因素又可以被分成具体的风险方面。表1-2-3描述了将风险因素细分成5个小类:进料、寻源采购流程的能力、量产能力、技术实力和供应商交货期。

表 1-2-3　可用性风险评估举例

风险因素	停滞点	高风险	中度风险	低风险	可控风险
进料	没有确定采购来源	原材料不足	独家,但临近多个生产点供货	独家,但多生产点供应,距离10英里以上	多家采购没有供应短缺
寻源采购流程的能力	未知,新技术或供应商	仅验证小批量生产能力	类似产品的生产或者服务能力已验证	数据显示采购流程在规范以内	采购流程稳定并高效
量产能力	现有资源不支持的可获得性需求	找到了供应商,但还没有支持量产的计划	供应商已经制订扩大产能的计划,并正在实施中	产能基本到位,没有已知的问题	产能完全到位
技术实力	行业向不同的标准转移	行业向不同的标准转移,但还没有应对计划	行业向不同的标准移动,已知有应对计划	行业采用多标准	所选择的技术是标准的
供应商交货期	供应商没有迅速提升产能的能力	新产品能提升要求快于交货期	供应商交货周期缩短计划正在进行中	新产品能提升和交货期达到目标要求	供应商和供应商模具满足交货期目标要求

在这个例子中,每一个小类被评估为停滞点(流程或行动停滞)、高风险、中风险、低风险或者可控风险。一个被评定为停滞点的项是指那些未决的关键项,它们严重到推迟一个产品或者服务的上市日期。一个高风险项是指一个可能演变成停滞点的关键问题,比如减产、已知的可靠性问题或者缺陷、不稳定性或者高等级的未确定性。高风险项要求制订一个行动计划降低风险。中风险对产品的性能有低到中等程度的影响。一个可控的风险意味着所有关键项已经解决,最多只有小问题存在。一个可控等级意味着所有属性都完全达标。低风险不必展开讲。

⟫⟫⟫ 2.3　制定愿景和战略

2.3.1　愿景和使命 ◢◢◢

1. 愿景

一个愿景是用现在式描述的,想要创造的未来的景象,就像现在正在发生的一样。"我们的愿景"的表述展示了我们想要去往何方,当我们到达那里时,我们将是个什么样子。这个词来源于拉丁语"videre",意思是"去看"。这个和"看见"联系到一起是有很大的意义的;图像越具体越清晰,它的诱惑力就越大。由于愿景的有形和快速的特性,一个愿景描绘了这个组织的未来的模样和方向。一个愿景的陈述应该是包含该组织的根本目的的广义陈述。它描述了这个组织想要演变成何种模样;它是着眼于未来的。一个简短的可以吸引人的注意和兴趣,并对听众有吸引力的陈述比一个冗长的陈述要好得多。

2. 使命

"使命"一词来源于拉丁文"mitlere",意思是"扔,让其走或者发送"。它代表了组织存在的根本理由。一个组织的使命声明应该发源于其愿景。它应该简明扼要地回答根本性的问题,比如:

我们是谁?

我们想满足谁的需求?

我们想满足什么需求?

我们如何满足这些需求?

我们的中心价值是什么?

使命声明是基于市场调查发现的客户需求的重要的经营能力描述。从愿景声明中提炼的主题形成该公司的使命声明。使命声明提供/衡量成功和进步的基础。一个供应管理组织的一般愿景可以是"一个可以促成供应商对公司贡献的,并且被视为世界级绩效标杆的团队和流程"。

2.3.2　发展战略

有了未来的方向和愿景,什么样的战略可以带领供应管理组织去实现其愿景呢? 在此时,领导者想要制定更高等级的战略,将供应愿景和战略与公司的愿景和战略、使命、目标和目的相统一。它是这样表述统一的:"可持续发展是一个简单的理念"——为了现在每一个人以及子孙后代可以过上更优质的生活,将供应战略与组织战略相统一。战略供应管理部门的概念和发展的一个因素是它将会使供应战略和组织战略更加统一。随着内部协调统一的不断提高,供应管理将可以更好地捕捉所有的潜在机会成为组织可持续成功的一个主要贡献者。最终愿景的真正考验就是结果,领导者站在愿景的背后支持着它。

供应管理的领导者如何使供应战略、目标和目的高效地为整个组织的目标和目的做贡献并与之看齐是关键的问题。要完成这一目的,他或者她必须接触并理解这个业务部门的计划和目标(最好是参与到它们的发展中)。然后,应用知识,制定一个可以最好地支持所在组织战略的供应管理战略。将供应管理战略和目标与组织的战略和目标相一致要求在计划过程中,在计划的所有3个层面上(战略的、操作的和战术的)进行双向交流。供应管理接收公司和业务部门战略过程的输入信息,以制定供应管理战略。与组织成功同等重要的是,供应领导者和管理者们关于供应的机会和风险的输入信息,可以影响公司和部门层面的战略的制定和方向。

供应管理流程的主要所有者:供应领导者在将供应的愿景和战略与内部和外部的利益人交流中扮演着至关重要的角色,包括组织的最高管理者、供应流程的用户、供应商群体和周围的社区。供应领导者最重要的任务是超越考虑传统的价格和数量,成功地传递供应的机会并创造性地减少风险。通过这些努力,供应管理确立了其在组织战略层面的地位。

本章思考题

1.什么是价值?

2.简述价值和行为之间的关系。

3.什么是风险矩阵法?

第3章　创建协同

在供应链管理中网状结构的节点协同是管理的核心。所谓管理出效益,在供应链管理中只有协同才可能减少不产生价值的流程,实现采购供应、生产运营和履约交付三段信息共享,通过整合需求、整合供应商和内部整合的一致协同,供应链才能可持续、才能有竞争力,也就是所谓的价值链。

◎ 本章目标

1. 熟悉供应链管理中协同的重要意义。
2. 掌握领导者传达愿景的沟通技巧。
3. 掌握合理授权形成团队凝聚力的途径。

⟫⟫⟫ 3.1　供应组织协同及领导者的任务

3.1.1　组织协同的重要性 ▰▰▰

在供应管理领域,组织协同是指供应领导者与供应管理组织成员之间的关系,与该组织中的其他主要团体(如财务、营销、工程等)有关的供应管理团体的地位关系,以及与该组织外部的主要团体(如供应商、社区、专业协会等)的关系。通过将供应管理的愿景成功地传达给利益人,即实现组织协同。当多名利益人能够接受或拥有供应管理的愿景,并为实现愿景而奋斗时,即实现卓有成效的组织协同。

组织协同在供应管理中的作用特别重要且具有挑战性,因为在许多组织中,供应管理的范围正在不断扩大,包括需要从更加战略性的角度才能解决的内容。经常认知的责任有:电子采购、供应商开发、供应商成本管理/价值分析、外包及分包、供应链流程和系统等。供应管理应包括某一组织为达到其战略目标需要或可能需要的资源和相关能力的识别、取得、使用、定位和管理。这主要包括如下内容:配置/投资回报、分配、库存控制、制造监管、物流、物资管理、包装、产品/服务开发、战略寻源采购、采购、质量、收料、供应管理、运输及仓储等。范围的扩大表明,在供应管理过程中将涉及比以往传统上的采购角色更多且不同的利益人,通常会在流程、人力资本、报告关系和责任等方面产生重大转变。对强有力的管理者的依赖,不能完成供应和组织所需要的转型。因此,供应管理中强有力的领导对成功营销战略性寻源采购的价值、寻源采购策略,以及管理层和内部客户的积极性,比任何时候都更显重要。

通过对调查数据进行分析,首席采购官成功之道概括为五个主要方面:

(1)成为业务合作伙伴,而不仅仅是采购商。积极主动地对更宽范围的业务目标做出反应。

(2)探索新的价值领域,而不仅仅局限在价格上。将目标重新调整为产能寻源获取。

(3)联合供应商加盟,靠最佳价值链取胜。为争取战略供应商的通力支持而努力。

(4)追求低成本货源:一个值得探索的全球领域。克服来自境外的挑战,追求高性价比的资源。

(5)寻求最好的人才。为员工队伍配备必要的专业技术和人才,以完成上述的四项任务。

3.1.2　领导者在组织协同中的作用

为了使人们明确某一愿景和前进的方向,领导者必须做到三件事:

(1)让各领域持有不同意见的利益人清楚地理解愿景;

(2)通过持之以恒地展示支持和推进愿景及战略的行为,在利益人中建立良好的信誉;

(3)授权人们对愿景主动负责并最终实现愿景。

▶▶▶ 3.2　清楚传达愿景的意义

3.2.1　利益人是谁

利益人就是对某一项目或决策的结果享有合法利益的人。利益人的利益水平取决于对项目的成败、损益的参与程度。利益人可以是组织的成员,也可以是与组织有关联的外部团体成员。供应领导者面临使内部利益人和外部利益人接受其愿景的双重任务。

内部利益人。目标观众或利益人团体可以是供应组织内部的人员,因为没有供应管理人员的参与,领导者实现愿景的机会就会变得非常渺茫。供应人员是指必须“完美无瑕地执行愿景的人员”。目标观众也可以是组织内部的,但不从事供应管理工作的(如营销、工程、设计等)人员。没有这些内部利益人的协同,供应领导者是不可能实现其愿景的。内部协同要求供应组织按照领导者指定的愿景和方向,从战术型运作向战略型运作有效转型。

外部利益人。目标观众可以是外部的群体,如供应商、社团、专业协会和任何对组织的结果以及因供应商的参与产生的结果享有既得利益的其他团体。扩大供应在供应链中的范围和影响,需要达成外部协同。利益人的协同需要对未来愿景的主要信息进行不断沟通。

3.2.2　建立内部协同

领导者为建立内部协同所采取的方法,主要取决于转变的驱动因素。新的愿景是由危及组织生存的危机造成的,是由对主要业绩而不是生存产生不利影响的外部压力造成的,还是由内部领导、结构或技术变化等原因导致的?供应领导的协同方法是随着驱动因素原因和观众的变化而变化的。

领导者要实现愿景,需要出色地完成三方面的工作:

（1）协同与供应管理人员支持愿景，并引导他们与内部客户协同营建合作伙伴的关键角色；

（2）引导内部转变对供应管理看法，说服内部利益人认同供应管理的新的价值主张；

（3）引导人们改变与供应商交流的方法和对供应商的期望。

创建供应管理协同。协同首先应出现在供应组织的内部。目标对象包括正在从旧观念向新观念转变的，以及那些在新的扩大了的供应网络下已经融入的供应人员。在新的供应管理愿景下，供应人员协同的困难程度取决于或部分取决于这些人员在变革和转型过程中所经历的变化或转变的程度。例如，德国汉莎航空公司的每一位供应管理员工都填写了一张关于日常工作流程问卷，以确定供应管理组织的目标与现实的差距。通过书写目标，帮助供应管理人员了解所需的变化，这包括提升能力以开展如下工作：

（1）对内查找关键问题，以解决问题为导向建立合作团队；

（2）对外作为"市场竞争力优化者"，争取公司利益最大化。

在供应管理之外创建内部协同。供应领导者还须在供应组织以外的内部利益人当中发展协同，以使人们接受他的供应管理愿景并为之做出承诺。为了在内部团体之间建立必要的联系，供应领导者在实施供应角色、流程和系统转变时，必须对谁是主要内部利益人，他们在具体情况下的利益是什么，以及如何帮助他们得到自己的利益等做出判断。对这些内部利益人来说，他们首先要考虑的问题通常是对供应的理解以及供应在组织中的职责。供应组织目前在该组织中的信誉度如何？其信誉来自何处？供应管理或许在让供应商给出最低价格方面取得了一定的成就，但到了设计阶段的介入程度，最低总成本的评估和达成与不同利益人的需求之间的均衡，以及在达成质量、交货、服务和总成本的最佳价值、组合等问题上，供应管理就没有一点成就。评估结果将帮助我们决定与愿景相关的信誉程度以及达到愿景所需做出的变革。领导者也应针对信誉不好的方面制订相关的行动计划以挽回信誉。

3.2.3　创建外部利益人协同 ◢◢◢

为了更为广泛地实现既定的供应愿景，供应领导者还须建立外部利益人协同支持这一愿景。供应领导者代表供应组织参加由公司、政府机构、专业协会和其他组织，当然也包括供应商出席的会议。供应商所代表的可能是参与供应过程的最重要的外部利益人。供应愿景的改变通常会引起货源以及货源地的变化。一个新的愿景可能意味着对供应商有了新的、不同的需求以及在经营方法上发生了根本性的变化。

理解各方的利益对组织协同非常重要。例如，供应管理层可能会将创新产品上市所需的时间视为成功供应商关系的一个重要业绩指标。供应商可能会重点考虑如何从采购方处获得收入的增长和业务量增加的潜力等。一旦双方就各自利益人的主要业绩指标达成共识，就为双方合作共赢创造了条件。

◢◢◢◢ 3.3　建立信誉

3.3.1　信誉的内容 ◢◢◢

根据 *Merriam-Webster* 的定义，信誉（credibility）是：（1）使人信任的品质或力量；（2）信任

的接受力。这一定义非常有趣,因为它反映的是信息收发双方的行为。信息发送人必须具有或增强使人信任的力量,而接收人也必须具有信任的能力。即使人们理解了信息,领导者如何让人们信任它呢？信誉的建立,需要供应领导者(信息发送人)通过自己的人格和言行取得人们的信任。领导者还须搞清楚,自己是否得到利益人的信任以及获得(未获得)信任的原因。单独靠真实的信息是不可能获得人们信任的,在利益人中建立信誉才是至关协同和变革管理成功的重要因素。

信誉是由很多具体的行为构建起来的,包括行为表现,承诺,现有关系,信息发送人的声誉,实质性信息,职业道德、诚实性、可依赖性,以及信息发送人对信息接收人利益的关切等。图 1-3-1 列出了构成信誉的各种要素。

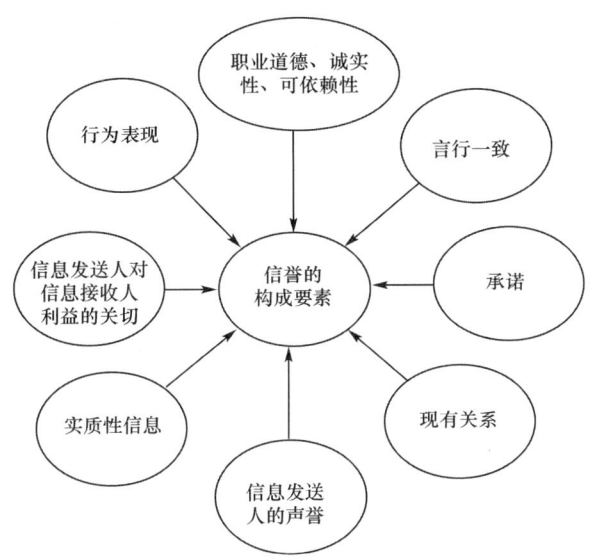

图 1-3-1　信誉的构成要素

上述要素中,职业道德、诚实性、可信赖性是信誉的核心。如果利益人认为某领导者没有职业道德、不诚实或不可信赖,该领导人要想让这些利益人接受其供应管理愿景和方向是很困难的。虽然在没有信任的情况下,该愿景也能继续地实施下去,但要成功达到目标,需要有超乎寻常的技巧和能力,清晰一致的信息。如果信息是以合理的方法直接发送的,并辅以客观的数据、证明和全面的分析,利益人就会相信。原则上,信息应能清楚地表达某些意义。

承诺。供应领导小组必须致力于变革,并始终表现在言行上。

供应领导者以及整个供应管理小组必须建立信誉,赢得利益人的信任。要达到此目标,供应领导者或领导小组应进行差距分析,以回答如下三个问题：

(1)每个利益人团队目前对供应管理团队的看法如何？

(2)预期的看法是什么？

(3)采取什么措施缩小利益人目前对供应管理的看法与供应管理的愿景和新方向之间的差距？

3.3.2　对供应管理的目前看法和预期看法

影响供应管理愿景所涉及的利益人协同的一个主要因素,就是当前组织中供应管理的角色和对它的理解。一个新的愿景通常会引起供应管理在组织战略中角色的重大变化,而且,为达到这一目标,需要改变内部和外部对供应的看法。首先,领导小组与最高管理者讨论供应管理的潜在功能、运作范围和在组织中的作用。通过这种方式,确定供应管理愿景和战略与最高管理者所期望的是一致的。然后,供应管理员工填写回应有关日常工作程序的问卷调查,以确定当前的现状并与新愿景的要求进行对比。上述两项活动收集到的信息为变革管理计划的制订提供依据。

3.3.3　领导者如何传达愿景 ◣▶▶▶

建立一个沟通和交流计划。供应链领导需要拥有一个与组织文化相适应的沟通和交流计划,该计划应当使目标听众乐于倾听陈述,并积极参与沟通和交流。一旦建立起广泛的联系,领导团队就可以开发特殊的沟通策略以促进合作进程。根据对方的需要,沟通策略可以是口头的或书面的,它们可以采取面对面方式或网络会议、视频、iPod 多媒体播放器、聊天室或对方感兴趣的其他沟通方式表达。为了确保实现真正的合作,领导团队必须致力于开发可以信赖的反馈机制,比如全方位的调查。他们也许应当对表达方式进行评估,以便决定表达方式对听众的影响,并倾听对方的反应。最后一件领导者必须做的事情是,杜绝使用错误方式表达信息。

沟通技巧。在建立合作关系中,口头交流显然扮演了重要的角色。供应链领导或领导团队可以使用多种沟通技巧,促使利益人符合供应链管理的目标。这些技巧包括一对一交流,在具有相同目标的人员中采取小范围互动式交流,在城市召开大型会议。

在建立合作关系中,书面沟通方式也扮演了很重要的角色。书面沟通可以采用打印文档、电子邮件、企业内部互联网等方式。首先应当了解机构中各个团队喜欢的沟通方式;在此基础上,决定使用合适的沟通方式。

3.3.4　领导者的风格 ◣▶▶▶

多样性才能是领导者应当具备的关键要素。多样性才能是指领导者运用不同思想、工具、技巧和方法来完成工作任务的能力。如果领导者希望与利益人结成联盟,此项能力就显得尤为重要。并非所有人员都适应同样的领导方式,因此,领导者必须使沟通方式多样化,具体如表 1-3-1 所示。

表 1-3-1　领导者运用的每一种领导者风格及其行为特点、适用情况和可能结果

领导者的风格	何种领导者	行为特点	适用情况	可能结果
指令型	受到较多压力时,希望取得成就	发布命令,取得对他人的控制;有时候采取高压政策;喜欢告诉别人:做什么,何时做,如果不这么做,会有什么后果等	发生危机时,管理业绩表现差的员工	抑制主动性和创造性
愿景型	具有很高的个人权力,受到的压力较小,个人具有很高的社会地位,受到的压力较大	具有权威性;能够明确表达面临的挑战;机构的整体策略和方向以及工作职责,以取得员工的支持	周边形势快速变化;情况复杂,需要调整工作方向	目标明确;激发团队活力;提高员工参与意识

（续表）

领导者的风格	何种领导者	行为特点	适用情况	可能结果
亲和力型	希望别人喜欢自己,渴望与他人保持密切关系	对员工工作中的感受很重视;尽量避免与员工发生冲突	个人遇到危机时;需要与员工共同应对,比如,需要裁员	需要经过训练,同时需要员工参与才能发挥作用
员工参与型	在巨大压力下,领导者需要较强的亲和力和参与意识	要求员工参与决策过程;强调合作和民主意识	员工团队具有较强的竞争力;领导者的知识水平有限或缺乏权力和权威性	建立互信,达成共识
领跑型	面临较小压力;希望取得较大成就;自身具有较高的素质;对于分配的工作,即使自己做,也能胜任	个人英雄主义,喜欢自己做某些具体工作	发生短期危机,员工团队具有较强的竞争力和主观能动性	短期内有效,长期执行容易产生混乱
教练型	面临较小压力,自身具有较高的社会地位	长期从事专业技术工作,并且作为老师对员工进行指导	稳定的环境	在整个机构内形成全面深入学习知识的氛围

>>>> 3.4　授权

授权是一个在商界和其他领域广泛使用的术语。授权指促进和鼓励员工通过自主行动实现自我价值。当员工渴望为公司的愿景而努力时,领导团队应当为员工赋予权力,从而提高员工的主观能动性,鼓励员工接受公司的权利和义务,为成功实现公司的愿景而努力。一些领导者不愿意给员工下放权力,他们在企业内部将一些僵化的思维方式、政策、流程融入企业文化的各个层面,以达到约束员工的目的,而从不给员工赋予权利。领导者应当致力于消除企业发展的障碍,积极采取有益的措施,帮助员工主动进取,使他们作为公司一员而实现自身的价值。表1-3-2所示为领导者在鼓励授权时的行为、特点。

表 1-3-2　领导者在鼓励授权时的行为、特点

行为	特点
授权	有助于他人发展的任务和职责,决策的权利
鼓励员工	发挥主观能动性; 提高他们的技能; 增加他们的兴趣和参与意识; 主动地寻求灵感并加以弘扬
建立	确定目标和标准; 利用汇报、回顾等形式讨论思考过程环节以强化愿景、使命和战略
辅导	在实施改革前,减轻员工对于改革所产生的压力和焦虑感; 在改革过程中,促进向新行为的转变; 改革完成后,巩固改革成果

（续表）

行为	特点
强化、认可和奖励	采用非正式方式进行认可,比如称赞或道贺; 正式认可; 进行表彰和奖励
分享	在成功的事件中选出最佳的实践,并加以推广; 面对失败,要着眼于恢复和改善
建立信任	言行一致并持之以恒; 要勇于放下权力,特别是在遇到失败时; 建立安全的环境,允许试验,允许犯错误
提供帮助	提供正式的培训、政策、程序和工具; 清除机构中存在的障碍; 在言行上提供非正式帮助

如果其他利益人组织能够团结在一个共同的愿景周围,那么,将会很少发生冲突;果真如此的话,将会顺利解决问题。领导者应当向员工放权,为他们提供各种条件和措施,使他们能够尝试新的做法。供应链管理者提出4种方法来缩短愿景和现实之间的距离。这些方法是:

（1）传递知识

传递知识指的是供应链管理人员学习和采用与问题导向的供应链管理有关的概念。

（2）学习经验

学习经验指的是在公司内部设计一些模拟案例,以便供应链管理人员能够体验他们的新角色,这些角色是面向问题的合作者和竞争对手。

（3）实用性案例

实用性案例是指一些真实的案例,它们选自试行项目,以便帮助供应链管理人员尽快适应新的角色。

（4）为日常工作提供支持工具。

日常工作的支持工具包括帮助供应链管理人员适应新的流程和模式的电子工具,还包括工作流程管理工具用以指导工作,同时又留有自由发挥的发展空间。

案例 1-3-1　AEL 汽车电子有限公司针对服务进行人员沟通的案例

汽车电子公司(以下简称 AEL)是一家大型的电子元件供应商,主要为欧洲和北美汽车行业供货。

AEL 有一个名为 JTG 的客户,其销售额占公司总营业额的 40%。1 月 5 日,AEL 的供应链总监杰伊被叫去见总经理。JTG 生产的车辆发生了一些间歇性的故障,JTG 正与供应商讨论潜在原因。

AEL 的总经理任命杰伊负责与 JTG 合作调查这个问题,直到问题得到解决。杰伊具有协商和民主的领导风格,之前用此方法取得了良好的效果。杰伊也知道,一个明确和全面的沟通计划对任务的成功至关重要。

杰伊决定组建一个由同事和供应商组成的项目小组来参加调查会议。团队由来自公司研发部门、组装部门、软件开发部门的员工以及来自 AEL 公司的两家供应商的工程师组成。杰伊此前曾与该团队中一些人员合作过,他认识到需要通过目标的分享来聚集团队。

1月7日,在与JTG会面之前,团队召开了一次会议,由杰伊主持。AEL公司的供应商均坚持认为,他们供应的零部件符合规格要求并满足所有的质量保证需求。

AEL公司的研发部门表示,JTG可能没有正确地安装一些零部件,并且JTG提供的初始规格可能是不正确的。AEL公司的装配团队也发现了一个过程数据中的异常现象,但认为这不太可能是导致问题的原因。软件开发团队认为,汽车其他系统的干扰可能会对AEL公司的零部件产生影响。

团队在潜在问题的看法上分歧很大,杰伊担心这种分歧会对JTG的会议产生负面影响。他还清楚,如果JTG的声誉受损,不论AEL公司是否存在过错,其销售额都会受到相应的影响。

1月9日某期刊的一篇文章中指出了对JTG车辆的担忧,以及这些车辆在欧洲被召回的可能性。这立即让AEL收到了来自AEL内部及其供应商的大量电子邮件。AEL公司的一些其他客户也开始与其联系,担心这是普遍问题,他们也会受到影响。杰伊非常关心北美客户以及其他主要利益相关者的反应。总经理认为,公司在回应所有的询问之前应该等待JTG的指示。

与JTG的会议定于1月12日。出席会议的有JTG的首席执行官、采购总监、JTG其他供应商中的高级管理人员、AEL公司团队以及JTG母公司的集团总经理。AEL的团队需要采取一种具有一致性的方法,杰伊希望能够对问题处理的关键决策产生影响。在会议上,AEL公司的两个零件被发现可能存在问题,需要进一步的测试。杰伊对JTG承诺,AEL公司将对所有的库存产品进行严格的测试,对供应链中的异常现象进行审计,并确定可替代的零部件。一旦确定了问题,AEL公司会在一周内报告结果并给出所需的恢复计划。这意味着需要在限定时间内完成大量的工作,并且需要整个团队的运作。情况非常紧急,杰伊清楚有效的授权将是实现成功的关键。

 本章思考题

以下所有问题都与案例有关,应当根据案例提供的信息回答问题。

1.案例指出,杰伊具有协商和民主的领导风格。采用适当的理论描述这种领导方式的特点,并评价当公司面临如案例所述的形势时,这种领导风格是否适合。

2.描述杰伊必须关注的利益相关者,并分析每个利益相关者的势力、利益以及可能的目标。

第4章　获取承诺

获取承诺是取得团队信任的基石。激励和鼓励是团队建设常用的办法,建立有效的内部合作关系是供应链整合的组织保证,是企业文化的集中体现。

◎ **本章目标**

1.掌握建立有效的内部合作关系的办法。
2.掌握在企业管理中运用激励和承诺的方法。
3.熟悉改变组织的步骤要求。

>>>> 4.1　激励和鼓舞

4.1.1　鼓励技巧 ◢◢◢

领导者可以通过很多方法来激励和鼓舞员工,做出必要的承诺来度过艰难的困境,并确保愿景的实现。领导者可以通过把利益人吸引与跟供应相关的其他利益上来;同时激励他们。例如,领导者可以这样来吸引设计团队:把新的供应愿景和新产品能更快速地进入市场联系起来,或者是通过与少数的供应商建立长期的合作关系、通过更精益的供应链和更好的全球配送网络信息,以更快的速度向市场提供服务。领导者可以通过把市场部更广泛的客户接受力的目标与早期供货和供货商参与设计联系起来,从而吸引他们。

鼓励的八种技巧:

(1)把供应的愿景和战略与组织的和利益人的愿景、战略、目标和目的结合起来;

(2)强调人们的价值;

(3)满足人们需要被重视的需求;

(4)让人们参与决策来满足他们的管理欲;

(5)增强人们的归属感;

(6)增强人们的自尊;

(7)提高人们的主人翁感,倾听人们对变革的担忧;

(8)把你想要人们采用的行为作为一个范例。

另一个方法是评估目前供应组织结构的水平,并与愿景期望的水平做比较,以评估结果为基础制订行动方案。这种方法对于以结果为导向的员工可能非常奏效,他们会被挑战激励。

例如,确定四个方面的工作,以缩小目前供应管理状态和理想状态的差距:

(1)知识转移;

(2)在实践中学习;

(3)实用性案例;

(4)日常工作的支持工具。

4.1.2　影响和影响技巧

影响的定义是指一种行为、过程或影响力,这种影响力并不是明确的有形的力量也不是直接的命令,通常不是特意努力或者有意图去形成,影响技巧可以是正面的(建立有力的关系,了解利益人的利益,想一些可选择的办法,激励),也可以是反面的(操纵、骚扰或者诱骗人们去得到你想要的东西)。一个人的影响力并不受限于他在指挥链中所处的位置或者是形式上的权力。

领导者可以从三种影响技巧中来选择,如表1-4-1所示,这些战术是:

(1)依靠逻辑

逻辑感染的对象是理性的、善于思考的人。销售人员在围绕特色、优点和商品的益处制定销售战略时,通常会用这一技巧。当他们跟潜在客户谈话时,他们会从客户的观点出发,把重点放在产品的益处上。

(2)运用感情

感情战术需要一些令人感动的激励因素,比如,归属感,是为他的幸福感服务或者促成某种想法的。

(3)支持合作的努力

合作依赖于在利益人团队和领导者之间建立联系。我们都参与在一起,是一个基本的信息,每一方都要相信彼此是有关系的,人们对共同的目标共同负责。

表1-4-1　影响技巧

影响	技巧
依靠逻辑	用事实、客观数据和证据来支持你的主张,清楚地、有逻辑地、客观地陈述你的想法,对思维过程做出全面的解释; 比较优缺点; 把注意力集中在潜在的问题和提出的解决方法上; 解释计划是怎样改进人们的工作的,资源是如何分配的,以及人们能得到的可行利益和机遇
运用感情	注重听众的价值和目标; 把你的愿景和策略与听众的价值和目标联系起来; 使用假设的陈述和倾向于未来的描述; 以听众的自我形象和希望取得成就为出发点
支持合作的努力	建立共同的目标和共担的责任形象; 把重点放在你将怎样帮助听众实现他们的愿景; 告诉人们会有培训、工具和其他形式的可以得到的支持; 讨论会面临的障碍,并解释你将怎样清除这些障碍; 加强你作为合伙人的作用,仔细地倾听人们所关心的问题

4.1.3　全球领导风格和影响

领导风格和感染技巧,即感化的手段如表1-4-2所示。

表1-4-2 感化的手段

感化的手段	定义	举例
承担任务和一致性	找出共同点，并不断地传递统一信息	明确公司做出的要承担的任务，然后展示出如何使供应管理战略与公司的目标一致
互换	取舍	为达到双方的认可做出让步，对对方所做的让步要给予时间、精力和关注
权威	被视为权威而不是用权力	合规使用权力。供应经理需要向供货商和内部的商业伙伴证明他们是在行的，值得信赖的。没有什么能比成功更有说服力。仔细挑选实验的项目，获取可测量的结果并且广泛地宣传。更好的办法是让你的内部商业伙伴为你宣传你的成功
共同意见	让人们意识到他们在大体上是一致的	知道每个利益人的明确需要，并以此把每个风险利益人联系起来。实质上，要在权益者还没有意识到的时候取得一致和共同的意见。在你的愿景、任务、计划或者战略的某些方面达成共同意见，把这个作为出发点
喜好	人们与他们喜欢的人会有更好的合作	找出共同利益，寻找人性上和专业上的相似点或者目标。不要为了得到他人的赞同而过分恭维，或者在没有共同点的时候刻意去找
稀缺	作为有特权的少数人可以影响行为	要小心使用这些技巧。这包括选择性地提供信息。供应经理把资源稀缺这一事实作为一个手段，来影响内部的权益者，从而做出最有价值的决定

个人主义者或集体主义者。在全球商业环境下，考虑每个人的出发点是个人主义还是集体主义也非常重要。个人主义者重视自治和主动权，通过设定目标，采取行动达成目标来寻求成就。集体主义者重视团队的和谐和团结，与其他成员一起协商来做出决策，重视成员的想法。

有集体主义背景的领导者从个人主义者的团队那里寻求承诺，会被认为是优柔寡断的。

有个人主义者背景的领导者会被有集体主义背景的团队成员认为太强硬、太专横。认识到领导者想要感染的各方的不同，并尊重他们倾向性的做法可以增加获取承诺全心投入的机会。

>>>> 4.2 建立有力的内部合作关系

4.2.1 垂直关系 ◢◢◢

垂直关系是指在指挥链上的上上下下的那些人。比如，供应管理的副总裁应该和职位比他高的人还有副总裁职位以下的人发展密切非正式关系网。直接领导所建立起的与他的经理之间的关系就是"应付上级"的一个例子。有一个有趣的问题，下属能够引导指挥链，在与上级的关系中能显示出领导行为吗？与下级之间建立的关系部分建立在直接领导的基础上，有向主管或者经理汇报的责任。一个管理者与直接领导的关系是否成功也取决于他能否表现出来的领导技能和行为。公司内员工之间的相互关系被称为连通性。供应领导者在变革管理过程开始的时候必须认识到连通性的程度，加强与适当的利益人之间的连通性，使合作变得可能。领导者的多样化可以使他增强正面的连通性，并降低或者排除对变革有害的连通性的负面影响。

4.2.2 水平关系 ◢◢◢

水平关系是指那些在组织结构里相同职位的人，他们在不同的部门里负责不同的业务。

例如,供应管理的副总裁应该和公司里的其他副总裁建立密切非正式的关系网,经理和经理之间的关系网等。强大的垂直和水平关系为有效的变革管理奠定了基础。

4.2.3 建立联盟

联盟是不同的政党、人们或者国家为了共同的行动而组成的临时的合作关系。有力的一对一的内部业务合作关系的主要好处之一就是有建立联盟的可能性。因为供应管理的变革会以不同的方式影响到许多利益人,所以供应领导人必须有意识地建立联盟来避免阻力,加强支持和推动力。领导者可以利用他对每一方利益和选择的了解来确定共同的利益,建立一种相互依赖感,克服对变革的抵触心理。在当今以团队为主导的商业环境下,领导者通常要在多个团队和团队的很多个人之间周旋,这些团队和个人都有自己竞争性的目标。领导者需要具备很强的谈判能力和创造性的思考力,进而从联盟建立中获得回报。

4.2.4 领导或者参与团队

供应管理在团队中的作用。专业供应人员被越来越多地要求去领导或者参与跨职能和跨组织的团队,包括项目管理、流程改进和国际化的团队。供应人员在团队中可以起到很多作用:

(1)提供支持、服务或者信息;

(2)项目管理;

(3)领导作用;

(4)推动作用。

通常,供应人员在团队中为其他成员提供支持、服务或者信息。在这种情况下,供应人员起到顾问的作用,可能在实际的团队决策中没有很大作用。这时,没有权力的影响力就变成一项重要的技能。其他时候,供应人员起到项目经理的作用,需要具备管理流程、人员和时间的技能,还要有很强的能力,既能看懂项目的全局,还要了解许多项目细节。在另外一些情况下,专业供应人员是团队的领导者,必须具备管理人员、流程和时间的技能,还要对团队努力的结果负主要责任,同时具有推动作用。推动者主要管理团队的沟通过程,目标是充实参与者的想法和主意,而不是向他们灌输任何结果。要清楚起到的作用,并适当地增强知识、技巧和专业技能以达到职责的要求,这一点很重要。

团队建设的阶段。团队动力对团队的成功至关重要。团队动力通常受到每个团队的成员之间合作的驱动,大体上来说在团队中可以看出某些动力。Bruce Tuckman 指出了团队形成的四个阶段:形成、讨论、规范和执行。

第一阶段,形成。团队成员熟悉彼此,从彼此身上了解到三个重要的信息:

(1)每个人给团队带来了什么;

(2)每个人想从这个过程中得到什么;

(3)团队成员将怎样合作。

第二阶段,讨论。团队成员提出他们的想法,辩论并且测试,看谁的想法将会占主导地位。

第三阶段,规范。团队成员对彼此建立了信任,把精力集中在项目的实质上,对工作责任、工作量和决策过程达成一致。

第四阶段,执行。团队有效地运作,完成决议的目标。供应领导者、管理者在理解这几个阶段,认识他的团队处在哪个阶段,辅导团队成员并做他们的顾问来度过这几个阶段完成团队的目标,这一过程起非常重要的作用。

合作。合作的定义是"离散的中介"之间的合作行为,这样总体效果比他们单独行动产生的两个或两个以上的效果的总和还要大。在商业界"离散的中介"可以是个人、集团或者组织,他们集合在一起,取得比单独干更大的成就。协作的可能性是形成团队的主要原因,而不能达成协作则是许多团队失败的根源。

共识的达成。共识就是一个团队大体达成一致。团队可以推进共识的达成,因为主要利益人在决策过程开始的时候就聚在一起,为达成目标共同解决所有的事情。在团队合作过程中得到的支持,可以使协议被更广泛地接受和采用。另外,团队的不和谐会让达成共识变得不可能,最终导致团队"离散"。

团体思考。团体思考这个词用来描述一种决策过程,在这个过程中团队成员并没有仔细评估每个人的想法和建议。其结果是通过错误的共识达成过程得到差的决定。这包括:

(1)外部威胁带来的巨大压力,还有除了领导提出的解决方案之外有更好的解决方法的希望渺小。

(2)团队成员背景和思想意识的相似性。

(3)团队领导人的说服力或命令式的风格。

(4)不接受外界的想法、观点或其他可选择的方案。

(5)领导者和所有团队成员必须对团队思考的征兆很敏感,并且做好准备建议其他的流程,比如,分小组彼此独立工作或者从外面请专家。领导者必须在想达成共识的意愿与产生团队思考的危险中找到平衡点,为整个过程提供引导和指导。

时间上的考虑。一个项目的周期可能会比按非团队方式进行时间要短,但是更多的工作集中在了项目的开始阶段。有效的新产品或新服务的发展流程能帮助提升公司的竞争地位。跨职能的团队可以通过同步运作而不是顺序运作,提高质量,降低开发成本,缩短发展周期。通常是由设计、工程、制造、质量保证、供应管理和市场等主要的职能部门,同时致力于新产品的发展,而不是每个职能部门执行自己的任务然后把项目转到下一个部门。因为占产品成本的很大比例的是原材料成本,所以通常需要供应商尽早参与进来。做调查时,许多供应管理者说他们在新产品/服务的设计和开发过程中参与得更多了。

责任问题。创意、流程、项目或决策的责任可能分散在团队成员之间,这样可以在更短的时间内得到各交叉职能部门的支持。但是总会存在这样的危险,就是团队里没有人愿意承担责任,共享所有权和责任的缺乏会导致团队的苦苦挣扎。如果团队的目标、分工、责任、权力、评估和奖赏能够从上到下确认清楚,那么这种情况发生的可能性就会减少。在团队成员之间建立共享的目标和奖赏可以鼓励他们的主人翁精神。

管理多文化的团队。当团队成员来自不同国家、不同文化和不同背景时,团队成员和团队领导者管理者都会面临特殊的挑战。

直接对间接的沟通风格。接受西方文化的人喜欢直截了当地交流。但是在其他的文化中意思被蕴藏在说话的表达方式里,听的人必须知道这句话以及说话人的上下文语境。直接反抗或者逆着指挥链向上展开可能会违背行为准则,从而导致直接交流者在社交方面被团队孤立。例如,在以直接交流为行为准则的文化中,团队成员会被希望提出问题,并向团队成员向老板解释问题的含义。在交流更间接的文化中,问团队"要是……怎么样?"的问题可能更适当,这样会允许他们讨论这个方案,自己去发现问题。

对待等级制度和权力的不同态度。有等级文化背景的人会去顺从较高职位的团队成员,即使团队本身的组织结构是扁平的。这种行为会有损他们在有平等文化背景的人的眼中的才能和可依赖性。具有主张平等文化背景的人会直接与指挥链中较高层的人进行沟通,因为这在他们的文化中是被普遍接受的,但是他们有等级文化背景的同僚会认为这是失礼的行为。

对于决策的不一致的行为模式。在一些文化里,要在很多的分析之后才能慢慢地做出决策,而在其他文化里,如在美国,只要一点分析就可以很快地做出决策。

处理这些挑战的四个策略是:

(1)适应,指团队成员认识到并适应彼此的文化差异,或者以学习来解决这个问题。

(2)结构上的干预,指如果他们不能适应,那么人们可能会被重新分配或者团队重组(结构上的干预)。

(3)管理上的干预,指管理者会干预为团队做出决策。

(4)退出,指一个或者更多的团队成员自愿离开团队,或者在管理层的要求下离开。典型的情况就是在永久性的团队因为文化差异带来的挑战而无法运作的时候才使用这最后一招。

4.2.5　矛盾和矛盾的解决

在团队合作关系和联盟中,矛盾可以是强有力的建设力,也可以是破坏力。如果处理得好,通过促使人们摆脱心理满足,可以使分歧、辩论和不同的观点成为创造性思维的源泉。矛盾解决不好可能会阻碍团队完成目标,回避矛盾以及不经过讨论就快速达成共识的倾向会引起团队思考,产生差的决策。团队思考同样具有破坏性,因为它阻碍了团队利用团队成员的专业技能。团队领导人的挑战是把破坏性的矛盾最小化,同时鼓励建设性的分歧展开讨论。

矛盾解决技巧。解决矛盾的能力是一项很有价值的领导技巧,对于获取承诺全心投入非常重要。矛盾解决是解决矛盾的一种模式,前提条件是矛盾各方僵持住了,需要摆脱开。

因为没有一方本来就是错误的、不好的或者是邪恶的,所以这不是一个审判的模式。供应管理专业人士需要建立矛盾解决的战略,来处理由于工作流程、政策或程序变革,以及内部或外部工作评估或审核所引起的问题。非防御性的问题解决过程重在找出并消除问题的根源,而不是归咎于某个人。惯用指责行为的企业文化会使员工产生恐惧。

▶▶▶▶ 4.3　建立奉献的文化

4.3.1　改变组织的八个步骤

领导者必须知道人性回潮倾向,并采取行动将变革制度化,但是不要建立新的、刚性的或不适宜的官僚作风,改变组织的八个步骤(见表1-4-3)。

表 1-4-3 改变组织的八个步骤

步骤	行动
建立紧迫感	考察市场和竞争性的事实,确认并讨论危机,潜在的危机或主要的机遇
形成有力的指导性的同盟	成立一个小组,要有足够的能力来引导变革成果。鼓励小组有团队精神
创建愿景	创建愿景帮助指导变革成果,为实现愿景建立战略
宣传愿景	利用可能的每种媒介宣传新愿景和战略,通过指导性联盟的示范教授新的行为
授权给他人并把愿景付诸行动	消除变革的阻碍,改变阻碍愿景的体系或结构,鼓励冒险的、非传统的想法、活动和行动
计划并创造短期的胜利	做出可行的工作改进计划,制定改进措施,认可并奖励参与改进的员工
巩固改进并产生更多的改变	用增强的可信度来改变不适合愿景的体系、结构和政策。雇佣、提升并发展能够执行愿景的员工
把新方法制度化	把新的行为和组织的成功联系起来,建立保证领导力发展和成功的方法

案例 1-4-1　　SP 公司首席采购官在团队建设的领导作用

布莱克·理查德是 SP 公司的首席采购官。该公司在软饮行业中处于市场领先地位。在过去的三年里,他把采购职能从一个战术团队转化为具有领导力的综合业务部门。这需要大量的领导技能、行为和技术。布莱克把他的成功归功于认识到人的重要性、管理利益相关者、关注关系以及影响更广泛的业务层次。

SP 的首席执行官说:"布莱克已经把采购职能转变成一个在业务中起着重要作用的团队。它已经从一个响应需求的交易职能转变为流程化的、具有主动性的业务单元。它现在使用洞察力和智慧去理解关键的供应市场,以最低的风险确保长期的供应,并提供了一个前瞻性的视角。"

采购职能在 SP 公司中曾经只是一个配角。布莱克十分清楚,情况已经发生改变。"我对团队所描述的愿景是:先打好基础,再执行策略,然后超越策略发展成为一个全新的富有远见的商业部门的平台。拥有信息,并确保它的一致性是很重要的。"改变并不总是顺利的。公司中一些强大的利益相关者没有认识到对改变的需求,这导致了组织内的冲突。布莱克不得不妥善管理这种冲突。

布莱克认为管理利益相关者是采购的主要活动需要对整个企业中涉及的利益相关者进行认真的规划和管理,并保证在不同品类团队中实现一致性和专业严谨性。为了实现这一目的,我鼓励使用在线协作工具,允许信息被整个组织共享。这使我们的品类经理和采购员与他们的利益相关者密切合作。我们也如此规划业务合作伙伴,并每季度进行一次检查。重要的是,这个职能要在与业务合作伙伴的会议得以体现,并且该职能所涉及的活动要与更广泛的业务问题相联系。

影响行为也很关键。布莱克的影响框架是"停下、看着、听和学习"。出发点是"停下"你正在做的事,评估你目前的影响方法。然后"看着"你,确保你拥有语言、工具和技巧以便于能够与利益相关者进行有意义的对话。"听"他们有什么要说的;无价的信息只能通过倾听才能得到。"学习"你需要实现什么,以及你如何能影响人们去帮助你实现它。影响并不局限于那些外在的功能。布莱克为了使采购战略步入正轨,必须要影响他的员工。

布莱克领导六个品类经理,每个经理负责管理其品类团队中的很多采购员。在布莱克职业生涯的早期,他不愿意授权,害怕失去控制。然而,他现在看到了授权的好处,并尽量地授权,而且没有失去控制。

布莱克认为自己是一个领导者,而不是一个管理者,他一般不涉及具体的品类管理活动。然而,最近当某一品类团队未能达到降低成本的目标,而另一个团队没有在其采购计划中考虑组织的平等和多样性政策时,他不得不进行直接的干预。

本章思考题

1.结合案例,解释领导者影响行为的方式。
2.概述布莱克用于实行公司变革的几个步骤。

第 5 章　评估、降低并控制供应风险

所谓风险管理是对风险的识别、评估和控制。作为供应链高级管理人员面对的风险主要是战略层面的，如企业的兼并、收购、转让、外包等方面的决策风险。其中识别是介入的前提，评估是应对策略的依据，控制是解决问题的办法。

◎本章目标

　　1.理解评估、控制并降低供应风险。
　　2.了解外包的风险和应对办法。
　　3.掌握分析供应管理在合并和外包管理的能力。

>>>> 5.1　风险管理流程

5.1.1　确定风险的来源 ///

风险管理的第一步是确定每个项目的风险来源。风险确定的一个方法是确定风险的主要种类，然后在每一类里面确定特定的风险。例如，供应风险管理团队把基于供应的风险主要归为六类：

（1）品牌或声誉风险。一个企业的主要风险就是品牌或者声誉被一些未发现的或者发现了但没有被减弱的力量所损害。更糟糕的是，这种风险中断了业务的连续性。在某种意义上，企业所做的一切都是为了品牌和声誉。

（2）业务连续性风险。这些是使运作陷入危险的风险，供应管理团队通过提前预防供应中断、应急反应计划和业务恢复计划来促成业务连续性计划。"如果中断或危机发生，有流程、程序、逐级向上汇报的途径和后备支持计划来保证企业继续运作。"

（3）财务风险。供应管理团队和财务团队在管理财务风险和防止问题发生方面是关键的合作伙伴。对供应管理团队来说，主要的责任与财务上的交易和企业对第三方的委托有关。供应管理团队必须核实相关项目的真实性、正确性和完整性。这一点可以以三种方式来完成：

①完全了解并服从组织的财务报告政策；②完全了解并服从国内和国际上的规章制度的要求；③与财务一起工作，避免陷入导致财务清算的局面。这种责任意味着供应管理专员

必须把与知识产权、劳动法、产品责任、环境问题及产品生命周期末期相关的问题与财务风险以及品牌和声誉风险联系起来。

（4）运营风险。运营风险是由内部流程、体系和职员的不足或失败造成的，或者是由外部事件引起损失的风险。供应管理在保持顺利运作方面发挥主要作用。运营风险的来源有很多，包括供应的可用性、知识产权、数据管理、规章制度、组织的政策、环境问题和技术。这些风险是整个供应策略和特定种类寻源采购策略的关键驱动力。

（5）法律风险。供应领导者——管理者未必对会影响到供应组织的各种各样的国内的和国际上的法律和规章制度有完全的了解，但是他必须明确把与法律和规章制度相关的风险和机遇考虑进来。法律风险来自许多与供应管理流程和程序有关的内部的问题，以及来自外部的与知识产权、环境和各种法律、规章制度有关的问题。

雇用。供应管理专员也可以通过认定供应管理组织结构中与雇用有关的法律风险，对风险评估做出贡献。以他们雇用管理者的身份，他们可以把评估风险与供应管理组织内与受保护阶层相关的雇用行为结合起来，受保护阶层包括种族、肤色、宗教、性别、国别、残疾或者年龄。供应专员也承担责任来评估供应管理组织内的行为，防止歧视和骚扰。这包括遵守组织的政策和程序，确保他们与现行的法律和规章制度一致。当与代工厂商打交道的时候，供应管理专员需要熟悉其他国家相对应的法律和规章制度。随着不断发展的国际化的分工，供应专员必须提高警惕，确保在世界范围内遵守实行的规章和制度。

知识产权。知识产权是无形的个人资产，包括专利、商标、服务标记、版权、技术和商业秘密。在许多行业，知识产权越来越受到管理层的重视。虽然在很多国家都有知识产权法，但是这些法律的差异很大。所以，对很多组织来说这是一个高风险区。由于供应团队经常会很大程度地涉及知识产权问题，这个团队在确认及消除或者降低这些风险方面承担主要责任。这包括对内部权益人进行风险方面的培训，这些风险有可能是组织会面临的。

环境。环境方面的法律和规章制度在很多国家对很多行业都有影响，根据国家的不同有很大的不同。供应管理团队在获得国内外环境法和规章制度的最新信息方面起到很重要的作用，确保组织采取必要的措施遵守法律。供应管理专员可以在三个阶段评估环境风险：设计阶段；采购和改造阶段；生命周期末期。

（6）技术风险。依据行业本质的不同，技术风险包括基础设施的安全、系统风险、流程中断和数据存取故障。数据的风险包括偷窃、更改、破坏和失去可利用性。供应管理专员和IT同事一起，可以评估潜在的技术故障，以及当风险事件发生时对供应组织提供不间断供应的这种能力的可能的影响。

5.1.2 估计发生的可能性

在数学里，可能性总是介于0（不可能事件）和1（必然事件）之间。有时候很容易来衡量发生的可能性和可能的影响这两种属性。有的时候如果没有必要的统计数据，那么就不可能确定地知道这两个值。在这种情况下，最好的经验猜测或者一组经验猜测会被用来推动风险管理计划中区分行动优先顺序的进程。例如，一个组织里的风险管理者这样定义发生的可能性，A＝很高，B＝高，C＝不定期的，D＝低，E＝非常低和F＝几乎不可能。计算或者估计可能的影响或损失是风险评估中接下来的关键一步。这个计算可能很难量化。如果风险事件发生，风险管理者把可能的影响这样分级，Ⅰ＝灾难性的，Ⅱ＝关键的，Ⅲ＝重大的，Ⅳ＝微小的。

5.1.3 估计可能的影响 ◢◢◢

风险承受度作为风险管理战略的基础,是一个关键的比较点。风险承受度通常指企业风险管理专家的风险容量,它是指组织可以承担风险并且在长期内仍然可以成功维持的一个水平。不同的人和团体——管理层、股东等可能有不同风险承受力。一个组织的风险承受度由它承担风险的能力来决定。

5.1.4 风险剖析 ◢◢◢

风险剖析包括所要承担的风险,并把它反映在组织的风险规避水平上。团队必须确定:
(1)组织对风险的承受能力,即风险承受度边界;
(2)潜在的风险;
(3)沿着可能性和影响两个方向对每个风险进行评估。

5.1.5 建立风险管理战略 ◢◢◢

风险被确认、评估、区分好优先顺序之后,就可以建立风险管理战略了。通常,供应管理专员建立战略是为了降低风险和强化价值。但是,没有风险,机遇就不能被完全地发掘。挑战就是在特定条件下平衡呈现出来的风险和机遇。比如,客户定制的一个产品,可能会在进一步改进之后呈现出客户认可的(也就是他们愿意付钱的)独特的特色。那么它的价值也随之提高。这个行为会使这个产品成为有战略意义的种类。它可能会增加风险或者使风险不变。如果从增加收入、市场份额和客户满意度的角度来考虑,这个机会足够大的话就值得去承担风险。

管理者对跟组织整体风险承受力相关的风险和机遇进行评估,并以此为基础建立商业计划。通常,这些策略属于以下四类之一:

(1)接受。有些情况下,风险被确认和接受,不需要采取行动。团队应该做应急计划,因为知道允许风险发生。

(2)缓和与降低。使缓和的意思是"使某些事物不那么残酷或充满敌意,不那么严重或痛苦,或者是减轻某个特质或一种处于武力中的或紧张的局势"。风险降低战略是指用来降低损失或损害的可能性,或者减少风险事件影响的一些行动计划。通常针对产生损失的核心动力,被设计用来防止损失或者减少风险发生后损失的代价。

(3)转移。部分或者所有的风险可以转移到其他方身上。比如,有一个计划,带有工程图纸并要求按照规格要求去做,那么采购组织就会决定(有意或无意地)承担所有的设计风险。但是,如果要求是基于性能的,那么采购组织就会决定(有意或无意地)把设计的风险转移给供货商。如果供货商在早期阶段被邀请加入设计过程,而不保证会跟他做生意,那么供货商就会承担很高的风险。因为在设计中会考虑销售代表的意见,而其他人有可能接到这笔生意。是否愿意参与这个行为反映了供货商的风险承受能力以及对回报的期望。供应管理者处理项目的时候应该从风险管理的观念转变,确保适当的分割风险并给予相应的回报。

(4)防范。两种情况可能导致风险防范战略。第一种情况是,风险剖析图让管理者在发生的可能性和预料的影响的基础上得出风险太高的结论。第二种情况是,组织的风险承受能力很低,所以风险承受度被融入组织的文化中,组织里的每一个人都避免承担风险,为了避免冒险带来的影响而不去利用机遇,这种损失永远都不会被管理层意识到或者完全理解。过度不愿冒险的决策者会对组织产生代价很高的影响。

控制程度。为了建立风险管理战略,风险分析家必须确认组织成员所拥有的对风险的控制程度,风险可能是外在的也可能是内在的。地震和飓风是外在风险,因为它们不受我们行为的影响,我们不能控制它们;建筑规则和建筑设计是内在风险,因为它们受我们行为的影响。风险事件发生的可能性受我们行为的影响和内在风险的驱使。我们不可能阻止飓风,但是,如果在易发生飓风的地区建造房屋,我们可以设计并建造一些结构来降低飓风发生时它被摧毁或严重损坏的可能性。在市场采购一个物品的风险受到外部风险(我们不能影响的)和内部风险(可以用我们的行为影响的)的影响。外部风险可能是整体的供应和需求。内部风险可能很大程度上与规格有关,这显然受到人行为的影响,这些人包括组织里的人、客户那边的人和供应商那边的人。例如,如果要求是外部客户提出的,那么这个行为就是采购风险的关键动因。如果独特的规格由内部的设计团队提出,而团队中没有供应的代表,那么关于独特设计的采购风险的影响会被设计团队的决策忽略掉。这种情况下,货源开发团队的领导可以在内部做工作去影响设计团队,而不需要任何正式的权力或者加入设计团队。风险降低战略可以是三重的:

(1)在这个特定的例子里,寻源采购的管理者可以直接地影响设计团队。

(2)寻源采购的管理者与供货商建立关系,确保短期内的供应的可用性。如把这个生意和另外一个更有吸引力的生意合并到一起,通过检查产品规格得到供货商的帮助,想出可以降低风险的办法。

(3)供应领导者与指挥链协同工作,影响他们对供应的观念,提高供应在新产品开发中的作用或为设计服务。

5.1.6　分配资源

分配资源来管理风险也是一种挑战。目标是花费可能最少的资源去减轻或降低风险的影响。评估一个风险的影响,来比较影响本身的成本和减轻它需要的成本这也很难。例如,一对夫妇可能决定买长期的护理保险。因为他们估计需要家庭护理的可能性非常高,这种估计基于这样的事实,他们没有孩子,他们的父母年龄大了,每个人都要求过三年的家庭护理,一个或两个家庭都可能会患上使人虚弱和行动缓慢的疾病。现在护理的花费很高,而且计划会以未知的比率上涨,所以如果风险事件发生的话他们认为影响会很大。但是,风险降低战略的机会成本很难计算。他们计算了在未来30年直到保险精算师指出的他们可能需要护理的时间里,可能花在护理上的钱,然后他们需要计算把这些钱放在其他选择上的影响,来估计机会成本(一个错过的机会所造成的损失)。供应管理专员和他们的内部合作伙伴必须在计划阶段做这些类型的评估,风险和有限资源之间的重叠的那部分会进一步让事情复杂化。管理者要有能力看到所有的风险以及他们是怎样互相交叉的,对优先考虑的风险和资源分配做出最佳的决策。为帮助这一进程,风险管理团队经常会建立风险剖面图来比较风险责任和组织的风险承受力。当然,确定风险承受力也同样是挑战性的任务。

5.1.7　执行战略

一旦建立了风险管理战略就必须执行。成功的执行取决于有足够的人力、技术和资金资源来确保对战略执行的适当支持。

例如,全球银行合并的潮流和通过收购不断发展的区域型银行,由于运作过于复杂给新成立的实体带来很高的风险。在很多情况下这些风险通过外包被降低,要求把所有联合银行的各分支联合起来发挥全面的采购职能,通过批量折扣、协同作用和规模经济发挥作用。然后就会有集中的流程、新的政策和程序出来,通常第三方做得比内部集团还要快。外部采购虽然有很多固有的风险,但还是选择它,是因为想要成为整体耗时太久,而且战略上、操作上和财务上的结果都有限,这种风险将会对股市表现、市场声誉和客户服务(失去客户是银行业风险之一)带来更大的负面影响。通过外部采购 IT,区域性的银行以最低的风险得到了前沿的技术和其他最好的业务,而且还不需要集中投资。

5.1.8　检查结果 ◼◢◢◢

对于所有的计划及结果的评估,改进风险管理战略的发展和执行是很关键的。

通常,是把主要指标的预计结果和实际表现做比较。

很显然,供应领导者和管理者在组织风险防范的建立方面起到了很有价值的作用。在两个战略决策上,供应管理的作用特别关键:

(1)合并或收购另一家公司或者售让资产的决策;

(2)内部制造或外部采购、外包一个整体职能部门(比如人力资源)中的一个职能(比如发放工资)。

▶▶▶▶ 5.2　供应管理在评估合并、收购和售让风险评估中的作用

5.2.1　合同的问题 ◼◢◢◢

可能的合并、收购/售让中有关的合同风险包括:

(1)同意转让。同意转让是指在达成一致的条件下,通常以书面形式,把财产权或者是头衔转让给一些特定的人。转让通常限于无形权利的转让而不是财产本身。例如,一个企业收购了另一个企业,责任保险的覆盖范围是生意的一部分权利被转让了,转让可能会以某种方式被限定,比如商标权的部分转让而不是全球权利的转让,同样,一些合同限制了转让权。比如,这可能会让收购方得不到责任保险。供应管理专员可能需要参与对合同的检查来确定是否有限制以及相关风险的程度。

(2)机密性。在估计合并或收购的机会和风险的时候,机密性特别重要。机密性和保密协议被用来把保密的义务强加给接受透露方信息和材料的一方,这些信息和材料被透露方认为是机密的。起草适当的合同需要考虑一些关键的问题。需要考虑的重要一点就是确认那些机密的信息。可能会有些局限来确定哪些信息是机密的,比如,签合同的一方已经知道了的信息,或者一些通过政府机构的命令公开的信息等。另一个问题是当事人是否收到并透露了这样的信息,进一步的问题关系到保密持续的时间。最后,要考虑这些机密的信息是否算是商业秘密。另外重要的一点是对透露目的的解释,例如,当为了特定的目的把机密信息透露给另一方的时候,协议应详细解释透露的目的。

(3)尽职调查。尽职调查是分析与目标组织情况相关的信息(比如,它的知识产权投资

组合或商标)的过程,以及评估与收购组织战略性的短期和长期商业目标相关的,被提议的交易的风险和可能的好处。供应管理可能会与法律顾问和其他董事、顾问一起参与尽职调查小组。在一桩特定交易中被认为重要的那些东西会决定尽职调查的方式。例如,重点会放在知识产权调查、著名商标和专利、商业秘密和版权以及特别情况下的软件,或者调查的重点会放在评估收购品牌的局限性上,如授权给第三方的商标、不可转让的关键协议,或者是卖方想要保留部分或者全部商标的意图。

(4)当前合同规定的义务。供应管理专员可以通过检查目标组织当前的合同规定的义务来促进风险评估。他们可以找到收购后流程,供应基础、人员和技术协同方面的风险和机遇,以及收购后整合过程中的项目成本和节省机会。

(5)财务评估。审计员通常对低估或者高估以及没有记录的资产很小心,例如,计算机软件,可上市的有价证券、无形资产和存货。供应管理专员可以帮助仔细检查没用的库存,并评估建设中的资产来确认责任,例如,可能的违规的罚款和合同义务。

5.2.2　冗余和复杂管理

合并和收购通常会带来协同作用,减少冗余和复杂。合并之前,供应管理专员可以确定冗余和复杂的区域,并对这些区域相关的风险做初步评估。在供应基础、合同、供应管理流程、技术人员、职位描述和作用方面可能会有冗余。例如,基于全美航空公司和美国西部航空合并后整合最困难的方面之一就是合并两家航空公司的飞行员和服务员。在建立统一劳动力的过程中,一些员工在新体系中失去了前辈的资格。这最终会影响客户服务和客户满意度。

风险可能来自在整合过程中对内部和外部客户服务的中断,以及在供应管理中由于人员变动带来的公司专业知识的损失。把合并前的评估放到发展计划中,就可以不用削弱预想的协同作用,而快速地减少这些冗余。

5.2.3　责任风险

供应管理专员也可以对责任风险评估做出贡献,从而使合并、收购提议成功。供应管理专员能够提供有价值的信息和对潜在责任的洞察力。例如,从以下方面来看,目标组织可能的责任风险包括:

(1)对相关资产的使用。
(2)环境管理体系、资源或危险材料。
(3)首先遵守法律或者规章制度。
(4)任何其他与供应有关的方面。

5.2.4　资产的售让

如果要进行合并的话,供应管理专员应协助进行与资产受让相关的风险和机遇的评估。相关的问题包括:
目标企业拥有哪些相关资产,以及他们能控制这些资产的能力?
资产对目标企业业务的战略性价值是什么,以及这些资产在市场上能提供的独家经营权的程度有多大?
在这些资产的使用中,目标企业潜在的债务风险责任是什么?

5.2.5　全球经济考虑

供应管理专员也可以从全球经济角度出发提供有价值的信息和对与供应相关的风险的见解。从供应的观点来看,合并提议能创造全球市场支配力或经营效率吗? 合并提议会怎样影响组织的全球供应基础,以及作为供应基础建立或维持竞争性优势的能力? 供应管理专员可能会评估与语言和文化相关的风险,会导致高物流成本的地理边界,会影响贸易壁垒和关税的政治局势,国内的法律、规章制度和知识产权。

5.2.6　与外包相关的风险

管理层做出的最基本的战略决策之一是:组织应该内部制造产品或提供服务还是应该从外部供货商那里购买产品或服务(特定的任务或整个职能部门)? 内包/制造或者外包/采购的分析受到管理层对所有权和控制的观点驱动。分析的主要问题是哪些价值流的行为应在内部执行,哪些应在外部处理,从而最终形成竞争性优势。这个分析的一部分包括对与国际外包相关的风险评估。

为了评估风险,发展适当的风险评估战略,定义术语并讨论内包、外包海外投资背后的逻辑非常重要。术语及定义如表 1-5-1 所示。

表 1-5-1　术语及定义

术语	定义
制造或采购	是一个决定哪些产品或服务是一个组织应该在内部提供的,哪些则是从外部资源采购的过程
外包	制造或采购决定的一种,组织选择以这种形式购买以前在公司内部制造或执行的商品或服务。外包需要货源开发并利用供货商来提供完整的产品或服务,而不是采购部件在内部生产
内包	把一种职能带到组织内部的行为,这种职能在组织外部执行过
海外投资	在一个国家边界之外设点或者运营

国内和国际外包的风险。外包的任务或者职能会让组织承担一定的风险。这些风险的种类通常是生产能力、管理、道德规范和市场。表 1-5-2 所示为外包的风险。

表 1-5-2　外包的风险

生产能力风险	管理风险	道德规范风险	市场风险
质量	目标调整	商业惯例	产生竞争者
技术	长期战略	社会责任	知识转让
能力	管理哲学	专利信息	技术转让
生命周期	商业惯例	利益冲突	品牌影响
财务	无连续计划	不适宜的相互关系	政治反响
专业技术	控制和合规表现	礼物和礼金	客户观念

 本章思考题

1.简述风险管理流程。

2.供应管理专员的责任风险有哪些?

3.简析外包的管理风险。

第6章 制订商业计划

计划的重要性在供应链整合协同中的作用不言而喻。在企业战略决策的前提下,商业计划书一般由中级或基层供应链管理部门起草,高级管理人员负责审核批准。因此本章主要针对商业计划书的类型、作用、程序以及在供应管理中合并、兼并、战略供应的计划书做了解读。

◎ **本章目标**

1. 理解供应管理流程。
2. 理解评估、控制并降低供应风险。
3. 熟悉供应管理在合并和外包中商业计划的注意事项。

>>>> 6.1 计划过程

6.1.1 为什么要做计划 ◢◢◢

领导者遇到的第一个困难就是要对未来确定一个明确的愿景。没有这个,组织里个人和团队的努力就会被分解,而且可能起反作用。一旦一个愿景被确立为共同实现的愿景,而不是一个单独的领导者的愿景,那么组织里的权益人就需要了解实现愿景的途径,以及遇到困难或障碍时应采取的行动。一个比较形象的类比是一个团队出发旅行。首先,他们必须对目的地达成一致。其次,他们必须对到达目的地的路线达成一致。每种可能的路线都有优势和劣势,取决于团队成员个人和共有的内部力量(比如,有些团队成员知道小路和捷径)以及弱点(团队里有人没有方向感,所以如果他们离开熟悉的路就会走错路)。优势和劣势会受到外部机遇(新的高速公路刚刚开放)和外部威胁(团队将会在高峰时间上高速)的影响。选择的路标或路线是在分析的时候考虑到内部的力量和弱点、外部的机遇和威胁而做出的决定,代表了最佳的可能路线。考虑所有四个因素的趋势,可以使团队提前想到并建立应急计划来减轻影响组织运营所处的不断变化的内部和外部环境。

当为企业组织做计划时,要制订想要的计划和可选方案。有效的计划可以使组织有更大的成功可能性来实现它的愿景。有效的计划建立在组织里各个级别有条理有纪律的计划基础上。有效的执行要靠把有才能的人组织起来,为效率和效力而构建组织,通过建立在严格流程基础上的适当的支持技术使计划得以执行。

6.1.2 商业计划的类型 ◢▮▮

有两种主要类型的计划:战略性的和可操作性的。战略性的计划回答是我们要去那里,而可操作性计划回答的是我们怎样到达那里。

"战略性"这个词源于希腊语,意思是"将军的艺术"。战略性计划是负责计划和设立目标的高级管理者的重要任务。战略性计划是一个过程,在这个过程里组织的长期方向被确定,实现目标的方法也被确认。这一过程适用于企业、代理处、组织以及任何人们想要追求集体成就的情况。

可操作性计划是在一个特定的战略性计划的环境下,思考和规划行动计划的结果。它回答了这个问题:我们怎样到达我们想要去的地方。

所有类型企业的管理,公有的、私有的、营利性的、非营利性的、小型的、中型的和大型的企业都要开发战略性和可操作性计划来确立过程和必需的行动,从而实现与客户服务、组织利润和股票回报相关的目标。在这些实体中,供应管理、市场、财务等职能部门管理者也要开发战略性和可操作性商业计划。

▶▶▶▶ 6.2 供应管理在组织战略性计划开发中的作用

6.2.1 领导者参与到组织战略性计划发展的目的 ◢▮▮

供应管理领导者参与到组织的战略性计划发展,有两个主要的目的。

第一,他给战略性计划过程带来了关于组织供应方面的、有价值的数据和见解,以及供应怎样对实现目标做出贡献(见图 1-6-1)。

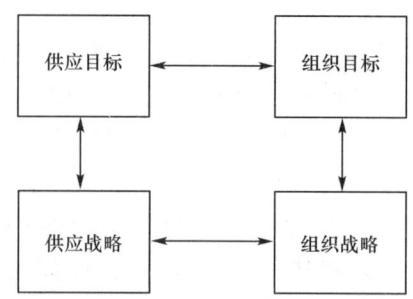

图 1-6-1 供应战略与组织战略的整合

第二,供应管理领导者带来了对现有和未来市场的全面了解,并可以把这些信息与组织现有和未来的需求联系起来。从风险和机遇的角度对现有的,特别是未来市场的评估,体现了供应管理参与战略性计划过程的价值。这对在组织中围绕供应建立联盟,以及在战略发展过程中更好地理解供应机遇和风险尤为重要(见图 1-6-2)。

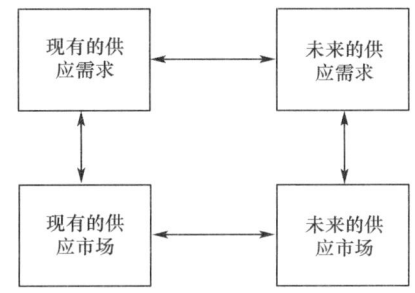

图1-6-2　供应战略把现有的和未来的市场与现有的和未来的需求联系起来

6.2.2　战略工具

对管理层来说有许多可利用的战略工具,本章讲述了两种基本的战略决策,在这两种决策中供应管理起到了增值的作用:

(1)组织应该发展并维持哪个领域的专业技能,并把它作为核心技能(内包)？哪些应该从外部获得(外包)？

(2)如果追求的是发展战略,那应该是组织自己去完成还是通过合并、收购或者其他的联合方式？

在这两种情况下,供应管理团队都起到了至关重要的作用。在战略决策的初始阶段,供应管理领导者作为执行小组的成员,可以从供应管理的观点出发提供有价值的关于风险和机遇的信息。一旦选定了战略,供应管理团队可以通过评估可选方案和决定特定的行动方针,在计划的发展上发挥作用。计划制订好之后,供应管理的作用是确保在战略执行的过程中得到全部价值。

⟫⟫⟫ 6.3　供应管理在内包/制造或外包/采购决策中的作用

6.3.1　确定机遇

内包/制造或者外包/采购决策的第一步是确定由组织愿景和方向决定的机遇。机遇确认是一个过程,在这个过程里要对与中心业务相关的一个或多个可选方案做出定义明确的大纲。对商业想法的早期调查和研究应该能避免在可行性报告中的不必要的投入。从这点来看,决策的关键是:这个想法在市场和供应链上有生存力吗？如果是,继续可行性研究,把初期市场和供应链分析纳入报告。

出发点应该是:我们现在的生意怎样,我们将会随着它走向哪里,以及我们怎样到达那里。从这一观点来看,货源开发的决策会随着这个产品是不是战略性的,以及组织拥有的或能够开发的能力的种类而改变。外包部分或者全部产品的组件,或者是服务,是由组织愿景和任务决定的,把这些组件和组织的核心能力结合在一起就会给组织带来竞争性的优势。

产品和服务可以被分解成子系统,子系统分解成组件,组件分解成零件,来确定哪些是战略性的,应该在内部做,哪些不是战略性的,可以从外部采购。正确的分界点对组织有长远的意义。组织供应链计划的最终核心能力是,确定哪些要在内部投资发展,哪些需要分配给供应商开发。在一个快速更新换代的世界里,这就意味着要依据快速演变的世界为公司设计具有竞争优势的能力链。

6.3.2 确定可行性 ◢◢◢

可行性研究是对一个想法、工程或项目方案的生存力的分析。目标是在投入所有的资金、时间和其他资源建立行动方针之前,确定成功的可能性。可行性研究的侧重点是对可选方案的分析。通过全面的分析之后,基于事先确立的决策标准,整体最佳的选择方案被确认,并做出了决策。一个可行的方案要满足一些标准,例如能承受可能的风险,长期的生存性,能促成组织的目标。商业计划被开发用来执行决策。

可行性研究通常包括:

(1)一份关于主要调查结果和建议的总结性概述;

(2)背景信息;

(3)对工程或项目方案的描述,包括优点和缺点;

(4)对关键方面的影响,比如职工安置、服务水平和资产(如设施、设备和技术);

(5)对现有状况和提议的比较;

(6)项目进程表;

(7)最后的建议以及支持性的财务文件。

内包/制造或外包/采购决策的可行性取决于诸多影响因素,包括:

(1)战略方面;

(2)对资产的影响;

(3)一旦决策执行,它的灵活度。每一个因素都需要仔细分析。

外包决策中战略性的因素与外部和内部的问题都有关。从外部讲,问题围绕着供应商和采购决定的长期意义,比如供应商的现在与将来的能力和产量、供应商的质量和技术、采购周期和成本管理。从内部讲,可能会考察供应网络的社会经济的目标,特别是在采购组织有供应商多样化计划的时候。

其他战略方面的考虑:

第一个要考虑的是对组织核心能力和相关战略的影响,例如,内部技术特别是工人的流失;由控制的程度和流程的安全而引起的供应风险;对总体拥有成本的影响;决策对与竞争性有关的事情的整体影响。任何涉及知识产权的决策都需要特别考虑其长期影响。

第二个要考虑的是决策对组织资产的影响,包括对设备和技术的资金投入或者对人力资本的投入。外包的决策会不会不小心导致竞争者的产生或者专利知识的转让?如果对资产的影响被忽略或者低估了,那么近期和远期预计的损失是什么?决策被推翻又会怎样?这些损失很难估计。

第三个要考虑的是决策确定之后,把过程颠倒过来的灵活度。如果人力资本和设备作为外包策略的一个部分被忽略或者低估了,要重新得到它们的成本可能会非常高。

6.3.3 收集和分析成本数据 ◢◢◢

在制造或采购的分析中,好几种分析方法和过程都很有用,包括盈亏平衡分析、成本估价过程等。

（1）盈亏平衡分析。盈亏平衡分析是确定收入和支出平衡点的过程。它包括在不同生产能力阶段预料中的盈利和亏损。

（2）成本估价过程。在决策过程中,估计制造对采购或内包,以及对外包的成本是最关键也最困难的任务之一。

第一是确定所有与成本有关的成分,第二是估计相关的成本。考虑外包一个业务的时候,成本估计还包括公司管理者和生产线员工,以及检查职位描述确保提案征询函（RFP）能完全包括在内部执行的活动和服务水平。怎样安排活动,用什么样的人力和物力资源来交接业务,一个工作日内怎样安排工作的时间,由设备、调试时间、协调和管理要求产生的不同的节省程度,以及学习曲线都会成为成本估计过程的影响因素。这种方法比较了基础成本（例如,在内部执行一个职能的成本）和这个职能在外部执行需要的所有成本。这需要对产生主要成本的根本事件或动因有全面的了解。必须要考虑留在企业里的固定成本以及监管外包供货商的边际成本。

（3）增量成本方法。增量成本分析方法是通过把重点放在相关的成本上来衡量决策可选方案的经济后果。大体上的问题是:如果我们决定做 Y 而不继续做 X,那么企业总的成本会怎样变化? 例如,一个组织的执行委员会做出了发展战略的决策。问题是:"我们怎样实现目标?"有三个可选的方案:①继续在国内制造产品,出口到新的国际市场（现状/基线标准）;②在当地市场（国家或地区）制造产品,并在这些市场销售;③利用在这一类生产上的相对优势,在一个或几个国家集中生产。分析确认一组与决策相关的成本。这一过程使人们认识到通常不可能按照产品或服务的单位或者全部成本来确定单一的、明确的成本。

（4）总体拥有成本（TCO）。总体拥有成本被定义为"商品或者服务的采购价,以及在交付前或交付后产生的其他成本的总和"。成本通常被分类为交易前、交易中和交易后成本,或者是采购价和内部价。利用拥有成本分析作为降低成本的方法,需要确定并分析成本产生的原因,来找出可以避免的成本。

6.3.4　科学决策和执行

1. 评估可行性研究的结果做出决策

团队必须分析数据并对行动方针提出建议。这一阶段的危险是已经做出了决策（比如,我们要把电话中心外包到印度）,而且数据被强迫用来支持结论。或者是压力很大而采取的行动,通常是为了快速地节省开支,所以数据的收集和分析都是有欠缺的。

2. 制订商业计划来执行决策

一旦做出决策,团队要制订商业计划来驱动决策的执行。这是一个详细的行动计划,包括任务分配、交付和到货时间以及绩效衡量。

6.3.5　审计结果

如果需要做调整,应该衡量结果,并与计划做比较。很显然,财务审计井然有序。

同样重要的可能是对第三方,也就是承担任务或职能外包那一方的关系审核,以及与内部管理者的关系审核。如果做出决策在内部执行某个任务或职能,或者把某个任务或职能拿回到内部,那么就可能要做一个关系审核,来评估执行这些任务和职能的员工与内部和外部权益人的关系,并估计如果选择外包关系会怎样。

对决策做事后审计有两个主要的好处。

第一,可以对第三方供应商下一阶段的管理提供有价值的见解,或者引起初始决策的倒转。

第二,它对下一步的外包决策是一个反馈,从当前过程得到的知识可以带来以后更好、更快地做决策。

>>> 6.4 供应管理在合并和兼并中的角色

确保最佳执行可以采取如下方式:

首席执行官与首席采购官共同制订合并预案计划。

外部变化对采购的影响做出预判,特别是对合并后的组织的纵向融合、产品线和组织结构的影响。

提升能力使得采购可以迅速地获得所要求的成本节省。

建议制订一个分阶段的工作计划。这个计划首先关注关键的经营事务,然后是获得合并后的协力优势,最后是取得合并的终极价值。可从三个方面节省成本:价格统一、规模效用和采用最佳采购实践。第一个方面是唾手可得的成果,第二个是合并一般预期的价值,但是第三个却经常是可能性最大的机会。达到节省的目的的最佳方法是使用一个追寻潜在机会的并从最容易开始的、组织良好的采购方法。如果采购管理得好,公司将可以获取大部分的合并的潜在价值。当个人计算机巨头康柏被惠普收购时,最急需关注的区域之一就是如何获取最佳实践方法以及如何将原有供应组织的最佳实践方法纳入新企业组织中。

非常清楚的是,在供应管理和组织的战略、战略决定和战略工具之间有很强的联系,供应领导者和管理者如果可以使其部门的战略与所在组织的战略相一致,他们将更容易成功。

>>> 6.5 制订战略性的供应管理计划

6.5.1 战略性的供应管理计划组成要素 ◢▎▎

一个战略供应计划应该包括:

(1)供应管理的共同愿景(面向未来的);

(2)供应管理组织的使命:供应做什么,为什么做和为谁做;

(3)将指导其行动的供应管理的核心价值;

(4)目标、战略或者完成目标的特定系列行动和决定成功的程度标尺。

6.5.2 目标 ◢▎▎

SMART 是目标管理工具。

S:具体的;M:可度量的;A:可实现的;R:以结果为导向的;T:限时的。

一个愿景规划的倡议不单单需要一个宽泛的愿景,还需要具体的可以实现的目标。目标代表人们努力要实现的事情,一般是在几个月之内。目标往往都是应对障碍和阻碍的。

整个组织的计划一般都包括一个定价战略以及利润和股本的回报的目标。供应管理的计划应该包括与这些目标相统一的目标,应该有度量的标准以判定供应的贡献度。

6.5.3　市场分析

市场分析是对外部环境连同内部环境一起进行审视并制订战略和商业计划的过程。市场分析是供应管理中的一个关键因素,特别是当考虑到供应管理在广泛领域中的影响力和责任。市场分析使用 SWOT 分析法。SWOT 是优势、劣势、机遇和威胁的缩写。SWOT 是一个始于最终理想目标状态或者目的的战略计划工具。优势是组织的内部可以帮助达到理想的目标的特质,劣势是可能带来损害的内部特质。机遇和威胁是外部的有利的和有害的条件。表 1-6-1 描述了 SWOT 分析法要考虑的方面。

表 1-6-1　SWOT 分析法要考虑的方面

	有益的	有害的
内部特质	优势:资源、财务、知识产权、位置、客户服务、效率、比较优势、人力资本、价格/成本、交货、服务	劣势:资源、财务、知识产权、位置、客户服务、效率、比较优势、人力资本、价格/成本、交货、服务
外部特质	机遇:政府的、市场力量、技术、新兴的供应链管理	威胁:政府的、市场力量、技术、新兴的供应链管理

6.5.4　战略与计划

1. 制定战略

战略是工作如何做,由谁来做。每一个目标都要制定战略或者行动计划并理出优先顺序。对于每个战略,特定的行动计划或者要求执行的任务被定义出来。一个战略可以是设计一个新的供应商关系管理程序或者革新供应管理流程。

2. 确定执行计划的优先顺序

目标和相应的战略应该给予优先地位。一个计划,包括开始日期、重要事件日期和每个战略预计的完成日期必须要落实到纸面上。可以根据这个计划制定资源配置、调整和要求。

3. 制订一个供应管理营运计划

一个经营计划是建立于市场条件,商业需要和可用资源基础之上的。在组织的层面上,它始于销售的预测,然后是生产(服务或者产品)计划和总体进度表,以及附带的物料和服务、劳工、固定设备和 MRO 或者供应。营运计划提供了资源分配决定的更详尽的描述,这些决定的做出是为了支持组织的战略计划。在经营单位和职能部门层面制订相应的操作计划。供应管理操作计划包括供应管理组织的所有组成部分。

(1)营运计划的要素。一个供应管理操作计划一般包括预测、预算、人员配备计划和评判标准。

(2)预测。最关键操作活动的范围和规模的组织的预测是预测供应管理活动的起点。

(3)预算。供应管理实施计划包括工作的预算。这些预算定义了所需的资源,比如人员、设备、家具和培训,并估计它们的美元价值。一旦资金得到批准,供应管理使用预算执行供应管理的使命,并监控和评估在这个过程中资源的消耗。

(4)人员配备。人员配备计划是供应管理实施计划中另一个关键部分。它列出供应管理工作对人才的要求,包括现有人才和接续计划以及发现达到愿景和供应使命的人员需求。一种的实施预算应该反映并与这个人员配备计划相统一。做预算时,应该反映出人员配置计划,并与之相匹配。

（5）评判标准。实施计划应该包括关键绩效指标（KPI）。

▶▶▶▶ 6.6　执行计划的战略

❶. 交流计划

一个交流计划描述了用于将战略和操作供应管理计划通知组织内的每个人的不同方法。这可能是面对面的会议或者线上会议。高级领导团队设定战略，发布实时通报并以预设好的格式回答问题和表示关切。交流计划应使用员工喜欢的交流工具，这样交流方式本身就不会妨碍信息的传递和接收。

❷. 展开计划

展开计划包括许多组成部分，比如配置计划表、所需的资源、人员和培训要求以及预算。计划的完美执行部分取决于一个认真制订的并考虑风险和风险敞口的展开计划。

❸. 分阶段的时间表

展开计划的顺序安排也是成功的一个关键因素。一开始就有更清晰明确的优先顺序。顺序安排对于建立员工和投资人的正确的预期是至关重要的。在没有做对之前，它会引起大量的合理怀疑。

 本章思考题

1.商业计划的类型有哪些？

2.供应管理在内包/制造或外包/采购决策中的作用表现在哪些方面？

3.战略性的供应管理计划组成要素有哪些？

第7章　组织和构建供应管理基础结构

每个组织各自功能区域的结构都来源于该组织的结构。当思考供应管理结构时,有三个主要问题需要回答:

(1)该结构对强化采购实体年度支出管理的效率和效果有何贡献?

(2)该结构对强化各部门、分部和商业单元支出集约的效率和效果有何贡献?

(3)该结构对强化购买货物和服务的最终使用者所获服务水平的效率和效果有何贡献?

领导管理者必须全盘考量供应管理结构和程序在组织结构内的潜在含义。

◎ **本章目标**

1.熟悉组织结构的不同类型。

2.理解供应管理结构对工作量分配的影响。

≫≫≫ 7.1　组织和供应管理结构概述

组织结构是安排人员、程序和行动相互联系的方式。组织结构可以反映出谁承担何种任务,谁向某人汇报及决定如何形成的结果。结构可以表明相互关联的人员、程序和行动之间的复杂程度、正规与否和集中程度。

第一,组织的行动在水平、垂直和空间程度上的不同决定了其结构的复杂性。组织内部单元的数量代表其水平方向的复杂程度。组织的等级层次深度就是其垂直方向上的复杂程度。扁平的结构没有太多的等级层次,每一层次都有较广的控制范围,这就意味着很多的工人需要向同一个管理者汇报。细长的结构层次较多,控制范围较窄。物资和人员的地理分布就是组织的空间上的复杂程度。

第二,规章、职位描述及工作程序等方面的标准化程度,就代表着组织结构的正规化程度。

第三,决策的集中程度反映结构的集中或分散程度。

每个部门工人和技术的专业化而产生差异化。当许多专家合作实现同一目标时就产生了联合。每个组织结构都反映出差异化和专业化之间达到的平衡。

>>>> 7.2　组织结构类型和含义

7.2.1　职能型结构 ▮//

如果一个组织以功能来划分结构,可以按知识领域来安排,如销售、市场、工程、供应管理等。这种结构非常适合拥有优势产品或服务的组织。每一方面都会提高该功能的专业知识,但缺点是会出现不统一、沟通欠缺和不同功能间目标的冲突。当功能化状态加强了专业知识的提高和标准的建立时,因工作流程和决策多层特性而引起的缺乏弹性和速度使跨职能的项目遭受损失。在此类型的结构中,供应管理可以建立一个主要职能,并具有以下次级职能,如采购、物流、操作等。

7.2.2　事业部型结构 ▮//

在这种组织结构中,根据产品或品牌、类别/商品或地理位置来组合知识和专业。将组织的精力集中于向市场输送特殊的产品和关注增加品牌消费者获得的可见价值,这一方法就是产品或品牌管理。采取产品或品牌管理方式的组织会发现,品牌管理者仅仅狭隘地关注其品牌及相关的短期财务目标,而不是关注组织范围的战略目标。同样地,这也很难将品牌的操作直接与组织的"主旋律"联系起来,如股东权益。不同的品牌或产品也会有目标冲突。对于供应管理组织来说,采用品牌或产品管理方式会造成供应管理资源配置的冲突,无法合并支出,很难标准化投入于集中支出和增加采购议价能力。

分类管理是品牌管理的一个分支。它产生于零售行业,其将零售产品按类归总,并分商业单位进行管理。分类管理者从跨越整个类别的高度来看待产品和活动,从而实现生产者和销售者的利润最大化。分类有利于储存效果和品牌管理。在这种结构中,目标在于构建消费者的忠诚度,通过获取更好、更及时的信息,从而迅速反馈给消费者和相关的管理方。

7.2.3　地理位置型结构 ▮//

空间复杂的组织具有物资和人力资源地理位置分散的特点。不同时间、语言、文化和商业标准及惯例所带来的困难,可能决定了组织依据地理位置划分是最好的结构。冲突、竞争的目的和目标,横跨国家和地区间的销售和市场方面的活动,及资源所处位置的不同,增加了商业的复杂性并可能妨碍为消费者设计、改进、输送产品和服务的效率和效果。

7.2.4　矩阵型组织结构 ▮//

该结构由职能型和事业部型结构组成。该结构具有对总项目和产出负责的交叉功能项目的团队。项目经理拥有项目并对其成功实施和按时完成负有责任。矩阵组织可能是由在功能和分部层次上有交流和协调的高度要求复合而成。矩阵型结构能提供纯粹的功能型组织所不具备的速度和灵活性。然而,其一般管理费用显著地比功能型组织要高,这是因为对于多个和同步进行的项目的全天候任务在不同功能领域必须有充足的专业技术。在以项目为依托的结构中,供应管理的人员被分配到项目团队并在此期间为这些团队服务。

项目团队成员向功能管理者和项目经理汇报。例如,供应管理专员可能作为某一新产品开发团队的成员,向供应管理主管和项目团队经理汇报。以下是此模式的三种典型方法:

(1)项目经理或主管有限受权监督项目。职能管理者保持对其资源和项目方面的控制。项目经理的首要角色是保持各功能领域间顺畅的交流及跟踪整个项目的进展。

(2)项目经理监督项目并与职能管理者分享同等的权力,权力共享方面是最难管理的,且这一结构往往有复杂化的趋势。

(3)项目经理对项目优先负责,职能管理者根据需要提供相应的专门技术和资源。资源竞争成为一个难题,因为职能管理者的资源有限,却被要求向多个项目提供专门技术。

▶▶▶▶ 7.3　集中型、分散型和混合型供应管理结构

7.3.1　集中型供应管理结构 ◢◤◤◤

集中型供应管理是指大多数供应管理有关功能的职权和责任被分派给一个中央组织。此术语指决策集中在一点,而不是供应管理的职员在地理位置上处于相同的地方,如表1-7-1所示。

表1-7-1　集中型供应管理结构的优缺点

优点	缺点
战略关注度	缺乏业务单元关注度
采购专业化更强	狭隘的专业化和工作厌烦 中心单位成本高度透明
能负担人才聘用的支出	公司职员出现超编
需求合并—杠杆	倾向于需求差异合理的最小化
协调和控制政策程序	对特殊业务单元的需要缺乏重视
有效的计划和研究	关注公司的要求而不关注业务单元的战略要求 大多数知识单向共享
共同的供应商	即便是共用的供应商,其行为也因地理位置和市场区域而不同
接近组织主要的决策者	与使用者有距离
临界质量	倾向于创建纵向组织
公司品牌认知和地位	不同区域消费者要求适应不同的状况
报告路径—权力	最高管理层无暇接见供应商
采购成本低	显著的采购操作成本

7.3.2　分散型供应管理结构 ◢◤◤◤

分散型供应管理相关功能的职权和责任被分散到整个组织,如表1-7-2所示。这里没有供应管理决策的中心点和特殊采购的专门技术。

表 1-7-2　分散型供应管理结构的优缺点

优点	缺点
较易与操作部门协调和沟通	业务单元之间较难沟通
响应速度快	鼓励使用者无须提前计划 操作与战略重点对立
对当地资源有效利用	过分关注当地资源——忽视更好的供应商机会 组织内没有显著的/有效力的临界质量——"完人症候群",缺乏影响力
业务单位自治	局部最优化 业务单元与公司偏好不一致 小区别被放大
汇报线路简单	在组织底层汇报
职权不分	有限的功能提高机会
符合采购人员偏好	忽视大型组织的考虑因素
广泛的工作定义	对需求有限的专门技术
地理、文化、政治、环境、社会、语言、汇率的适应性	缺乏标准
隐藏了供应管理成本	供应管理相关成本非常高

7.3.3　混合型供应管理结构 ▰▰▰

职权和责任被一个中央供应管理组织和业务部门、分部或操作工厂所分享。混合结构倾向于集中或分散取决于决策权如何划分。一类混合型供应管理结构是中心领导组织,其策略方向上是集中的,而执行上是分散的。在一个更加分散的混合结构里,管理可能用团队和领导采购员来实现支出集中的优势,以保持高度分散的结构。许多组织试图通过采取混合型方式来获取集中型和分散型结构两者的优点。最常见的方式是,在总部设立一个小职员来管理日常的和高影响力的需要,同时对各分部自己需要的其他物品和服务由其自身来负责。在一个有多个业务单元的组织中,不同的分部或业务单元常常销售不同的产品和服务,这就要求采购物品的不同组合。通常分部或业务单元作为一个利润中心来运作,分部的管理者被授予全权来运作分部并以分部的赢利来衡量其工作,如同扮演独立公司的总裁。由于采购是运作分部过程中最大的一项可控的支出,直接影响分部的效率和竞争地位,所以利润中心的管理者可能会坚持直接管理采购。这就促使公司采取分散–集中型采购,或混合型组织结构,供应管理职能部分被集中在公司或总部,部分被分散到各个业务单元。

▰▰▰ 7.4　供应管理结构的影响

7.4.1　工作量分配办法 ▰▰▰

1. 工作量分配

无论组织是何种结构,工作都必须分配到供应管理专员身上。根据供应管理团体的规模和能力,工作量可以按以下基础进行典型的分配:

(1)商品或种类；

(2)部门；

(3)特别项目；

(4)数量；

(5)轮换制；

(6)合同类型；

(7)员工专业；

(8)供应商。

2. 商品或种类

可以根据组织需要的不同商品来对供应管理专员进行配置。商品是组织采购的所有物品和服务的统称。每个供应管理专员都可以专门负责一组类似的商品或一个商品（通常出现在大型组织中），这样就有非常充足的产品成本来设立职位，且供应管理专员对产品有很强的定位。这里有许多采购划分的方法，包括货币描述、标准或特殊商品细分。

ABC 分析法或 80/20 法则常用于根据金额进行采购分类。通过这项分析，管理者能区分出占年度总支出达 80% ~ 90% 的那部分只占总量 10% ~ 20% 的采购物品和服务。这些 A 类项目和其供应商的商品需要投入最多的资源（时间、人力和注意力）来关注。例如，某项目组采用 ABC 方法，根据美元支出的稳定水平，可以将支出划分到三个主要的商品组。

"A 类"高分值的类别（如 500 万美元以上部分）应该是非常重要的项目。应该包括原材料，如粮食、燃料和金属。"B 类"（如在 100 万 ~ 500 万美元）应该包括一些特别包装项目。"C 类采购"（如 100 万美元以下部分）可以包括维护、维修、运行（MRO）项目。在每一商品组内，供应管理专员需要不同层次的知识和技巧。具有战略技巧的商品团队应该处理 500 万美元以上的项目，即 A 类。B 类项目的团队要求少一些，C 类项目就落到了交易类别里。

3. 分配部门

当采购要求由部门方面来分配时，就意味着供应管理专员要处理来自某一部门对其提出的要求。此类供应管理专员更倾向于为部门服务和处理其全部需要，与商品供应专员相反，后者更关注于采购什么，为谁采购。

4. 特殊项目分配

需求可能根据特殊项目或新产品线来分配。购买者可能被分配为支持某一项目的需要而提供材料和服务。这常常运用于研究实验室或建筑工程项目领域。例如，在竞争资源选择流程后，合作的供应商可能会用于建筑工程合同内。项目团队由项目采购代表和合同方代表组成，一起明确共享的目标和建立决策流程以用于处理后续工作中的所有问题。合同中会有典型的成本激励条款，用来鼓励签约方提出创新以降低合同期间的成本，并使之分享成本降低带来的利益。这一方法一般能显著减少索赔，提前完成项目并不超出预算。

5. 分配数量

一些部门以金额或年度处理的需求数量为依据进行分配，从而部门采购者应该具有相同的职权水平。这里需要注意的是确保工作量的合理分配。可想而知，维护、维修和运营（MRO）采购者处理的成百种低值交易和资本设备与采购一台设备的支出，两者的性质和任务的不同。

6. 轮换

有些组织对供应专员在不同的采购团体间进行轮换,以提高专业技术和开发尽可能宽范围的技巧。较少关注采购活动本身,更多的是关注个体的培训。轮换程序经常用于新员工进入固定职位前的培训。这样可以让雇员明白供应管理部门的各种不同的工作和功能形成同事间的关系并帮助雇员和管理者决定其技能用于什么地方最合适。

轮换的方法可能常用于一个比较程序化的情况,例如补充库存项目。供应管理专员被有规律地轮换,以拓展他们的经验,并保证工作不会变得太乏味。

7. 员工专业分类型

根据团体内人员的技术和能力来进行工作量的分配也是常用的。这一方法可以在雇用人员时与其他方法一起使用。例如,一名管理者可以根据以下每一象限,即获取、重要性、杠杆和战略性采取分组分析和区分重要供应商。根据获取的风险评估和组织价值、支出的主要类别可以分配到每一象限,例如在一家快餐店,牛排方面的战略支出项应该包括牛排自身、主酱料和定制的调料。瓶颈项目应该包括农产品的供应短缺,该时段是因为天气影响产量带来的问题,还是因为农民出售玉米用来做乙醇生产而不是做玉米糖浆或饲料。杠杆项目应该包括餐馆供应和食物的标准化。非重要性项目应该包括餐馆供应从单位获取而不是以公司为基础。供应管理专员要求的技巧分配到每一类别,应进行修改以完成每一分类的目标。可能的分类,每一类的主要目标和员工所需要具备的相关技巧组。目标和技巧组分类如表 1-7-3 所示。

表 1-7-3　目标和技巧组分类

类别	主要目标	所需技能
常规	获取时间和支出的最小化	能建立和遵守简单的程序和流程;能发现和消除无附加值的流程步骤
瓶颈	短期:保证供应可用 长期:消除	短期:能建立多种获取的选项;开创性思维者能识别供应商的价值。 长期:较强的协作性和内部专业化工作的谈判技巧或消除不必要的专用化的工作表述
杠杆	获取时间和支出的最小化及在低价或支出情况下获取	效率和价格分析,关注总支出,特别是非价格有关的流程支出;不受流程支出的不利影响,有较强的能力区分获取最低单价的适当工具
战略	保证连续的可用性及与供应商一道建立竞争优势	强大的支出分析和管理技巧,关系构建者,好的谈判者,开创性思维者强烈的能和完全不同股东的团队工作的能力

8. 供应商

需求可以按供应商或供应商团组来分配。此分类是根据供应商或供应商团组来进行。这通常是供应商关系管理者概念的起源。

7.4.2　分配的合同类型 ◥◢◢

如果特定类型的合同涉及深的学习曲线,根据合同的类型来分配工作量将会特别有用。运用组合分析来形成一个合同选项的矩阵是描述合同的一个方法。例如,合同落入“战略的”部分,代表着最高的风险,要求增加资源的投入并尽可能地限定更多复杂的条款和条件。较好的供应商区分和合同选择,会带来合同谈判时间周期的缩减和更多对风险的了解并增加最优采购者时机以节约成本。

>>>> 7.5　组织人力资源

7.5.1　指令链

指令链是指一个组织等级内的职权和责任的线,此链反映组织结构。在一个职能型组织里,每一职能向职能内的上级主管汇报,所有职能最终向组织总部汇报。

在一个事业部型组织里,以分部的地理位置,各职能向分部的负责人汇报,然后该负责人向组织的首席执行官(CEO)汇报。在一个矩阵型的组织里,员工向各职能的上级汇报,也向项目主管汇报。供应管理专员必须明白指令链和提高他在链内运作能力与影响力。他也必须训练下属,以在指令链内工作并扩展他的影响范围。

7.5.2　职权和责任的授予

授权是上级向下属进行的一种权力转移。组织的成功部分取决于管理者成功授权的能力,必须确定职权和责任如何授予及授予谁。这一关系要求上级在其职位范围内,对下级提高和授权做出相应的决定。行动执行人员和上级一起承担后果,成功的授权依赖于上级愿意并能训练和提高下级,且让他们在已界定的范围内做出决策并从他们的错误里汲取教训。雇员必须被授予适合的职权来完成他们被授予的责任。成功的授权很大程度上依赖于员工的技巧和能力,所以领导者和管理者必须注意雇用、留住和可持续的员工发展。

在供应管理组织,必须确定什么样的授权应该做,什么样的授权不应该做。一些授权的决定要联系组织和供应管理结构的决定来做出:采用高度分散的供应管理结构的决定意味着责任和职权将授给遍及组织宽领域的雇员。在一个更集中型的结构,业务性活动被授权。供应管理团组采用的工具也隐含着授权。例如,采用一个电子采购系统带有隐含的决定,授予系统使用者一些层次的采购职权。职权授予程度依赖于以下决定:通过系统采购什么,哪些供应商属于系统,如何支付这些供应商。从政策的观点看,关于支出职权授予和批准特定供应管理决定要求的层次,必须确定。

在供应管理功能内成功授权的三个步骤是:

(1)供应管理的目标必须与构成目标执行的特定的任务一同安排。然后,可以决定关于执行的合适层次——公司、区域、用户群等及执行任务所需的技术组。

(2)政策和程序需要清晰地与执行任务的行动计划相结合,无论谁采取行动都保证能始终如一。这应包括期望的结果、方针、可用资源、时间表和结果。

(3)委派的任务必须监督效率和效果,并依据结果来对流程、政策、程序和人员进行调整。

>>>> 7.6　系统和流程

7.6.1　消费者细分

消费者细分是为了更好地管理消费者关系,满足现有的消费者需要和识别未满足需要,以相同特性来对消费者归类的过程。通常,此细分集中在以人口统计和特征(如态度和心理)曲线图为基础划分消费者群组。另一种不同的方法是价值基准细分,消费者团组依据其产生的收益和建立维持此关系的成本来划分。还有一种方法是基于消费者的生命周期价值(LCV)。消费者的生命周期价值是通过消费者相关生命周期的经过利率和通货膨胀率折算的总销售收入计算的消费者利润贡献率。

无论何种方法,细分的目标是为了通过定量分析,每一消费者细分如何贡献或转移每一供应链节点和整个供应网络的利润贡献率。通过消费者细分的数据,管理者能识别服务低下的部分,并集中精力通过迅速开发独特吸引人的产品和服务优化竞争力。当一个组织为最有价值的部分消费者量身定做,并向其提供独特的具有竞争优势的服务时,消费者细分是最有效的。这一优先排序能帮助组织完善市场活动和定价策略,从高利润、低利润消费者两面实现价值的最大化。组织可以使用消费者细分作为主要依据,在产品开发、市场营销、定价、服务、寻源采购、分销和派送系统方面分配资源。

消费者细分部分的大量知识加上对战略供应商同等广泛的知识,能提高供应管理专员在消费者满意度和组织最终盈利方面的能力。

7.6.2　产品和服务的定价策略 ▰⁄⁄⁄

理解组织定价策略和供应管理对这一策略的贡献,是比较进步的供应管理组织的一个特征。通常,供应管理人员关注降低成本,却没有把降低成本的目标和整个组织的战略联系起来。供应管理采用的策略会与组织在市场上保持其定价策略的能力之间发生冲突或对其产生损害,这一可能性悬而未决。

例如,一个组织的产品或服务应该经历因为竞争而引起价格向下的压力。供应管理专员需要知道发生了什么和为什么这样,他们能主动开发供应管理战略以使组织保持竞争和获取计划的利润。目标成本法是一种连接以下三个重要因素的方法:

(1)定价策略;

(2)运营利润目标;

(3)通过成本构想来进行成本管理。

7.6.3　销售执行计划 ▰⁄⁄⁄

销售执行计划的知识是连接供应管理与组织战略之间另一个有价值的信息流。如果供应管理专员服务于跨职能团队,设立该团队来测定销售下降或低于计划增长,在此情况下销售执行计划是至关重要的。精确预测和跟踪销售执行计划的能力在工业部门是多样化的。例如,快餐馆的限时促销业务方面,如夏季的特殊沙拉,就是通常采取的方法,用来丰富菜谱类目,提高顾客光顾的频率,带来新流量以增加收入和利润。许多有大量特许经营代理的中小型连锁餐馆,没有独立的信息技术平台,难以精确预测限时促销,也难以实时跟踪实际销售和存货,从而配料不能快速被移动到销售位置的顶端。当销售超过预期时,食品生产者常常被要求在缩短的时限内生产更多的产品,或者当预期过高时撤销部分产品的生产。实施供应链技术和发展供应链成员间适当的关系,是一个成功的管理销售执行计划程序的两个重要部分。

7.6.4 主要供应商和顾客的产品技术路径图

路径图是一个表明达到某一既定目标途径的计划。产品技术路径图关注单一技术或产品，描述其期望发展的路线和可能包含支持这一发展的项目计划。路径图关注：预期的发展和一项新技术的商业化，组织在技术方面竞争力的位置及技术和组织竞争力位置的发展。路径图可以影响资源的分配，其可常用于形成有发展时序、"里程碑"的复杂的产品地图的次级部分，及通过协调研究活动撬动研发投资的方法。

新生或新兴的技术可能被获取、内部开发或与外部的合作伙伴一起开发。供应管理可以在产品技术路径图中扮演一些角色，包括影响在新产品开始设计之前采用什么技术，评估转换到新技术的风险，测定对供应链的冲击，与工程师一起工作来评估和决定哪些供应商将涵盖到新产品的开发，并监控供应商对技术将来所需的投资。

7.6.5 供应链上下游的财务和信息流

供应链管理关注顾客的顾客的顾客和供应商的供应商的供应商。供应链上下游的财务和信息流，能更好地管理供应链相关的竞争供应环节。不同供应管理领域的管理者和领导者必须和内部的财务与信息技术部门合作，以确保财务和其他信息流能有效和高效地做决策。

1. 消费者服务的关键因素

在有消费者细分的知识和理解时，供应管理专员需要保持当前消费者服务的决定因素。组织满足消费者服务要求的能力，一部分依赖于供应管理执行。供应管理在销售和市场营销间有比较强的衔接，可以让整个组织执行得更好。

2. 消费者和供应商协作流程

从消费者连接到供应商，供应链上下游的协作能让管理者及时行动以更好地满足消费者的需要。通过需求管理和供应管理排序，可以达到低库存和所有者较低总支出水平下资产更好地使用。然而，这就必须在供应商网络有较强的系统集成以收集和分享信息。

成功集成所需的时间和资源是使人望而生畏的，无论是通过电子邮件、网络来连接，还是通过复杂的如电子数据交换（EDI）来连接。更复杂的事情是，每一连接由组织内部不同的、无效的流程所支持。

本章思考题

1. 地理位置型结构有哪些优点？

2. 集中型供应管理结构有哪些缺点？

3. 简述依据常规、瓶颈、杠杆和战略等主要目标员工的分类和技能要求。

4. 什么是指令链？

5. 目标成本法包含哪三个因素？

第8章　战略寻源采购流程相关技术

战略寻源采购指采购实体依据企业发展战略识别、评估和选择供应商的过程,是采购实体"采购战略"的组成部分。

所谓采购战略指采购实体以企业整体发展战略目标为中心,经过业务需求分析、经营策略和目标、供应市场细分,并结合内外部环境、优势劣势、未来挑战、企业战略方向及供应链中的角色定位等因素分析,制订形成采购战略方案(计划),包括自制或外包、集中采购或分散采购、招标采购或谈判采购、战略采购或一般交易等的决策。

其中,战略采购指采购实体针对大宗物资、关键重要品项和供应商建立长期合作的采购。战略寻源采购是实施战略采购的前置环节。

◎ **本章目标**

1.掌握制订战略寻源采购计划的程序。
2.理解通过采购战略节省开支的理论。

>>>> 8.1　战略寻源采购概述

8.1.1　战略寻源采购定义 ▶▶▶

战略寻源采购并非适用于所有的采购情况,它主要用于当采购达到一个采购实体确定的开支限度或呈现特定的风险以及对其至关重要的情况。一个战略寻源采购流程基本上包括下面几个步骤和阶段:

(1)数据管理和分析。
(2)商品分类战略和开发。
(3)成本分析和管理。
(4)筛选、谈判以及签订合同。
(5)供应商开发和绩效管理。

8.1.2　战略寻源采购流程步骤 ▶▶▶

1. 数据管理和分析

这一步包括将开支分类以及市场分析。

（1）开支分类

为了对开支进行分类,采购团队首先必须获得开支数据并且分析开支从何而来,花在了哪里,花了多少。开支划分为主要的开支分类。这一步可以彻底地对需求以及每个需求在组织的产品和服务中起到的作用进行内部分析。它也是使战略寻源采购和组织战略目标相协调的关键的第一步。在特定的采购情况下,这一步能够帮助供应管理确定需要在战略寻源采购流程里投入的时间和资源水平。

（2）市场分析

确定市场结构(垄断、寡头等)以及全球的有能力的供应商的数量和本质。

2. 开发分类战略

基于第一步的内部和外部考察,采购团队现在可以开始开发分类战略。例如,可以就供应商的数量和规模,以及所处位置便利和需要开发的关系进行讨论。这可以使团队对特定分类管理方面的现在所处位置和将来想要和需要的位置进行比较。

3. 进行市场信息工作

这是目前这一点上很关键的部分。市场信息是特定服务或商品的交易和商务中总体力量(包括经济因素)的信息收集以及分析的流程与结果。通过内部需求和供应商市场本质信息的收集,采购团队可以筛选出一些潜在的供应商。

4. 成本管理

根据组织的需要、过去的经验和行业数据,组织应该对其将要采购的材料、产品和资本的合理预期价格有一个了解。这可能包括下面几项的综合。

对实际或预期成本数据(材料、劳动力、管理、一般和行政支出以及利润)的评估。将经验、知识和判断应用于数据来预测合理的预期契约成本。预期成本成为买卖双方谈判的基础以达成双方一致的契约价格。

5. 价格分析

通过对比合理的标准来核查供应商的价格建议或投标,而不单独对构成价格的成本和利润因素进行检查和评估。

6. 总体持有成本

购买、获得产品和服务的价格以及产品和服务提供前后发生的额外成本。成本通常划分为交易前成本、交易成本和交易后成本,或者划分成购置价格和内部成本。要想使用所有权成本分析来作为降低成本的工具,需要对成本动因进行辨别和分析,以便找出那些可以避免的成本。

7. 谈判和签订合同

这需要对供应商进行评估和筛选。采购团队对答复进行分析,可能的话去现场进行考察,筛选出潜在的供应商名单。作为这一步的一部分,团队可以准备一个谈判计划(如果合适的话)。如果需要进行谈判,团队应该评估双方或所有各方权益人的利益、观点和退出的替代方案并准备谈判战略。不像在线或不在线的投标活动,谈判经常用于复杂的事物、价值和开支高的分类,需要买卖双方的合作才能达到满意的效果。

这一关键步骤中也包括准备协议/合同并对其进行管理。执行一个合同或购买订单,同其他的权益人一样,寻源采购团队也需要自始至终监督合同的完成。真正的目标是业绩,团队应当努力确保此刻的流程已经使供应管理和供货商能够完成业绩目标。

8. 供应商开发：创建并管理关系

采购团队应该确定恰当的买方——供应商关系，并准备一个能够建立恰当关系的行动方案。监控和反馈系统对于建立长期的战略性的关系尤为重要。如果供货商开始的时候不能达到预期目标，或者随着关系的进一步发展，采购组织仍然认为该供应商是能够获得的最佳选择，它就可以投入更多的资源和努力来跟供应商一起开发供应商的能力。

>>>> 8.2 制订战略寻源采购计划

8.2.1 运营环境

任何一个企业组织最关心的问题都是如何实现顺畅的运营。采购团队对于一个组织的成功运营起到关键的作用。采购和运营的合作与协调非常关键。如果采购没有足够的时间来获得一个所需的项目和服务，整个组织就有可能损失效率，影响竞争地位和失去谈判优势。低效率的寻源采购导致的结果通常是较高的总体拥有成本，特殊生产进程或提供服务的高成本，保价运输和服务供应商费用，最终导致客户满意度降低。

8.2.2 成本分析

一个企业组织如何并且何时来使用它的资金取决于市场趋势、市场和组织的预测以及风险评估。在需求认知和描述阶段，采购团队应当根据经济因素和组织的整体目标来分析采购方案以决定其是否合适。如果成本分析显示较低的总体拥有成本，那么在预期价格上涨或供应短缺条件下进行提前采购（先期采购）就是一个明智的决定，尽管持有成本会增加。审议根据财务和经济环境及现金管理战略做出的采购和存货的决定，使得供应可以为采购组织做出最大的贡献。财务预测和趋势向供应管理和组织提供了最大的底线贡献以及协助决定合适的风险责任的信息。

8.2.3 市场预测

采购计划也应该同市场战略相吻合。因为销售预测通常来自市场，实际需求以及组织的采购需求则来自销售预测。由于绝大多数组织的销售预测还远远不够，采购团队必须尽可能精确地跟踪预测并且将这些信息及时地传递给供应商，以便使他们能够有效地计划和执行他们的任务流程。除了准确的预测，供应管理还可以通过和供应商共享实时信息来一起制定延迟战略和供应商库存管理战略，这样可以减少不准确预测所带来的影响。预测不准确的时候供应商必须仓促应付需求，这就不可避免使采购组织的成本增加。

8.2.4 供应管理

供应管理战略包括供应管理的所有部分。战略寻源采购是整个计划的一部分，并且必须同其他的每一部分相契合。建立一个供应管理组织的部分原因在于这个结构能够使不同的职能和业务流程一体化，并相互协调在供应管理之下。如果不能协调一致，供应管理组织会发现自己的行为和结果破坏了供应管理组织和其在组织内部水平提升的商业结果。

8.2.5 技术条件▉▊

组织层面的技术战略通常关注获取并执行企业范围内的解决方案,以便每一个职能部门都可以在共同的数据库上进行工作,从而加强了客户的互动。随着技术更广泛地作为促成战略应用于供应管理,战略寻源采购必须在考虑到组织的目前和未来技术能力的前提下进行制定。随着组织对采购流程进行简化和自动化,这样做就显得更加重要,以确保促成供应商基本数据库。

>>>> 8.3 通过采购战略节省开支

8.3.1 采购实体所采用的管理技术▉▊

不同的开支分类需要不同的资源,例如资金、时间和人们的注意力,它们随着组织层次的不同而不同。不能合理地配置这些资源就是一种浪费。为了避免产生浪费并确保对开支分类进行最佳管理,必须决定如何来划分开支。每个部分都应制定一个采购战略。供应管理专家通常使用下面几种方法进行开支分类,包括开支分类法——分原料、包装、服务等;直接和间接分类;通过帕累托分析法进行低价、中等价和高价的分类。帕累托分析法是用来确定分布中的一小部分决定绝大多数效应的一种流程。例如,在库存管理中 20% 的库存项目占了整个库存金额的 80%。

有一种被各种各样的组织所采用并调整的方法叫组合分析法。最初由彼得·卡拉杰克(Peter Kraljic)提出的这种方法,其结果形成一个 2×2 的矩阵,通常又被称作 Kraljic 矩阵。在这个分类的模型中,开支分类根据两个维度进行评估,一个是在市场上进行采购的风险,一个是该分类的价值及其对组织的影响。图 1-8-1 描述了市场的特点以及四个象限中的各项。一个开支分类分析可以在组织的层面进行,作为一个组织年度采购战略的回顾。这样的分析能够帮助供应管理团队识别潜在的风险和机会,并且决定第二年应该在哪些方面投入精力。

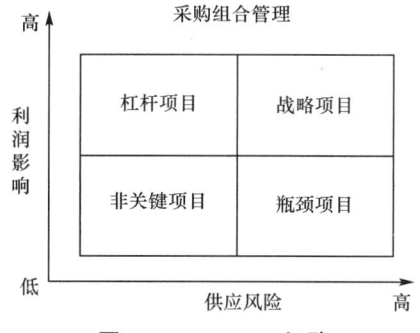

图 1-8-1 Kraljic 矩阵

8.3.2 制定分类采购战略▉▊

一旦列出了组织的开支就可以制定每个象限以及象限内具体到特殊地点的采购战略。每个象限的供应市场的基本目标在表 1-8-1 中给出。

表 1-8-1　供应市场的基本目标

瓶颈 确保短期内的供应 长期则需消除	战略 分散风险,平衡收支,开拓机会 以最低的总体持有成本来保持连续供应
常规 有效的流程 降低采购成本和缩短时间	节省 挖掘购买力 关注单位价格或成本并降低采购成本和缩短时间

　　采购流程的制定使得组织可以通过识别、区分优先次序,战略的制定和执行来节省开支。从供应管理的角度来看,一个采购实体的机会很大程度上来自其开支分类的价值以及在市场中采购一个分类的风险。供应管理组织所有层次的供应管理专业人员都要负责制定并执行节省战略。

　　开支分类使得制定的战略同分类里的特别风险和价值组合实现最佳匹配。通常,改善流程是进行非关键采购的一个主要目标,为了提升供应商的价格杠杆作用,开支合并是一个有效的战略,而为了得到供应商的创新则更适用于战略性材料,诸如人力、流程、技术和资金。这些资源的合理应用可以使供应管理更有效。节省战略可以用于短期以反映当前的风险—价值组合,亦可以用于长期以反映目标风险—价值组合。例如,针对一个高风险/低价值的项目的短期战略是通过一个长期的合同来保证供应,检查生产/交货或服务提供流程来缩短交货时间或把这个项目与更重要的项目相结合。长期来看,分类经理可能需要供应商同分类团队一起进行价值分析,找到一个低成本的方式来提供所需的功能。一个价值分析是一个系统地、客观地对商品和服务价值的评估,重点放在相对于生产或提供项目或服务的功能成本上。价值分析可以发掘最终产品和服务的本质价值:可能的话对规格和质量需求进行改变来降低成本,而不需要破坏职能的相互适应性。

　　成本分析管理在任何协调的供应管理流程中都同等重要:成本分析超越了对价格的关注,而是考虑跟商业决策相关的成本组成部分。在 Kraljic 矩阵中,成本分析在非关键和节省开支分类的管理中非常重要,因为其目标是提高流程的效率和控制购置流程的成本。在节省象限中,成本分析也非常重要,可以实现最低的总体持有成本。在瓶颈和战略开支分类方面,成本分析着眼于有关产品或服务成本因素和成本动因的购置信息,以便制定和执行战略来剔除或降低成本。

　　需求管理也能够提供节省的机会。根据开支分类的本质不同,可以从标准化、归类合并和捆绑中获取收益。例如,如果一个组织有完全不同的软件包,那么在组织内实行标准化的决定就可以将其分类转移到更高的价值和更低的风险。就软件而言,标准化可能会由于锁定一个供应商的软件而增加购置风险。但更强的数据可见度和易得性所带来的收益被认为超出了增加的风险。这样,风险减轻战略就成为采购的战略和实施的很重要的一部分。减轻风险是经理人所采取的一套特定的步骤,来降低可能会造成伤害、损失、破坏或失败因素的影响,这样就减轻了组织同其权益人关系中的责任负担,包括跟员工的关系和跟客户的关系。

　　供应管理任务或职能外包。任何有关商业流程的讨论(包括外包流程内的任务或整个流程)都应该给第三方提供者。商业流程外包随着需要考虑的目标领域的增多而出现了大幅度增长。例如,一个重要的全球制药公司最近列出 26 种与人力资源相关的任务并准备外包这些业务。供应管理子流程已经并且在将来会持续成为外包评估的目标。许多组织外包部分或全部库存管理、运输和其他与物流相关的任务。有些组织已经建立起购置生产资料的自有优势,把非直接材料和服务的购置外包给第三方。

将供应管理的一部分或子流程外包的决策很明显属于组织结构设计的一个基本决策。CAP 研究标准显示,目前只有少数组织将供应管理任务外包。但是,有必要质疑这些组织是否已经在特定的供应管理任务上开发出专业技能并从中获益,而且是否能够继续开发并保持使之成为核心竞争力,还是当时就应该外包这些任务。

8.3.3　标准化政策和程序 ◢⫻

回归分析。回归分析是供应管理专家的一个工具。相关性的分析被用来说明两个变量(或数据系列)的相关程度。相关系数显示了这种关系是正向(共同增长)还是负向(一个增长而另一个下降)。通过使用回归等式,一个变量的值可以基于另一个变量来预测。这就意味着预测人可以确定变量相互之间的随时间变化的关系。回归分析可以用于发现用途、价格、价格和数量、其他因素相互关系的趋势,任何统计类教材都会提供更多的有关回归分析的内容。

最佳实践。最佳实践只有在特定情况下发挥作用才称得上是"最佳实践"。通常来说,最佳实践意味着该组织已经在供应管理决策前、决策期间和决策后建立了控制系统和流程。政策和程序的最佳实践的特点是:

(1)它们支持公司的愿景、使命和战略。

(2)它们是可以获得的。

(3)已经对人员进行了使用它们的培训。

(4)它们将被持续使用。

政策和程序的宣传与沟通流程。政策和程序的变化必须要告知权益人,尤其是那些直接受到影响的人,他们可能是那些必须执行这些政策和程序的人,也可能是那些工作会受到影响的人。非常典型的沟通战略包括通过在企业内部网张贴在线说明书或进行在线培训。施加影响,说服员工并使其接受沟通的技巧。在多个层面无法说服并接受沟通的技巧会导致流程的实现缓慢,并最终影响到采购的相关指标。

 本章思考题

1.简述战略寻源采购流程步骤。

2.制订战略寻源采购计划包括哪些内容?

3.如何通过采购战略节省开支。

第9章 建设和管理供应链团队

供应链管理最终需要团队的协同努力来完成。本章重点讨论团队建设和管理应当注意的问题,包括岗位人才的配置、全球虚拟团队的建设以及人力资源管理。其中,如何留住高级管理人才是供应链人才管理一个非常现实的问题。

为了保持供应链管理团队的创新和活力,必须对团队不断进行继续教育。本章规定了继续教育的内容和考核制度。

◎ 本章目标

1. 理解供应管理专业人士的重要作用。
2. 熟悉制定全球化用人管理战略的意义和实施办法。
3. 熟悉对团队成员继续教育的管理办法。

>>>> 9.1 设定岗位职责

9.1.1 建立人才库 ◢◢◢

供应管理专业人士的人才管理任务首先就是围绕着公司的工作规划及全球市场目标来制定或重新制定供应管理范围内的岗位及岗位职责。然后是制定适宜的战略用以吸引、聘用以及留用供应管理人才,并开发、支持供应管理人才,确保组织机构中不断有合格的、可以继任的领导者及管理者。供应管理经理人士应该是供应管理方面知识的专家,并应积极倡导与公司内部业务合伙人以及公司外部的业务合伙人(如战略供应商、关键材料以及服务供应商等),一起创造并分享供应管理相关知识。供应管理专业人士还应该与人力资源部门紧密配合,使供应管理人员的业务与组织结构主动性(如员工多元化主动性)相结合,进行供应管理的职业发展规划,确保公司用工符合相关的劳动法律和法规。供应管理专业人士还应该带头给员工提供供应管理范围之外的有关政策和程序方面的培训。

供应管理内部的职位应符合公司的组织结构以及公司的相关程序,能够使供应管理专业人士为公司的成功发挥最大的贡献。公司要想成功就应该有人才库,应时刻考虑如何建立人才库:(1)企业的人才计划应符合企业业务发展规划;(2)人才管理不是单纯哪个人的工作,而应该是每个人的工作;(3)全球的成功依赖于各地区局部人才管理的有效性;(4)支持;(5)有效措施。

9.1.2 供应管理专业人士的作用

供应管理专业人士的作用(即权威级别、实际工作任务以及上下级关系等)与公司组织结构以及供应管理的集中化程度息息相关。例如,职能型结构工作中所需的技能和知识,可能不同于分部或矩阵型结构所需的技能和知识。职能型结构更倾向于自上而下的管理方式,有点官僚主义,那些喜欢工作程序化、有明确的工作指令以及有明确的工作职责的人在这种组织结构中可能游刃有余。矩阵型结构倾向于多重下属关系,工作职责模糊更易发挥出员工的潜能。那些不喜欢有明确的工作职责,能够很好地处理工作模糊性问题以及能够很好地在两个上司之间处理好工作关系的员工可能适合这种组织结构。表 1-9-1 可以用于指导我们的人才录用、留用升职及职业发展战略等。

表 1-9-1 知识转化为技能表

知识范畴	技能范畴
道德准则	掌握道德准则范畴下的各类情况。 能在道德范畴下做出相应的决策;能解决道德范畴内的问题及相互冲突
市场及行业,包括价格、成本,供应商及供应链	进行有竞争力的市场分析。 对供货商进行分析(做出判断、解决问题或化解冲突)。 展开价格分析,在招投标基础上定价。 展开成本分析以及所有权所有成本分析,决定与成本相关的事宜。 制定并执行供应战略及计划。 制定协商战略。 与股东、供货商等保持一定的关系
沟通技巧	有效沟通、化解冲突,解决问题,做出行之有效的供应管理决策。 实施协商战略,进行有效的影响、说服、让步等。 有效管理内部和外部的各种关系

供应管理决策制定的集中化程度也可能对工作设计产生影响。在集中化程度不高的组织结构中,供应管理人员所发挥的更多的是咨询方面的作用,其最重要的技能和能力可能就是建立一个强大的业务个案并能影响他人。相互依赖的内部用户群,各职位可能需要有很强的分析能力,并且使之量化,并以 Excel 表格形式有说服力地呈现出来。对于其他内部用户群,只需要一个口头的阐述或一份整理完好的文件即可。在集中化程度很高的组织结构中,各项政策及程序都由中央决策层制定并按部就班地实施,所需的各职位就比较结构化,只有符合政策及秩序才行。

供应管理程序及技术还可能对供应管理职位所需的知识和技能产生影响。在高度集中化的组织结构中,员工需要更多配备各种不同信息技术工具的设施,而在集中化程度不高的组织结构中,各分部或各地区执行多个不同的程序,这种情况下,供应管理职位可能需要很强的程序取向以及很强的设计严密方法的能力。对于那些进行国际化服务转移或者是将供应管理需求放置在靠近他们的国际化供货商的组织结构,就需要员工具备成熟的国际化大企业的工作经验。职责与工作安排,个人及集体的工作表现评估以及职业发展都与所掌握的知识和技能息息相关,知识和技能是在供应管理领域能够成功的关键因素。

进行工作设计时还应该考虑组织结构和部门在涉及工作场所问题方面(如弹性工作时间、压缩工作时间、远程电话会谈、工作分担、临时委任、咨询性项目以及兼职工作等)的立场。

文化智慧是"随时适应来自不同文化背景的人的能力,以及管理当今世界形势下相互之间关系的能力"。文化智慧包含三方面内容:对新文化进行思考,采取行动时态度积极、自信,以及根据情况灵活采取相应措施。

人才管理发展中的几条成功因素。首先就是领导力和公司目标。人才管理培训计划应该有明确的目标,提倡在公司内进行经常、公开、诚恳的交流与沟通。其次,所有供应管理领导者设计的人才管理战略都必须符合人力资源有关章程,如招聘、绩效管理、职业发展规划、继任计划和培训以及指导计划。

显而易见,设计供应管理人才管理战略中的任务和职责时应考虑多个方面,即设计的任务和职责要符合公司架构和经营目标、公司的集中化程度、公司程序、技术、劳动力组成情况以及工作场所等。一旦确定这些影响因素并在设计任务和职责时充分考虑这些因素,供应管理专业人士就会比较容易确定任务和职责所需的知识和技能,确保任务能够成功完成。

9.1.3 确定所需的知识技能 ◢◢◢

供应管理专业人士可以依据所需的知识和技能进行工作职责的设计和再设计。"知识"是这样定义的:知识指的是通过经历或联想所获得的、对事情的认识,对科学、艺术或技术的了解或掌握。对"技能"的定义是:运用所掌握的知识有效地执行某项任务的能力,或者是学过的做某件事情的能力。这样说来,知识就是知道某些事情,而技能就是运用这些知识做这些事情的能力。

人们在某个文化背景下进行工作的能力和技能,如下:

(1)思想开放、战术灵活。这样的人能够在不同的环境条件下生存、工作,可以自如地和不同的人打交道,而且愿意并且能够听取他人的建议和想法。

(2)对文化感兴趣、敏感。这样的人尊重他人的文化、民族及观点;不自负、不武断;渴望了解他人及他人的工作、生活习惯;善于发现事物的不同之处;喜欢社会竞争;和他人相处融洽;极富同情心。

(3)有能力处理复杂情况。这样的人解决问题时会考虑多个方面;在处理模糊性问题时游刃有余;做事冷静;在情况不确定时能够做出决定;善于发现事物间的相互联系,敢于冒险。

(4)性格开朗、机智、乐观、精力旺盛。这样的人喜欢挑战;不会在逆境中消沉下去;独立性强、有创意;善于发现事物的积极的方面;精力充沛、体力旺盛;能有效进行压力管理。

(5)诚实、正直。这样的人真实,做事前后一致,值得信赖。

(6)稳定的个人生活。这样的人都会有可以使其缓解压力的坚强后盾,通常情况下,家庭会给予很大的支持。

(7)增值技术或业务技能。这样的人有技术、管理和其他方面的经验,可信赖程度很高。

四项必需的领导人际交往技能包括建立可信任度、给出/接收反馈、获取信息以及人才评估。在全球领导力当中,集体技能是关键,如建立全球性团队协作、人才培养及发展、销售及谈判等。战略规划、知识转让、开拓创新以及变化管理则属于全球领导者所需具备的组织技能。

广义上的知识和技能范畴可以进一步细化,可以反映出供应管理内某一特定职位(如物流、仓储管理、采购等)的特定工作职责。比如,美国银行是一个以服务为基础的企业,其很大程度上依赖于团队协作。该银行服务采购中的职位则需要具备以服务为基础的供应链相关经验、很强的客户服务能力、很强的交互职能型团队技能以及很强的领导团队的能力。

目前全球环境下企业的工作步伐日趋加速,对那些需要不断面临迅猛发展的新兴市场的全球性企业来说更是如此。因此当前众多供应管理领导者在培养国际型人才时,都很注重其进行变化管理和知识转移的技能。供应管理专业人士很乐意同这样的有活力的年轻专业人士一起共事——能够很好地适应不断变化的外部环境,并能热心地将自身的知识和工作经验传给那些新录用的并渴望学习新知识的供应管理人员。

不断变化的供应管理程序、不断扩展的供应管理职能以及对供应管理人员的要求,都会对供应管理人员的知识和技能的需求发生变化。供应管理组织内的领导者、管理者必须要时刻关注这些新需求,保证其供应管理团队时刻处于竞争优势。决定今后供应管理的人员配备取决于以下因素,如销售预测、技术应用、效率变化、劳动人员的生产力及灵活性因素等,还有其他一些因素,如培训、组织结构变化、人员录用上的变化(国内、国际人员录用)、新规章或现有规章的变动、政策变化(工作量的增减及工作流量的变化)等因素。

9.1.4 将适当的知识和技能应用到岗位中

供应管理领域有很多职位和岗位,将这些职位和岗位进行分类的方法之一就是对其进行等级分类,把这些职位和岗位分成不同的级别,如副总裁、总监、经理及员工。副总裁级别的职责和任务主要由公司的长远目标和战略来决定。总监级别的职责和任务可以根据供应管理领域的不同方面来具体划分,包括采购总监、物流总监、运营总监等。其不同职位的工作描述将分别反映其在采购、物流、操作领域的职责,但总体上总监级的职责和任务都将处于同等的水平。经理级别的职责和任务也可以根据供应管理领域的不同方面来具体划分,举例来讲,公司内可能会出现多个采购经理,每个采购经理都负责各自不同的采购领域,如原材料、包装材料、服务领域等。物流经理也一样,多个物流经理各自负责不同的物流领域,如国内物流、国际物流、MRO 仓储经理等。不同职位的工作描述将分别反映其在采购、物流、操作领域的职责。但总体上经理级的职责和任务都将处于同等的水平。同理,员工级别的职责和任务也可以根据供应管理领域的不同方面来具体划分,如就采购领域来讲,不同员工可能关注的方面会不同,如采购行为的执行面、采购行为的操作面等。员工级别也可以包括仓储分析员、物流分析员、采购员等。职位级别主要是依据该职位的职责和任务、决策级别以及管理范围来设定。表 1-9-2 阐述了岗位职责与任务。表 1-9-3 为各级别对人员的具体要求。

表 1-9-2 岗位职责与任务

知识范畴	职责与任务
副总裁	制定战略性供应管理方向,指导制定相关战略并就战略实施提供管理方面的支持。 对于符合公司发展战略的供应管理上的创新举措要提供行政支持,确保在供应管理领域为公司发展做出贡献。 建立内部合作关系,据此对人员、程序及技术进行跨组织整合。 制定人才管理战略,确保其能够吸引、录用、留用并发展职业供应管理人才

（续表）

知识范畴	职责与任务
总监	和副总裁一起制定战略方向(如采购战略方向、物流战略方向等)。 指导制定相关战略(如采购战略或物流战略等)并就战略实施提供管理方面的支持。 确保各项新举措(采购方面或物流方面)符合整体供应管理战略以及公司的发展战略。 制定相关的管理考核体系(采购或物流等),确保能够为供应管理及公司发展做出贡献。 建立横向(总监级别)或纵向(上通副总裁,下达各分部经理)的内部合作关系,据此对人员、程序及技术进行跨组织整合。 向经理和更低级别的员工布置人员雇用战略,以吸引、录用、留用并发展职业供应管理人才
经理	管理直接汇报人员。 有效、高效地管理相关职责范围内的各种程序。 向总监提供职责范围内的相关知识(如采购或物流),并为整体供应管理战略的制定做出贡献。 指导制定与职责相关的战略(如原材料仓储战略等)。 确定适宜的工具和技术,并融入职能管理中。 对战略实施提供相应的管理支持。 确保各项战略(如仓储战略等)符合整体供应管理战略以及公司的发展战略。 对直属下属的工作业绩衡量及管理。 建立有效的内部合作关系,并准确无误地执行各项战略。 吸引、录用、留用并发展人才(如采购员、分析员等)
员工	按照程序执行各项战略行动。 在日常工作中使用合适的工具和技术做出工作决策。 工作要有效、高效

表 1-9-3　各级别对人员的具体要求

岗位	要求
副总裁	对供应管理的流程、工具和技术等知识的掌握要达到精通的水平。 优秀的人际沟通能力。 具有供应管理方面高等学位。 在领导和管理一个复杂、多元化的供应管理组织方面有资深经验。 可能具备实战资质
总监	对相关领域的程序、工具和技术等知识(采购、物流等方面)的掌握要达到精通的水平。 优秀的人际沟通能力。 在相关领域(供应管理、物流等)达到学士学位,最好是硕士学位。 领导和管理多个复杂、多元化的供应管理、物流等方面团队有资深经验。 具备所需的实战资质
经理	对相关领域的程序、工具和技术等知识(供应管理、物流等方面)的掌握要达到精通的水平。 优秀的人际沟通能力。 在相关领域(供应管理、物流等)达到学士学位,并且/或者具备 3~5 年的相关领域的管理经验。 具备实战资质优先
员工	最好具备供应管理领域的学士学位。 或者在相关领域有 3 年的工作经验

　　表中所阐述的职责和任务明确地指出了供应管理组织内的人才管理战略所需遵循的标准,是全球性大公司倾向于期望其未来的全球领导者们所能达到的程度。未来全球领导者们的其他主要职责与任务:

　　(1)同其他组织建立有效联系;

　　(2)做决策时要有全球统筹观念;

（3）建立跨组织的有效合作关系；

（4）尊重他人。

>>>> 9.2　制定全球用人及人才管理战略

9.2.1　全球劳动力的多元化 ◢◢◢

大多数公司都会建立雇佣政策,支持公司的战略计划及目标,并通过相关的参数衡量员工的工作行为。广义范围的政策比狭义范围的政策可以给决策者提供更大的自由度。举例说明,如果一个公司的招聘政策鼓励员工多元化,那么人力资源经理及招聘经理就需要从不同民族、不同文化背景的应聘者中挑选候选人。从另一个方面讲,如果招聘政策仅限于从公司内部招聘或提升一位经理,那么可供人力资源经理和招聘经理选择的合适人选就会有限得多。供应管理人士在用人战略中的职责是:既要符合人力资源相关政策,又要用这些政策影响公司发展计划。在制定用人和人才管理战略时,供应管理人士必须考虑的重大事宜之一就是劳动力多元化的程度及影响。

多元化可以从广义上进行定义,每个员工都是多元化的一部分,都有其价值;也可以根据公司的具体需求从狭义上进行定义,纠正用人方面的偏见。由于以下原因的存在,专家们指出,劳动力多元化越来越成为一个重要趋势:

（1）越来越多的公司全球化,导致劳动力全球化、市场全球化以及经济全球化。

（2）公司出现不同工作团队的现象越来越普遍。

（3）多元化趋势越来越成为一个公司问题,而不是一个社会问题,它与竞争战略紧密相关。

（4）人员多元化、授权多元化会带来高利润、高成本。

（5）越来越多的高层管理人员开始关注多元化问题,因为他们意识到多元化员工需要更好地利用以期发挥其竞争力。

（6）培训专员将面临更多的反面意见的挑战。

（7）多元化培训与其他形式培训的结合。

一方面由于多样化人口、移民、市场及源地址等现象的存在,另一方面由于法律法规及相关管理规定允许管理者们录用、留用并提升多元化人才,所以目前劳动力的多元化现象在大多数企业中普遍存在。由于劳动力组成在全球范围内发生了变化,所以涉及多民族、多文化、多语种方面的问题就会随之而来。全球经济以及随着劳动力市场的转移而发生的经济中心的转移,将很多管理者的焦点引向了多元化劳动力管理的问题,无论其在何地理位置,所属何种民族、种族,以及遵循何种道德准则。

招聘以及员工筛选战略必须考虑到日趋发展的人员多元化（不同种族、道德、性别、年龄、性取向及地域差别等）所带来的劳动力组成的转变。例如,在老龄化严重的经济发展较好国家（包括美国、德国、法国、意大利、加拿大、日本、澳大利亚以及英国）已牵连劳动力队伍的组成、规模以及劳动成本,并波及了其他国家。由于欧洲人口不断减少,且老龄化程度越来越严重,所以适龄的劳动力数量也会随之减少。

经济发展中国家受过大学教育的年轻人数量超过发达国家。发展中国家受过高等教育的人口的不断增加也为企业和人才提供了机会,同时也使劳动力市场继续发生转移。受过高等教育的年轻人可以通过工作签证的形式从发展中国家移民到发达国家。很多发达国家都有那种与美国的 H-1B 签证类似的签证。科技的进步将进一步放松地域上的限制。这样,受过高等教育的年轻人便可以不必更换工作单位,从一个国家或集团到另一个国家的公司工作。供应管理人员在制定用人、留用、管理及制定全球多元化及全球范围内劳动力分配战略时,通常会遇到很多挑战。供应管理人员必须引导供应管理团队认识到多元化劳动力呈现出的机遇并加以优化,还应引导团队应对各项挑战,学习如何与他人进行合作。

团队中有不同的年龄段的员工的优势在于,可以了解社会当前的思想和做法,也可以与时俱进地与最新的知识和经验相结合,但同时年龄本身的差异也会带来挑战,各种情况会随之而来,例如:

(1)年轻人管理年长者;

(2)受过正规高等教育的年轻人受制于受过非正规教育的年长者;

(3)道德观、工作原则、着装、行为、个人及工作目标上的差异等。

文化背景不同,出现这些问题的形式也就不同。例如,在一个敬重年长者的文化背景下,如果年轻人处于一个管理年长者的位置,他就会感到不自在。

9.2.2 吸引、聘用多元化的人才 ▰▰▰

根据公司用人战略的不同,具体地说,根据空缺职位的级别,该职位所需的知识和技能以及该职位需求的紧急程度不同,公司吸引人才所采用的方式也就不同。通常所运用的招聘方式是校园招聘、猎头公司招聘、公司内部及外部发布招聘广告等。

1. 根据职位级别制定招聘战略

根据空缺职位的级别(初级、中级或高级)来决定采用不同的招聘战略。

(1)初级职位。对于供应管理中的初级职位,通常公司都要求具备学士学位。这类职位的招聘,通常可以通过参加校园招聘会、人才交流会以及职业介绍中心或学校的毕业生分配办公室等方式。制定相关的夏季学生实习方案或者是 6 个月期限合作方案,既可以帮助企业解临时之需,又可以帮助企业发现有潜力的人才。

(2)中级及高级职位。中级及高级职位可以聘用有过几年工作经验的 MBA 毕业生,或者是通过猎头公司来找。很多招聘经理们发现高素质供应管理人才的要求很高,需要几个月的不断搜寻并提供非常丰厚的福利待遇才能吸引到合适的候选人。如必须通过猎头公司,那么所使用的猎头必须要专业做供应管理人才的搜寻工作,并且在高素质供应管理人才方面有过成功猎头的经验。猎头公司通常也会帮助供应管理领导者们评估当前的人才市场及各方面的条件等,每个成功的猎头公司都有一定的市场搜索能力。

(3)推荐材料、经验及教育/培训。进行人员面试首先要看候选人的推荐材料、经验以及教育/培训情况。通常就是先看候选人的简历。招聘经理应非常清楚该职位的工作职责及任务,候选人的教育背景、培训情况及工作经验便可以表明该候选人是否适合这个职位,招聘经理还会和人力资源人员一起列出一系列相关问题提问所有候选人。

2. 面试过程中的问题

招聘人员在进行面试时通常会采取几种不同的方式,如行为面试、案例分析及讨论、团队面试以及解决问题实践等。提问问题的形式以及面试采取的方式取决于面试者对问题目标的理解。面试者必须要清楚何种问题或以何种方式不适合提问候选人。例如,面试者不能提问候选人的婚姻状况、现有几个孩子或者是计划什么时候生孩子等问题。总的原则是只能提问与职位本身相关的问题。如果该职位需要频繁出差,那该信息就应该在最初的工作描述中提出。面试者不应该假设有孩子的妇女不能从事出差的工作,也不应该就孩子和照料孩子方面提一系列问题。面试者可以询问候选人的兴趣爱好、是否愿意出差以及之前工作是否有过出差等。面试可以就具体问题是否合法向人力资源部门进行咨询。

9.2.3　留住高绩效人才

留用高绩效员工与吸引高绩效员工一样需要进行计划。只有具备三个条件才能有好的绩效:

(1)工作严格履行高标准。

(2)符合社会需求。

(3)员工实施起来感觉有意义,心情愉快。

人才留用计划侧重于营造、衡量及维护这些条件,尤其要关注:

——员工的工资。

——对员工价值进行评估并加以认可。

——制定职业发展规划。

——衡量并提高员工的工作满意程度。

——创建支持性的工作环境。

——帮助员工协调好工作和生活事宜。

——福利待遇。随着供应管理员工创造的价值越多,提供给员工的福利待遇就要相应增加。福利待遇包括交通、弹性工作时间、长期出差可以休假、教育机会等。不同年龄段的员工对休假时间和金钱补助的要求也会不同。公司如果有相当灵活的福利待遇可能会吸引更多的候选人。

价值评估。对员工创造的价值进行公平、公正的评估,对人力资源人员以及公司管理者来说是一个不断的挑战。通常情况下,员工工作出色,或者至少是尝试过,并且员工自我认为他们已做出努力并且工作已有所进步,我们就应该给予足够的重视。

职业发展。在当今的组织结构中,通常往上提升的机会不多,一般都是在现有职位的基础上进行横向职位变动或者是增加工作职责。考虑到员工的个人职业发展规划以及社会对更高管理职责的需求,这种对员工进行横向职位调动就显得有些困难。拥有广泛基础的很强的供应管理组织的优势之一就是它提供了多样化的工作职位、工作职责及任务。供应管理人员可能会满意于学习更多的供应管理知识并可以轮流体验不同的工作岗位。管理者们还必须认识到员工有可能利用这样的机会跳槽到其他公司,担任更高的职位。管理者们应充分了解员工的需求,这样才能根据其需求对其工作经验和机会进行“量体裁衣”。

工作满意度。要经常对员工的工作表现进行衡量并加以奖励,以此激励员工。因此,从工作的各个方面明确并衡量员工的满意程度是提高员工工作满意度的一个重要工具。通常情况下,人力资源部门每年都会组织一次匿名的民意调查,了解公司不同级别员工的情况。调查涉及工资、福利待遇、工作环境、是否有合适的工具来开展工作、受教育的机会、公司政策的灵活性等各方面。

工作环境。公司领导层及管理层对工作环境各因素进行规定,并通过各项政策、程序或规章加以实施。举例说明，Google 为员工的个人生活提供了一系列待遇及方便措施，使其能够集中精力进行工作，而不必担心在个人生活上做出牺牲。

工作与私人生活的平衡。在复杂多变的环境下，也就不存在个人与集体之间平衡的问题。员工可能需要一周 7 天，一天 24 h，随时随地待命。有些公司的文化背景就需要这样，这样的公司更加注重结果，而不重视员工什么时候、以何种方式进行工作。其他公司的企业文化则认为员工需要长时间对某项工作亲手操作、掌握，员工的工作时间长短与生产力同等重要。是否能够留住高绩效人才取决于公司管理者及公司文化是否能够提供一个合适的工作环境。

员工职位提升。一个公司的管理必须要能充分考虑到员工的提升潜能，并进行一系列规划，为其提供机会使其在公司内处理更多的工作职责任务或获得更高的职位。在一些公司里，管理层级别的职位的数量减少了。这说明那种需要员工具备管理能力的职位数量减少了，这就使那些想留住好员工的管理者们处于进退两难的境地，员工职位横向发展，拓展其工作职责范围。增加工作的挑战性以及提供员工待遇是留住好员工的最基本途径，管理层有时也不得不承认，有些员工不可能长期地为公司工作，例如，录用有 MBA 文凭的员工固然不错，但可能这类员工在公司只能待 4~5 年，其职位将达到其在公司内的最高级别，而不会再有发展的空间。建立稳固的工作提升机制并将此机制与所有公司员工进行沟通，可以消除员工在升职方面的很多疑虑和顾虑，比如公司可能需要员工获取某项职业资质才能进行。

职位的提升。这就需要结合公司针对每个工作岗位和工作级别的培训计划及培训需求，这样员工就会清楚地了解不同工作岗位及工作级别所需达到的知识水平。有些公司是从公司内部提拔人才。这样的好处就是告诉本公司现有员工工作的提升是可能存在的，而有些公司则是从外界招聘合适的管理人才，不管是采用哪种方式，都会给员工带来某种激励。

职业发展。供应管理人员还必须考虑供应管理领域及公司其他领域的发展道路，供应管理组织的规模；其控制范围以及员工的更换频率都会影响职业发展机会，招聘经理们倾向于招聘那些有野心的；有提升潜力的人员来组建一个强大的、有创造性的供应管理团队，然而，并不是所有的初始职位及采购员职位都需要招聘那些有提升潜力的人员。通常情况下，能够获得提升的空缺并不多。如果一个员工的工作不再具备挑战性，该员工就会产生不满情绪，就可能会选择辞职或工作表现上不再积极。鉴于这些原因，在人员的筛选上必须慎重，在招聘过程中，多数管理者们都会将候选人的个人资质和技能与公司的现有工作要求甚至今后的工作要求进行比较，这样在人才录用之前就考虑到这些方面会更简便，成本也低。一个受过正规训练的供应管理人员是无价的，而一个不合适的人选将会是公司的负担。

内部提拔。有些公司倾向于从公司或部门内部提拔人才，其优点及缺点见表 1-9-4。

表 1-9-4　内部提拔的优点及缺点

优点	缺点
保持员工士气，让员工不会感觉陷于永无休止的工作中	一个人的提拔可能导致更低级别的一系列的提拔，即几个人会同时得到提拔，如果公司内部经常出现这种连锁性的人员提拔，那公司将会失去稳定性，因为大批员工处于不断地学习过程中
刺激员工的工作表现	如果公司发展迅速，可能会导致一些没达到提拔条件的员工得到提拔，这样导致其工作表现极其普通，同样会引发不稳定问题

（续表）

优点	缺点
降低培训成本，因为员工已经具备了相关的知识和技能，缩短了对新职位的适应期，并且员工已经在公司内建立起了相关关系	内部提拔最终可能导致"近亲繁殖"

外部招聘。聪明的管理者如果发现条件成熟"就会从部门内部提拔人才，但如果内部人才提拔会生成一系列其他问题"就需要从外面招聘合适的人才。外部招聘的优点及缺点见表1-9-5。

表 1-9-5　外部招聘的优点及缺点

优点	缺点
从其他部门招聘	
熟悉公司的运作方式，比新员工上手要快	将对本部门的员工士气及工作效率产生负面影响
将带来相关职能部门的经验，有助于供应管理部门的业务开展，也会增强与用户部门的关系	如果部门内部有高绩效的员工，他们可能会寻求到其他部门发展
从公司外部招聘	
从其他公司挖人才的优势很明显，尤其是对于特殊技能的员工以及从事管理的员工来说尤为如此，因为挖来的人才能够给公司带来新的思路和观点	将对本部门的员工士气及工作效率产生负面影响
会杜绝论资排辈的现象发生	如果部门内部有高绩效的员工，他们可能会寻求到其他公司发展；而且外来员工在本部门执行工作的能力及效率会因为本部门员工的抵制而受到阻碍

9.2.4　员工合同解除 ▰◢◤◢

只有不断地对员工工作进行记录及评估，才能在解除员工合同时做到公正、合乎规范。对于一个全球性企业来说，供应管理领导者们应该了解不同国家的相关劳动法律。

举例说明，在墨西哥和巴西，如果合同解除被认为不公正，则解除合同就会比较麻烦，而且会有罚金；在日本，解除合同需要提前30天通知员工。不管在哪个国家，解除员工合同都不能凭一时兴起，也不能因为不明确的原因或是个人原因解除员工合同。解除合同必须符合公司人力资源部门制定的相关解聘程序。这些程序的制定旨在防止不正当的员工解聘、防止因为个人喜好而解除员工的现象发生，也可能由此使绩效差的员工转变成为一个高绩效员工。

通常情况下，如果员工一直以来工作绩效很差、不服从命令、严重违反规章制度，如偷盗、长期滥用公物等可以解除其合同。解除合同之前应给予员工一定的时间允许其改正错误（偷盗行为除外）。按照人力资源部门制定的制度要求，解除合同的原因一定要记录在案，还应提醒员工注意在合同解除前处于试用阶段。否则，公司可能会面临法律上的麻烦。

按程序办事。大多数公司都有已成型的解除合同相关政策，包括人事政策、程序、工会要求以及正当程序等。正当程序指的是员工有权利通过法律诉讼来保护自身权益。对于工会员工或是下岗员工，工会合同通常会注明下岗员工按照资历享有重返岗位的权利。大多数公司已建立一套完整的文件体系及程序，确保能够尽可能客观地处理员工的解雇事宜。最关键的是，全球性企业的领导者们必须了解企业所在国家的相关劳动法律、具体实施细则以及现有法规的变化等。

离职前安排新工作。很多公司在解聘员工前会为被解聘的员工安排新的工作,尤其是那些因为编制缩减而被裁掉的员工。在美国,公司通常会聘用一家代理公司对被裁掉员工进行咨询并帮助其找到新工作。如果在本地区内没有相关的职位,那代理公司会侧重于帮助员工找到其他与该员工技能相关的职位。

离职谈话。尽管与离职员工的谈话司空见惯,可以通过离职谈话了解员工对公司环境和公司文化的反馈意见。员工离职的原因有很多,如果员工离职是因为他们找到了更好的发展机会(有可能去竞争公司),那么与该员工的离职谈话就会为公司人力资源规划提供有用信息。

9.2.5 继任计划 ◢◢◢

人才管理的另一个关键方面是确保供应管理组织在各层面都有合格的、有经验的人才,并可以在机会成熟的时候从事另一项职责。管理层继任计划是管理层制定的主要高层人士继任的一个正式的规划。供应管理人员主要负责建立并管理供应管理组织内的继任计划,并负责进行工作安排,以便提供职业发展机会。制订继任计划可以先列出现有职位的人员名字,然后列出可以继任此职位的 1~2 个人员的名字。另一个制订继任计划的方法是预测每位员工 5 年内的职业发展规划。

⟫⟫⟫ 9.3　面试问题范例

1. 人际关系沟通

你最引以为豪的写作方面的成就是什么?

你曾经历的最难的一次写作任务是什么?并进行解释。

描述一下你是怎样着手书面或口头演讲的。

你擅长口头表达还是书面表达?为什么?

说一下你以前和团队中的其他成员之间出现性格上的冲突时的情况,当时你是怎么做的?

说一个与你曾经碰到过的和你性格有差异的人成功地进行交流的例子。

说一个你曾经运用自己的口头表达能力成功解决的对你很重要的事情。

2. 团队技能及促进行动

举例说明你认为自己能够激励同事或团队其他成员。

(1)在以前的工作中你在团队建设中发挥了怎样的作用?

(2)举例说明如果团队发生冲突,冲突是如何解决的?你在解决冲突的过程中发挥了什么作用?

(3)是否领导过一个不直接向你汇报的团队?你是怎样激励你的团队成员的?

(4)是否领导过一个多文化团队?或是在一个多文化团队工作过?团队会面临什么样的文化差异带来的挑战?团队成员是如何学会共同完成目标的?

3. 分析解决问题

(1)举例说明你曾经进行大量的分析并最终做出决定的事情。

（2）你曾经接受过的进行调查研究和数据分析方面的课程或培训。

（3）你如何确定所获得的数据足以做出决定？

（4）描述一下你曾经遇到过的需要你尽快做出决定的情况。

（5）描述一下你曾经遇到过的必须运用你的发现真相的技能来获取信息，并最终解决问题的情况。你是如何对信息进行分析并做出判断的？

4. 技术能力

（1）说一下你参与预算制定或进行财务分析的程度。

（2）说一下你在做出采购决定时所采用的成本分析方法。

（3）描述一下你曾经参加的提升你的技术知识及技能的课程。

（4）说一下你曾经遇到过的不明白的一个技术问题，你当时是怎么处理的？

（5）说一下你经常运用的尽快提高自身技术水平的过程。

5. 网上调查及寻源分析

（1）描述一下你进行上网调查使用的设施。

（2）描述一下你曾经参加的信息技术方面的培训课程。

（3）描述一下你曾经运用网上调查来分析并解决一个问题，或者是对数据进行分析。

6. 谈判技能

（1）描述一下你曾经进行谈判的情形，最终达成双赢了吗？

（2）当你处于一个利益相互冲突的情况，而又必须做出决定时，你通常会采取哪些步骤？

（3）你如何判定什么样的事情是可协商的？

（4）说服他人时你通常会采取哪些步骤？

（5）你曾经向你的老板提过的最好的建议是什么？他为什么要采纳你的建议？

7. 教育及职业

（1）你为什么要或不要拿到这个领域的职业证书？

（2）你最近在拓展工作知识、提高工作技能方面都做了哪些努力？

（3）就个人培训和发展来讲，你的6~12个月计划是什么？

8. 持之以恒地学习

（1）你对目前的培训和受教育的程度满意吗？为什么？

（2）你认为培训和职业发展从多大程度上取决于公司而不是个人？

（3）你经常看什么杂志、报纸、报道或浏览什么样的网上资源？这些对你的工作起到什么作用？

≫≫≫ 9.4　职业发展机会

9.4.1　学习型组织

学习型组织是这样一种组织，即大家可以不断拓展自己的能力以期创造他们真正期望的成就。学习型组织鼓励大家有创新的拓展式的思维模式，大家可以有各自不同的远大志向，能够不断地学习如何共同学习。比竞争对手有更强的学习能力才算是真正的竞争优势。

员工的不断学习体现的不仅仅是员工所需技能的学习,更重要的是,它体现了员工自身不断发展的一种欲望和动力。

如果一个管理者期望其员工能长时间保持高绩效,那该管理者就必须委以一定的职责来协助并指导该员工能够不断地提升自身的能力。发展全球领导人才如此重要,以至于很多公司和企业企图加速对那些有成为全球领导者潜力的人才的领导力培养。供应管理领导者们必须提供一个国际化培训框架。提供初始评估和经验,实施阶段性职业发展,设计加速职业轨道,修订公司的现有继任方案战略,在发展区域实施轮流委任制,提供机会与国际资深经理培训师、指导师及业务楷模接触,以帮助加速全球领导力的培养。年轻有潜力的领导者必须在其职业发展的初期让其担任国际化任务安排,所赋予的特殊项目及任务、临时性委任及工作安排必须是全球范围的。另外,还要最大化地提供其国际管理教育及培训方面的机会。公司可以采取多种不同方式来决定培训和发展需求。最基本的是要将工作需求和要达到期望的目标值所需的技能进行比较。

9.4.2 技能评估 ◢◢◢

对技能进行评估并确定培训需求需要三个阶段。

第一个阶段是为供应管理制定任务说明,详细阐述对供应管理职能的要求,以及完成这项任务需要具备的条件。

第二个阶段是一一列举供应管理组织结构中不同管理层所需的不同的供应管理技能及能力,然后编写各职位的工作职责及要求,以吸引并筛选合适的候选人;也可以对员工进行绩效评估,进行职业发展规划,寻求职业发展机会等。

第三个阶段仍然是对员工个人的实际工作表现与期望的能力水平进行比较。该评估过程直接记入供应管理专业人士的职业发展目标中,在一个动态环境下,所需的技能、所要求达到的能力水平以及实际的工作表现都可能因内力或外力因素的影响发生改变。

9.4.3 工作分析 ◢◢◢

一些公司为供应管理专员开发了一个针对目标专项培训和发展需求的诊断性工具。通常情况下,诊断性方案首先要进行工作分析,明确供应管理部门的重要任务;而后,对每个参与测试者进行一项诊断性测试,测试其对基本任务的理解情况,之后对照着规范确定测试者在执行不同供应管理任务中的优势和劣势;最后,将工作分析和诊断结果结合起来,形成一份培训计划。培训重点主要是对公司发展起重要作用但员工还未掌握的方面。这样一来,设计的培训方案便能以最有效的方式使员工的绩效最大化。

在传统的诊断过程中以及运用一些独特的评估方法评价一个人的理解能力和技能的过程中,一些全球领导者从中寻求学习主动性并用它作为筛选全球人才的标准。学习主动性,指的是学习知识以及将之应用到其他情形中的一种激情和能力,是商业环境下领导者们所具备的为数不多的文化特性之一。高层们承认虽然没有任何仪器能够对学习主动性进行精确测量,但他们坚持认为在发掘潜在全球领导者时,学习主动性发挥着重要作用。

9.4.4 差距分析 ◢◢◢

差距分析指的是员工的实际技能和其职位要求达到的技能之间的差距(或距离),结合该技能的重要性程度,决定其培训重点。表 1-9-6 给出了差距分析范例。

表1-9-6 差距分析范例

管理技能	分析技能
计划及战略发展	会计/微观经济/财务方面
项目管理	商务数学/统计
供应基础管理和发展	物料管理
合同签订及管理	成本及价格分析
时间管理	商业技能
人际关系技能	宏观经济
有效地跨文化沟通	国内及国际商业法
同文化或跨文化谈判	风险管理
全球商务道德规范	行业程序
职业发展	运输
领导力技能/团队建设	质量
解决问题的能力	全球供应管理
	供应管理方法和实践
	社会责任
	供应商认证

(1)确定相关技能。

(2)明确某项技能的重要性程度并衡量员工现有的能力(要根据多人的反馈进行衡量)。经理们对某个职位的某项技能的重要性程度进行评估,并对其重要性程度分为1~5级(1=最不重要,5=最重要;X=对从事该项工作的员工所需达到的能力反馈的平均值;O=对从事该项工作的员工实际能力反馈的平均值)。

(3)衡量重要性和技能水平之间的差距,明确今后改进的方向。

该范例可用于员工和上级主管之间进行工作评估、指导以及咨询的工具。员工可以用此工具先进行自我能力评估。然后和上级主管一起,建立行之有效的行动计划,提供相应的机会(培训及获取相关工作经验),来提高自身的技能。主管们也可以用此工具来解释技能需求和其他工作安排有何差别。

9.4.5 确定培训及发展需求

根据55名来自全球大公司的供应管理高层所提供的信息确定了当前和未来最需要的几项培训需求(见表1-9-7)。

表1-9-7 大型集团公司管理者推荐的必需培训需求

培训需求	
团队建设	领导力、决策力、影响力及折中性
战略计划技能	划定项目范围、目标设定及执行
沟通技能	演讲、公众演说、倾听和写作能力
技术水平	进行网上调查及来源分析
财务技能	成本核算、建立商务案例

（续表）

培训需求	
人际关系管理技能	道德规范、关系促进、冲突化解、有创意地解决问题
法律事宜	在全球环境下进行合同书写、风险规避

9.4.6 团队建设 ◢▕▏

对很多企业来说团队是一种生活方式，所以，学会做好团队领导者、团队成员以及团队促进者便成了很多人成功的关键。管理层必须决定团队如何运作、团队成员都包括谁以及团队如何构架等。尤其在国际环境下，个人必须能够听取他人的意见和建议，必须尊重他人的文化，不武断、不自负。如果团队成员在一个自我导向的团队中工作，那么在他进入这个团队之前，必须接受公司提供的相关培训。有些企业利用人的性格来帮助团队成员欣赏并理解人与人之间的差异，并以此提高团队效率。

我们每个人在自己的影响力范围内都有可能用到领导力。供应管理人士也必须负责并支持其每位下属发展这种领导潜能，可以指导、训练甚至培训其下属充分发展领导潜能。一个人的影响力范围可能比其正常的职能范围更能体现其领导才能，国际上公认这种人必须思想开放、灵活、对文化敏感。同样，一个人在一个企业中的变革能力取决于他是否能够创建一个公认的远景目标，并能激发、鼓励他人不管在顺境还是逆境下都能坚持不懈地朝着这个远景目标不断奋斗。能够不断发展自身的协作能力，并能够培养他人的这种能力是领导力发展的关键，尤其是继任计划中不可或缺的条件。

做一个有效的决策者也是一项关键的领导力技能。决策力包含一系列的技能，如信息采集、分析，从很多选项中选定一个方案并加以实施或者是预测其实施情况。决策很少在所有信息都掌握或所有必然性都出现的情况下决定。要有决策力指的是能够判断出什么时候信息足够而且已进行了充分的分析并认为可以下决定。决策力决定实施过程，员工个人很难进行分析、决策并能实施或预测实施情况。

分析型解决问题指的是一个人将基本问题的解决步骤应用于各种问题的分析，并采取最终决定实施的能力。问题解决的基本步骤是发现问题、决定其重要性和紧迫性、对问题进行质化和量化分析、找出不同解决方案、对不同解决方案进行比较、做出决定、制订并实施计划等。分析型指的是发现并收集相关信息，对信息进行综合、比较、阐释，在寻找解决方案的过程中发现它们之间的关系、所存在的困难和机遇等。问题解决者是能够进行这种分析（不管是自我分析还是他人提供的分析）并能选定相关解决方案的人。

能够影响、说服他人以及能够进行有效折中的能力在一个授权、共同控制以及个人和团队共同奋斗为主要管理理念（而非自上而下、命令-控制型管理理念）的企业里显得越来越重要。在供应管理领域，与公司内主要股东、供货商之间的管理关系就是一个接连不断的影响、说服、解决冲突的过程。

9.4.7 战略规划技能 ◢▕▏

划定项目范围。根据项目管理学院的定义，项目范围管理指的是确定项目的过程，就是项目都包括哪些必需的工作。项目范围管理过程包括：

（1）范围规划。如何对项目进行定义、鉴定、控制，以及如何进行项目拆分的文件。

（2）范围定义。详细的项目范围说明，它是今后项目决策的基础。

（3）创建项目拆分结构（WBS）。把主项目及其工作范畴拆分成更小的、更利于管理的单元。

（4）范围鉴定。对整个项目完成时的验收程序。

（5）范围控制。控制项目范围中出现的变化。

目标设定。设定目标的能力也是战略规划技能的一部分。如果目标能够激发个人的关注力、指导个人的行为、增加个人的付出并鼓励个人进行规划，那么这样的目标就可以直接影响个人的工作表现。有效进行目标设定是公司内每个人所需具备的技能，在人才招聘和发展过程中，领导者和管理者应该尝试对个人设定目标的能力进行评估。设定目标的方法有很多种，其中最常用也是最有效的一种是 SMART 方法。SMART 是以下几个词的缩写：

Specific（具体的,明确的）；

Measurable（可度量的,可测量的）；

Attainable（可实现的）；

Realistic（现实的）；

Time-bound/trackable（时限的）。

领导者、管理者应该在人才录用前尝试培养其设定目标的能力，并不断强化这种能力。

目标执行。有效、高效地执行计划并且达成目标的能力同制定目标和计划同等重要。供应管理人士在录用、培训及提升人才时，必须确保他们能够执行计划或者能够预测计划的执行。在公司具备相应的组织结构、技术水平及规程的情况下，只有合适的人才才能准确无误地执行既定的目标及计划。

9.4.8 沟通技能

人际沟通能力通常会出现在员工（尤其是供应管理人士）所期望具备的所有特质中的首项。根据调查显示，"年复一年，雇主们讲他们所期望的候选人所具备的技能中，占第一位的当数良好的沟通技能，即能够清楚进行写作和说话的能力。但不幸的是，虽然雇主们每年都要求具备这种能力，可大学毕业生们还是很缺乏这种好的语法和写作的能力。"对候选人这种沟通技能的要求并不是最近才出现的。对人际沟通的重视代表了从以交易行为为目标的沟通向人际关系（与供应商及客户间的关系）最优化沟通的转变。

很多人都害怕在公众场合讲话，有些人甚至是受过高等教育的人写作能力也很差。领导者、管理者必须和员工们一起弄清他们在哪些方面可以为公司做出更大贡献，团队怎样可以取长补短，创造强有力的、多样化的沟通能力。

9.4.9 财务技能

供应管理人员越来越需要具备一些广泛的财务技能，如成本核算及建立商务案例等。供应管理人员的职业发展规划可能包括研讨会、培训课程以及在岗培训等，以获取成本核算知识并将其应用于成本分析并更好地管理成本。

9.4.10 技术水平

对于供应管理专业人士来讲，技术知识及技能指的是使网上搜索及企业资源规划（ERP）工具效率最大化，并且在搜索过程中对收集到的信息进行分析的能力。供应管理专业人士必须能够对从网上以及公司现有信息技术体系获取相关信息，并能加以分析，而且还能够很快适应新兴的技术。熟悉各种不同的硬件、软件及系统已成为公司录用人才的一项基本要求,只有熟悉各种不同的硬件、软件及系统,才能用其评估来源机会、确定可供选择的方案以及评价市场动态及供应商方案等。供应链管理绝大程度上是由管理公司信息流的能力决定的,而信息技术则是对供应链进行有效管理的重要工具。

大多数企业在招聘员工时,通常都会录用那些对公司已有系统熟悉的人才,所以从长远利益上来讲,员工个人如果能够很快地熟悉某个硬件、软件或系统就显得尤为重要。不过,计算机只是一个工具,真正的供应管理人才要能够从众多的信息中辨别出有利于决策制定的相关信息。

9.4.11 人际关系管理技能

冲突化解。矛盾在很多情况下都是不可避免的。人们处理矛盾的方式有很多种,如逃避、吵架、平息冲突、妥协以及抵抗等。如果目标相互竞争或者是相互矛盾,那这样的跨职能及跨组织团队就不可避免地会出现冲突。我们必须培养员工能够建设性地解决冲突的能力。研究显示,那些在出现冲突时团队成员能够共同解决冲突的团队比那些平息冲突的团队的工作绩效要好得多。

创造性地解决问题。解决问题指的是在不知道如何从已知状态到达期望目标状态时运用并控制一些基本技能的一种高等认知过程。复杂的问题都有其独有的特征,如情况不明朗性,目标多样性、复杂性、动态性、不可预知性等。要想加强工作中的创造力,需要具备三个条件:

(1)专业技能(技术上、过程上以及知识水平上);

(2)进行创造性思考的技能(人们看待问题的灵活性及想象力的程度);

(3)动机(尤其是本能动机)。

大多数企业管理者都期望员工能够具备创造力,而那些大型的、严格受规定限制的、等级观念强烈的公司则不需要员工能够进行创造性思考以及创造性地解决问题。供应管理专员所面临的挑战是创造一个鼓励创造性思维的工作氛围。

法律事务、合同起草、风险规避。供应管理专员还必须具备相关的法律方面的知识,包括相关法律法规,能够起草合同文本,能意识到进行法律咨询、进行风险规避的需求。

>>>> 9.5 职业培训

9.5.1 设计并计划培训方案

以技能为基础的培训。以技能为基础的培训,就是通过培训使受训者掌握如何做某项工作的技能。对于培训的管理者和制定者来讲,主要考虑:

(1)受训者应掌握哪些技能?

(2)如何对这些技能进行培训?

(3)培训结果如何衡量?

这个方法非常实用,可以渗透到员工的行为中。然后围绕着受训者将要学到的技能以及如何衡量的方法具体地写学习的目标。例如,类似"研讨会参与人员将掌握所有分析成本"的描述并不能说明学员能够对成本分析进行掌握。相反,如果将描述换成"研讨会参与人员将掌握如何确定关键成本组成、对价值进行评估并探讨缺失的相关成本数据",这样学员就会对该培训有清楚的认识,也能对培训结束后学员能掌握什么技能有大体的了解。各供应管理部门应清楚员工所需达到的能力水平,并负责将之整理成文件,还需负责使用可利用的培训资源对员工技能进行培训。

9.5.2 培训类型

培训可以分很多种,有新员工的入职培训、岗上培训、轮岗培训以及指导性培训等,还有各种研讨会、培训班、远程教育课程等作为辅助。其他形式的培训还包括职业资质、正规的学历以及参与一些行业协会等。

职能培训。供应管理职能的培训包括供应管理的流程、政策、程序及技术等,是大多数员工必须接受的第一项培训。这通常是新员工入职培训以及员工转到一个新岗位时需要接受的培训。

入职培训或情况介绍。新员工入职情况介绍包括带领新员工熟悉工作岗位以及公司。通常情况下就是介绍公司的历史、产品、服务及操作模式,明确工作要求,缓解新员工在新的工作环境下的不安情绪。新员工或未受过培训的员工可能会对工作要求及公司体系手足无措,所以入职培训还通常包括正式的指导、员工手册、公司政策规章制度、工作程序以及熟悉厂区等。这些手册及公司政策、规章及工作程序等都放在公司内部网中,便于查阅、及时修订,也便于监督、对标准进行定义,确保公司章程执行统一标准,对培训也有所帮助。通常,新员工的入职培训由人力资源部门来进行,有时人力资源部门也会和新员工的主管上级一起来进行。

在岗培训或边做边学。培训最基本的方法便是给出需要完成的事情的大纲,然后让员工自己来做成这项事情。当然,这个方法并不是所有情况都适用,而且使用起来要慎重。边做边学可能是最有效的培训方式,不过这需要员工之前已接受过培训,或者是员工已经有相关的工作经验。如果没有同事、主管上级或培训机构等可以提供某方面的知识技能培训的话,那么边做边学这种培训方式便是唯一可取的。

师傅制。另一个通用的做法便是为新员工安排一个师傅。这个师傅通常由那些在该岗位上有足够工作经验的员工来担任。在新员工的整个学习期间,师傅充当的就是一个非正式培训员的角色。挑选师傅时要选那些有丰富经验的、要有一定教学能力的员工来担任。为确保师傅工作的有效性,可能需要对担任师傅的员工进行培训。例如,实施工作指导计划,少数员工与高层管理者搭档开展工作,既促进了相互间的沟通,又可以使员工对公司的各管理层有所了解。如果师傅教得很好,那这种方法就会非常有效。不过,这种方法也有其缺点,它限制了新员工对工作岗位的初始培训。他们得花很多时间才能真正认识到该项工作所蕴含的意义以及与供应管理之外的其他部门之间的联系。而且,由于担任师傅的员工将很多时间花费在培训新员工上,其工作效率会有所下降。

轮岗。为使其缺点最小化,很多公司都会将这一指导体系进行改进,引入职能轮岗方案。

在新员工接受具体工作任务之前,他会做一段时间的培训生,通常为几个星期甚至几个月。在最初的这个阶段,新员工通常要在多个职能部门接受培训,如采购、操作、仓储、市场、物料管理、战略规划及财务等。主要目的是让该员工充分接触供应管理领域内外的各职能部门,这会帮助其了解不同利益相关者的需求,以及供应管理部门与其他操作职能部门之间的关系,根据培训生的背景和经验不同,所安排的具体任务也就不同,主要目标就是使其对公司的主要工作程序有一个整体的了解。轮岗培训结束后,会分配新员工一项具体的工作任务,并接受指导师傅的进一步培训。

国际范围内的轮岗制在性质上稍微有所不同,如主要领导岗位的继任人选就需要三年的期限。而有些公司在运用国际范围的轮岗制度时则会有所保留,他们认为这种方法太复杂,成本又高。

参加培训班。培训也可以通过参加短期培训班的形式来进行,主要涉及供应管理领域职责、相关工具以及操作等理论方面的培训。该方案可提供广泛的培训及实际操作的机会,也可提供与其他供应管理人员甚至与其他相关部门人员接洽的机会。这些课程可以在公司内,也可以在公司外进行;可以由公司内部人员进行培训,如经理人或公司高层,也可以由外面的培训机构安排培训。

全球性的培训班形式的教育和培训是发现人才的一种方式,尤其是对于那些需求人才精英的地方更是如此。因为发展中国家招聘和留住当地领导人才本身就是一项挑战,供应管理领导者们在各种不同的国际商学院可以遇到很多国际领导者以及教育者,并与他们建立长久的联系。供应管理领导者们甚至还开设讲座,与学生们探讨供应管理以及领导能力等。有些学生进入管理学院的时间早,与这些供应管理领导者们一同工作,便极有可能被录用,而且他们还有机会结识全球特殊领域的供应管理的领导者们。

职业资历。供应链管理行业协会可以颁发采购与供应管理或其他领域的职业证书。对个人来讲,职业证书可以增加同事们承认的程度,可以获取好的工作机会,可以为公司增加更多的价值,并且可以有更好的职业发展方向。对公司来讲,该证书证明供应管理人员已达到了该领域认可的标准,并可以很好地开展工作。把证书作为一项提升的标准可以帮助公司建立只有具备相关知识和技能才能得到提升的制度,从而避免了人员提拔的无计划性及主观性。

正规教育和高等学历。很多公司都需要供应管理人员受过供应管理领域的正规高等教育并且获得高等学历。现在很多大学都提供面授的、远程的或者两者混合型的教育,学员可通过学习获得供应管理领域或者其他相关领域的肄业、学士学位、硕士学位甚至博士学位等证书。供应管理人员可以确定学校的标准,还可以协助评估教育方案,以便能最好地使供应管理需求与学校的培训课程相符合。

参与职业协会可以不断加强国内外的关系网,因为协会成员可以利用任何机会寻求人才。现在很多公司正面临一个问题:失去一个领导者的速度明显快于培养一个领导者的速度,而且全球每年都有大批的管理者和领导者们从领导岗位退休。供应管理领导者们可以充分利用其在职业协会的关系网,以及开发招聘、人才留用、培训方面的资源,职业协会也可以成为招聘今后供应管理领导者的基础。

≫≫≫ 9.6 评估职业发展方案的有效性

培训结果应该从行为和操作方面加以考评,确定该培训是否有效(包括衡量受训者接受培训后的实际行为等)及其与公司目标的相关性,通过这种方式可以对培训的价值进行评估。对培训课程进行评估时通常会提及以下问题：

（1）参与培训人员的供应管理知识、技能或能力是否有变化？

（2）这些变化是通过培训获得的吗？

（3）这些新技能是否对公司目标起积极作用？

（4）对新参与培训的人员也会发生这些变化吗？

（5）培训成本是高还是低？是否物有所值？其他较便宜的培训能否达到如此的效果？

要得到这些问题的答案，就需要利用一些教育研究方法，如测试、调查问卷、面谈以及试验等。评估者可以运用客观的、定性的、定量的研究方法来回答上述问题，提供相关数据，然后决定是要继续、中断，还是修改该培训方案。只有这样才能对某项培训进行客观、全面的评估。

 本章思考题

1.如何留住高端人才？

2.模拟招聘人才的场景并提问。

3.如何设计并计划培训方案？

4.确定改进工作所需要的资源有哪些？

5.如何评估职业发展方案的有效性？

第10章 供应管理部门的工作绩效评估考核

对供应链管理部门考核评估应当客观、科学,注重供应链的整体效益兼顾效率。

"考核"语出《颜氏家训》:"有一礼官,耻为此让,苦欲留连,强加考覈(hé,核)"。

其故事梗概说,有山东学士与关中太史争论历法,共有十几个人,相互之间乱争了好几年也没有结果,内史(内政部官员)下公文交付议官(咨询部门)来评定是非。

这是最早出现"考核"一词的来历,指考察核实之意。

"评估"指对一件事或人物进行判断、分析后的结论,有衡量、评定价值和交易定价等。

本章是关于对供应链管理部门评估内容、评估办法的规定。

◎**本章目标**

> 1.熟悉对供应链管理部门考核的内容。
> 2.理解评估考核的程序。
> 3.熟悉评估考核的办法。

>>>> 10.1 部门工作与组织整体目标的整合

10.1.1 部门工作应当符合组织整体目标的要求◢◢◢

为了达到如下目的,管理层需要对供应管理部门的工作业绩进行评估:

(1)确定部门的工作符合组织的整体目标;

(2)确定部门管理工作的有效性;

(3)评估工作是否有改进;

(4)建立工作激励机制;

(5)确定改进工作所需要的条件;

(6)确定工作过程中是否会增加产品的价值。

部门工作应当符合组织整体目标的要求。评估部门工作业绩的主要目的,是确保部门工作必须完全符合组织的整体目标,它可以促使该部门努力完成关键绩效指标(KPI)。为了更加有效地发挥作用,KPI必须来源于供应管理部门的目标、职责和工作流程,同时,供应管理部门的目标必须符合组织的整体目标。

同样,组织的工作职责、部门和工作流程也必须符合组织的整体目标。组织内部自上而下具有相同的目标,可以帮助每一个员工提高主动性,为完成组织的目标和使命努力做出贡献。组织的各个部门、工作流程之间也应当密切配合。组织的部门之间,由于各自的目标发生冲突或不相协调,可能会阻碍生产力的发展。因此,应当采取措施,消除或减少这些不利因素。

与组织的目标保持一致。为了确保部门工作符合组织的整体需要,必须充分认识和理解组织的整体目标以及供应管理部门的具体目标。供应管理部门的具体目标可以描述为:获得最大价值、设定的产品质量和供应的连续性,以实现组织持续不断地改进质量的整体目标。因此,应当制定有关标准来评估部门的工作,尤其应当重视成本和利润分析。

供应管理部门可以在许多方面为组织的整体目标做出贡献,包括成本、质量、技术和速度。这可以使供应管理部门创造尽可能多的增加值以及尽可能多的利润。在其他方面,供应管理部门的专家也可以为组织的整体目标做出贡献,比如改善供应商之间的关系等,然而,此项工作往往难以进行评估。这些"软措施"或许能为实现组织的整体目标做出更大的贡献。但是,由于此类工作难以准确进行记录和评估,因此评价系统可能并不将它们包括在内。

与供应商和客户的目标保持一致。供应管理团队的目标不仅应当与组织的整体目标保持一致,而且还应当与供应商和内部及外部客户的目标保持一致。必须建立供应管理组织,以促进终端客户、供应管理部门和内部持股人之间的信息交流。这项工作可以由跨职能的寻源采购团队完成,也可以由供应管理部门的专家与"雄厚的非正式网络"内部合作伙伴共同完成。

供应管理部门应当明确组织的目标。组织的目标无论在横向还是纵向均应保持一致,而且评估标准也应当统一,因此供应管理部门必须明确把握组织的目标。正是企业的整体目标,才能够推动和促进供应管理部门建立自己的工作方向与主要指标以及评估标准。

10.1.2　确定部门管理的效力

高层管理机构应当根据明确的评估标准确定供应管理部门是否处于良好的管理状态。部门的整体工作绩效取决于该部门每一位员工的工作成果。供应部门管理团队的工作影响着供应部门的每一位员工。监督和评估管理团队的工作能够确保为员工提供正确的方向、措施和技巧,使他们顺利完成自己的工作计划。

评估标准可以帮助改进工作,一旦工作业绩出现下滑,还可以提供早期预警信息。供应管理部门的经理和员工个人一方面可以改善内部协商机制;另一方面,一旦某些地区的业绩出现下滑,能够及时采取相应的措施予以纠正。

10.1.3　制定激励机制以改善工作业绩

领导者的领导技巧能够激励和鞭策员工,从管理角度来看,评估系统和标准提供了明确的机会以制订并执行激励计划,从而改进和实现目标,并作为激励员工的方法,在关键方向不断改进工作。制订激励计划常常是很难的工作,因为对于员工的错误,管理人员采取放任自流的态度非常容易。评估标准必须与以工作绩效为基础的补偿措施和激励机制联系起来,比如员工个人或团队的激励和补偿措施、差异化的工资晋升机制,或者严格与供应管理标准联系起来。由于评估标准对员工的行为可以起到重要的激励作用,因此必须非常谨慎地制定评估标准,确保它们能够激励员工的行为。例如,如果只对定购价格的变化(指实际支付的购买价格和预定价格之差)进行评估,那么价格可能成为改进工作的唯一目标,由此带来的后果可能是忽略了其他关键性因素,比如质量、交货方式和时间。

10.1.4 确定改进工作所需要的资源 ◢▮▮▮

评估措施可以提供数据,帮助制订经营计划,分配和重新配置资源以获得需要的改进。诸多因素的改变,比如销售、生产和服务、生产能力和服务水平、原材料和服务价格等因素的变化,要求对资源进行重新配置。评估措施必须相互关联,并具有灵活性,以帮助预测变化并制定相应的措施。

10.1.5 确定能否创造价值 ◢▮▮▮

许多行为自从开始执行以后,已经延续了很多年,原因仅仅是没有对这些行为重新进行检查。今天,在组织的大多数领域,需要进行分析,以便减少、重新调整或取消这些不再创造价值的做法。当然,这需要各方面取得共识,以确定谁能够真正为组织创造价值。应当把横向和纵向目标结合起来,并将工作目标和标准融入其中,建立共同的目标和标准,共同承担责任,这将有助于确定每个人在组织中的价值。

≫≫≫ 10.2 评估的内容

10.2.1 合适的标准 ◢▮▮▮

设计评估系统以便对组织的各个方面(包括流程、功能、员工、组织和技术等)进行评估,看看它们能够做出多大的贡献,以帮助组织取得成功。因此,应当选择合适的标准,这些标准能够将组织的战略以及与组织战略相关的关键指标有机地联系起来。平衡计分卡的创造者提倡使用计分卡建立一个以策略为主的组织。这种做法强调组织领导人的行为(如创建目标、建立合作和承担责任等)和管理人员的行为(如计划、组织、预算、人员配置、评估并确保合规性等)。

供应管理专家或许想要准确地评估以下诸多因素,包括员工个人的技术和知识水平、组织架构的适应能力、每项工作的范围和任务、部门的计划和策略、流程等。由于这些因素对部门的工作业绩有潜在的影响,因此它们是评估部门工作能力的重要指标。

评估策略分为九类:

(1)价格/成本;

(2)收入;

(3)库存;

(4)可获得性;

(5)技术、创新和新产品开发;

(6)劳动力;

(7)供应商的绩效;

（8）营运；

（9）客户满意度。

建立战略性供应管理部门的工作主要包括：

重视创造更多的附加值，建立标准以便获取这些价值。过于依赖历史标准的做法，如老价格和新价格，或实际支出与预算，有时不能促使工作行为沿正确的方向发展，关于供应管理部门为组织实现成功做出的贡献，也不能与持股人进行准确交流。许多供应管理专家看重更具战略效果的如下标准：

（1）进入市场的速度；

（2）资产和资源的利用；

（3）增加收入，减少支出；

（4）改进流程，比如跨组织联合和提高生产以增加收入；

（5）提高服务水平；

（6）增加收入，减少风险；

（7）提高工作能力；

（8）提高赢利水平；

（9）提高供应的效率和效力。

10.2.2　评估外包的供应管理部门的作用

一些组织有特殊的外包的供应管理任务和职能，该部门的绩效评估系统或许包括对它们的评估，根据不同情况，可以采用本节讨论的标准。必要时，这种审核也作为对外包的评估。同样地，从部门观点来看，很重要的问题是：内部或外部环境已经发生变化，从而导致管理层相信组织需要此类内部专家。

≫≫≫ 10.3　评估办法

10.3.1　绩效评估系统的定义

拥有出色绩效的企业应当采用的八个绩效评估定义：

（1）与组织的目标保持纵向一致，与战略业务单元（SBU）和其他职能部门保持横向一致；

（2）全面性和广泛性；

（3）充满活力，积极进取；

（4）透明度，即首席采购官和其他管理人员应当在组织内广泛进行沟通和交流；

（5）与以绩效为基础的激励机制紧密相连；

（6）建立与组织资源水平相适应的后备体系；

（7）使用合适的系统提供支持；

（8）强大的领导能力。

10.3.2 目标和考核 ◢⫽⫽

1. 确定考核目标

当管理人员为一个部门开发绩效考核系统时,合理的出发点是准确分析部门的工作目标。部门的工作目标应当与组织的整体目标保持一致。部门的工作目标确定以后,应当检查组织的架构和每一个工作组的职责,以便确定每一项经营活动都是为了达成部门的工作目标。该过程通常会使重要的经营活动公开化,包括最重要的考核和后续控制。

2. 明确取得成功的标准

如果需要对工作任务进行考核,那么,必须建立相应的标准,以确定是否成功地完成了工作任务。如果部门的员工事先不知道成功的标准,也不了解如何确定成功或失败,那么,绩效评估系统将变得毫无意义。以某公司为例,公司首席执行官选择了一个关键指标——股东增值(SVA)来指导公司的改革。SVA是营业利润和税前资本成本的主要区别。首先,为了使员工行为与新的目标保持一致,高层管理团队应确定需要建立怎样的工作绩效考核标准。此外,某企业还采用了一套在线的绩效管理系统,在全公司的 8 000 名员工中使用。每一位员工的目标准确无误地与公司的目标保持一致。其次,管理团队在商业周期内为不同地区的经营性资产和营业利润建立了特殊的目标。这是一个很高的绩效评估标准,它为公司的每一个员工提出了明确的工作目标,无论在世界的任何地方,也无论处于怎样的市场条件。

3. 确定考核事项

对供应管理部门的绩效进行评估时需要考虑多种因素,典型的评估主要考虑以下一种或几种因素:

核心经营行为对利润(或成功)的贡献。企业的经营行为主要考虑对利润的贡献度。政府部门和机构考虑的是总体价值和最大限度地利用资源。如何评价供应管理部门对此的贡献度是一个难题。为了跟踪了解供应管理部门对于企业整体目标所做出的贡献,客户满意度、成本、质量和速度都是需要重点关注的因素。

客户满意度。在考核供应管理部门的职能以及评估它为客户提供的服务时,来自客户服务部门、内部和外部的客户以及终端用户的反馈信息是很好的数据资源。反馈信息可以通过非正式方式获得,也可以通过有组织的问卷调查获得。收集哪些信息以及如何收集信息不但取决于数据采集的成本,同时也要考虑所收集信息的价值。如果没有明确的计划采用收集的信息以提高效率,那么,就没有必要采集数据,也无须对数据进行分析,否则,会在客户中间产生一些不好的想法。

信息反馈机制,比如全方位的内部调查可以用来评估供应管理部门的绩效,这种评估应当以响应时间、合作关系、配合程度等为标准。虽然与其他一些比较容易考核的项目相比,这些项目很难考核,但是,它们能够更加清晰地描述供应管理部门在组织中的职责。对于许多组织来说,把供应管理部门的绩效与终端用户的满意度结合起来非常困难。管理部门建立统一的目标、考核标准和职责会更加现实。除去这些因素,跨职能部门也在讨论与客户有关的考核标准,如销售业绩下滑。另一个出发点也许涉及供应管理部门在某些领域的工作表现,例如不间断地供应合格物料,同时保持最小库存。

行动时效性。供应管理部门的主要职责之一是为企业的经营提供令人满意的支持作用。三种因素可以考核生产和销售部门是否有效地履行了工作职责,它们是:

（1）逾期订单所占百分比；

（2）因为延迟交货而导致库存中断，此现象发生的百分比；

（3）因为延迟交货而导致生产中断的次数，以及销售下滑或失去客户的次数。

根据考核的需要和目标，这些数据可以按照物料种类、供应商或购买者进行分类。对于政府部门和服务行业来说，关注的重点是服务周期或供应商的交货时间。例如，如果警车或应急车辆没有按照要求做好准备，将可能导致非常严重的后果；如果手术室所需器材没有按照要求及时运到，那么，可能无法满足手术的需要。

物料或服务的成本。有五种方法可以对物料或服务成本进行反复核对（见表1-10-1），所有这些方法都可以按照不同的标准进行分类或进一步分类，以便详细检查问题的原因。

表1-10-1　评估物料或服务成本的五种方法

方法	描述
将实际价格与标准价格或目标价格进行比较	主要的物料或服务制定标准价格或目标价格。为实际价格和目标价格制作对比图，对两者之间明显的差别加以说明。可以为服务供应商制定标准价格数据或定额表，并与物料采购预算进行比较
针对每一类主要物料或服务制定平均价格指数	针对每一类主要物料或服务制定平均"付款价格"指数。该价格指数趋势在评估工作效率方面是非常有价值的指标。如果按照可对比原则进行设计，可以把这些指标数据做成图，与美国劳动统计局、商务部和其他机构发布的各种各样的全国日用品价格指数进行比较。这种比较可以揭示，在通货膨胀期间，企业的成本比市场价格的上升速度要高
跟踪节省的成本并确定节省成本的措施	对于在下述活动中节省的成本，比如，谈判、价值分析、变动设计和改变物料、供应商的建议、供应商发生变化、改进包装以及减少运输费用等，可以将各阶段的成本节省数据单独制成图表
跟踪买入期货的结果，并对预测有效性进行评估	如果企业从事买入期货行为，那么应当定期报告利润和损失，以确定并评估该经营行为的有效性
跟踪无固定价格的采购订单	如果采购订单没有固定价格，应当对其占比情况做出报告，作为评估和控制成本的依据

一旦确定了物料或服务的标准，最直接的质量评价标准是：对于供应商提供的物料或服务，有多少被检查和使用部门拒绝。通常将被拒绝的数目和接受的数目进行比较，得出的比率即称为缺陷率。因为，即使缺陷率数值很小，也可能表示物料或服务存在的缺陷相当严重或不可接受，一些组织用百万分率（ppm）表示缺陷率。百分之一的缺陷率等于10 000ppm，由此可以理解这种表示方法的重要性。许多制造商发现，客户能够接受的缺陷率为10 000ppm或更低。为了检查质量标准的改进状况，针对设计或服务的变动情况以及物料的替换，供应管理专家也可以研究检查价值分析报告。同样的概念也适用于服务的采购，对于无形服务则有明显的区别，在针对工作范围考核服务效果时，结果很难评估。必须采取措施，制定清晰而明确的服务规范，同时应当制定有效的考核体系，将实际接受的服务和最初的工作范围进行对比。通常，这种考核方法以服务接受者的调查结果为基础，因此，主观性比较强，也容易产生偏差。供应管理人员应当尽最大努力发现服务考核系统中存在的主观性。

供应商的可靠性。有五种方法可以用来说明供应商的可靠性（见表1-10-2）。

供应商开发。供应商会占据很大一部分成本。在追求最大价值的过程中，必须充分考虑供应商的失误。供应商的可信度越高,针对供应商支出的费用越少。很难准确评估一个企业因为供应商的失误而造成的成本损失,但是,这些成本可能来源于执行、检查、分类、重新加工、对缺陷产品退货、丧失对客户的承诺和保障声明。许多寻源采购团队关注的供应商可靠性标准如表 1-10-2 所示。

表 1-10-2　供应商可靠性标准

标准	描述
准时性	供应商和购买者对推迟交货、无法按时提供服务的比例,或产品缺陷率进行分析和分类
物料或服务的正确性	提供了错误的物料,此类订单所占的比例,或者提供的服务被对方拒绝
数量准确性	物料的数量不准确,此类订单所占的比例,或者提供服务的次数不正确
发货量不足/仅仅履行部分职责/延期交货	发货量不足,此类订单所占的比例,或者在规定时间内只完成了一部分服务
运输	不同承运人提供的运输服务的数量和可靠性

供应商密切合作,以改进供应商和客户流程,避免不必要的成本损失。如果供应商管理流程得到改善,其结果是:减少了纠正错误的时间,再也没有必要花更多的时间去改善考核结果。可以从以下几个方面评估与供应商之间更密切的合作关系:生产率水平、质量改进状况、更短的服务周期、更优质的服务以及在整个组织共享知识。

订单数量和库存的有效性。由于没有采购正确数量的物料(例如,可以确保经营活动正常进行所需要的最小库存数量),导致成本结构产生损害,或者造成滥用资源,这些资源在其他地方可以得到更好的利用。表 1-10-3 为评估用于库存的标准。

表 1-10-3　评估用于库存的投资标准

标准	描述
比较库存持有成本和物料采购成本	制作两个图表,一个说明按照主要类别划分的目标库存合计和实际库存合计,另一个说明同一种物料的库存周转率。然后将两个图表一起进行分析,可以看出库存持有成本和物料采购成本的差别
库存周转率的效率	对于因为过度采购或使用时缺少计划而造成的呆滞库存物料,要做出报告。可以使用库存持有天数来评估和说明库存周转的效率
采购效率	由于物料采购不足,导致库存耗竭、生产中断或客户订单没有完成的次数
库存节省	供应商经过协商,列出详细的库存安排,同时,预估能够节省的库存

创造性和创造价值。如何更好创造价值已经成为衡量组织取得成功的重要因素。应当采取多种措施创造价值,包括高度的主观能动性,提高和促进产品、服务和体系的价值、实用性和重要性。供应管理专家能够促进供应商的创造性,鼓励他们创造价值。

10.3.3　选择并执行合适的数据采集方法 ▰▰

在绩效评估管理系统中,可以使用多种数据采集方法。这里介绍了以下几种方法:

内部审计、自我管理或自我评价;客户和供应商的反馈信息;按照标杆对流程进行检查;研究最佳实践做法。

表 1-10-4 列出了各种数据采集方法的优点和不足,下面部分对自我管理和按照标准对流程进行检查两种方法做了进一步阐述。

表 1-10-4　各种数据采集方法的优点和不足

方法	优点	不足
内部审计、自我管理或自我评价	熟悉工作流程、系统和员工	由于审计人员与供应管理人员的关系比较密切,因此,审计人员不容易提出批评意见;工作流程可能被高度政治化
客户和供应商的反馈信息	可以比较全面地评价供应工作;可能获得新的发展机遇,减少风险	缺乏可信度,难以获得准确的评价;资源受到限制,很难收集和分析数据
按照标杆流程进行检查	可以使所有人知道行业的经济指标;对跨行业实践引起重视	可能导致过于重视复制其他人的工作;可能造成制定的目标过低
研究最佳实践做法	可以确定一种实践行为,以便获得有竞争力的优势	在一个企业中的最佳实践行为未必适用于另外一个企业

内部审计、自我管理或自我评价。内部审计就是定期对组织的供应管理环境、对象、策略和行为进行全面、系统和独立的检查。利用内部审计工作来确定供应管理部门的优势和不足,同时制定行动方案以改进供应管理部门的工作。定期的不带任何偏见地反馈信息非常重要,而审计工作正是获取此类信息的渠道之一。

按照标杆对流程进行检查。按照标杆对流程进行检查指的是:将工作流程与公认的内部或外部标杆进行比较。最常见的是,将本组织的工作流程与另一个组织中相类似的工作流程进行比较,用来进行比较的参照组织通常是业界最佳组织。换句话说,这样的检查回答了以下的问题:与其他领先组织相比,我们做得怎样?这个问题为组织寻求内部经营活动的最佳实践方案给出了答案。

按照标杆对流程进行检查以前,需要回答以下几个问题:

(1)我们愿意进行重要的变革吗? 如果对于改变目前的状况无法达成共识,变革将难以进行。

(2)预期的改善与付出的成本相比是否物有所值? 结果对我们来说很重要吗?

(3)对于成功而言,流程是一个重要因素吗?

(4)是否已经全部完成与流程相关的调查工作? 是否研究了其他的变通措施?

(5)我们已经启动对当前流程的评估工作了吗?

(6)我们知道流程中的主要成本构成和服务项目吗?

(7)我们是否愿意等待对标杆的研究完成后才进行变革?

(8)我们是否愿意对外界公开我们自己的流程信息?

在实际操作中,按照标杆对流程进行检查时,可能会涉及企业的多个职能部门,多个工作单位将需要对其流程做独立的流程分析,这样的研究可能会发现,例如一个组织拥有最佳的订单流程,而另一个企业对库存的控制最好等。

10.3.4　对结果进行控制和管理

评估应当是一个循序渐进的过程,一种改进供应管理职能和流程的剖析,一种按照管理者的期望而正确工作的方法。一旦获得了绩效评估的结果,管理者应当做出真诚的努力,对突出贡献者给予奖励,对发现的问题找出根源,并且着重解决这些问题。否则,整个绩效评估过程不会起到任何作用,绩效评估仅仅是全部工作的一半。对于评估结果,知道做什么和如何做才是全部工作的另一半。

对于部门的工作绩效数据,管理部门可以采取多种措施进行应对,包括采取措施予以纠正、鼓励员工承担责任、确定补偿措施、做出激励决定、鼓励员工在事业上取得发展、鼓励员工信守承诺并建立良好的品行、明确所有行动必须符合纪律、对员工的行为予以认可、鼓励改进工作。

采取措施予以纠正。根据问题发生的根源和问题大小不同,应当采取不同的措施予以纠正。通常该过程包括:确定改进的时限,对于改进计划中的步骤确定轻重缓急,进行成本和利润分析,以确定为整个改进计划的实施安排合适的资源。

确定改进的时限。需要为采取的纠正措施设立时限。可以采取设定最后到期日的形式,同时设立阶段目标,在最后时限之前,所有的纠正措施必须执行完毕。在某些情况下,第一步工作是安排时间确定发生问题的根源,然后针对问题的根源制订行动计划。对于另外一些情况,短期内可以采取临时性的补救措施对发生的问题进行处理,同时针对问题发生的根源制订相应的计划。

区分优先次序。无论过程怎样,实施行动计划时应当确定优先次序。这个过程应当包括确定实施行动计划所需要的资源,以及可行性。

分析成本和利润。纠正措施必须做到低成本高效益,也就是说,采取补救措施以后,必须取得预期的收益。应当将资源(包括人员、时间、设备、金钱等)和实用性跟预期收益(按照某种方式进行量化)进行对比。对取得的收益进行量化是极为重要的。对于大多数工作流程的改善来说,这种收益的表现方式为节省员工的时间。因此,最常用的量化方法之一是作业成本分析法。作业成本分析法是一种成本管理方法,它把间接成本归因于产生成本的作业。这种方法与大多数传统会计方法形成了鲜明的对比,传统会计方法将间接成本按照公式化原则进行合并和分配,不一定反映真实的成本结构。

鼓励员工承担责任。好的绩效评价系统应当向员工明确说明他在哪些领域存在失误,并明确告知他应当如何做才能纠正失误。因此,这种评价体系可以告诉员工如何改进工作,使他能够为自己的行为负责,促使工作绩效在确定的时间内得以改善。同时,应当创造良好的氛围,使员工能够很好地工作。

调整补偿措施。如果一个部门的薪酬结构既不能反映员工良好的行为规范,也不能对员工起到激励作用,那么,这个部门就无法做到在较长时间里完全发挥自己的潜能。一个好的绩效评价计划不一定能保证完全公平的薪酬结构。但是,它可以为建立良好的补偿计划或纠正不合理的补偿计划提供数据。

做出晋升决定。经理们如何才能知道:哪些员工将来可能成为所在部门的领导?他们对员工的工作业绩进行了详细的分析,然后做出决定。上述分析必须使用详细而准确的文字数据。精心设计的评估计划可以提供所需要的数据。

引导个人和职业发展。良好的员工考评计划能够产生的最大效益是:员工可以从中获得需要的信息,以鼓励和指导员工个人取得事业上的发展。管理人员最主要的职责是开发有能力的高效人才。应当对考评系统提供的数据进行分析,以确定员工的优点和不足。这样可以帮助员工制定具有实际意义的职业发展规划。

培养员工守信意识和良好的职业情操。每一个供应管理专家都应当制订结构合理的工作计划,以便对员工的工作绩效进行考评。如果对员工个人绩效的考评工作随意性很强,缺乏一致性,那么,对于员工所在的部门来说,没有什么比这更糟糕的了。

对员工进行纪律约束。精心设计的评估计划对于员工的行为能够起到必要的指导作用,确保员工的行动目标明确而且合理,同时为员工改进工作指明方向。

对员工取得的成绩给予充分肯定。员工通过勤奋工作实现了自己的工作目标,此时,他特别希望自己能够被认可,并得到应有的奖励。当部门对取得显著成绩的员工进行表彰和奖励时,原本沉重的工作负担将被员工视为获得认可和赢得尊重的机遇,并成为有趣而明确的工作计划。当供应管理部门的经理对于员工们优秀的工作表示充分认可时,大多数员工都会为自己出色的工作业绩而感到由衷的高兴,同时他们也深受鼓舞。应当制订计划,使供应管理专家的工作得到充分认可,使他们的付出得到回报,这将使整个组织大受裨益。

鼓励改进工作。对员工进行考核,其主要目的之一是鼓励员工改进自己的工作。一个精心设计的考评系统能够为员工提供所需要的反馈信息和指导方法,促使员工在下一个考核期内取得更高水平的成绩。员工们可以深深感受到:考评系统能够不断改进自己的工作,同时也能够帮助供应商改进工作。

 本章思考题

1.部门工作与组织整体目标的整合需要哪些条件?

2.评估外包的决策中供应管理部门应发挥哪些作用?

3.选择并执行合适的数据采集方法有哪些?

第11章 内部控制制度的合规性

为保证供应链管理有效沟通和协调,在整合内部和外部系统的工作中必须建立必要的内部控制制度。本章的内部控制主要指链主企业内部控制的要求,包括控制阶段和控制内容,如内部经营控制、内部记录管理、内部财务控制和内部法律法规控制。

国有企业的"国有"性质要求采购供应必须合规,"企业"的属性要求采购供应应当以采购结果为导向。本章11.3对采购供应中预防腐败的要求做了解读。

◎ 本章目标

1.熟悉企业内部控制体系的基本内容。

2.熟悉企业内部控制的机制原理。

3.熟悉采购供应中预防腐败的重要意义和措施。

>>>> 11.1 建立一个内部控制体系

11.1.1 有效内部控制体系的基本内容 ◢◢◢

供应管理领导团队必须建立并维护一个有效的、高效的内部控制体系,这个控制体系与整个组织的风险管理和内部控制相一致。这一提案成功的关键是:

(1)强大的内部合作伙伴关系,特别是与法律顾问、内审员、首席财务官、首席信息官和首席执行官的合作伙伴关系;

(2)由适宜的政策、程序、案头例行工作和文件编制支持的严谨的流程;

(3)致力于通过合理合法的途径实现组织目标的供应管理专业人士。

有效的内部控制体系的五个基本组件:

(1)控制环境通过提供基本规章制度和结构建立内部控制系统的基础;

(2)风险评估包含管理者,而不是内审员,发现和分析取得预先设定的目标的相关风险;

(3)控制活动或政策、程序和实践,确保实现预期目标并且风险降低战略得到执行;

(4)信息和交流支持所有其他控制部分,通过向员工交流控制责任以及通过一定的形式;

(5)时间框架提供的信息使得人们可以执行他们的职责。

监督管理者应注意流程或独立方法论的应用以外各方的外部疏漏处,例如,在流程范围内由员工建立的个性化的程序或者标准检查表。

11.1.2　控制机制

控制机制不仅仅是事后的想法。在时间上它可以有三种类型:事前控制、事中控制和事后控制。

1. 事前控制

事前控制是建立一个衡量实际表现的基准。事前控制包括预算、计划(战略的、战术的和灾难恢复)、预测和政策及程序手册。

预算。建立管理控制的更明显的方法之一是通过组织的预算。资金根据优先顺序分配到不同的项目中。优先顺序是根据对风险责任的评估和预计的回报排列分布的。

计划。业务计划将预算流程与其他领域的评估相结合,比如组织的使命、市场渗透、市场份额、竞争分析、人员配备和影响组织优势的其他管理问题。

业务连续性(灾难恢复或应急)计划。业务连续性计划是一种应急预案,备受许多供应管理专业人士的关注。这些应对计划重点关注在出现地震、飓风、火灾等问题时所需采取的行动。从供应管理的角度来说,一个灾难计划可以包括备用供应商方案,在日常的供应商不能正常供应的情况下启用。

预测。预测一般与成品或服务的需求有关,但是也与内部能力和外部材料及服务的获得性有关。

政策。一般情况下,一个组织或者部门的管理者制定涵盖一般日常工作的政策。这些政策是指导员工的日常行为并对应对一般事件制订的标准化的方案。这样,员工们可以将他们大部分的行为规范化,并制定应对特殊情况的个性化方法。政策可以帮助确保组织内的每一个人每天都朝向同一个方向前进。供应管理人员必须对整个组织的政策以及部门的政策保持敏感。这包括那些不能总在部门手册中发现的,但是是整个组织的政策或者是职能领域的政策,比如安全、操作、质量保证和人力资源。

程序手册。一个程序手册详细描述了完成一个给定任务应该采取的特定行动。它是实现组织目标的指导纲领,包含一个组织的主要流程,便于用户参考使用。

2. 事中控制

事中控制是为了监控并度量在进行中或者在其最后完成之前的工作,这样可以尽早进行调整,以使工作不偏离设定的方向。事中控制可以引入监控任何的流程,比如征用和采购、寻源采购、合同的编写和管理、库存管理、环境管理、材料转移、质量等。

条理严谨的供应管理流程、政策和程序。一个带有支持性政策和程序的条理严谨的供应管理流程也许是最佳的事中控制系统。

流程回顾可以用于确保这些事中控制是高效的和有效的。比如:某方案要求对其MRO和人工采购订单处理的供应链采购流程进行审议。目标是提高组织的监控非存货采购的能力和降低总MRO采购。这个审议找到了关键控制缺口、主要流程缺陷以及发现在数据处理、管理报告、政策和程序定义、文件归档和培训方面的提高的机会。

行业标准。行业标准,比如关于质量管理的ISO 9000,关于环境管理的ISO 14000也是控制可以使用的方法。

军队标准。军队标准是关于质量的一种标准,也可以应用于商业。

信息技术。在实施不同商业流程的过程中,信息技术被用于获取数据和监控进程。与 IT 结成伙伴关系以确保数据的收集,可用性和透明度是一个严密的内部控制系统的基础。

比如,一个大型的消费产品组织的供应管理团队苦恼于如何将外部信息和知识转换成战略创新。一个新上任的 CEO 使得整个组织内的每一个人都聚焦于"选择并使用"这个愿景上,以反映让消费者持续不断地选择并使用这个组织的产品的目标。供应管理团队的相应的提法"更优质的采购"重点关注所有花费的数据收集,协同所有权益人并询问供应商什么是有效的。

供应管理的总体规划包括由技术战略和构造支持的健全的商业战略:

(1)杠杆规模效应、技术和知识;

(2)供应商联系和能力;

(3)寻源采购优化。

技术战略是:

(1)发现可以实现战略变更的能力;

(2)选择最优方案;

(3)即插即用。

通过数据整合和可视性确保能有更好的决策。它包含一个从不同电子工具而来的层层展开的信息以确保具体化及寻源采购优化。所有的工具和层级都是工作流程驱动并依赖于严密的流程。

3. 事后控制

事后控制是对实际的表现的量度,将其与计划的基准进行比较的审议。这种差距分析可以提供信息以便完善流程、产品和服务。供应管理组织应该也进行内部审计以核查是否符合合同条款以及相关法律法规的要求。

阶段性报告。阶段性报告是另外一个回顾的途径,可以用来将实际表现与计划进行比较。阶段性回顾的时间框架应该在计划阶段就建立起来,定量信息应该定期总结,这样可以推进回顾进程。

回顾审议。回顾审议是为了确保那些责任人是否已按已建立的程序认真地执行了审计。进行审计是为了:①防止问题的发生;②量度系统和流程的效率和有效性;③达到法律制度的要求。有三种类型的审计:内审、外审和自我检查。一个内部审计由这个组织内部的与审计结果没有直接利益关系的一个人或者一个团队进行。外部审计由一个组织以外的一方进行。政策和程度的到位是十分重要的,但是必须要有一个审计机制以判断这些政策和程序是否存在流程缺陷。如果政策和程序是健全的,审计可以显示工作人员是否严格按照这些政策和程序来办事。进行审计是为了看执行的工作是否与原来的设想相一致。通常来说,审计人员会拿交易的案例与已经建立的基准进行比较,审计员通常报告他的发现,而结论则由管理层做出。

如下的步骤列出了审计流程各个环节,并提供了一个新近并购的经营单位或者现场办公室的审计的实例。

(1)决定审计的范围。

(2)决定结果如何使用。

(3)决定标准。

(4)决定采用何种合适的审计类型。

（5）建立审计的样式。

（6）编写并分发最后的审计报告。

（7）建立一个纠错行动计划。

到此为止，这里讨论的这些控制机制可以被设置应用于许多企业组织中。一个内部控制系统的三个基本目标是确保：①高效、有效的经营；②准确的财务报告；③符合法律法规的要求。供应管理在这三个领域中都扮演着重要角色。

>>>> 11.2　内部经营控制

11.2.1　内部环境控制

供应管理团队在获取国内和国外的环境法律和法规的最新信息方面以及确保组织采取必要的步骤以符合法律法规的要求方面扮演重要角色。每一个组织内的供应管理领导团队都必须建立一个评估环境风险。设置合适的内部控制机制，判定符合标准以及进行必要的调整以提高表现的工具。

产品周期评估。在一些设定中，已经进行了对产品从开始到结束的周期里的环境影响进行产品周期评估，现在更是转移到从开始到开始了，目的是使用产品周期方法研制产品减少环境污染。比如，在德国，政府严格限制进行垃圾填埋的物品。

公司社会责任和道德。除了出于遵守环境控制法律和法规的原因，还提出了基于公司社会责任和道德的环境管理的理由，美国供应管理协会（ISM）定义社会责任为："一个可测量的公司政策和程序以及结果的行为的框架旨在使工作场所，以及更大范围的个人、组织在如下领域受益：社区、多样性、环境、道德、财务责任、人权和安全。"ISM对环境是这样说的：

（1）鼓励自己的组织和其他人积极在他们供应链"上游"和"下游"寻找对环境负责的机会。

（2）鼓励供应商对环境负责任。

（3）鼓励在整个组织范围内建立并推广环境友好的实践和产品。

环境风险管理的战略方法范围，包括从一个基于遵守法律法规规定的严格解释到一个更加广泛的视角，通过对环境管理更加肯定的全力投入，聚焦于寻找机会提高组织的品牌、声誉或形象。受影响的行业的管理团队必须制定一个环境风险概况和风险管理战略。损失的风险来源于合同、保险和法律问题。在使用、处理和处置有害物品中，供应管理专业人士处于一个非常好的地位，可以减轻或者消除破坏环境的违法行为的发生。为了使他们的贡献最大化，供应管理团队必须与设计和环境工程师以及法律顾问结成紧密的内部伙伴关系。他们必须从最初的设计流程开始阶段到处置或者再生阶段都被视为关键的贡献者。外部客户的要求经常驱动设计决定。在此例中，需要一个跨组织的包括顾客、设计师和供应管理专业人士的方案，以消除或者减轻环境风险。

供应管理的角色。供应管理具有从三个主要方面对环境管理做出贡献的潜在能力：减少或者消除在他们的使用寿命到期时必须要被处置的有害物料或者无害物料；管理从始至终的整个过程，包括记录数量、使用、储存和处置，并以此信息制订计划并改善提高。

第一，供应管理可以通过在设计和采购阶段的重点工作对减少或者消除有害物品的使用做出贡献。如果供应管理可以发现一个无害的替代品而不会带来高成本的处理和跟踪，那么以下几个成本目录就都会降低，包括流程成本（没有或者较少的跟踪）、低资本支出（避免对昂贵的设备进行投资）以及低法律风险责任和避免法律程序、潜在的巨额处理费用。设计阶段为降低和避免成本提供了最大的机会。

第二，供应管理专业人士可以更好地管理和跟踪有害物质，从"摇篮"到"坟墓"，甚至是从"摇篮"到"摇篮"，以减少或者消除一旦在供应链的下游发生环境问题时该组织的责任，特别是在产品生命周期的废物处理阶段。比如关于《美国综合环境反应、补偿和责任法》（CER-CLA）以及《资源保护和恢复法》（RCRA）的 80%～90% 的案件都是关于一个破产的运输商或者破产的垃圾填埋经营商引起的污染物的排放。美国环境保护署（EPA）转向废物的制造者，制造者负责废弃物从"摇篮"到"坟墓"，因为责任是向上游溯源的，寻源采购经理必须不断地进行对废弃物处理组织的评估和选择。评估可以包括犯罪调查、诉讼调查和事先打招呼的现场参观。事先不打招呼的行动可能包括年度现场考察等。

第三，供应管理记录可能是决定组织遵守环境法规和对环境风险及责任更深入了解的第一手资料。有价值的数据包括关于数量、使用、储存、危害和处置的信息。信息还可以用来发现和评估提高生产方法的选项。

实施环境审计。可以在内部环境流程、政策、程序以及供应链中实施一次审计。从一个供应链的角度来讲，一次环境审计要求对上游和下游的活动进行评估。如果顾客驱动的需求产生或者增加环境风险，应该努力影响顾客使他们看到经过设计变更，使用危害更少的替代品和其他可以降低风险的提案的益处。除了强大的内部伙伴关系，经常还要有外部伙伴关系，这是供应管理最大化所必需的。

报告要求和证书。供应管理团队必须清楚最新行业特定的和政府工作报告的要求，买家及其国内和国际供应商要求的或者建议的任何证书。为了满足这些要求，必须采集分析和以合适的格式准备并及时提交正确的数据。这些步骤应该嵌入供应管理流程和系统中以推进整个企业范围内的信息收集和报告。获得适宜的证书的步骤是：

（1）决定什么样的法律和法规以及相应的证书适用于你所在的行业。

（2）建立一个可以满足适用法规要求的环境管理系统（EMS）。

（3）开展一个对环境管理系统内部审计。

（4）进行一次具有权威性的外部审计。

（5）如果审计成功，获得具有权威性的外部审计机构颁发的证书。

（6）维护证书。

产品生命周期控制。供应管理团队可以参与评估，如果有的话，产品在市场上的整个使用生命周期内存在什么样的风险。设计阶段提供增值的最大机会，以最低的总成本和最小危害的环境冲击提供顾客想要的功能。

产品周期成本核算。产品周期成本核算是计算一个产品在其整个生命周期的成本的进程，从摇篮到坟墓，使产品周期的利润最大化。它是一个成本分析工具，将一个设备的采购价格与在整个设备周期的操作以及相关费用相结合。产品周期成本组成部分可能包括计划、研究和开发、生产、操作、能源费用、维护、更换费用、处置或者废品利用等成本。这个成本分析取决于从其他可靠分析计算而来的值，比如废品率、配件成本、维修时间和部件成本。

产品周期分析。产品周期分析是 ISO 14000 环境管理标准的一部分。它是将所有从概念（摇篮）到处置（坟墓）的有形的和无形的成本包括在内的过程。比如在能源行业，一个能源生产的产品周期分析开始于最初的项目概念到最后阶段的将土地还原初始状态或者下一个使用状态。有形成本可能包括一系列的成本组成部分,从设施的建造到燃料源发展,以及挖空土地的纠正、废弃物的处置。无形费用可能包括估计由于向环境中释放碳而产生的影响,或者由于异常漫长的申请执照的过程,或者对新的或者创新性的能源生产方法的政治阻力以及厂房停止使用或者所需资金等。比如,开垦露天矿区。目标是计算出真正的产品周期成本和能源生产的利润率。

产品周期的终结。在很多时候,一个产品在其使用寿命的终了的相关成本在最初的阶段没有被充分考虑,比如设计或咨询法律和法规的变更,公共感知或者组织的风险承受力。一个组织的风险还包括事先预计量与产品寿命终结相关问题。一些组织对法律法规和其他的制度做出响应,而另一些组织更积极地采取自愿行动。

11.2.2　内部记录管理

供应管理的专业人士能够帮助促进经常处在复杂的网络关系中的内部合伙人和外部供应商之间的沟通。为了能充分从战略性的供应管理中提炼出现有的竞争优势,决策者们需要很容易地使用可靠的数据和信息,并且有能够以始终如一的方式管理文件和记录的能力。从供应管理队伍如何管理信息能够分辨出供应管理组织是否高效。有效的记录管理除了提供顺畅的传播过程、提供交易、资金和时间安排的内部管理,同时还提供行动的记录。这些记录用来研究信息,证明行为是否发生过,提供审核线索并且达到法定的条件和要求。标准化的文件记录具有一贯性,这可以帮助确认所有相关的信息都被包含在内,可以提高效率并且使使用者更加容易地得到信息。

供应管理队伍必须建立、实施和维护一个数据库和/或一个相关信息的有形的文件归档系统。供应管理的目标是为了建立一个可信的记录和信息管理策略用来达到规章制度的要求,为决策者提供清晰、透明、方便的数据,并结合在其生命周期的范围内不断变化的价值,达到对数据成本和记录管理更好的控制。

规章制度要求。在许多组织内,管理层支持建立全企业范围内的文件管理系统,以促进企业内外部规章制度的统一。组织间政策的发展也用来定义记录和数据库管理的内部规章制度和指导方针。这些政策与适用的法律和监管要求的管理解释一起,为内部策略和目标提供支持并反映出组织的风险预测和风险偏好。

国内和国际问题。各个国家和贸易同盟外界运行的组织在记录管理要求中存在着异同。一般的外部因素包括:

(1)增加诉讼、立法和政府监督。

(2)对商务处理透明化的要求。

(3)国际来源和透明度。

(4)隐私和数据安全因素。

差异可能存在于世界各国不同的要求。尽管法律规定没有太大的不同,但是文化差异和地区性做记录和信息管理的方式差异仍然可能挑战正在试图将数据分类、收集并报告标准化的供应管理领导队伍。

记录管理。记录管理是系统地对记录和文件的控制,它来自通过加工,分布维护并回复到最终配置的建立和接收。

数据/记录管理的系统要求和功能。一个记录管理系统是一个计算机程序(或者一系列程序），用来跟踪和存储记录。通常情况下记录管理系统根据记录管理者的需要提供专门化的安全和审计功能。必须加以管理的数据的容量和复杂性使建立系统的要求和功能更加复杂。因此与信息技术的紧密合作是十分必要的，这可以决定哪一种信息系统将最好地服务于供应管理的战略和运行需求。

ISO 17799 为创造一个信息安全程序提供了框架，包括政策和程序、分配角色和责任、归档运行程序，为突发的和商业持续性管理做准备，同时遵守法律规定和审计控制。

数据分类。数据分类是当数据被创建、修改、完善、存储和传输时给予数据一定程度的敏感性的过程。对数据的分类取决于对数据进行控制确保其安全的程度。而这些都是建立在数据丢失、被偷或者被泄露的风险的基础之上的。发展组织政策是用来保护数据的机密性、完整性以及政府对这些数据的产生、使用、修改、传送、存储的可利用性。供应管理组织系统产生、维护不同类型的信息，包括规格、供应商数据、供应商业绩数据、产品/服务、合同、开支、关税、行动指南和技术支持协议等。如果要决策者接触并使用这些数据，那么数据的设定必须分门别类并用标准化的方式进行编码。比如，数据可能被分类为仅供公共使用、官方使用或者机密类型。供应管理队伍可能决定对附有规格的寻求建议、供应商的道德行为准则、与组织经营业务相关的信息以及组织日常购买的商品等标志为公共数据。包括绩效数据在内的供应商信息可能被认为是仅限于官方使用的数据，只有供应商自己可以授权接触到这些数据，别的供应商都不可以。合同、消费数据和供应管理策略文件可能被视为机密的文件，只能给有限的特殊的人接触到。

首席供应管理专业人才能够用三种方式为记录和信息的强有力的内部控制奠定基础：

（1）在开发策略、政策和流程时，考虑与信息和记录相关的风险；

（2）将短期和长期的技术需要纳入人才计划和角色重置中；

（3）与首席信息官建立强有力的联盟。

运营领导和经理必须每日应对建立和维护信息基础设施的挑战，这种基础设施对支持供应管理策略是必不可少的。

11.2.3　内部财务控制 ◢◢◢

财务控制与财务报表流程有关，通常这些控制包括使组织正确开始、记录、处理和汇报财务数据的政策和程序，它们要与年度或者中期财务报表中体现的要求相一致。

供应管理团队有义务和责任来核实相关财务交易及对第三方委托的存在性、正确性和完整性。这通过两种方式来完成：

（1）供应管理必须确保这些交易和委托符合组织的财务报告政策。

（2）供应管理必须遵守法律的要求，比如管理机构制定的规章制度，以及任何适用的国际规定。供应管理和财务之间有力的合作关系以及正确及时的沟通交流，为完成供应管理在财务报告中的作用提供了基础。

对供应管理组织来说，有四部分涉及资产负债表债务：

（1）供应管理的库存系统，采购组织有义务赔偿注销或其他罚金。

（2）带有惩罚条款的长期采购协议。

（3）如果采购组织终止租约的话，租约协议中要有财务债务。

（4）合作意向书，采购组织委托供货商给出长期的生产交货计划，并且对取消条款有财务上的影响。这样的协议和潜在的财务债务需要每季度通知首席财政官。

内部控制。供应管理团队必须注意与内部控制相关的四个方面：

（1）库存与库存销账。

（2）材料转移。

（3）事后订单。

（4）责任分离，内部库存控制关系到财务透明化。

对重要事件的及时汇报。重要事件是指在本质上影响财务报告的事件。对供应管理来说，有两种情况可能是重要事件：

（1）供货商交货晚，从而导致收益预测未达到。

（2）第三方供货者（外包合作者）不能提供产品和服务，从而引起收益的误述。

11.2.4　内部法律法规控制

代理和授权。代理法定义了参与两方的其中一方（代理方）授权为另一方（委托方或雇用方）执行或交易特定的商业活动。

首先，代理方对委托方有诚信责任。意思是在一个代理关系中，代理方有责任在任何一项交易中应以从其特定权益人的最佳利益出发，特别是他的雇用方或委托人的最佳利益出发。如果代理接受供货商的礼物或回扣或者有个人的利益参与其中（财务上的或其他方面的），那他就违反了诚信责任。

其次，代理人的行为对委托人有约束力。对于代理签署的合同，组织要依法执行。

最后，根据推理，代理方在合同项下没有个人责任，如果代理方拥有实际授权并未有过失。

授权是授予代理权力，使其能够代表委托方（雇用方）进行具有法律约束力的交易。三种授权影响供应管理组织：实际授权、默示授权和表面授权。

（1）实际授权是委托给个人的特定授权。跟随实际授权，个人可以拥有附带授权或默示授权。

（2）默示授权是委托人授予代理人实际授权的一部分，当委托人不能全面地描述所给予的实际授权，法律默认其需要完成委托人明示意图的授权。

（3）表面授权是在代理关系中当委托人允许个人来进行操作，使得第三方相信该个人为委托方所委任之代理人而创立的一种授权。它所代表的是求授权的采购或组织内其他职能部门对采购职能的忽略。例如，企业内不具有实际授权的一个人订了一批货物和服务并已经收货且进行了付款。对于供应商来说基于所采取的行动，这个人看起来具有采购的授权：收货并付款。通过对未授权采购进行付款，企业使其看起来像是经授权了的买方行为。就合同各方而言，表面授权跟实际授权在法律上同样有效。区别在于代理方：以表面授权进行活动的代理人将他们自身的责任风险暴露给委托方。批准是指委托方对代理方未授权行为的事后的一种批准。批准建立了委托方或雇用方之间的有效合同，免去了代理的个人责任。

通常情况下，授权是基于一些标准而进行的，如财务水平或预算所有权，而这些授权也被加以限制。例如，采购管理部门的采购（代理）被授权在一定金额限制下的进行特定产品和服务的采购。

影响招标投标活动的法规。我国有两个主要的法律领域对公共采购的进行产生影响：①《民法典》；②招标投标法规。供应管理领导团队必须确保供应管理人员和所有其他员工都遵守法律和规定。

公共采购相对于私营部门的采购有更严格的法规所规定的合同流程。无论在哪个部门,供应管理专家都应确保正确的政策和程序到位来从内部促进行动并且通过培训和正在进行的管理支持对这些政策和程序进行贯彻(训练、指导、建设),以确保供应商了解组织在法律问题上的立场。

反垄断法和贸易法规。反垄断法的目的是维护一个竞争公平的市场。许多国家都有这样的立法。在加拿大和欧盟,它被称为竞争法。反垄断法禁止任何"联合"或组织或合同对贸易进行限制并且禁止垄断行为。供应管理专家需要特别注意的是,在同跨国公司打交道的时候应了解不同国家的法律。

供应管理专家处于一个非常重要的位置。可以对管理层的违法行为进行警告,如价格设定。他们所处的位置也由于他们的行为而容易受到伤害,因为他们的行为有可能使他们的雇主在采购方面面对串谋的风险。供应管理领导团队必须同律师一起确保供应管理人员得到恰当的培训。供应管理专家所处的位置也使他们能够监测周围的环境,发现供应管理的任何可能对组织产生负面影响的反垄断行动。

知识产权法律和法规。知识产权是一种多种样式的个人无形资产,本身就具有商业价值并且由政府通过不同的方式进行保护。知识产权包括专利、商标、服务标志、版权、技术和商业机密。知识产权的保护在很多行业中得到越来越多的关注。虽然很多国家都有知识产权法,但由于它们千差万别,使其成为很多组织的高风险领域。

由于供应管理团队通常深入参与知识产权的获得,因此他们能更方便地进行内部控制的建立和管理。虽然供应管理专家可能无法对影响供应管理组织的不同法律和法规有完全的认识,但他必须要确认与法律和法规环境相关的风险和机会都经过考虑。例如,作为一个作家,可能不完全理解版权,但确实明白它既代表一种机会,使作品得到保护,也是一种风险,如果侵犯了别人的版权,作为一个作家认识到其利弊对他来说足以采取行动来减轻风险。可以通过雇用一个版权律师(成本)来保护他的利益(收益)。供应管理专家每次将保障性条款加入合同中的时候就是在执行风险减轻战略。

从战略的角度来说,供应管理专家应该找机会获得拥有知识产权的供应商,对于采购组织来说是非常有价值的,同时也要保持警惕认识到获取这种产权所联系的风险。例如,供应管理专家经常被指出购买科学技术图纸和模型、艺术品、音像产品和文学作品,或者计算机软件,但他们必须要了解有关"作品""作家"和"职务作品"的相关法律基础。他应当同法律部门一起制定每种情况下的相应文件。

供应管理专家里的领导对于供应管理组织的雇用公平起主导作用。同人力资源专家和律师形成的内部合作关系提供了一个框架来吸引供应管理人员并对其进行面试、筛选和录用。供应管理专家也必须确保工作环境、业绩考核机制和每个供应管理员工的行为都符合相关法律。

⟫⟫⟫ 11.3 内部控制制度中预防腐败的要求

11.3.1 预防腐败是采购供应的合规性的要求 ◢◤◢

预防腐败是国有企业采购合规性的基本要求。但是,不能简单认为只要采用招标方式采购就合规,否则就有腐败之嫌;换句话说,对采购供应的廉政建设不能仅止于采购方式是否"招标采购",并以此考核采购供应的合规性。

众所周知,采购供应是一项经济活动、管理活动、技术活动,依法必须招标的采购还有法律属性。

招标采购在一定程度上可以减少腐败的漏洞在于其公开性而不是其竞争性。但是由于以下原因,如果缺乏有效监督,招标不仅不能防止腐败,反而可能产生腐败。

(1)采购供应的经济属性如果缺乏有效监督在公共采购中"花别人的钱给别人办事"很容易产生腐败。

(2)采购供应管理的复杂性增加了腐败的漏洞。

(3)采购供应特别是招标采购的技术复杂性可能掩盖腐败。

(4)依法必须招标项目的法律属性由于监督部门缺乏有效的监督程序可能产生管制腐败。

因此,世界银行和亚洲开发银行在其采购指南把反腐败原则和合格性原则、防止利益冲突原则规定为公共采购的三个原则。

在企业采购制度建设中,应通过程序的公平来预防腐败。考核的重点是对采购结果的评价,特别是对供应链总成本降本增效的考核和监督。

11.3.2　公开采购的各种采购方式都可以减少腐败的漏洞

【小贴士】某大学竞价采购 1 台 1.5 匹空调的启示

2019 年某天,作者应邀参观某大学集中采购竞价平台。当时由采购单位拟为实验室购买 1 台 1.5 匹的空调。采购人在该平台竞价系统注册登录后,即发出购买空调的信息。

5 min 左右就有 10 多家空调服务商在电脑页面做出可以供现货的要约,包括价格范围、服务范围。经过两轮竞价,采购人选择了一家离学校最近的供应商,双方在网上签订了合同,确定了安装时间,整个采购不到 20 min。

作者作为观摩者深刻体会到,这种在平台竞价的方式在节约投资的同时可以堵塞腐败的漏洞,买卖双方不见面就完成交易,根本没有产生腐败的漏洞和空间。所以包括自愿招标、谈判、竞价、单源采购在内的公开采购都可以有效地减少甚至堵塞腐败的漏洞。

11.3.3　数字供应链是预防腐败的有效技术手段

同传统供应链相比,数字供应链在提高采购效率增加效益的同时也是防止采购供应产生腐败的有效技术手段。传统供应链和数字供应链的差异详见表 1-11-1。

表 1-11-1　传统供应链和数字供应链的差异

比较方面	传统供应链	数字供应链
商业模式	管道、自营+外包	数字平台、数字平台生态、供应链作为服务
组织视图	从左到右线性(链)资产驱动型	动态网状(网),客户为中心
信息共享	信息孤岛,非实时信息交换,结构性信息	大数据、互联网、数字化协同平台、实施信息互换
沟通效率	信息会延迟,因为它在线性组织结构中传递	信息在所有供应链相关部门中实时传递
合作模式	交易多而战略少	趋向战略性、共生共赢

（续表）

比较方面	传统供应链	数字供应链
战略协作	联合定制计划和流程，非实时、非智能认知分析和预测	网络扩展，数字化协同及人工智能，机器学习帮助提高未来预测准确性
管理模式	偏重精益，缺乏灵活性	偏重敏捷，并寻求最佳战略匹配
管理工具	传统ERP，多系统集成，扩展性差，不支持集团复杂性运维成本较高，技术传统，开发成本高	全渠道供应链数字平台，互联网结构，云端架构，支持业务发展，全业务域数据流通
透明度	有限的供应链可见性和可视化	端到端的供应链可见性和可视化
响应机制	根据已知需求被动迟缓响应	根据已有数据主动预测，敏捷响应
风险及不确定性、应对机制	被动迟缓应对，缺乏弹性	主动敏捷应对，弹性较强
决策机制	经验是决策，掺杂很多人为因素	智能决策，没有或少有人为因素
运营模型	供应链运作参考模型	素质能力模型
核心流程	计划（Plan）、寻源（Source）、制造（Make）、交付（Delivery）、退货（Return）和使能（Enable）	同步计划，智能供应，智能运营，动态履约、数字开发、连接客户
运营模式	"串联"，人工信息+技术混合模式	"并联"人机协作数字智能模式
运营绩效	成本中心	利润中心
可持续性	短期局部优化	长期持续变革
战略地位	未上升至公司战略，供应链主管不是董事会高管	上升到公司战略，定义新的董事会高管

注：该表引自唐隆基、潘永刚著《数字化供应链》P003表一。

从表中可以看出，传统供应链的决策主要是供应链管理者对采购活动的结果做出决策，但是，在数字供应链的智能化采购中，是依据设定流程，大数据产生的结果自动决策。流程数据的智能决策最大限度地减少了人为因素、感情因素，是防止腐败的有效技术手段。

作者在某集团了解到，如果集团领导批准一个经销店，该经销店一年就可盈利2 000万。表面上批准新销售点需要经理办公会集体研究决定，但实际上还是企业一把手说了算。个人权力滥用产生的回报必然是腐败。发现问题处理时社会成本很高。因此亡羊补牢，企业应建立数字化的供应链管理体系，在这些敏感的环节通过流程的数据做出决定，没有或减少了人为因素就可以最大限度地减少腐败的漏洞。

 本章思考题

1.如何建立一个内部控制体系？
2.内部经营控制包括哪些内容？

第二部分

采购与供应战略

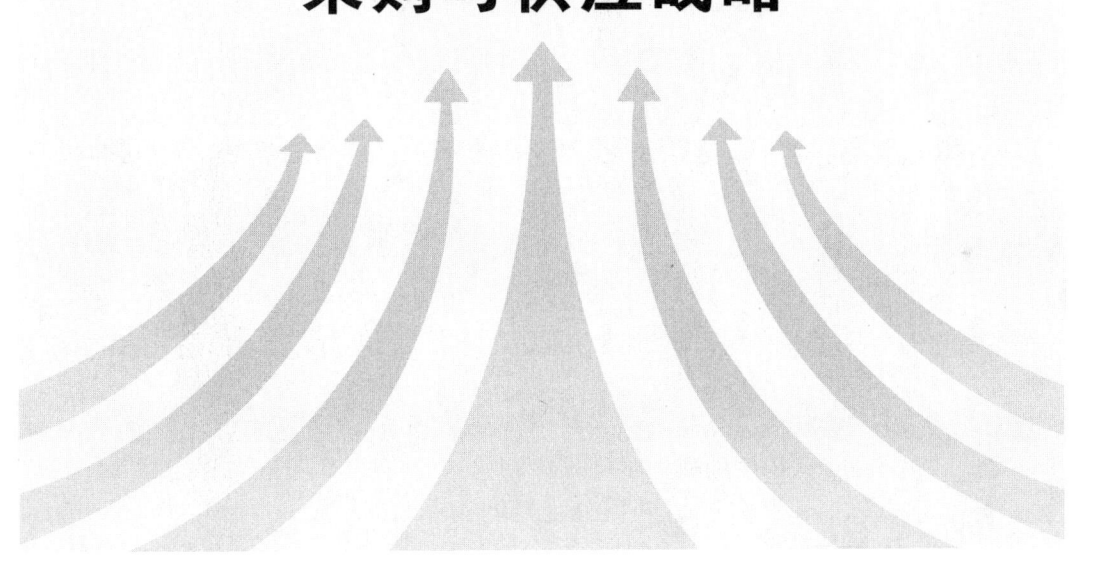

第1章　供应战略的框架

　　战略:一种从全局考虑谋划实现全局目标的规划,战术只为实现战略的手段之一。那么采购战略就应该是:为了完成某种采购目标从全局考虑,并进行谋划和规划,是指引采购活动有效而合理进行的一种方向、方针。

◎ 本章目标

　　1.熟悉应用供应定位模型分析采购品项的四种类型。

　　2.了解供应定位模型典型象限特征及不同位置的内涵。

>>>> 1.1　供应战略与企业战略

1.1.1　供应战略要素 ▰▰

1. 供应链战略定义

　　供应战略是供应管理部门在现代供应理念的指导下,为实现企业战略目标,通过供应环境的分析,对供应管理工作所做的长远性的谋划和方略。

2. 针对采购需求的供应战略要素

　　(1)从多少个供应细分市场采购

　　应该从同一个供应市场采购所有品项还是从多个供应市场(或细分市场)采购?

　　(2)从多少个供应商处采购

　　应该只同一个供应商进行业务往来,还是同两个或多个供应商进行业务往来?

　　(3)同某采购品项供应商保持的关系类型

　　例如,应该采用交易型还是合作型的关系?

　　为保持这种关系而采用的合同类型,应采用长期合同还是短期合同?

　　应该采用什么类型的合同条款? 合同应该被用于强制遵守还是鼓励创新?

　　(4)采用的运营采购战略的类型

　　运营战略是与供应商签订合同后就要遵循的战略,包括对这样一些问题的处理,如应该保有多少库存? 是否应实施价值工程? 是否应使用采购卡低利润、低风险采购?

1.1.2 供应战略与企业战略的联系 ◢◢◢

❶ 企业战略问题的研究

（1）企业希望销售何种产品和服务，希望这些产品和服务销往哪些市场；

（2）企业提供产品和服务的条件是什么；

（3）企业打算采取什么方式进入和拓展其产品市场，包括希望与客户和潜在合作伙伴发展何种类型的关系；

（4）为了达到在行业内具有竞争力的成本—效率水平，企业怎样来进行组织和经营。

❷ 企业战略与采购供应目标及战略之间的联系

企业采购与供应目标是企业发展战略和企业采购与供应战略之间的纽带。换句话说，企业应在其发展战略的指导下，确定其采购与供应目标；在采购与供应目标的框架内确定最终的采购与供应战略。

1.1.3 企业采购与供应目标 ◢◢◢

企业采购与供应目标的内容如表 2-1-1 所示。

表 2-1-1 企业采购与供应目标的内容

范围	供应目标举例
A.质量	在与特定需求的符合度方面，保证内部客户的满意率在 98% 以上。 只要能够完全满足需求，就应该采用标准（非定制）材料和标准零部件。 执行一个能连续识别和评估企业所采用的最新的材料、零部件和技术的体系。 至少找到三个能够利用最新材料和技术为企业的"X"产品线设计出先进产品的供应商。 保证高优先级采购品项的性能可靠性比率不低于 99.9%
B.可获得性和前置期	每份标准需求订单的平均内部前置期应降低到 2 个工作日；对于优先的非标准需求，应降到 10 个工作日。 对于高优先级的品项，应将每份订单的供应商交货平均前置期降低到 1 周以内。 对于高优先级别的品项，保证其可获得率不低于 99%。 对于企业的"A"类生产线所需材料应采用及时供货制
C.供应商的服务和响应	保证对企业产品服务相关零部件和设备的所有供应商在 24 h 内对技术垂询做出满意答复的能力进行评估。 保证对企业产品/服务相关零部件和设备的所有供应商在 48 h 内对急需的零部件的供货能力进行评估
D.成本的降低	保证标准原材料的平均价格比现行市场价格至少低 2%。 在未来 12 个月内将每份订单的平均管理成本至少降低 10%。 保证在接到企业自用或用于生产产品/服务的所有价值超过 20 000 美元的设备之前都对其生命周期成本进行了评估

所有这些供应目标将引导我们制定出针对单个采购品项的特定供应目标。企业需要为对其有重大影响的采购品项制定特别的供应目标，这种影响的程度取决于，如果没有达到该采购品项的特定供应目标，企业的生产线、品项和/或正在进行的经营的利润将受到多大的影响。

例如，表 2-1-1 中的供应目标"对于高优先级的品项，应将每份订单的供应商交货平均前置期降低到 1 周以内"可以转换成针对某一特定采购品项的特定供应目标"采购品项 X 的交货前置期最多为 3 天"。

企业可以为不太重要的采购品项设定通用供应目标,因为这些采购品项所要满足的需求是类似的,且不会对企业的经营产生实质性的影响。

为实现特定供应目标,采购方将不得不决定使用哪种供应战略效果最佳。比如,为了达到上面提到的"采购品项 X"的供应目标,采购方可能将不得不转而寻求对客户响应更迅速的供应商和/或努力提高供应商的响应能力,使用电子采购或者从现货合同变为无定额合同以便节省管理时间。

>>>> 1.2 供应定位模型

1.2.1 供应定位模型的含义 ◢◢◢

供应定位模型是对所采购产品支出金额的多少和其对企业的影响、供应存在的风险和机会程度进行综合分析之后,为采购与供应的产品在需求的确定、供应商评价、获取与选择报价、谈判以及合同签署等活动中起指导作用。

1.2.2 供应定位模型的两方面因素 ◢◢◢

① 该品项的年度支出水平

我们用帕累托法则分析,即 20%采购品项,可能占用总支出约 80%,而剩下的 80%的采购品项,可能仅占总支出的 20%。

另一个选择是用 ABC 体系分析,"A"类采购品项一般占用总支出的 60%~70%;"B"类采购品项一般占用总支出的 20%~30%,而"C"类采购品项占用总支出的10%~15%。

采购品项的花销越大,它的重要性就越大,因为该品项存在成本节约的潜力。

② 供应品项的影响机会与风险

这组综合评价指标可以从一方面反映出,如果无法实现某品项的供应目标,将给企业带来多大的利润损失。同时,它也可以用以说明该品项的供应市场状况需要企业把精力放在为了避免因不能满足供应目标而带来的风险上,还是放在利用供应市场的机遇而让企业超越其他竞争者上。

图 2-1-1 中横轴代表采购品项的支出,从左到右,支出逐渐增加,占总支出 80%的,20%的采购品项位于横轴的右侧,其余占 20%支出的 80%采购品项位于横轴的左侧。

每个品项的影响供应机会,风险等级由中轴表示,这种方法将采购品项划分为四种类型:H、M、L 和 N。它们分别代表的是:

$$H=高影响/供应机会/风险$$
$$M=中影响/供应机会/风险$$
$$L=低影响/供应机会/风险$$
$$N=可忽略的影响/供应机会/风险$$

供应定位模型的主要目的:

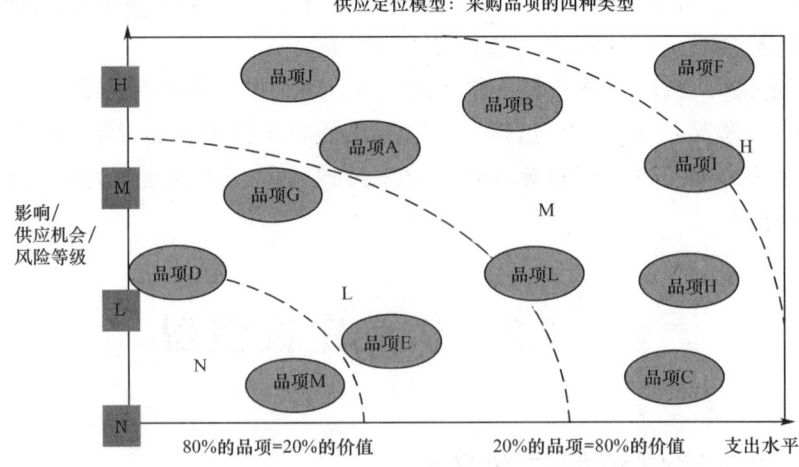

图 2-1-1　支出水平与影响/供应机会/风险等级关系

1. 指导企业确定每项工作的优先级

企业没有必要对每个采购品项都给予同样的重视程度。有些品项比其他品项对企业更重要。采购品项对企业的重要程度取决于该采购品项的支出水平、对企业的影响程度以及它的供应市场状况。

如果再看看前面的图，我们会发现三条弯曲的虚线将图分成了四部分，这四部分也用H、M、L和N表示。品项F位于H(高优先级)部分，因为它同时具有高影响/供应机会/风险和高支出水平。因此企业对该采购品项的重视程度就应该是最高的。相反地，品项M位于N(可忽略的优先级)部分，因此企业几乎不需要关注该采购品项。所有其他采购品项都位于这两个极端级别之间的某处，并依其在图中所处位置拥有相应的优先级。

2. 指导企业制定供应战略

采购品项不同，企业所采取的供应战略也不同。只有均衡地考虑供应定位模型中的各个因素之后，才能为不同采购品项制定不同的供应战略。

1.2.3　供应定位模型四象限

供应定位模型四象限如图 2-1-2 所示。

图 2-1-2　供应定位模型四象限

1. 常规象限的特征

这一象限的特征是低影响/机遇/风险和低支出水平。

位于该象限中的产品和服务具有低影响/机遇/风险水平特征,因为它们是标准的,而且可从许多供应源得到。同时,花费在这些品项上的总支出也相当低。因此,在采购这些品项时,不必花费太多精力。通常,企业都有大量的标准品项位于此象限,如办公文具、保洁服务或者标准的生产耗材。

2. 杠杆象限的特征

这一象限以低影响/风险水平和高支出为特征。位于该象限中的品项将是一些标准的且可以很容易地从多个供应源得到的品项,在这一点上,它和常规象限相似。但是,它与常规象限的区别在于,位于该象限内的采购品项的年度支出水平较高。这通常意味着企业的采购对供应商的吸引力很大,会增加企业的杠杆作用,即处于更有利的谈判地位,特别是企业希望尽可能压低价格的时候。

一个采购品项,对于一个企业来说是常规品项,对于另一个企业来说可能会成为杠杆品项,认识到这一点是很重要的。年度总支出水平(而不是品项的单价)是存在这种差别的根本原因。例如,标准的厢式送货车,对于一个配送企业来说很可能属于杠杆品项,而对于其他购买量不多的企业来说就不是了。

杠杆象限是一个具有吸引力的部分。大多数情况下(当然这得取决于企业规模的大小),企业将拥有较强的议价力量,许多供应商都争着同你进行业务往来。

3. 瓶颈象限的特征

瓶颈品项以高风险和低年度支出水平为特征。此类品项的专业性极强,因而只能从少数几个供应商处获取。例如,当产品的设计基于某项新技术,或者产品依赖于某些高精确度零部件时,就可能出现这种情况。

某些技术含量不高的品项,当其供不应求而且它的缺货会对企业造成重大影响时,也可能成为瓶颈品项。在这种情况下,难以获得性而非技术因素造成了高风险。

瓶颈品项的供应将一个重大的风险摆在了企业面前,但因为这类品质的支出水平太低,对供应商没有什么吸引力,企业也几乎没有能力对这类品项的供应施加任何影响和控制。因此,瓶颈品项是一个必须认真对待的问题。

4. 关键象限的特征

与瓶颈象限的品项类似,关键象限中的品项也给企业带来了高风险。所不同的是,这些品项的支出水平较高。因此,企业具有一定影响这些品项供应的能力。出于和瓶颈品项同样的原因,关键品项的供应商也仅限于少数厂家。

关键品项是使企业产品形成特色或者取得成本优势的基础,因而会对企业的赢利能力起到关键性的作用。

关键品项包括:企业的最终产品所必需的某些零部件,或者某个品项所需的非常复杂的或定制的品项。一些行业的关键设备有时是基于新技术的并且是为企业专门定制的。在这些情况下,任何性能要求上的偏差都可能对整个工艺效率和效果造成严重的影响。

供应定位模型典型象限特征一览表如图 2-1-2 所示。

表 2-1-2 供应定位模型典型象限特征一览表

	常规	杠杆	瓶颈	关键
对企业的影响/供应机会/风险等级	低	低	高	高

（续表）

	常规	杠杆	瓶颈	关键
标准或非标准采购品项	标准	标准	通常为非标准,但可能兼而有之	通常为非标准,但可能兼而有之
供应商的数量	许多	许多	很少	很少
企业的支出水平	低	高	低	高
业务对供应商的价值	低	高	低	高

1.2.4　理解定位

所谓定位,就是让品牌在顾客的心智阶梯中占据最有利的位置,使品牌成为某个类别或某个特性的代表品牌。这样当顾客产生相关需求时,便会将该品牌作为首选,也就是说这个品牌占据了这个定位。定位理论的创始人是美国著名营销大师艾·里斯及其当时公司的合伙人杰克·特劳特,并于 1968 年为这个理论提出了命名"positioning",由此开创了营销理论全面创新的时代。2001 年,定位理论压倒菲利普·科特勒、迈克尔·波特,被美国营销协会评为"有史以来对美国营销影响最大的观念"。

我们在上面已经看到了,将供应定位模型划分为四个象限,能更好地描述各种采购品项在企业心目中的重要性和地位,以及我们在后面将要谈到的它们对供应战略的影响。但是,这并不意味着,仅有四种可能的情况和四种可能的供应战略。事实上,将会有一系列方案和供应战略可供企业选择。

在图 2-1-3 中,点 A 的支出水平很低同时风险也很低,这一点代表"典型的"常规采购品项。点 B 位于同样的常规象限中,但它的支出水平要高得多,几乎同杠杆象限中的 C 点的支出水平一样高。这样,当常规象限内从左往右移动,采购品项的常规特征逐渐减弱,而杠杆特征逐渐增加,到了模型的右边(D 点),它变成了一个"典型的"杠杆品项。

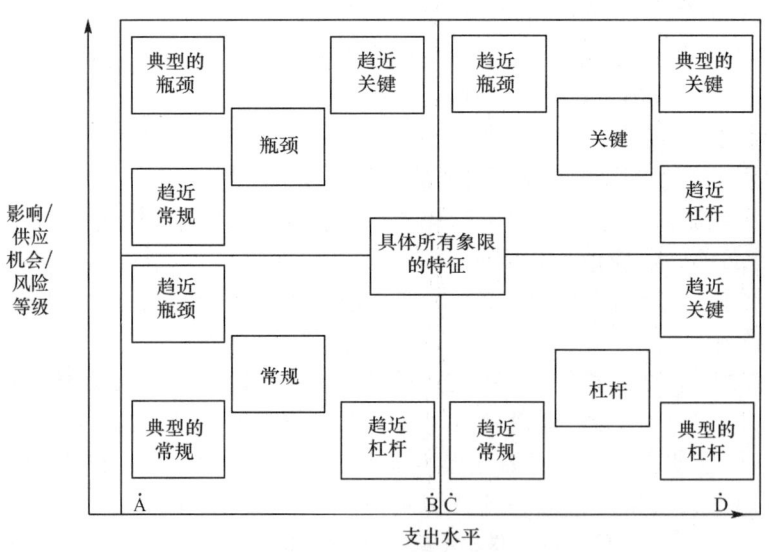

图 2-1-3　供应定位模型中不同位置的含义

图 2-1-3 描述了当在一个象限内将一点逐渐向另一个象限移动时所有可能发生的变化。

在更为细致地研究供应战略时我们将发现,位于同一象限内不同位置的采购品项所采用的供应战略会不同。虽然典型的常规品项与典型的杠杆品项在所采用的供应战略上存在很大差别,但我们可以想象,位于两个不同象限内,临近两象限边界的两个采购品项将会采用相似的供应战略。

1.2.5　改善企业供应品项的位置

企业压倒一切的目标就是尽可能将采购品项向杠杆型靠近。要实现这一目标有两个途径,一是降低风险,二是增加支出。

这里所谓的"增加支出"并不是指企业的总采购支出,而是指增加某一项(类)品项的采购支出或增加对某一供应商的采购支出,这样就能增加企业对该品项或该供应商的议价优势。

1. 增加采购支出的方式

(1)通过内部标准减少产品和服务(如信息技术支持和维护服务)中的一些不必要的规格型号。

(2)尽可能将采购品项加以组合。比如,现在许多供应商既提供办公用品也提供计算机耗材,这样,这两类采购品项就应该归入同一组。企业也应该将服务和维修与设备采购结合起来,而不是单独去获取这些服务,这样做能使企业对供应商更具吸引力。

(3)如果采购发生在多个地点或者是为实现多种目的,企业应该保证将多个采购点共同的或者多个用户共同的需求品项打包放在一起作为一个单一的订单提供给供应市场。

(4)企业也可以与其他企业合作形成采购联盟。这样,一些具有共同需求的企业联合起来能对供应商施加更大的影响。在诸如办公消耗品/公共事业产品(电、燃气、水和电信)及相关服务的采购中经常采用采购联盟的形式。这种方法尤其适用于中小企业。

2. 根据风险类型的不同,降低风险的方式也有多种

(1)如果是技术性风险,企业应同工程师和供应商一起从产品规格方面来努力消除或降低风险。只要有可能,企业就应尽量使用标准件,或使用其他可获得的风险较小的替代品或替代设计方案。

(2)通过实行采购品项的内部标准化来避免出现过度的采购多样化和分散化。

(3)如果是由供应源短缺而造成的风险,企业应考察是否还有其他一些没有意识到的供应源存在。对供应市场做一次深入的分析,可能会发现其他一些供应源,从而降低这方面风险。

(4)提高供应的可获得性的更进一步的方法是与那些目前尚未提供此种产品或服务的商家合作,并开发他们提供此种产品或服务的能力。

>>>> 1.3　从单个或多个细分市场采购

1.3.1　使用多个市场的缺点

(1)将采购需求分散到不同供应市场(因此分散到不同供应商)的数量越多,企业对单个供应市场的影响力就越弱。假如同一个供应商(如跨国公司)在企业所考虑的每一个市场都设有分支机构,则是一个例外情况。

(2)如果细分供应市场是由地理位置不同而形成的(如位于不同国家的市场),那么选择多个市场就会带来额外的成本和低效率,因为要同多个供应企业"重置学习曲线"(如发展一种高效的关系)。比如,需要适应多种文化,解决一系列不同问题,如果需要访问供应商还会带来差旅费的增加等。

1.3.2　影响企业从多个细分供应市场采购的因素 ◢◢◢

(1)一个细分市场是否能够可靠且有效地满足供应需求。

(2)是否存在使企业无法从单一细分供应市场采购的机构性因素。比如,如果企业在不同的地区设置有许多点(或子公司),这样,运输成本过高或者需要经常同当地供应商们面对面打交道,决定了企业无法从单一细分市场进行采购。

案例 2-1-1　　中国铁建战略采购的"重庆模式"

中国铁建在重庆区域投资项目推行主要物资打包集成供应,采取"源头采购+共同选商+一体化服务",即通过竞争性谈判、公开招标等方式直接面向资源生产厂家进行采购;中标厂家由项目公司、集采服务单位、总包单位、施工单位、外部专家共同参与评选;集采服务单位提供计划、采购、供应、结算、质量监控一体化服务,通过资源厂家直供+设置区域储备周转库的形式保障供应,实现集采工作从单一供应向集成供应服务转变。

在石黔、潼荣、渝黔高速扩能、德简、德都、双合镇重大项目、G7、巫镇、合铜、眉太、重庆轨道交通 18 号线等 20 余个项目采用"重庆模式",涉及钢材 242 万吨、水泥 1 067 万吨、钢绞线 12 万吨、沥青 65 万吨,采购总金额超过 100 亿元,累计为各项目节约资金近 10 亿元,综合节资率约 5.1%,极大地降低了物资采购成本。

 本章思考题

1.简述供应战略与企业战略的联系。

2.简述定位模型的内容。

3.根据风险类型的不同,降低的风险有哪些?

4.简述增加采购支出的方式。

第2章　供应商关系和合同类型

从供应商的角度出发,一个好的采购战略一定是要结合供应商的实力和所处供应市场的环境来考量。供应商本身的实力有差别,能提供的产品和服务会有差异;他们所在的供应市场的地位不一样,那么采购方与其合作模式也是有差别的。

本章目标

1. 熟悉供应商感知模型的内容及其对供应商关系的意义。
2. 理解并列举供应方和采购方关系/合同连续谱图。

>>>> 2.1　现货采购

2.1.1　现货采购的含义

现货采购是指商品流通企业直接通过市场充分自主地向供货方协商定价,即时进行银货交换的一种采购方式。换句话说,就是"一手交钱,一手交货"。

如果供应商遇到任何困难(如生产线的延迟),那么现货采购者很可能会因处于供应商优先级的最低端而面临供应短缺问题。而且,如果采购者要对订单做一些修改,哪怕是很小的改动,供应商很可能都会对此额外收费。其他合同类型中通常不会出现这种情况。

以现货采购为基础,使用不同的供应商可能导致长期从大量供应商处进行采购。因此,许多企业会逐渐使供应基地(即供应商数量)合理化或缩小供应基地规模。这是因为,供应商的数量太多就不可能进行有效管理,而且会导致企业失去对供应商施加影响的机会,以及导致过高的管理成本。如果广泛采用现货采购的方式(这种情况在那些采购品项过于零碎的企业中很常见),就很可能同企业的供应基地合理化目标发生冲突。

2.1.2　现货采购适用的重复性采购需求的情形

一般而言,现货采购是一次性需求(非重复性需求)的唯一选择,但是现货采购也适用于以下这些重复性采购需求:

(1)采购的是标准产品或服务,且一旦下了订单出现供应问题的风险很低;

(2)存在很多供应商;

（3）当最初供应商出现问题时，从一个供应商转移到另外一个供应商的成本很低；

（4）采购品项的年度支出大到足以承受因多方询价和评估报价而导致的成本增加，以及因同许多供应商进行交易而需要在管理方面花费的精力。

对于现货采购，一旦供应商满足了基本采购要求和标准，如在规定时间内交货的能力，如何选择供应商的问题就变成纯粹的价格比较问题了。供应商们也认识到了这一点，因此他们常常采取这样的方法，即以极低的报价来争取订单，然后再通过额外收费进行弥补。一旦订单到手，他们将对采购方对订单所做的任何改动或者任何附加要求收取高额费用。

>>>> 2.2　定期采购

2.2.1　定期采购的含义 ▰▰▰

定期采购是指从一个或多个供应商处进行重复的现货采购。

2.2.2　定期采购适合的情况 ▰▰▰

（1）很难提前做出需求预测；

（2）每次需求的规格都不同。

在定期采购方式下，对供应商的业绩进行评价还是有用的，因为供应商为了能够增加与企业未来交易中的份额，会愿意听取采购方的反馈意见。但是，如果同某一供应商进行交易的次数不多，则投入相当多的精力对该供应商的绩效进行评估便是不值得的。

>>>> 2.3　无定额合同

2.3.1　无定额合同的含义 ▰▰▰

无定额合同也被称作"框架协议""一揽子合同"或"经常型订单"。这种方式是指，企业同供应商达成一个协议，这个协议将在一段时间内，通常是一年或更长，对双方间的所有买卖都有效。无定额合同也是所谓的定期合同的一种。

对于那些需要频繁采购的产品或服务，同供应商签订一个无定额合同很有意义，这样可以避免在每一笔交易上都要讨价还价，从而节省了时间和成本。

在这种合同的约束下，供应商同意"按照需求"在约定时间段内以约定价格提供一系列产品或服务。尽管企业可以向供应商提供大概的需求量，但在合同上并未规定必须采购的数量。这样，无定额合同代表着供应商为企业将来特定价格的采购给出了一定的承诺。但由于没有向供应商保证完成一定的采购量，企业很可能得不到所希望的优惠条件。

作为采购方，企业在发现最好的供应商并谈好最优惠的价格这第一步中起着重要的作用。但是，一旦签订了无定额合同，企业便不必介入对合同的履行中。最好由最终用户们按照合同直接向供应商提出他们的需求。但是，企业应该定期会同最终用户和供应商对合同的执行情况进行检查,以保证各方都对合同的执行情况感到满意,必要时还要对合同做一些修补。

2.3.2　无定额合同适合的情况

（1）对某一产品或服务的需求较频繁；

（2）很难对需求量做出预测；

（3）很容易确定产品或服务的价格。

尽管有些无定额合同会延续5年甚至更长时间,但这种合同的一般期限是1年。每年都更换供应商可能会导致效率低下,因为双方之间逐渐形成的相互了解和个人关系无法发挥出应有的作用。如果合同准备得很好,既能保证价格维持在具有竞争力的水平,又能保证将服务水平维持在满意的水平,那么签订长期无定额合同便是非常合理的选择。

≫≫≫ 2.4　定额合同

2.4.1　定额合同的含义

定额合同,是定期合同的另外一种形式,它同无定额合同具有许多相同点。如果采购需求很频繁,可以同供应商签订一份定额合同,该合同对某一阶段内（一般为1年或更长）企业的所有采购需求都有效。

然而,比起无定额合同来,定额合同更明确具体,因为企业要承诺在合同期内将从供应商处采购品项的确切数量或价值。如果企业的采购量没能达到合同上规定的数量,将会受到处罚。相对于无定额合同,这种合同对供应商更具吸引力,因此供应商可能会给出更优惠的价格和其他供应条件。

如果需求是不可预测的（即使有些需求会重复发生）,那么无定额合同是最合适的,因为企业不必承诺采购数量。但是,如果能很好地预测需求,企业便可以采用定额合同的形式。

通过承诺采购,确切数量或金额,并设定上下幅度比例,如10%或15%来获取更优惠的条款。定额合同的一个变化形式是所谓的"永久"合同。这种合同除了不规定合同的终止日期,而是规定合同的最短有效时间外,同一般定额合同相同。一份永久合同会一直有效,直到合同的一方决定终止合同为止。

同无定额合同的情况一样,签订合同后,采购供应部门不必介入供应商的具体交付中。最好由最终用户直接按照合同提出他们的需求（即要求供应商进行特定供货）,而采购供应部门只将精力重点放在保证合同的满意履行上。

2.4.2　定额合同适用的情况

（1）对某一产品或服务的需求较频繁；

（2）能够对某一时期内的需求量提前、合理、准确地做出预测；

（3）很容易确定产品或服务的价格。

定额合同的采购方也能通过将供应方的绩效考核同合同条款结合在一起以防止出现服务质量下降等现象的发生。

▶▶▶ 2.5 伙伴关系

2.5.1 伙伴关系的含义 ◢◢◢

伙伴关系,有时也被称作联盟,是在高度信任基础上形成的一种长期合作关系。

2.5.2 买方寻求与供应商达成伙伴关系的原因 ◢◢◢

提高整个供应链的效率和增强竞争力:

(1)通过分享整个供应链的信息来降低采购供应成本;

(2)降低供应风险;

(3)合作开发产品,这样汇聚买卖双方资源后得出的解决方案要优于由一方单独提出的方案。

2.5.3 成功的伙伴关系的特点 ◢◢◢

(1)相互依存,双方都能从对方的成功中获益,并且双方都有强烈的责任感。

(2)高度的信任感,坚信双方都将信守承诺,双方都不会乘人之危,并将寻求双方都能接受的解决办法。

(3)双方组织不同级别之间高度互动,并发展密切的私人关系,供应商几乎变成了买方组织的延伸。

(4)高度的信息共享,不用担心任何一方会利用信息做有损于对方利益的事情。而在某些合作性差一些的关系中,供应方可能会隐瞒信息,比如成本信息,以便隐瞒利润。在伙伴关系中,由于更容易获得信息,因而也提高了决策的质量。

(5)关注成本,而非价格。在其他类型的买卖双方关系中,买方总是试图压低卖方的价格。而在伙伴关系中,双方关注的焦点是成本,即双方的成本是由什么决定的,然后共同来降低成本。

(6)组建联合团队来解决特殊问题,开发新产品或改善经营状况。其目的是制定对双方都有利的解决方案。

(7)为维持关系而投资。双方都愿意为发展这种关系而投资,都相信收益的实现需要双方保持一种长期的关系。

2.5.4 交易关系与伙伴关系的比较 ◢◢◢

交易关系与伙伴关系的比较见表2-2-1。

表2-2-1 交易关系与伙伴关系的比较

交易关系	伙伴关系
没有合作	合作是主要原因
关注短期利益	关注长远利益
关注焦点是压价	关注焦点是理解和降低成本

(续表)

交易关系	伙伴关系
机会主义的	联合最优化
低信任度	高信任度
为隐瞒有利条件而使信息共享最小化	为促进决策最优化而更多地共享信息
不为维持关系而投资	投资于关系改善以提高交易效率
通过合作解决争端	通过协商解决争端
没有私人关系	深厚的私人关系
在供应关系管理上不需要花费精力	在关系管理上需要花费大量精力

2.5.5　企业为发展伙伴关系采取的行动

以下行动将有助于企业逐步完成对建立供应伙伴关系的好处进行评估,找到正确的合作伙伴,以及对这种伙伴关系的绩效进行评估等过程。

1. 开始意识到建立伙伴关系的需要

企业意识到需要改变其战略,并考虑将与供应商建立伙伴关系作为一种解决问题的方法和机会。企业利用供应定位模型完成了对所有采购品项的分析。

2. 形成伙伴关系的概念

企业感到合作的方式看起来很有吸引力,它可以替代传统的对抗性关系。于是企业开始搜集有关伙伴关系实战的详细信息以便确定这种战略的意义。

3. 寻求伙伴关系

当企业做出了要建立伙伴关系的最终决定,并制定了用于选择合作伙伴的战略和实施原则时,需求伙伴关系这一阶段便开始了,这一阶段包括以下步骤:

(1)确定选择标准

企业必须从战略和可操作性角度确定潜在合作伙伴的特征。这些标准要服务于减少潜在候选者的数量,以便于最终合作伙伴的选择。

(2)寻找合作伙伴候选人

搜集这些潜在合作者的详细信息,用以判断他们是否能提供富有成效的协作机会。

(3)选择决策阶段

企业必须对根据选择标准进行初选后的候选人进行评价,并选出最终的一个或一组合作伙伴。此时,应向所有潜在合作伙伴企业告知有关建立伙伴关系的详细情况,并让他们表明对建立伙伴关系的承诺。

4. 确认伙伴关系

当对方完全同意成为企业的合作伙伴时,这一阶段便开始了。这时,需要双方共同确定未来战略和操作安排,并在这个合作过程中巩固双方关系。随后,双方就运作标准问题达成一致意见,并以文字形式向合作企业的员工公布。这一阶段包括以下几步:

(1)正式化

以谅解备忘录(MOU)或协议的形式明确各方的想法和期望。文件将规定未来需遵循的程序,以确保遵守操作标准和对伙伴关系的绩效进行测评的连续性。

(2)确定绩效考核办法

开发出可操作的伙伴关系绩效考核指标,并征得合作各方同意。

（3）引入反馈机制保证关系的延续

要引入一种反馈机制，以便于合作各方对伙伴关系进行管理和评价的连续性，并决定是否继续维持、修正或终止这种关系。

5. 实施和管理伙伴关系

合作伙伴必须完全忠实于这种关系并促进它的实施和贯彻。在关系的发展过程中，可做一些必要的操作上的修正。有关争议的调查和解决机制必须明确并得到实施。

6. 对伙伴关系进行评估

伙伴关系实施一段时间后，合作各方应对这种关系做一个正式的评估并回顾最初的目标。要评价这种关系的战略有效性以及它是否符合实施标准。接下来，将决定这种关系是应该被维持、修正还是终止。

7. 终止伙伴关系

"千里搭长棚，没有不散的宴席"。即使是再好的合作安排也可能遇到问题并可能被迫终止，或者需对协议做重大修改以适应市场的变化。在任何伙伴关系开始时，便应该考虑关系终止的问题并做出安排，这会在今后减少双方的麻烦，并帮助双方保持正常的业务关系。

2.5.6 考察供应链伙伴关系战略有效性的方面

（1）遵守合作各方面商定的具体实施标准和满意的服务水平。

（2）业务上的合作。衡量标准是：信息分享和流动性，以及为便于实施共同决策而建立的双方间沟通和生产系统的整合程度。

（3）伙伴间的协作。这是伙伴关系有效性的基本衡量标准，它同双方间的信任感和合作精神有关。

（4）组织结构上的兼容性和风格，以及伙伴关系维持的时间。在涉及双方共同关心的问题和涉及重大利益问题的关键时刻，都应当对伙伴关系可能维持的时间加以评估。

（5）权利失衡。这可能导致关系的运转不能给双方带来共同的利益。只有在各方开诚布公地表达对伙伴关系的真实看法时，这种关系才能得到真正的评估。在评估时，可以听取伙伴关系之外其他客户或供应商的反馈意见，这对评估会有帮助，因为当局者迷，旁观者清。

（6）战略性合作的程度。这可以通过新产品开发计划过程中双方的合作程度以及合作伙伴间是否都在为相同或相似的商业目标而努力来评估。相互依存关系的发展最终可能会产生一种真正的共生关系。

2.5.7 伙伴关系失败的原因

（1）买方没能调整自己以适应伙伴关系这种文化背景的要求，而是采取在交易关系下才采取的方法。这是一个很重要的问题，因为在传统的采购关系中，买卖双方并不是十分信任对方。为了建立伙伴关系所必需的信任感，需要双方付出大量的时间和精力。如果一方欺骗了另一方，这种信任感可能会毁于一旦。

（2）缺乏足够的相互依赖性，即一方比另一方更依赖于这种关系。大型企业，无论是作为买方还是卖方，可能会试图左右这种关系并将它们的要求强加于弱小的合作伙伴身上。

（3）某一方的关键人物被替换，这可能破坏以前紧密的个人关系和良好意愿。如果后继者不喜欢这种合作关系，这种关系便难以恢复了。

（4）低估了伙伴关系产生效果所需的投资和时间。企业通常对伙伴关系有不切实际的期望。如果这种关系不能很快产生实质性成果，一些企业会过早对这种关系失去信心，并恢复到更传统的关系中。

（5）关系太松散。偏离了商业重心。各方应该总是感到其他企业所带来的压力。市场智能、标杆数据和绩效考核能够有利于双方对绩效提高的关注度。

尽管伙伴关系、定额合同和无定额合同三者的测评重点各有不同，但绩效考核在伙伴关系中仍然发挥着很重要的作用。在对供应绩效，如交货和质量进行考核时，也应该从沟通水平等方面对伙伴关系本身进行评估。通过调查双方员工的态度可以判断出组织文化是否变得更有利于伙伴关系的发展。

伙伴关系中存在的一个普遍问题是，难以对其成功性加以评价，特别是难以评价长期伙伴关系的成功性。伙伴关系的许多好处是看不到的。例如，供应商对开发新产品所做贡献的价值就很难有一个准确的度量。

由于伙伴关系通常会使竞争企业数量减少，从反垄断法的立场来看，这很可能会被认为是反竞争的。这样，在法律允许程度问题上，就应该听听法律专家的意见。

>>>> 2.6　合资企业

2.6.1　合资企业的含义 ◢◢◢

合资企业是由两个或多个母公司设立并拥有的独立实体。

成立合资企业的原因可能是出于企业战略上的考虑，也可能会是出于供应战略上的考虑。例如，一个合资企业的成立可能是为了更有效地在市场上竞争，或者是为了寻找进入新市场的途径。

当合资企业由三方或多方组成时，这些参与方通常被称为是一个"康狄迦"。例如，在一些土木工程项目中，这种联盟很常见。

同建立伙伴关系的理由相似，为供应产品或服务而成立合资企业的原因包括降低风险、开发新产品或者提高经营效率。但是，伙伴关系是通过独立企业之间的合作来实现这些目标。而合资企业则通过所有权而施加更直接的影响。

如果伙伴关系不能把主要精力或资源集中到企业希望关注的问题上，企业便可能希望建立一个合资供应企业。为了能控制合作成果的应用，例如，阻止竞争者获得改进的产品设计成果，企业也可能会希望成立一个合资企业。由于合资企业可以只为合资各方而不是整个市场提供产品或服务，所以一旦出现这种情况，合资企业比伙伴关系的风险更低。

2.6.2　合资企业的特点 ◢◢◢

相对于伙伴关系，合资企业的缺点是它的建立和管理成本更高。创建并维持一个新组织的成本是相当高的。

相对于其他类型的关系来说，相互信任的问题在这里显得不是那么重要，因为采购方通过他对合资企业的部分拥有权有能力控制局面。采购方没有必要依靠相互信任来防止供应方做出对企业不利的机会主义决策或行为。但这并不是说在合资企业中不存在相互信任的关系，或者它不需要这种信任。毫无疑问，合资企业也需要信任。信任程度越高，合资企业就越能独立管理好自己的事务,从而为母公司节省因需要频繁介入而带来的成本。

由于合资企业提供的产品或服务很可能对采购方的竞争优势具有重大意义,因此除了对基本供应指标进行考核以外,根据采购方核心业务目标,如产品开发等,对合资企业的运营情况进行考核是十分重要的。

▶▶▶▶ 2.7 内部供应

2.7.1 内部供应的含义 ◢◢◢

内部供应是指由企业自己提供某些产品或服务,而不是从供应市场上采购。用制造业的术语来说,这等同于"制造而非购买"。

事实上,企业的许多需求已经由内部提供了。但是,当企业决定把原来由外部供应商提供的产品改为由自己内部提供时,这就是我们常说的"垂直一体化"。与之相对的是外包。

内部供应能使企业对某产品或服务的控制能力最大化。当企业所需的某产品或服务对于其竞争优势来说具有举足轻重的作用,或者当企业所需产品在市场供应上存在极大的不确定性和风险时,企业就可能会采取内部供应方式。内部供应与外包的区别如图 2-2-1 所示。

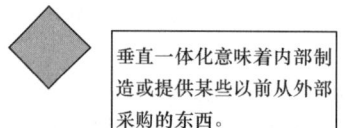
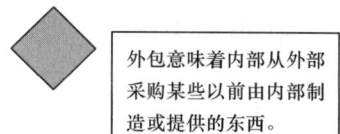

图 2-2-1 内部供应与外包的区别

2.7.2 内部供应的优点 ◢◢◢

(1)企业完全能够控制该产品或服务的供应及企业所需信息。决定一经下达,就能被执行,而不需要依靠同供应商之间的协商;

(2)提供该产品或服务的业务部门的目标与企业其他部门的目标具有高度相容性;

(3)提供该产品或服务的业务部门与组织内其他部门在通用系统、工艺流程甚至场地等方面的共享能够带来规模效益;

(4)供应能力得到保证,因为企业并不依赖于其他供应商在该产品供应量分配方面的决定,也不用承担由于产品短缺而可能导致价格上涨的风险;

(5)供应方的利润空间不是建立在成本之上的。

2.7.3 可替代内部供应的外包 ◢◢◢

由内部供应产品或服务并不比从供应市场采购更具吸引力,而且可能会给企业带来很多问题,因为:

(1)开发或获得产品或服务的内部供应能力可能代价高昂。

(2)内部提供产品或服务通常意味着很高的固定成本,当生产达不到饱和状态时,其产出效率就会与投入不成比例。而从外部采购则可以避免这种固定资产投资的成本。

(3)提供产品或服务的内部单位可能会偏离业务重心,因此可能在技术上落后于和在效率上低于外部供应商。

(4)由于内部需求相对较小,因此很可能达不到生产的规模效益。

在这种情况下,产品或服务的外包将是最好的策略。一般来说,当能够从外部供应商处以较低价格得到某采购品项时,并且该采购品项不影响企业的核心竞争力,即该产品的垄断对企业的竞争力来说并不是必不可少时,外包比内部供应更方便。

>>>> 2.8 供应商的感知和企业的议价地位对供应战略影响

2.8.1 供应商的感知 ◢◢◣

1. 供应商感知模型

供应商的感知可以通过供应商感知模型(图2-2-2)进行评估。

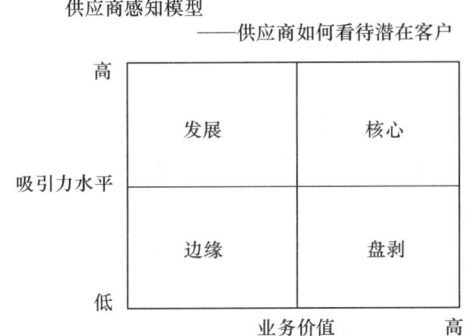

图 2-2-2 供应商感知模型

该模型重点关注两个方面:

一是,同供应商的营业额相比,企业采购业务的价值;

二是,许多其他因素的结合决定了企业业务对供应商的吸引力水平,这些因素包括:企业的付款记录,与企业进行业务往来是否轻松,企业文化上的亲和力,私人关系,信任程度,业务发展潜力以及与企业进行业务往来对供应商声誉的影响等。

2. 供应商感知模型四象限

(1)边缘象限

如果企业的采购量不大,且其他方面也没有什么能吸引供应商的东西,那么供应商们将把企业的业务看作边缘业务。

如果企业对于任何一组供应商来说,都属于这一类别,那么企业在他们的优先级列表中的级别将最低,也别指望他们有与你发展任何形式的合作关系的兴趣。至多,也只能与他们建立最低优先级的现货采购关系。

如果要采购的是对企业来讲很重要的品项,同时又预计到所有潜在供应商都会把你放在边缘象限,那么企业将处于不利的议价地位。

(2)盘剥象限

在这个象限中,企业的采购量可能对供应商来说很重要,但是由于其他原因(如还款期太长),该业务对供应商来说没有什么吸引力。

这些供应商可能很愿意保持与企业的业务往来,但又不希望花费过多的精力。如果他们感觉到这笔业务是安全的,可能会通过抬高价格等,从该业务中获得更多好处。

只有当企业不需要与供应商建立什么合作关系时,才能与位于此象限的供应商进行业务往来,但如果企业要寻求的是一种长期合作关系,这个象限中的供应商就根本不合适。

显而易见,如果企业的采购量很大,那就应该促使供应商之间尽可能激烈地竞争,以避免遭到盘剥。

(3)发展象限

这种情况发生在企业业务对供应商具有吸引力时,到那时企业现在的采购量相对较低。企业的吸引力来自供应商对将来业务潜力的感觉。为了增加未来销售量,供应商愿意投入时间和精力来发展同企业的长期关系。

其他因素(如企业的商誉)、同企业进行业务往来是否轻松等,都可能对企业能否进入发展象限产生影响。

同这一象限中的供应商进行业务往来通常都是值得的,而且需要双方建立较高层次的合作关系。如果确实存在继续发展双方业务的真正潜力,那么发展伙伴关系是非常合适的选择。

(4)核心象限

如果一个供应商位于这一象限,那它将把企业业务当作它核心业务的一部分。这是由企业现有的采购量和未来的业务发展潜力决定的。

一方面,对于这一象限的供应商来说,企业可以期望它投入大量的精力来维持这种业务往来关系。这时,就适合于寻求一种高度合作的、共同发展的相互关系,如伙伴关系。另一方面,如果供应商依赖于企业的订单,那么企业将在这种双边关系中占主导地位,并允许企业寻求所希望的任何战略。虽然企业处于上风,但是出于长期业务的考虑,企业应该始终保持一个公平、可靠的合作伙伴形象。这应该成为企业总体战略中的一个重要组成部分。

2.8.2 对供应商关系的影响 ▰▰▰

表2-2-2所示为供应商对企业业务的感知对供应商关系的意义。

表2-2-2 供应商对企业业务的感知对供应商关系的意义

供应商对企业业务的感知级别	作为买方应采取的做法
低	做一个好顾客
中-高	发展伙伴关系
很高	在相互关系中占据主导地位,但要公平、可靠

一个好客户的具体表现:

(1)准时付款;

(2)保持高效的业务处理过程;

(3)控制好与供应商相互交往的频率和性质(即避免成为"讨厌的人");

(4)为供应商单设一个"客户经理"以使供应商与企业进行业务往来更为便利;

(5)对供应商的垂询做出快速响应;

(6)主动提出由自己处理一些外部行政事务(如银行方面的要求、检验、海关手续和文件起草等),从而节省供应商在这方面牵扯的精力;

(7)以一种职业的合乎职业道德要求的方式来做事。

2.8.3　反向营销

在反向营销的情况下,采购方不是等着供应方来改善双方的业务关系,而是主动出击。采购方要极力劝说供应商提供货源。这样一来,就形成了与一般采购方/供应方营销实践相反的形式。

采购方的主动程度将决定反向营销的效率。在这种情况下,采购方主动开出价格、提出其他条款和条件,而不是仅仅评估供应方的报价。采购方提出的条件越有吸引力,供应商与采购方进行业务往来的兴趣就越大。如奶制品企业对奶源的需求采购。

2.8.4　转换成本和供应商开发之间的权衡

两种选择都将导致成本的增加。转换成本是指从一个供应商转换到另一个供应商时发生的成本。增加的成本包括重新培训人员、业务流程的改变、过时库存、终止合同的惩罚等。供应商开发成本是指为帮助供应商达到必要的服务水平而需要采购方投入的成本。通常包括将专门技术、系统、工具和其他资源传递给供应商的成本。

2.8.5　供应商感知模型同供应定位模型的结合

为了得到最佳结果,买卖双方的战略必须一致,比如:

(1)企业应该保证所有关键品项的供应商都把它当作核心客户。如果不是这样,那它的供应风险就急剧增加,而且同供应商发展伙伴关系的机会几乎为零。

(2)企业在为瓶颈品项选择供应商时,应该选择那些至少把企业当作发展型客户的供应商。这样,即使目前业务量还很有限,但随着时间的推移,双方也将致力于建立一种更为牢固的业务关系。

(3)企业应尽量避免被供应商看作边缘或者可供盘剥的客户。因此,企业应想尽一切办法来改变供应商的感知,使之转变到发展象限或更理想些,到核心象限。但是,企业可能只能从位于盘剥象限,只把企业的业务看作是一次发财机会的供应商处采购杠杆品项。当然这也并非不正常,毕竟双方对这类交易只会采取短期交易方式。

(4)同样,企业可能不得不经常从那些把它当作边缘客户的供应商处采购常规品项。企业在常规品项的采购过程中,与供应商保持一种表面的业务关系所带来的负面影响相对于瓶颈品项和关键品项要小一些。但是,因为企业的目标是降低采购的管理成本,因此还是应该寻找那些响应迅速并愿意长期供货的供应商作为常规品项的供应商。因此,从一个准备将企业发展为长期客户的供应商处采购常规品项将是十分有意义的。

采供双方相互定位和感知模型如图 2-2-3 所示。

图 2-2-3　采供双方相互定位和感知模型

表 2-2-3 所示为不同类型供应商合同关系的比较。

表 2-2-3 不同类型供应商合同关系的比较

品项	现货采购	定期采购	无定额合同	定额合同	伙伴关系	合资企业	内部供应
关注的时间	短期	中期	中—长期	中—长期	长期	长期	长期
信任程度	低	建立了一些信任感	通过熟悉产生信任	通过熟悉产生信任	高	由于有能力控制结果而无须依靠信任	由于有能力控制结果而无须依靠信任
供应商给予采购方的服务水平/优先级	低	中等	中等	中—高级	高	非常高	最高
采购方对供应商绩效的考核范围	无	基本的	供应的关键方面	供应的关键方面	要同时对供应的关键方面和双方之间的关系进行考核	要同时对供应的关键方面和双方之间的关系进行考核	作为企业正常管理体系的一部分
适用情况举例	一次性采购支出非常高同时转换成本低	采购频率低，难于预测且规格多变	采购频繁，难于预测且价格固定	采购频繁，难于预测且价格固定	同供应商的合作将产生竞争优势	控制供应源将产生竞争优势	需要保护竞争优势，通过供应市场采购的风险高

 本章思考题

1. 简述现货采购适用的重复性采购需求的情形。
2. 简述成功的伙伴关系的特点。
3. 简述交易伙伴与伙伴关系的比较。
4. 简述伙伴关系失败的原因。
5. 简述供应商感知模型内容。
6. 简述不同类型供应商合同关系的比较。

第3章　常规品项的供应战略

常规品项的供应指供给丰富、采购容易、财务影响较低的采购项目,具有标准化的产品质量标准。

采供双方地位:力量均衡,相互依赖性较低。

采购目标:降低采购成本和管理成本。

采购战略:集中采购或网上商城比价直采,并通过提高产品标准和改进生产流程,减少对此类项目的采购投入。

◎ 本章目标

1.理解常规品类采购方和供应方的相对议价地位的变化。

2.掌握常规品类项运营战略的选择办法。

>>>> 3.1　供应商数量和供应商关系的类型

当我们谈到常规品项时,指的是典型的常规品项,即那些在供应定位模型中的位置非常靠近左下角的品项。当一个品项移动到更靠近其他三个象限之一的位置时,针对该品项的位置战略就不得不兼顾地考虑到应用于其他象限的战略。

常规象限的主要特征有:

——存在很多供应商,且要采购的产品或服务容易获得;

——采购品项为标准件;

——该品项的年度支出水平较低;

——该品项对企业来说风险较低;

——采购额在单个供应商营业额中所占比重很低。

实现品项在采购上所花费的精力最小化的途径:

(1)简化这些品项的采购、收货和付款的处理过程,尽可能实现这些过程的自动化。

(2)行政管理成本(及其相关成本)最小化,例如,让供应商使用计算机采购系统,通过互联网进行沟通,以及自动将新采购计划发送给用户。

(3)尽量减少对供应商的干涉。这一采购过程一旦建立起来,便应该能正常运转,且不会出现什么需要企业直接干预的问题。

（4）将实际采购授权给最终用户。

3.1.1 供应商的数量 ◢◤◤

企业使用的供应商数量对流程的简化,需要在管理方面花费的精力,以及需要干涉的可能性都有重要影响。

不同供应商可能有不同的做事方式,如:

（1）可能有不同的零部件编码系统;

（2）可能有不同的管理程序和处理方式;

（3）某些供应商可能提供互联网采购方式,而另外一些不提供;

（4）某些供应商可能接受采购卡作为支付方式,而另外一些则不接受。

这些不同的行为方式增加了采购流程的复杂性和变化性,如果使用多个供应商,企业可能在采购同一品项时要采用三四种不同的方式。显然这是很低效的。

反复地更换供应商会带来管理成本的增加,因为每换一个供应商,就要重新在价格、到货时间、合同条款等谈判上花费时间,企业还不得不在其采购系统中记录下新的供应商,同时确定不同的付款方式等。

在常规品项采购中同多个供应商进行交易还会带来另一个问题,即由于采购的分散,使企业在每一个供应商处的采购支出变得很小。这样,供应商们就不太可能对企业的业务给予足够重视,也不太可能去努力维持与企业的关系。

如果出现供应问题,这些供应商的响应可能会是非常迟钝的。当然,对企业来说这并不是什么大问题,因为有好多供应商可供选择。但是,毫无疑问地,这将使企业花费额外的时间和精力。

所有这些都意味着在常规品项的采购过程中使用多个供应商会出现很多问题。这样,最佳途径就是只使用一个供应商。

同单一供应商进行业务往来将会更有效率,因为交易会很频繁,且双方会很快熟悉对方的经营方式。这将减少产生误解和问题的可能性,使出现干涉的可能性降到最低。

尽管常规品项具有低价值和低风险的特征,但只使用一个供应商会令企业感到不安,企业会担心在把所有业务都给对方时,它会变得响应迟钝和缺乏竞争力。这的确是一个在选择供应商时需要认真考虑的问题。仔细挑选的供应商和一份精心准备的合同能帮助企业避免因使用单个供应商而带来的风险。

对于常规品项来说,使用单一供应商可能是最有效的战略。

3.1.2 供应商关系 ◢◤◤

由于常规品项具有低优先级和标准化的性质,因此不需要发展合作性的供应商关系。因为这种关系将牵扯太多的管理精力,而且这样做也不太现实,因为不太可能找到一个愿意为如此小额的业务同企业结成伙伴的供应商。

前文提过,企业需要在解决问题方面响应迅速的供应商,只有这样才能使需要交涉(干预)的次数最小化。企业需要的还应该是能够并且愿意长期供货的供应商。这就意味着需要发展一种比"交易"关系更紧密的关系形式(有关"交易"关系我们将在后面的现货采购中讨论)。因此,在定期采购的情况下,使用单一"优先"供应商可能是最符合企业需要的供应商关系的性质。

3.1.3　合同的类型 ◢◢◢

由于企业希望使用单一供应商,且希望将花费在常规品项采购中的精力降到最低,因此应该签订一份定期合同(即,一份无定额合同或定额合同,这要取决于需求的可预测程度),该合同应尽可能包括所有常规品项。这样做,可以避免在每一次采购时都要讨价还价。

定期合同的有效期较长,如 2 年、3 年、4 年,甚至 5 年。这将使重新处理和谈判合同所需花费的精力,以及变换供应商所带来的成本最小化。当处理定期合同时,可以通过与现有的价格指数(比如有政府发布的或有行业协会发布的)挂钩,或者在合同中加入降低成本的条款,一旦企业认为供应商的价格不再具有竞争性,该条款就能帮助企业较容易地解除合同。

▷▷▷▷ 3.2　运营战略的选择

运营战略是指确定供应商之后要遵循执行或采取行动的战略。

有两种类型运营战略:总体运营战略和特定运营战略。总体运营战略适用于所有(或绝大多数)常规品项的采购。特定运营战略是为了一种(或某一类)常规品项的采购而设计的。在后一种情况中,在决定哪种特定战略更适用时,要以该品项的供应目标为基础来考虑。

3.2.1　常规品项的总体运营战略 ◢◢◢

1. 流程重组

简单、高效的流程对于降低工作量至关重要,所以,首先进行一些流程上的重组是值得的。流程重组可以被定义为:从根本上重新考虑业务流程,并彻底地进行重新设计以极大地提高绩效。

由于企业的采购额较低,因此企业不可能对供应商的流程施加影响。这样,流程重组的重点就只能从内部来进行了。正因为价值低,所以对单个品项的采购流程进行重组没什么意义。然而,可以将相似的常规品项组合起来,或将所有采购品项都组合在一起后再进行重组。

为了实现工作量和干预次数最小化,流程应该被设计成能防止不遵守规定的行为的产生。但在无法做到时,流程应该能够实行"例外管理"。

例如,理想的状态是,采购系统应能阻止某最终用户进行超出预定价值极限的无定额合同采购。如果不能这样做,系统应有办法在检查的时候自动识别那些超过某一预定价值之上的无定额合同采购,这样就避免了需要对全部的订单运营监督。比如,可以要求供应商提供一份标出了超过某一极限的无定额合同采购的标准报表。这时企业只需对那些不遵守原则的采购行为采取措施。

2. 流程自动化

降低常规品项采购工作量的一种方法是自动处理已经经过简化的流程。计算机能代替人工完成很多工作。下面给出了一些将计算机应用于自动处理流程方面的例子。

（1）利用搜索工具帮助企业寻找希望采购的品项，如基于关键词的搜索方式。

（2）在采购订单上自动填写品项名称。如输入所需品项代码就可以自动确定优先供应商并在订单上显示供应商的详细资料。

（3）通过传真或电子邮件自动发送订单。一旦订单被认可，计算机应该能自动地以电子方式传送给供应商，而无须打印和邮寄纸质订单。

（4）电子商务是流程自动化的一个例子。

3. 取消检验

由于常规品项属于标准件和低风险采购品，因此没有必要进行任何检验。如果企业目前在对常规品项进行检验，便应当考虑是否还应这样做，或至少考虑是否应降低检验程度和频率。

如果某供应商提供的常规品项反复出现质量问题，企业可能试图增加检验的次数，但这就增加了工作量和对供应商的干涉。在这种情况下，企业最好考虑换一个新的供应商。

4. 无定额合同采购责任授权

由于常规品项的低风险和低价值，企业和其他采购人员将不会给这种常规供应业务增加多少价值。事实上，企业最好不要介入这一供应工作中。

为此，依据无定额合同进行采购的责任通常被授权给最终用户。拥有合理授权的企业内最终用户将在合同中找到他们所需的品项并直接将需求通知供应商。在大多数情况下（除非采购价值超出某一极限），最终用户在这样做之前无须征得采购供应部门或其他任何人的同意。

将无定额合同采购责任授权，需要建立合适的程序来保证其过程处于可控状态。

5. 采购卡

企业在采购低价值，但采购过程成本较高的品项时可以使用采购卡。这与个人记账卡的运作方式类似，并在全世界广为流行。这种方式允许企业内的指定人员（可以是采购人员也可以是最终用户）使用采购卡。在采购卡的使用过程中，规定了单笔采购支出的最高限额和每月总支出的最高限额。

采购时，企业将采购卡的详细资料，或者通过写在采购订单上，或者通过电话通知，提供给供应商。一旦货物发出或服务提供完毕，供应商就会要求采购卡的发行者付款。到了月底，采购卡的发行者将向企业提供一份所有持卡人的采购记录，而企业也会一次性向采购卡的发行者支付所有款项。这将极大减少企业所必须处理的发票数量，由于由采购卡的发行者付款给所有的供应商，企业每月一次付款给采购卡的发行者。因此，为保证付款的准确性，企业必须检查每月的采购记录。

采购卡提供了一种非常灵活的采购方式，但也有一些缺点，例如：

（1）控制滞后。如果持卡者进行了一笔未经授权的交易，持卡者的上级管理者只能在每月一次检查采购记录后才能发现。一种更常规的做法是，在进行采购之前一般要征得上级的同意。

（2）一些供应商不接受任何形式的付费卡。

（3）可能增加进行按品项划分的企业采购支出分类细账分析的难度，采购系统越复杂，分析的难度就越高。这是因为，目前商品编码还没有被广泛应用于采购卡的采购中。

如果企业还没有使用采购卡，那么现在是应该考虑在常规品项的采购部中使用采购卡的时候了。但是，此计划操作的前提是，必须肯定绝大多数供应商已经接受或准备接受付费卡付款。如果对于供应商们来说,这并不是一种正常的业务方式,那么企业很可能就没有足够的影响力去劝说他们做出改变。

6. 电子商务

电子商务还是一个相对较新的事物,但它却很快地得到了认同。

使用电子商务有不同的方式。一种方式是在供应商处建立一个账户并通过供应商的网站进行采购。供应商的网站将提供产品目录和报价。采购方在屏幕上选择所需品项和所需数量。许多网站允许采购方在进行采购之前检查库存水平并能够跟踪他们的订单的进展情况,网上采购的付款方式通常是通过采购卡实现的,在网上下订单时采购方必须输入采购卡的详细信息,或者用另外一种付款方式,即传统的开发票的形式。

除了通过特定供应商的网站进行交易之外,电子贸易团体也逐渐成立了,这样就使通过一个中介网站采购多个供应商的产品成为可能。

3.2.2 常规品项的特定运营战略

1. 保持库存

保持库存会增加支出,但是,如果这些库存品项的价值不是太高的话,这也不是什么问题。因为对于常规产品或服务来说,其库存的价值是相对较低的,因此如果有正当的理由,保持一定的库存量是合适的。

当某一品项的需求比较频繁时,可以把保持库存看作是避免无定额合同采购过于频繁的一种措施。同时,保持一定的库存量也适用于那些一旦出现需求就必须立即满足的品项。可以用一个假设的例子来加以说明。企业可能平均每天都需要一支新铅笔,但是不希望每当有员工需要铅笔时就去购买。这不仅使无定额合同采购效率过高,而且从员工提出需要到收到铅笔之间会有延迟。企业可以做另外一种选择,每次订购二十或三十支铅笔,这样既可以降低无定额合同采购的次数,也可以使员工的需求很快得到满足。

库存也可以被作为对付供应问题的应急方式,这样就最大限度地减少了需要供应商交涉的次数。例如,如果企业需要的品项在供应商那里出现短暂缺货,而企业拥有该品项一定量的库存而且能维持到供应商的缺货得到补充,就不会出现供应上的问题了。在这种情况下,保持库存意味着企业不必花费时间和精力去寻找新的供应商。

很显然,企业需要把握保持库存的好处和成本之间的平衡。

2. 合并账单

合并账单通常是作为流程重组的结果出现的,它意味着减少开发票的次数,同时也节省了处理发票和付款消耗的时间和工作量。

例如,供应商可能在每一次无定额合同采购时都要开一张发票。这样的话,根据买方采购次数的多少,每个月可能都要用几十张或几百张发票。在这种情况下,可以要求供应商将每个月所有无定额合同采购合并到一张发票中。这样每个月只需开一张发票。

另外,如果采购方有许多办事处,每个办事处都由同一个供应商单独开发票,可以要求该供应商将所有办事处的发票合并为一张,这样采购方每月便只需付一次款。

只有在发票的数量很大时才值得使用合并账单。在决定哪类品项可以考虑使用合并账单时,如果采购系统能提供每个供应商每年开具发票的数量,并从高到低给予排序的话,便是最理想不过了。这样就可以重点关注那些发票数量最大的供应商。如果无法做到这一点,那么企业财务部门的人员应该知道哪些供应商开发票最多。

3. 电子商务

即使企业可能没有一个整体的电子商务战略,在某些环境中通过特定供应商的网站对特定业务进行电子交易也是合适的。但是,在此过程中企业要小心行事。

如果采购企业只拥有一个企业中每个人都了解的流程会有很多好处。在使用多种流程时,企业应该注意不要削弱单一流程所具有的优势。

例如,企业不应仅仅由于少量的交易需要而引入电子商务,并使用某一特定供应商的网站。电子交易可能最适合于那种内部只有少量电子商务使用者,而每一个使用者都同特点供应商有大量交易的企业。在这种情况下,大部分最终用户仍然使用企业常规的采购系统并且不会受到这种特殊方式的影响,这样就避免了复杂性。

4. 客户经理

客户经理是供应商的组织内部专门负责管理采购企业的账户并保证企业得到应当得到的服务水平的人。客户经理应该很好地理解企业的业务和需求,并在解决各种问题时提出独立的观点。

如果没有客户经理,采购方可能需要针对不同问题同不同的人打交道,没有一个人对企业的业务负有特殊的责任,而且没有一个人为增进对企业的业务和需求的了解频繁地与企业进行接触。这样的后果往往是,在处理问题时需要更多的时间。

当企业面对紧急需求或者需要某些形式的供应商支持时,专门设置客户经理的供应商是非常有价值的。这意味着该供应商能为企业提供所需要的关注和响应。

只有在被选定后,供应商才会为企业指派客户经理。但是,在供应商选择过程中应该考虑到这一问题,因为一些供应商可能不愿意提供这项服务(通常是因为企业的采购额太低)。

3.2.3　特定运营战略的使用依据◢◢◢

首先,应该依据企业为该采购品项制定的供应目标来考虑如何选择特定运营战略。企业不会为许多常规品项制定特定的供应战略,因为它们的优先级很低。但是,如果指标已经存在(例如,关于前置期、供应商响应等),企业就应该确定实现这些指标需要哪种特定运营战略。

在对选中的供应商的能力和绩效有更多了解之前,企业不可能明确地做出选择。一旦选定供应商,企业还要对特定运营战略做进一步的细化。而在有了同供应商共同工作的经验后,企业应该再次对运营战略进行细化。

其次,应该考察采购的环境,以便确立特定的运营战略是否合适。

常规品项特定运营战略的选择如表 2-3-1 所示。

表 2-3-1　常规品项特定运营战略的选择

战略	受影响的典型供应指标	该战略的适用环境
保持库存	可获得性	需求必须立刻得到满足。 需求频繁,每日需求。 防止供应问题(如供应商缺货)的应急库存的持有成本低于解决供应问题的成本(如建立一个替代供应源)
合并账单	获得成本	有大量发票要处理,如每个供应商每月超过十张

（续表）

战略	受影响的典型供应指标	该战略的适用环境
电子商务	获得成本	少数用户与某一特定供应商进行大量交易
取消检验	获得成本	对常规品项的检验是没有必要的,或只需进行简单检验
客户经理	响应	面对紧急需求或需要某种形式的供应商支持时

3.2.4　不合适常规品类运营战略的采购项目

（1）产品价值工程；

（2）供应商开发；

（3）详细的需求预测；

（4）协同进行标杆管理；

（5）主动寻求增进买卖双方组织间的理解。

⟫⟫⟫ 3.3　对供应商和采购人员类型的影响

3.3.1　合适的供应商的特征

通过常规采购品项供应战略的制定,对于确定该类品项的供应商类型,以及确定负责采购这些品项最合适的采购人员类型具有指导意义。

（1）供应商应该能够提供尽可能广泛的采购品项。有库存的批发商或零售商通常能比制造商提供更多的采购品项。

（2）供应商应该能够并且愿意长期不间断地为企业供货,这样就节省了因更换供应商而需要花费的时间和精力。

（3）供应商应该拥有简单的、长期一贯的和可靠的业务流程。这些流程应该能够阻止企业人员（有意或无意）从事未经授权的交易。

（4）供应商能够提供月度合并账单,并能够提供企业所需要的管理信息。

（5）供应商应该拥有能快速提供信息的系统,并拥有正确对待客户的态度,即迅速为客户解决问题的愿望。这样的供应商可以更好地回答和解决问题,并使需要交涉的可能性最小化。

（6）必要时,供应商应该愿意委派一名客户经理来处理企业的相关事务。

（7）供应商应该能够接受采购卡和/或电子商务,如果这些也适合于采购企业的话。

3.3.2　采购人员的特征

由于该类品项风险和价值都很低,因此对采购人员在采购技巧和经验方面的要求不是很高。初级采购员通常都能胜任。但是,签订无定额合同时可能需要更老练的采购员。因为合同期内（可能是好几年）所涉及的采购品项的总价值可能会是非常高的。

>>>> 3.4　一次性采购或零星采购

没有理由为一次性采购或零星采购签订长期合同,因为只有在需求发生时才进行采购。对于这种采购,每次都要寻找合适的供应商,商谈合适的价格和交货细节,准备订单,而不是简单地通知对方按合同交货。

应该由最终用户自己去采购所需品项。但是,这种方法应该有明确的规定和条例来保证对采购加以控制。越来越多的企业正在引进采购卡系统,以便把这一类品项的采购权下放给最终用户。

对于这些品项的采购,使用一个已经合作过的供应商是一个好主意,因为这会降低因误解而出现问题的可能性。否则,只能同供应商保持"交易"关系。

举例:连续采购的常规采购品项适用的供应战略。

——供应商数量:一个。

——关系的性质:最少干预合同类型——长期合同供应商类型。

——能够尽可能多地满足企业的需要。

——响应积极,这可以使需要交涉的次数最小化。

——将长期、持续地供应企业所需的产品。

 本章思考题

1.实现常规品项采购成本的最小途径有哪些?

2.简述常规品项的总体运营战略的主要对策。

3.简述常规品项特定运营战略的主要对策。

4.在常规品项采购中合格供应商有哪些特征?

第4章　杠杆品项的供应战略

杠杆品项的供应可选供应商一般较多、能够为买家带来较高利润的采购项目。替换供应商较为容易,具有标准化的产品质量标准。

采供双方地位:买方主动,相互依赖性一般。

采购目标:降低合同成本。

采购战略:招标采购;谈判选择供应商或目标定价;框架协议组织采购;直接采购、处理分订单等。

◎ 本章目标

1.理解杠杆品类采购方和供应方的相对议价地位的变化。

2.掌握杠杆品类项运营战略的选择办法。

≫≫≫ 4.1　供应商数量和供应商关系的类型

杠杆品项的可选供位商一般较多,但应注意转移成本和供应商报价变化对采购实体的影响。

杠杆象限的主要特征:

(1)存在许多供应商且产品或服务容易获得;

(2)产品为标准件;

(3)对企业而言,该品项的年度支出水平较高;

(4)该品项对企业来说风险较低。

除了这些特点外,我们也假设企业相对较高的支出水平能够使该品项的采购对供应商具有吸引力。如果不是这种情况,那会对供应战略产生什么影响呢?

从这些特点可以得出如下结论:

(1)因为杠杆品项的高价值和低风险,价格就显得特别重要。

(2)市场价格的变化将对企业产生重大影响,因为企业用于采购该品项的年度总支出很高。

(3)由于品项的价值很高,因此为了寻求更好的价格,一定程度的转换成本(即从一个供应商转换到另一个供应商的成本)是可以容忍的。这一点与常规品项的情况大不相同,在常规品项的采购过程中,转换供应商的成本在多数情况下都超过了新供应商能给企业带来的好处。

杠杆品项选择供应商决定因素:

(1)供应市场的易变性(即价格变化有多快);

(2)企业对供应市场的了解程度;

(3)转换成本的大小;

(4)价格在不同供应商之间变化的幅度。

▶▶▶▶ 4.2　转换成本和供应商报价变化的影响

4.2.1　转换成本的含义 ◢◢◢

当从一个供应商转换到另一个供应商时可能会发生各种类型的成本,这些成本包括:

(1)谈判成本;

(2)将新的供应安排传达给员工的成本;

(3)重新培训人员的成本;

(4)为接纳新供应商的产品而做的设计上的改变;

(5)为接受新供应商的业务方式而做的流程上的改变;

(6)过时库存(如果现有库存因新的供应安排而得不到利用的话);

(7)新库存的采购;

(8)提前终止现有合同或相关合同而受到的惩罚;

(9)当企业同新的供应商重置学习曲线时可能导致效率低下;

(10)员工对新的供应商的抵触。

4.2.2　转换成本对供应战略的影响 ◢◢◢

由于企业对杠杆品项的价格非常敏感,许多人都推荐现货采购方式,即选择采购时能够提供最好交易条件的任何一个供应商。

当转换成本并不是很高时,现货采购可能的确是合适的。然而,随着转换成本的增加,在评估转换供应商时必须对其加以考虑。必须从预期财务收益中将转换成本减去,如新的供应商提供的更低价格可以看作是一种收益,但这种收益必须减去转换成本,只有这样,才能真正得出转换供应商而带来的价值增加。

4.2.3　转换成本非常高的情况 ◢◢◢

在某些情况下,转换成本可能非常高,以至于在很长时间内阻止企业更换供应商。机动车的采购就是属于这类情况。

机动车的采购企业转换到另一个制造商处采购车辆可能导致:

(1)相当可观的谈判成本;

(2)投资在原备件上的大量资金将被浪费;

(3)为新车辆采购备件的额外成本;

(4)机械师的重新培训;

（5）工人们可能做出的消极反应（比如,他们更喜欢使用现在的车辆或者他们感觉新车辆的性能不好）；

（6）员工学习适应新车辆（比如装卸作业）和新供应商所产生的低效率。

一般来说,供应商会积极地增加采购方的转换成本,以便降低采购方转走业务的可能性。供应商可能会通过一系列方式来"锁定"采购方。

供应商锁定采购方的方式：

（1）主动提出折扣或其他优惠,用来维护客户忠诚度。

（2）与企业的技术人员发展密切关系,以至于他们更喜欢该供应商的产品。这甚至导致该供应商的产品直接进入企业的采购明细单中,进而排除了其他任何竞争。

（3）与企业的管理人员发展密切关系,这些管理人员可能对采购人员施压,要求其把业务交给这些供应商。

（4）提供免费培训,以增加企业及员工对其产品的熟悉程度,这样他们的产品将比其他供应商的同等产品更受青睐。

杠杆品项的供应战略：

情况1：转换成本高。

1.关系的类型：合作型（采购者被"锁定"后不会利用其主导地位）。

2.合同的类型：定期合同——典型的是长期合同。

3.要寻找的供应商的类型：在合同期内能提供最低的成本。

4.2.4　供应商报价变化的影响

影响供应商报价的因素：

（1）不同供应商提供的产品或服务是差异化的（即它们不完全一样）；

（2）某些供应商在满负荷运营时的报价极高,而另一些则并没能完全利用其产能,他们会愿意提供较低的价格,以提高其产能利用率；

（3）供应商利用买方的无知（买方可能没有注意到其他人采购该产品或服务的价格较低）；

（4）供应商的成本结构不同,例如,配送的成本可能依供应商的位置不同而不同。

1. 价格变化程度低

价格变化程度低意味着市场中所有供应商的报价都相同或几乎相同。在这种情况下,通过现货采购的方式,即在采购时选择报价最低的供应商,就不会给企业带来太多的好处。这时应该选择与某一供应商签订长期合同。

要同时考虑这两种选择（即现货采购和定期合同）,以确定哪个供应商的整体报价最低。

为了能做到这点,企业需要了解某一阶段内该品项的需求量,同时还要将转换成本考虑在内。

转换成本越高,现货采购战略的吸引力就越低。如果转换成本较低,那么即使供应商报价的变化很小,现货采购也可能是最好的解决方案。

真正的现货采购方式,意味着供应商没有得到未来业务的任何保证。与这种采购方式相对应的只能是"交易"关系。对此,保证合同的清晰和完整是非常重要的,因为供应商除了尽合同规定的义务外不会为企业做更多事。

如果企业预计,将某一时期内的所有业务都交给同一个供应商而带来的附加价值会超过现货采购时利用小价格差带来的价值,那就应该选择定期合同。在这种情况下,合同到期时企业将拥有相当强的议价地位。在竞争性市场中,为了继续留住企业的业务,供应商将很可能会对企业的合理要求给予积极的响应。

在高转换成本的情况下,合同一旦签订,供应商将处于强势地位;而在低转换成本时,如果现有供应商在某些方面表现不能令企业满意,那么转换成本不会阻止企业更换供应商。

> 杠杆品项的供应战略:
>
> 情况2:价格变化程度低。
>
> ——如果转换成本低到可忽略不计,进而可以使企业利用供应商报价之间甚至是微小的差别,以及如果这对企业来说比在一段时期内将所有业务都交给同一个供应商更好,那么企业的供应战略应该是:
>
> 供应商的数量:许多。
>
> 关系的性质:交易型合同的类型——现货采购。
>
> 所选供应商的类型:在采购时报价最低。
>
> ——如果将企业所有业务都交给同一个供应商能带来价格优惠(例如,因为数量折扣)。
>
> 供应商的数量:一个。
>
> 关系的性质:交易型(买方主导)。
>
> 合同的类型:定期合同。
>
> 所选供应商的类型:合同期内成本最低。

❷ 价格变化程度高

在这种情况下,供应商对同一种或相似采购品项的报价差别很大,而且该报价也可能随着时间的变化而出现较大变化。例如,供应商的服务投入高,其产品价格可能就高一些;而服务投入低时,为尽量吸引客户,其价格可能就低一些。

在这里,企业应该从价格最低,且能满足需要的供应商处采购。这意味着必要时可更换供应商。如果转换成本可以忽略不计,现货采购将给企业带来最佳结果。

> 杠杆品项的供应战略:
>
> 情况3:价格变化大、转换成本低。
>
> 供应商的数量:许多。
>
> 关系的性质:交易型。
>
> 合同的类型:现货采购。
>
> 供应商类型:采购时价格最低。

随着转换成本的增加,现货采购的吸引力逐渐降低,而定期合同的吸引力逐渐增加。

位于定期合同和现货采购之间的一种中间战略是限制企业使用的供应商数量,如限制在两到三个,此时可进行定期采购。与选择不认识的供应商相比,转换到从前打过几次交道的供应商处采购,其转换成本要低一些。

在定期采购中,如果供应商希望继续得到将来的业务,那就十分有利于发展合作性关系。

企业可以通过与定期采购的每一个常规供应商签订无定额合同或框架式协议,以便进一步使转换成本最小化。合约价格应该是不固定的,因为可以预见到价格会出现变化。供应商应该在每次以无定额合同交易时都报出一个合适的价格,理想的情况是最好在合同中规定好折扣率。当然,合同的所有其他条款以及标准的前置期也要事先商定。

杠杆品项的供应战略:

情况4:价格变化大、转换成本相对较高。

供应商的数量:两或三个(定期采购)。

关系的性质:合作。

合同的类型:框架式/无定额。

供应商类型:合同期内成本最低。

>>>> 4.3 运营战略的选择

4.3.1 杠杆品项的运营战略

1. 电子商务

在采购杠杆品项时,电子商务和互联网能给予企业极大帮助。有一些中间企业的网站能提供许多供应商的产品目录和报价,这就为现货采购提供了便利条件。这些网站提供的产品包括诸如标准的 MRO(维护、修理和运营)品项等。

电子拍卖这种有效的现货采购方式,正在互联网上变得越来越流行。在拍卖标准的 MRO 物品的同时,特殊行业产品的拍卖也正在逐渐增加。

一般来说,一个中间企业的网站会事先为拍卖品项进行广告宣传。感兴趣的采购方可以在某一天特定时间参与投标。产品会被出价最高的竞标者买走,但即使是这个最高价也会低于通过其他采购途径的正常价格。另外,在竞标过程中没有欺骗行为。对于买卖双方来说,拍卖的好处是交易的高速度和低成本。

当使用定期合同的时候,或者可以通过一定时期的累积交易量获得一定利益的时候,使用某一特定供应商的网站也是可取的。这时,买方花一定时间来熟悉供应商的电子采购系统也是值得的。

2. 参照行业标杆标准

对于某些采购品项,特别是在更发达的国家,可以获得一些标杆数据,企业在同供应商谈判时能够用到这些数据。这使企业可以通过与市场上最好的供应商进行比较,进而确定某一特定供应商提出的条件究竟如何。

在已出版的标杆数据中最可能获得的是许多行业总体的采购品项的标杆数据。如果对照标杆数据,企业的采购价过高,或者供应商在其他方面表现不佳,企业就可以以标杆数据作为法律证据从供应商那里得到更好的交易条件。

使用标杆数据的另一种方式是生成企业自己的标杆数据。在任何收益超过成本的地方,企业都可以基于与不同供应商交易的实践经验和知识,为一个或多个杠杆品项确定自己的标杆数据。

各企业正日益为减少建立标杆数据的成本而分享信息。然而,这种情况更可能发生在那些没有直接竞争关系的企业之间,因为企业都不愿意同竞争对手分享信息。

③. 需求预测

对于杠杆品项来说,需求预测是很重要的,因为价格对采购量是很敏感的。在这种情况下,更好地了解自己的需求对于与供应商的谈判来说非常有用。例如,在考虑签订定期合同的时候,企业应该尽量商定一个刚好高于(而不是低于)供应商能给予额外折扣的采购量。了解自己的准确需求在这种情形下是很关键的。

④. 流程重组/自动化预测

企业希望保证内部流程能够有效运转,特别是当交易频率高的时候。显然,杠杆品项的高交易频率使其被列入必须要改善交易流程的行列之中。

⑤. 采购卡

使用采购卡的方式显然不是很普遍,但某些企业在高价值品项的采购中会使用采购卡。大多数企业在采购价值增加的时候更倾向于采用易于控制的、传统的开发票形式。

⑥. 无定额合同采购责任授权

如果所需品项为标准件,且可以通过无定额合同规定的价格采购,这种方式对于高价值品项来说也是合适的。

由于采购金额非常大,买方应该确保用一种合适的流程来控制支出。超过某一价值的采购应该征得经理的同意。

当采购非标准件或需要进行价格协商时,都应该由采购供应部门负责,而不是由最终用户负责。

⑦. 合并账单

除非开发票的数额特别大,否则通过合并账单节省的成本与采购品项的成本相比将是微不足道的。但是,如果不需要花费什么精力就能做到,那么合并账单也是值得考虑的。

⑧. 商品检验

杠杆品项是典型的标准品和低风险品,所以一般没有必要在交货之前进行检验。但是,当出现以下情况时,也应该进行检验。

(1)商品对质量和数量的变化非常敏感;

(2)需求为非标准品(例如,品项在供应定位模型中的位置靠近关键象限);

(3)使用现货采购的方式,且企业所选择的供应商并没有可信的质量记录;

(4)从无法令企业完全信得过的供应商那里进口,并且只有在到货后才能发现的质量或数量上的偏差将严重影响企业重新采购的前置期和成本。

⑨. 客户经理

这对定期合同和定期采购来说是适用的,但并不适用于现货采购。

4.3.2 杠杆品项的运营战略总结 ▰▰▰

表 2-4-1 所示为杠杆品项运营战略的选择。

表 2-4-1 杠杆品项运营战略的选择

战略	受影响的供应目标	战略适用情况
需求预测	采购价格	价格对采购数量敏感
参照行业标杆标准	采购价格可获得性响应	可获得可靠的杠杆数据

（续表）

战略	受影响的供应目标	战略适用情况
电子商务	采购价格 采购成本	有提供企业所需产品和服务的目录及价格的中间企业网站； 互联网拍卖中包括企业所需的产品和服务； 与一个供应商的交易量大（这时值得通过该供应商的网站购买）
无定额合同采购 责任授权	采购成本	已经通过签订规定了价格的无定额合同明确了需求，且在需要时 能对采购加以适当控制
流程重组	可获得性（前置期） 采购成本	交易频率高
合并账单/采购卡	采购成本	要处理大量发票，如每个供应商每月超过十张发票； 滥用采购卡的风险低
商品检验	采购成本	当品项为非标准品，或者对质量/数量的变化敏感时，以现货采购 的方式从一个未得到认证的供应商处采购，或者进口（前置期长， 且重新采购的成本非常高）
客户经理	响应	可能出现紧急需求或需要某种支持

⟫⟫⟫ 4.4 对供应商和采购人员类型的影响

对供应商和采购人员的类型所产生的影响取决于企业所使用的下列战略：
（1）现货采购；
（2）定期采购；
（3）同单一供应商签订定期合同。

4.4.1 期望的供应商特征 ◢◢◢

在现货采购情况下，除了满足需求的基本能力之外，企业无须要求供应商再具备其他能力，因为除了基于合同的交易关系外，企业并不期望供应商能够提供任何其他东西。

在定期采购过程中，企业可以更好地凭借其议价地位来影响供应商的行为。在这种情况下，应寻求那些在中、短期具有成本竞争力的供应商。

如果采用定期合同并且转换成本很低，企业同样应该凭借其相对较强的议价地位来保证供应商的表现能够令人满意，因为对供应商来讲，确实存在企业在必要时更换供应商的威胁。因此，企业所选择的供应商应该是能以最低价格提供满足其需要的供应商。

当因转换成本高而使用长期合同时，选择一个即使合同到手也不会利用其强势地位的供应商至关重要。在这方面，供应商的商誉是一个有用的参考因素。

4.4.2 采购人员的特征 ◢◢◢

当使用现货采购或定期采购的方式采购杠杆品项，并且签订了定期合同时，企业必须能够充分利用其强势议价地位。因此，从事这项工作的采购人员应该是习惯于不讲情面的强硬的谈判员。此类采购人员应该非常具有竞争意识。一般这种采购人员应该是企业的采购供应部门中居于高级职位的人员。

一旦签订了定期合同,情况就会发生变化。在转换成本低的情况下,可以将合同的执行管理工作交给职位较低的采购人员,而高级采购人员只是在出现严重问题的情况下才需介入,这可能是更为有效的方式。

在因为转换成本高而采用定期合同的情况下,应将合同的管理工作交给更能建立与维持同供应商的合作关系的采购人员。

4.5 对弱势议价地位的影响

处于弱势议价地位的情况:

供应商的规模很大;

采购企业的规模相对较小(如中小企业)。

在这种情况下,应当继续维持供应战略中的下列要素:

——如果转换成本很高,则与单一供应商签订长期合同;

——如果不同供应商的报价完全相同,则要根据哪种方式能提供更低价格来确定是选择现货采购还是长期合同;

——如果不同供应商的报价不同,则应根据转换成本来决定使用现货采购还是定期采购。

4.6 一次性采购或零星采购

对于一次性采购或零星采购,企业显然只能使用现货采购的方式,并且必须将关注的焦点放在价格上。由于不能用将来进行业务往来的可能性来吸引供应商,因此采取强硬的谈判态度可能是最佳选择。

电子商务是一次性采购过程中一般选择的运营战略。企业需求的性质决定了电子拍卖可能是最为恰当的选择。如果企业已经是某一电子贸易团体的一员,便可以进行电子采购了。如果企业已经拥有所需数据,便可以采用标杆管理方法。连续需求的杠杆品项的供应战略如表2-4-2所示。

表2-4-2 连续需求的杠杆品项的供应战略

战略要素	情况1:转换成本高	情况2:价格变化小、转换成本可忽略	情况3:价格变化小、转换成本较高	情况4:价格变化大、转换成本低	情况5:价格变化大、转换成本较高
供应商数量	一个	许多	一个	许多	两或三个
合同类型	定期合同一般为长期	现货采购	定期合同	现货采购	定期(框架)合同一般为中期
所需供应商的类型	合同期内成本最低	当前成本最低	合同期内成本最低	当前成本最低	合同期内成本最低

（续表）

战略要素	情况1：转换成本高	情况2：价格变化小、转换成本可忽略	情况3：价格变化小、转换成本较高	情况4：价格变化大、转换成本低	情况5：价格变化大、转换成本较高
期望的供应商关系	合作（即使"锁定"业务后也不会利用其强势地位）	交易型	交易型（买方主导）	交易型	合作型

 本章思考题

1. 简述杠杆品项供应战略的特点。

2. 简述转换成本的影响。

3. 杠杆品项运营战略有哪些选择？

第 5 章　瓶颈品项的供应战略

瓶颈品项的供应指只能由某一特定供应商提供、运输不便、财务影响较低的采购项目。

采供双方地位：买方主动，相互依赖性一般。

采购目标：降低采购风险。

采购战略：数量保险合同，供应商管理库存，确保额外库存，寻找潜在供应商。

◎ **本章目标**

1. 理解瓶颈品类采购方和供应方的相对议价地位的变化。
2. 掌握瓶颈品类项运营战略的选择办法。

►►►► 5.1　供应商数量和供应商关系的类型

瓶颈象限是供应定位模型中最缺乏吸引力的象限。瓶颈品项的风险很高，且由于企业在这类品项上的支出水平很低而缺乏影响供应市场的能力。

当品项在模型中的位置越靠近瓶颈象限的左上角，即典型的瓶颈位置时，这类品项给企业带来的问题就越大。在开始为瓶颈品项制定供应战略之前，企业应该确信已经为降低供应风险或者增加采购支出尽了最大努力（比如，通过汇集创新的需求、规格标准化及其他方式）。

瓶颈品项象限的主要特征：

——该品项的风险水平高；

——供应商数量极少；

——品项为非标准件；

——企业在该品项上的年度支出水平很低。

5.1.1　供应商数量 ◢◢◢

瓶颈品项供应商的决策和行为对企业可能面临的供应问题的严重程度有着重要影响。例如，遇到产品供不应求时，供应商可能选择或者把产品分配给企业，或者将其分配给其他客户，而这些客户可能是企业的竞争对手。

显而易见，企业应该尽一切可能来影响供应商以使自己免遭风险。在一种品项上的采购支出越多,就越有可能做到这一点。然而,对于瓶颈品项来说,这似乎不太可能。

如果企业完全从一个供应商处进行采购,将使企业对供应商的有限影响达到最大化。但是,由于企业的影响力还是非常弱的,所以仅从一个供应商处采购,而且该供应商原本就对企业的业务没有多大兴趣,一旦该供应商出现了问题,便可能使企业面临严重的风险。

如果企业的供应商评估结果显示,没有供应商愿意主动同企业进行业务往来,这时应该考虑把业务扩展到两个供应商。尽管这样做会进一步削弱企业业务对每一个供应商的影响力,但这至少在一个供应商出现问题时能够提供一个备用选择。

5.1.2　供应商关系

很明显,此时企业处于一种非常困难的状况。一方面,企业严重依赖着供应商;另一方面,供应商并不是特别热衷于同企业进行业务往来。无论将生意分开还是不分开,企业关注的主要焦点应该是尽可能地同供应商发展一种紧密的长期关系。

在这种情况下,用于鼓励供应商同企业合作的最佳方式就是做一个"好顾客"。

如果企业表现出它是一个好顾客,便更可能使供应商产生好感和合作意愿,进而降低供应风险,也可以试着通过强调企业的长期业务潜力来使供应商对企业业务更感兴趣。

总而言之,应尽可能同瓶颈品项的供应商建立一种积极的关系。

5.1.3　合同的类型

降低风险的一种办法是达成适当的合同条款。例如,供应上的依赖性是企业的一个重大风险,可以经过协商将保证供应量(比如每月)的条款写进合同,以保障产品的供应。

因为瓶颈品项的业务量太少,为了使供应商愿意提供这种供应上的保证,企业可能不得不选择长期合同的方式。这种合同一般需要企业承诺从该供应商处采购的最低数量或者该采购量占企业全部需求的最小比例。

>>>> 5.2　运营战略的选择

5.2.1　相关运营战略

1. 需求预测和需求规格的早期发布

当保证瓶颈品项的可获得性很重要时,这种策略是非常恰当的。有效的需求预测并使供应商提前了解企业的需求,能够使供应商将企业的需求纳入其生产计划,也有利于供应商做出更可靠的合同承诺。

阶段性地发布产品需求规格方面的信息适用于复杂品项、订制品项以及前置期较长的品项的采购。这种做法能让供应商尽早安排生产计划。最初发布的信息应包括一些基本的细节,如生产投入、需要的产出量和运作条件等。这样,即使过一段时间才能给供应商提供更详细的规格信息,这些最初发布的信息也能帮助供应商着手进行前期设计工作,以及提前定购某些前置期较长的零部件。

2. 保有库存

由于采购支出不高,保持一定瓶颈品项的库存对于防范供应风险是十分有效的。但是,因为所有库存都将带来成本的增加,库存保有量不能过高,并且应该同降低风险的其他措施结合起来使用。

3. 质量方案

如果产品或服务的质量是一个风险因素,便应该制定质量方案。质量方案将详细地规定在设计制造过程中用到的工艺流程和处理方法,并包括检验和测试要求。

企业应该同供应商一起来制定质量方案。供应商的知识和专家技能将帮助企业避免不必要的质量控制和重复劳动。

4. 供应商客户经理

这一角色的作用是在企业中建立一个管理供应商关系的中心联络点。做一个"好顾客",是最基本的要求。通常由一名专业采购员承担这一角色,其任务如下:

(1)更好地了解供应商的工作人员,如他们每个人的职责是什么,谁是关键的权威人物和决策制定者。

(2)控制内部员工与供应商的交流。企业的员工可能没有意识到处理供应商关系的敏感性,并且相信供应商是可以被支配的。这种态度对于瓶颈品项的供应来说可能是非常有害的。采购经理必须制定一些政策和流程来保证同供应商的交流处于一种可控制的和积极的状态。

(3)协调需求预测工作。

请注意,没有必要将供应商客户经理的角色设为专职工作,并且同一个人也可以同时兼任多个供应商的客户经理。

5. 业务流程重组/电子商务

作为一个"好顾客",采购企业应该调整自己的业务流程以便更好地适应供应方的流程。例如,供应商为了更有效地处理订单,可能需要从买方那里获得一些以某种方式提供的特定信息。这时,采购企业应该调整其流程以保证按照所需方式提供所需信息。

为满足某供应商的需要而进行的流程重组,给采购企业带来了不确定性和复杂性。因此,只有在通过改善与供应商的关系能起到降低风险的效果时才值得采用。应该对采购企业内受影响的员工进行更好的培训以保证重组后的流程得到正确的理解。

出于同样的原因,如果供应商更喜欢使用电子商务,那就使用供应商的电子商务贸易系统,这也是一个不错的主意。

5.2.2 瓶颈品项特定运营战略的选择

如表 2-5-1 所示,为特定瓶颈品项选择运营战略的方法应该基于:

——企业希望实现的供应目标(特定运营战略适合于特定供应目标,如质量、可获得性和供应商的响应等等);

——了解适合于使用特定运营战略的时机。

表 2-5-1　特定瓶颈品项选择运营战略的方法

战略	受影响的典型供应目标	该战略的适用环境
需求预测需求规格 的早期发布	*采购价格 *前置期	*价格对采购数量敏感 *生产能力有限或前置期长
参数信息的阶段性告知	*前置期	*品项较复杂和/或按单生产

（续表）

战略	受影响的典型供应目标	该战略的适用环境
保有库存	＊可获得性	＊在任何需要的地方(适用于所有瓶颈品项)
质量方案	＊符合规格要求	＊当产品或服务的质量不稳定,且很重要
供应商客户经理	＊可以通过促使供应商对采购方做出更积极的响应对供应目标产生间接影响	＊所有瓶颈品项
合并账单/采购卡		＊顺应供应商的做事方式能增强供应商对企业的关注和好感

5.2.3　不适合瓶颈品项运营战略的采购项目

低采购支出意味着,供应商不会有特别的兴趣努力提高绩效以便留住企业的业务。这样,诸如联合价值工程和供应商开发之类的方法将不太可能起作用。价值工程和供应商开发将在后文(关键品项的供应战略)中加以讨论。

对瓶颈品项来说,采用标杆管理可能不会很有效,因为作为标杆数据焦点的价格和成本,并不是企业主要关心的因素。在任何场合,由于瓶颈品项通常都是非标准品,所以有关产品的标杆数据,即使有,也很少。况且,由于企业处于较弱势的议价地位,供应商可能不大会理睬那些表达不到要求的标杆数据。

≫≫≫ 5.3　对供应商和采购人员类型的影响

5.3.1　对供应商的影响

因为企业处于较弱势的议价地位,所以找一个具有很高声誉的供应商就显得特别重要,这样的供应商在对待客户的问题上能保持公平和可靠,并且不会以机会主义的方式做事。供应商能长时期提供特定品项也是很重要的。

如果企业的风险部分来源于供应链更上游的企业,那么企业的供应商应具有足够的能力和很好的策略来替换它自己的供应商以便能使风险最小化,这是非常重要的。

5.3.2　对采购人员的影响

瓶颈品项的采购人员应该是善于合作的人,他们能够同企业中其他部门人员共同降低品项规格的独特性,能通过打开新的供应市场而降低供应风险,同时还能与供应商发展积极的关系。

由于企业处于较弱势的议价地位,为了发展和维持企业留给供应商的良好印象,采购员应该有能力处理好以什么方式来展示企业形象的问题。

该采购人员更应该是一个关系管理者而不是一个强硬的谈判手。这是一个重要的角色,因为瓶颈品项的管理事关重大。因此,这一角色应该由采购供应部门中级别相当高的人员担任。

⟫⟫⟫ 5.4 一次性采购或零星采购

除非瓶颈品项的一次性或零星采购能够用到一个现有的供应商(即已经在向企业提供其他品项的供应商),否则企业将处于非常弱势的议价地位。

在这种情况下,企业应该想方设法找到风险最低的供应商,由于涉及的支出较低,价格将是一个次要问题。除此之外,企业还应该保证尽一切可能来降低风险的程度。让供应商尽可能早地注意到企业的需求,以便留出足够的时间来考察降低风险的各种可能途径,这也是非常重要的。

因为以现货采购的方式进行,所以企业没有必要过于关注供应商关系管理的问题。负责采购的人员应该把注意力集中在保证达到品项规格要求(包括任何质量方案)及合同的清晰和完整上,并应根据这些规格要求同供应商谈判以得到可能的最佳交易条件。

当以现货采购的方式进行瓶颈品项的采购时,有效的质量和时间方案以及定期向供应商提供产品规格信息(如果合适的话),是最恰当的运营战略。

连续供应的瓶颈品项的供应战略:

供应商的数量:一个或两个。

关系的性质:做一个"好顾客"。

合同的类型:定期合同(合同有效期可能很长)。

供应商类型必须在企业面临最高风险的领域具有特别强的生产能力,不会滥用其有利的议价地位;将在长时期内持续供应企业所需产品。

 本章思考题

1. 瓶颈品项供应合同有什么特点?
2. 瓶颈品项运营战略有哪些选择?
3. 瓶颈品项对采购人员有哪些影响?

第6章　关键品项的供应战略

依据 Kraljic 模型,战略采购包括关键品项和大宗物资。关键品项一般指制造品。

关键品项是对买方的产品或生产流程至关重要的采购项目。这些项目往往由于供给稀缺或运输困难、非标准化而具有较高的供应风险。

双方地位:力量均衡,相互依赖性较高。

采购目标:降低采购风险。

采购战略:关注长期价值、采用合作谈判方式、邀请供应商早期参与、结成战略联盟、或考虑垂直整合。

◎ 本章目标

1.理解关键品类采购方和供应方的相对议价地位的变化。

2.掌握关键品类项运营战略的选择办法。

≫≫≫ 6.1　供应商数量和供应商关系的类型

在开始为关键品项制定供应战略之前,企业应该确信,为降低供应风险或者进一步增加采购支出水平,企业已经尽了最大努力。可以通过产品规格的标准化和用标准产品代替定制产品来降低供应风险,但如果企业总体战略关注的焦点是产品的差异化,并且需要寻找非标准产品或服务,那么将别无选择。

关键品项具有以下特点:

——非标准性;

——供应商数量极少;

——不存在替代品;

——会给企业带来较高风险;

——年度支出水平高。

同时具有高风险和高支出水平的特征意味着,关键品项供应战略的制定享有最高优先级。企业关注的焦点应该是同时使企业的风险和成本最小化。注意,在这里我们使用了"成本"而不是"价格"。这是因为品项通常涉及资产类品项,此时使用所有权总成本要比采用采购价格作为衡量标准更为合适。

在这一阶段我们将假设,相当高的支出水平使这一类采购品项对供应商具有吸引力。我们将在后面讨论关键品项的采购对供应商不具吸引力时对供应战略的影响,同时还将讨论极具吸引力的情况。

6.1.1 供应商数量

杠杆品项是标准件且拥有多个供应源,而关键品项一般是特殊物品且只能由相当少的供应商提供。正因为是特殊物品,客户数量通常也比较少,这意味着:

(1)供应商通常只拥有一些大客户,因此,尽管企业的采购量可能对供应商具有吸引力,但很可能并不比供应商其他客户的吸引力大;

(2)不同于杠杆象限中的品项,在这里可供转换的供应商的数量有限。

6.1.2 供应商关系

为了降低风险和成本,企业仍然需要保持对供应商施加影响的能力。在许多情况下,能做到这一点的理想的关系是伙伴关系。一般而言,采购企业仅能同一个供应商形成伙伴关系,理由是:

——伙伴关系需要供应方和采购方投入大量精力,这种关系的开发和管理成本又比较高。同大量供应商保持伙伴关系需要企业付出高昂代价。

——伙伴关系的建立需要企业与供应商的紧密合作。企业需要加强对供应商的了解,并且能够得到一些供应商在通常情况下不会与他人分享的信息。如果与某供应商合作的同时也同它的竞争者进行合作,那供应商将不会愿意与企业分享敏感信息。

——选择供应合作伙伴时,采购企业是在选择一个能同他一起来发展竞争优势的供应企业。

如果仅仅同一个供应商进行合作,保护这种竞争优势(即阻止竞争者从中获益)就容易一些。由于企业的支出水平相当高,从单一供应源进行关键品项采购所具有的风险可能要比瓶颈品项小。这使企业的业务对其他潜在供应商显得更重要和更具吸引力。

6.1.3 合同的类型

伙伴关系的管理是建立在采购方和供应方之间的相互信任基础之上的。任何出现的问题都应通过友好协商的方式加以解决,但是,这并不是说不需要各种形式的合同。

合同应该包含伙伴关系延续的时间,这通常是在几年以上。然而,在开始建立关系的时候双方并不知道未来需求的变化情况。因此,合同更多是采购方和供应商长期合作承诺的一种表达,而不是对要满足需求要求的详细描述。它只是用来描述决定价格、质量、产权、收益分成等方面的基本原则。

企业可能需要为特殊采购或意向签订附加的单独合同,但是这些合同应该建立在整体伙伴合同的基础之上并与之保持一致。

伙伴合同应该反映采购方和供应方之间关系的性质。比如,对于交易型关系来说,企业可能希望在合同中加入惩罚性条款,并且希望尽可能通过合同把风险施加在供应方身上。而对于伙伴关系,企业可能希望合同是激励性的而非惩罚性的,并且希望通过合同来公平地分担风险。

尽管伙伴合同的大部分侧重点都放在采购方和供应方如何进行合作上,但它也应该提供无法通过协商的方式解决问题时的解决方法。

>>>> 6.2　运营战略的选择

6.2.1　关键品项的运营战略

❶ 实施价值分析/价值工程

价值分析/价值工程(VA/VE)是一种结构化的方法,它可以被用于寻找为实现特定目标的最佳方法。这些目标包括,开发一种新方案,降低某一规格产品的成本或者是简化流程等。在VA/VE团队中加进供应商伙伴的代表是明智之举,这可能得到最好的解决方案,因为团队的集体知识将更加丰富,所做的任何选择都能被合作双方更好地理解。

在某些情况下,团队中加入其他企业的代表也可能是非常有益的,比如供应商自己的关键上游供应商的代表。VA/VE在下面将要提到的某些运营战略中也是适用的,比如流程再造、获取供应商的专业技能、创新以及供应商开发。

❷ 流程再造和优化

在前面讨论常规品项时我们已经对流程再造进行了描述,但重点放在企业内部流程上。在伙伴关系中的,应该既包括采购企业,也包括供应商的流程的再造。可以说,流程再造特别适用于伙伴关系,因为关键品项的采购通常极其复杂,而且需要买卖双方之间大量的互动。

在采购企业和供应商之间通常存在大量的重复作业行为。比如,供应商可能在装船之前对某一产品进行检验,而企业也可能在到货时对同样品项进行检验。如果供应商使用的检验过程是可靠的,那企业就没有必要进行第二次检验。在跨越两个组织的流程再造过程中,将发现并消除这类不必要的重复活动。这将降低成本和前置期。

应该重新审视当前采购企业和供应商都采取的每一项活动,以确定如由另一方来实施该行动是否效果会更好。例如,供应商目前可能在为企业准备预算报价单,这项工作需要把企业的需求信息输入进它自己的计算机程序,而这是很耗费时间的。

在伙伴关系中,供应商可能希望企业使用它的计算机程序和成本数据来直接建立企业的预算价格,而不需要供应商的人力投入。而企业通过供应商的程序,可以测试不同选择对价格的影响。这在设备相互关联的零部件的优化设计(如一个化学加工厂所要求的)上可能是非常有用的。

❸ 需求预测

需求预测对于关键品项的采购是非常重要的。提前知道即将到来的需求会有助于把需求产品纳入供应商的生产计划,而且这也是建立伙伴关系的基础。

❹ 产品规格信息的阶段性发布

我们已经在瓶颈品项的情况中详细描述过了此方法,该做法在可获得性成为关键品项的主要风险的情况下也是重要的。供应商对企业的需求知道得越早,它们开始准备和排定生产也会越早,这样也就降低了因货物迟到而带来的风险。产品规格信息的阶段性发布使供应商能尽快采取行动。

5. 企业间的学习和沟通战略

必须对伙伴关系加以管理而不能放任自流。必须用双方企业之间的深刻理解来巩固这种关系。这需要双方间通过沟通和走访来探讨运作中出现的实际问题。这也将培养更进一步的伙伴关系,并增进双方在能力和专业技能方面的相互了解。

企业也可以通过制定正式的沟通策略以方便相互间的了解,以及安排定期的总结会来共同评价和加强这种关系的有效性。

企业的沟通策略中应该包括电子通信方式,以保证可靠性、高速度和系统兼容性。

6. 获得供应商的专业技能和创新

关键品项的高风险有时是由它的复杂性或者接近技术极限导致的。在这种情况下,保证设计的正确是至关重要的。这样,将本企业的和供应商的知识和专业技能汇集在一起是很有意义的。供应商在企业的新产品设计或开发中介入得越早,就越有可能实现设计的最优化,而且,当设计产品投产的时候也将遇到较少的问题。

7. 保障将来低成本和可获得性

资产类采购品项通常被定位于关键象限。它们有很长的生命期,可能从几年到几十年。

在生产设备的生命期内,或者是处于定期更换的要求或者是由于损坏,其某些主要品项可能需要更换。后期采购这些需更换的品项可能是非常昂贵的,当只能从最初供应商处获得这些品项时尤其如此。

当存在这种主要备件需求的可能性时,就应该在最初的设备供应合同中确定这些备件的价格,以使企业免遭未来成本过高的风险。考虑到劳动力和材料成本可能随着时间而变化,合同中应该加进一个价格修订公式。合同中也应该明确供应商在给定时间内连续供应备件的保证,以及当供应商的生产将要停止时的预警系统。

8. 质量保证

在研究瓶颈品项的时候,我们讨论了应用确定工艺、流程、测试和检验的质量方案来保证采购品项的质量所带来的好处。在这里也是一样,只不过改善了与供应商的关系将带来企业更大的灵活性。例如,可以组建一个团队来确定共同的质量保证方法。

9. 供应商开发

供应商开发是在供应商评估完成之后进行的。它是指企业通过其拥有的对供应商有用的知识来促使供应商得到改善。

企业拥有所需的专业技能就可以使用这种方法。比如,如果企业经历了学习曲线,完全掌握了运营统计过程控制(质量保证的一种方法)的方法,那么在供应商采用同样的方法时,就可以为供应商提供帮助。

在这种情况下,进行供应商开发也是适用的。这是供应商开发的反向形式,指采购企业的供应商将它的知识和技能转移给采购企业。

10. 供应商客户经理

尽管伙伴关系包含着在两个组织各个级别层面人员之间的频繁互动,但是,企业和供应商都应该有一个全面负责维持这种关系的客户经理。在企业中,供应商客户经理应该做到:

(1)更好地了解供应商的人事安排,如每个人的职责是什么,谁是关键的权威人物和决策制定者;

(2)监控两个组织之间的交流以保证交流处在适当的控制之中;

(3)为伙伴关系计划提供一个中心联络点,解决某些问题并协调双方的工作。

为伙伴关系而设的供应商客户经理,一般需要付出大量的时间和精力,尽管他不一定是专职的角色。

11. 建立所有权总成本模型

具有多年生命期的生产用关键品项的成本,除了最初的采购价格和采购成本之外,还包含后期的安装、调试、维护、升级和处置等运行成本。

在生产用采购品项的运行生命期内,这一类成本加起来可能比最初的采购价格成本大得多。因此,为了分清企业降低成本工作中的轻重缓急,对品项所有权总成本的构成以及哪些是它的主要成本因素进行了解是非常重要的。

要建立所有权总成本模型是非常困难的,因为相关的成本信息经常分散在各个部门,且记录不完整。这就需要针对单项设备的产量、维修记录、备件消耗量和停机时间等保存详细的记录。

12. 应急计划

关键品项对企业来说风险较高,应该考虑在意外时间发生时需要的应急计划。尽管在供应商选择之后还要对供应市场的内在风险进行进一步分析,但是如果企业已经进行了供应市场的研究,就应该能够找出某一特定供应市场的内在风险。应急计划一般包括:

(1)替代设计方案,如在所需组件或原材料无法获得时;

(2)当现在的供应商靠不住时,拥有可选供应商作为备用;

(3)保有库存。

13. 保有库存

因为与关键品项相关的风险较高,所以保有应急库存(或缓冲库存)是非常可行的,但是,保有库存增加了成本并且与降低成本的供应目标发生冲突。这一点对关键品项来说特别重要,因为关键品项的价值很高。在保有库存还是保有成本之间找到平衡点,是非常困难的决策。

在供应链上游保有库存会更经济些。这是因为,供应商的利润还没有被附加进去。供应商可能愿意为企业做寄售库存,只有在企业使用了这些库存才需付费。显然,供应商也会把库存成本加进价格中。即使这样,这也比企业自己保有库存更经济。

类似地,供应商可能也能够说服他的关键品项供应商为它做寄售库存。这将使整个供应链保有库存的成本降到最低。

14. 供应商的现场支持和培训

在必须同供应商进行频繁互动的时候(如一件非标准产品就需要大量的互动),让供应商的代表在企业的现场工作是非常重要的。这将有利于企业立即获得必要的供应商专业知识,这也给企业间的了解和流程的改善提供了方便。

例如,采购大型工程设备或建筑服务的企业有时可能需要一名供应商的代表在现场待好几个月,以进行复杂的技术衔接工作,直至安装和调试完毕。

在这种情况下,供应商对员工的培训可能是至关重要的,这应该被纳入企业的运营战略中。

6.2.2　关键品项特定运营战略的选择

——企业必须达到的供应目标。特定运营战略适合于特定的供应目标,如前置期、可获得性、成本降低、质量可靠性和供应商的支持等。

——了解适合于使用关键品项特定运营战略的时机,如表2-6-1所示。

表2-6-1 使用关键品项特定运营战略的时机

战略	受影响的典型供应目标	该战略的适用环境
价值分析/价值工程	*成本 *前置期 *符合规格要求	比如,新产品开发、高成本部件或容易出质量问题的零部件、业务流程
流程再造和优化	*前置期 *符合规格要求	*无效流程在前置期中占很大比例或效率低下
需求预测	*采购价格前置期	*价格对采购数量敏感 *产能有限或前置期长
产品规格信息的阶段性性发布	*前置期	*前置期长而时间紧
企业间的学习和沟通战略	*能间接地有助于许多供应目标的实现	*所有伙伴关系
获得供应商的专业技能和创新	*成本 *前置期 *符合规格要求	比如,新产品开发、高成本部件或容易出质量问题的零部件、业务流程
保障将来的低成本和可获得性	*成本	*重要备件
质量保证	*符合规格要求	*质量差或者不稳定的产品或服务
供应商开发	*成本 *前置期 *符合规格要求	*当企业拥有的知识和专业技能可能帮助供应商在某一表现不佳(对企业有影响)的领域得到提高时
供应商客户经理	*能间接影响各种供应目标	*所有合伙关系
建立所有权总成本建模	*成本	*具有高"采购后成本"的大型采购品项
应急计划	*如果发生严重的供应问题会对多个供应目标产生影响	*针对最严重的风险
保有库存	*前置期 *符合规格要求	*前置期较长且一旦推迟交货会造成重大延误的品项 *如果缺货将造成重大损失的品项
供应商现场支持和培训	*成本	*需要同供应商进行频繁互动以及需要传授技能

>>>> 6.3 对供应商和采购人员类型的影响

6.3.1 对供应商的影响 ◢◤◤

因为伙伴关系包含对单一供应商的长期承诺,所以供应商必须:

——具有财务上的稳定性和能持续维持的市场地位。

——理解伙伴关系的含义并不借机盘剥采购者。

——没有同企业的竞争者建立良好关系。

——有能力在中期或长期成为最低成本的提供者和/或技术领袖。

——有一个与企业的商业战略一致的商业战略。它还必须能够从与企业的合作中看到真正的利益，才愿意付出必要的资源同企业共同实施联合运营战略。企业所需要的产品或服务必须是该供应商的核心业务。

——如果企业的风险部分是由供应链更上游的企业导致的，那么企业的供应商应具有足够的能力和很好的策略来替换它自己的供应商以便使风险最小化，这是非常重要的。

6.3.2 对采购人员的影响

企业中关键品项的采购人员必须是具有较强创新能力，善于与人建立关系的人。为了使企业间的合作机会和创新最大化，进而降低企业的成本和风险，这些品质是必须的。

与适用于杠杆品项的交易型关系的采购者不同，与关键品项供应商进行谈判的人必须具有战略意识，并且非常注意避免损害同供应商的关系。

关键品项的供应决策应该由企业的最高层来做。因为关键品项对企业的影响深远，所有影响供应商选择和接下来的运营管理的主要决策，都应该有企业主要股东的参与。这些股东有时可能会形成一个"指导委员会"来监督伙伴关系的管理。

⟫⟫⟫ 6.4 供应商战略的例外情况

6.4.1 企业的业务对供应商不具吸引力

只有在企业的业务对供应商具有足够的吸引力的时候，同单一供应商保持长期伙伴关系才能成为可能。尽管对企业来说采购开支相当可观，但如果采购企业的规模很小，而对方的规模很大，那么企业的业务对供应商仍然可能缺乏吸引力。

如果供应商不愿意建立与企业的伙伴关系，企业将发现自己处于一个瓶颈状况中。

这样企业应该通过做一个"好顾客"尽可能去影响供应商。

6.4.2 供应商不愿意同采购企业建立伙伴关系

即使企业的采购支出对供应商具有吸引力，找到一个愿意建立伙伴关系的供应商也并不容易。当供应商数量少，客户数量相对较多时会发生这种情况。

这些供应商可能感觉到与企业结成伙伴会吓跑其他客户，特别是当那些客户是企业的竞争对手的时候。在这种情况下，企业的供应商关系最好是一种基本的合作关系而不是伙伴关系。这将限制供应商与企业实施共同战略的范围。

一些供应商可能是非常传统的，并且仅与它们的客户保持一种交易型关系。这种情况可能存在于某些行业和某些供应市场中。在这种情况下，供应商可能并不懂得伙伴的含义，或者可能不愿意建立这样的一种关系。

6.4.3 供应商过分依赖于采购企业

如果企业的采购支出在供应商的销售额中占有很高的比例，比如百分之20%或30%，供应商将变得对企业的业务具有很强的依赖性。

由于供应商付不起失去企业业务的代价，企业将发现自己已经处于一种非常强势的议价地位。如果这种情况在关键品项上发生，企业可以要求，而不是请求供应商按其需求采取行动（要有理由），但是必须小心和公平地使用权力，以防止破坏创造力、创新和长期合作的环境。

6.4.4　无法预测的供应市场领导者 ◢◢◢

在某些供应市场，如在技术领先的作用很重要的市场中，如果预计市场领导者的变换相当频繁，那么与单一供应商结盟可能就没有什么意义了。

如果是这种情况，同少数几个定期采购的供应伙伴进行多方合作的方式可能是最恰当的。同每一个供应商相互作用的程度将比同单一的、建立了伙伴关系的供应商的相互作用程度低，这是由所涉及的成本和供应商之间的竞争造成的。

6.4.5　合资企业和后向一体化 ◢◢◢

如果找不到合适的合作伙伴，或者，如果企业的议价地位太弱以至于不能可靠地保护其免遭风险，企业将不得不另做选择。比如，企业可能决定组建合资企业来保证对供应商施加必要的影响。如果企业规模足够大的话，企业的另一种选择是反向一体化，即由企业内部提供产品或服务。

▶▶▶▶ 6.5　一次性采购或零星采购

建立伙伴关系所必须付出的努力是为长期利益进行的一项投资。很显然，这种关系对一次性或零星采购没有什么意义，除非企业的采购能够用到一个现有的供应伙伴。

但是，即使是对关键品项的一次性采购，同供应商达成某种近似于伙伴关系的关系也是有可能的。例如，为采购某些主要部件的一次性合同，就可能包括财务上的激励，以用来鼓励供应商的创新和寻求共同解决问题的途径。

建立早期沟通和定期回顾的机制将有助于企业在问题变得更严重之前解决问题。

由于是现货采购，供应商一定会理解，只有通过合作，才能履行自己的合同义务并得到合同规定的利益。这可以通过组建由双方员工参加的价值工程工作项目组以实现，如设计过程中的最佳合作。

需求的关键瓶颈品项的供应战略：

供应商的数量：一个。

关系的性质：伙伴关系。

合同的类型：长期"伙伴关系"合同。

供应商的类型：

* 在对企业来说属于高风险的领域必须具有特殊能力。

* 必须有能力在中期或长期成为最低成本提供者或技术领导者。

* 企业所需要的产品或服务必须是该供应商的核心业务。

* 供应商的商业战略必须与企业的商业战略很好地保持一致。

* 具有财务上的稳定性和能够长期保持的市场地位。没有同企业的竞争者建立更进一步的关系。

* 不会滥用其优势地位对企业进行盘剥。

本章思考题

1.关键品项有哪些特点？

2.关键品项运营战略有哪些选择？

3.简述在关键品项供应商战略例外的情形。

第7章 大宗商品的供应战略

依据 Kraljic 模型,战略采购包括关键品项和大宗物资。大宗商品一般指原生品。

采购双方地位、采购目标、采购战略和关键品项的供应基本相同。但是原生品的采购有其特殊性,例如期货采购。

◎ **本章目标**

1.掌握评估采购方因价格波动采取的规避风险的处理方式。

2.熟悉直接从生产者购买或当地市场采购的特点。

>>>> 7.1 在知名交易所采购商品

7.1.1 影响商品供给或需求的因素 ◢◢◢

许多原材料都属于大宗商品,如天然橡胶、铜、锌、铝、金、原油、棉花、谷物、可可和咖啡。尽管在交易之前通常要对它们进行一些处理,但这些商品仍然应该属于原生品而非制造品。

无论是从短期还是长期来说,商品市场价格的波动性都很大。每个月、每周、每天甚至每小时,它们的价格都可能发生剧烈的变化。

可能影响商品供给或需求的因素有:

——洪水、干旱和植物疾病;

——战争和罢工;

——政府政策和法规(如环保法规)的变化;

——供应国之间的卡特尔(一种联盟)协议;

——行业生产工艺的变化;

——消费者偏好的变化;

——新的替代材料的产生;

——投机者的行为。

许多商品是通过有组织的市场进行交易的。这些市场被称作"交易所",或"终端市场",并且一般都位于主要城市,比如伦敦金属交易所(LME)。专业的经纪人在这些市场从事交易,并且只有当你是大宗商品的购买者时才可能直接参与这种操作。在这种市场中进行的大部分交易是所谓的"纸上交易"(与"现货交易"相对),即通常不会产生实际实物交割的买卖承诺交易。

7.1.2 选择一：仅为满足立即需求的现货采购 ◾◢▮

这种方式并不需要有关市场的专门知识。企业将从一个交易商那里采购刚好能满足其立即需要的商品并且将保持少量的库存(如果可能的话)。在这种方式下,企业的采购价格将简单地参照商品交易所报出的当前现货市场的价格。

一方面,如果企业正在以现货方式进行采购,而且至少在短期内不可能调整最终产品的价格,那么企业将不得不承受在商品价格上升时利润下降的风险,或者享受价格下降时获得较大利润的好处。可能企业已经在使用这种方式采购其立即需要的生产原材料了。

另一方面,企业可能已经同客户签订了在将来为其生产和交付以这些商品为原料的最终产品的协议。如果企业的客户同意在未来确定商品价格时将以实际采购投入原材料的现货价格为计价依据的话,那么他们将不得不承担这段时间内价格波动所带来的风险。我们将用一个假设的例子来描述这种情况。

Clunk 工业有限责任公司——现货采购

假设你是 Clunk 有限责任公司的采购经理。Clunk 工业有限责任公司是一家生产 Clunk(一种虚构的重要工业产品)的企业。Clunk 的生产成本主要由特殊原料 Clunkonite (也是虚构的)的价格构成。世界各商品交易所内部都有 Clunkonite 的交易。考虑到 Clunkonite 的价格波动,供应商们会对 Clunk 的市场价格进行定期调整。

生产每一件 Clunk 需要一千克 Clunkonite。今天(时间 1 用 T1 表示)价格是每千克 100 美元。除了原材料的价格外,企业的生产成本、日常管理费用和利润加起来也是每件 100 美元。

你的客户给你下了一个要求在短暂前置时间内交付 100 件 Clunk 的订单。考虑到 Clunkonite 的现货市场价格,你同意以每件 200 美元的价格卖给他。然后你以 100 元的价格到现货市场购买了原材料 Clunkonite 并在此基础上同客户签订了合同。

然而,你的客户同时又给你下了第二份订单,要求在时间 3(用 T3 表示交付)交付 100 件 Clunk。考虑到你的生产时间,这将需要你在时间 2(T2 表示)采购所需的 Clunkonite。你同客户达成这样的协议,即以后 Clunk 的价格定价的依据是在 T2 时的 Clunkonite 的现货价格,你的客户将承担从现在起到 T2 时止 Clunkonite 价格发生变化所带来的风险。

下图描述了第二份订单(将来交付)的有关情况。

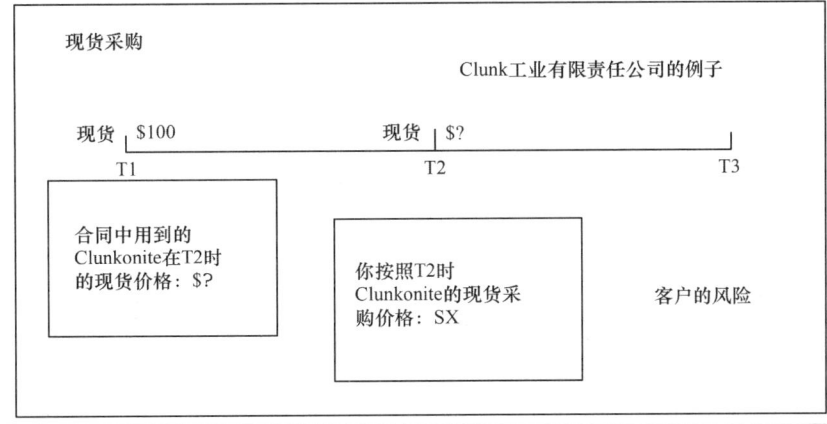

7.1.3　选择二：进行价格投机 ▰▰

由于价格波动带来了风险,企业可能想"赌一把"。例如,如果相信未来价格将会上升,企业的采购量就可以大于需要的数量,并把多出来的当作库存以备将来之需。

如果价格确实上涨了,企业就成功地完成了以低于市场价的价格进行采购。但是,如果价格下跌,企业的实际付出将高于需要付出的成本。因为企业本可以以现货方式进行采购的,更不用说其为保持库存所付出的成本了。

这是最简单的投机方式。还有很多其他更复杂的投机方式,比如基于现在的市场价格和库存水平,确定在未来某一特定时间应该采购的商品数量。这些方式不可避免地要建立在一些假设条件之上,而且其最终结果也不能都一致。

投资的风险很大,而且只有在对市场的运作有很充足的了解之后才可以进行操作。同时,企业必须有能力承担保持库存带来的额外成本及因预测不准而造成的损失。

许多企业因投机事务,当市场价格发生变化之后遭受了巨大的损失,因此应该极其小心地对待这种投机性风险。一定要记住,企业的核心职责是采购,而非投机。

7.1.4　选择三：通过购买远期合约进行套期保值 ▰▰

套期保值交易是一种使企业免遭价格波动带来的风险的方式。套期保值交易的一种方式是"买远期"。如果企业将来肯定有采购商品的需求,并且希望回避未来价格的不确定性,可以选择这种方式。

"买远期"是一种以固定价格在将来某一时点(一般为一个月、三个月或六个月)交付预定数量的某种商品的合同形式。其价格的确定将以相关商品交易所的期货价格为依据。通过买远期,可以大大消除商品价格风险。在这种情况下,商品市场中的价格变化风险不是由企业来承担,而是由职业投机者来承担。企业可以放心地向客户报出未来将要交付的最终产品的固定价格,这个价格中已经充分考虑到了企业将要支出的生产时所需原材料投入的确定价格。

当前现货价和期货价之间的价差被称作"基差"。它是由以下因素引起的:

——持有成本。持有成本是指如果采购者今天买入现货并在相应的时期内将其留作库存所必须承担的成本(比如仓储费、利息和保险费)。

——市场状况。市场状况反映了现在的供需状况以及对未来的预期。如果今天某种商品出现过剩,那么其现货和期货价格之间的差别就会非常大,完全反映了持有成本。如果出现短缺,而且预计持续时间不会太长,那么现货价格将接近甚至超过期货价格,但是,在采购合同中的价格和商品交易所中的期货价格之间存在着本质上的差别。企业的采购合同中双方约定了特定数量、准确的产品等级和最方便的交割日期,但是,期货价格则是基于由交易所规定的标准,因而也是有限的产品等级、数量和交割月份。

商品交易所提供所谓的"价格固定合同"。这些合同使买卖双方可以通过期货合约与现货合约进行对冲,而把未来特定时间的交易价格固定下来。这种方法在大宗商品交易中是非常普遍的。

7.1.5　选择四：更复杂的套期保值交易 ▰▰

套期保值交易能帮助企业在更复杂的情形下降低价格风险。简而言之,套期保值交易是通过对不同市场中的同样的或相似的商品进行对冲交易来降低风险,一个市场的损失将由另一个市场的收益来弥补。

比如,当企业与客户签订了一份买卖合同(合同中企业最终产品的售价是以非实际原材料商品采购日的商品现货价格为基础而制定的)时,就可以使用这种方法。

各种商品采购战略使用指南如表2-7-1所示。

表 2-7-1　各种商品采购战略使用指南

战略	效果	适用条件
仅采购立即需要的数量	按市场价支付(并接受市场变化的现实)	对市场了解不多 最终产品的价格可以随着商品价格的变化而改变时
投机	如果成功,企业将比按市场均价付出的少,如果不成功将付出更多	能够确定的未来需求 采购者拥有丰富的市场知识 然而,要尽量避免这种选择
买远期	套期保值交易的一种形式,以商品交易所的期货价格为依据,来固定未来的买入价	能够确定的未来需求。更想事先知道价格,而不是在购买时冒市场价格变动的风险
套期保值(一般情况用)	最大限度地消除市场整体价格变动带来的影响	最终产品售价所依据的商品购买价格对应的日期与实际采购商品的日期不同

>>>> 7.2　其他需要考虑的问题

7.2.1　直接从生产者处购买

如果企业的采购量非常大,就能直接同生产者进行交易。在这种情况下,企业可以一次性采购,或是同生产者签订一个长期合同。

比如,企业可能会与供应商达成一个在某一时间段内以固定价格购买的合同,该固定价格是以相关商品交易所的期货价格为基础的,但是,如果将来市场价格下跌并大大低于合同价,企业将很可能与供应商重新商订合同。相反,如果价格上升并大大高于合同价,那么供应商将会要求重新商定合同。

7.2.2　从当地市场采购

有些商品,如农产品的采购可以在当地市场完成。在这种情况下,企业是无法利用由商品交易所提供的各种机制(如套期保值交易等)的。如果从当地市场采购,企业将只能为立即得到货物而接受现货价格,或对未来现货价格进行投机。

案例 2-7-1　苏布雷 EPC 项目供应链管理(中国水利水电第五工程局有限公司)

1.工程概述

苏布雷水电站位于科特迪瓦共和国苏布雷市境内的萨桑德拉河上,电站右岸离苏布雷市区约 4 km,距首都阿比让 368 km,距圣佩德罗市 134 km。电站所处经纬度为北纬5.78°,西经6.63°,属于赤道气候,年降水量在1 550 mm 左右,9 到 11 月为大雨季,4 到 6 月为小雨季。坝址位置年平均流量为 464 m³/s,工地洪水(20 年一遇)平均年径流 140 亿立方米。本电站库容量为 0.83 亿 m^3，大坝最大设计高度 20 m，长 4.5 km。本电站共 4 台发电机组，3 台 90 MW，1 台 5 MW，总装机容量 275 MW，总设备流量 764 m^3/s。苏布雷水电站 EPC 合同签订于 2009 年 4 月 28 日，2013 年正式起算工期。合同金额 5.719 8 亿美元，工期 56.5 个月。苏布雷水电站的主要建筑物有 4 500 m 大坝（包括土坝、堆石坝、土石坝）、溢洪道、取水口、压力管道、电站厂房、尾水渠、微型电站、输变电线路、变电站、业主营区等。苏布雷水电站主要工程量有土石方开挖 356.27 万方，土石方回填 140.66 万方，混凝土 18.8 万方，钢筋制安 12 000 t，225 kV 输变电 379 km，变电站修建 3 座，机组安装 4 台，永久公路 8 km，金属结构安装 4 000 t。

2. 供应链管理的成果

中国电力建设集团有限公司（简称"中国电建"）历来重视工程建设质量，坚持"高端切入、规划先行，技术先进、质量优良，风险可控、效益保障，开放合作、互利共赢"工程建设理念，始终以工程创优为示范引领，推动工程项目建设中供应链管理创新，苏布雷项目在工程管理中成功实现众多工作亮点。

（1）实现提前 8 个月发电目标

苏布雷项目是中国国外工程第一个成功实现提前发电的国际工程，提前时间见案例表 1。

案例表 1　苏布雷工程提前发电对比表

编号	节点名称	合同节点日期	实际日期	提前天数
1	开工日期	2013 年 9 月 24 日	2013 年 9 月 24 日	
2	第一台机组发电	2018 年 2 月 12 日	2017 年 5 月 25 日	263
3	第二台机组发电	2018 年 3 月 13 日	2017 年 8 月 24 日	201
4	第三台机组发电	2018 年 4 月 12 日	2017 年 10 月 25 日	169
5	微型机组发电	2018 年 5 月 12 日	2017 年 11 月 30 日	163

（2）永久设备运行效果良好

机电设备安装施工质量优良，所有机组一次试验、启动成功。发电机组运行平稳，振动值远好于规范要求，在上机架上基本感觉不到机组振动，获得业主/工程师高度评价。水轮机效率试验结果：最终得到加权后的效率值为 92.58%，满足合同保证加权值 92% 的要求，在 90%Pr 时机组最大效率为 95.74%，大于 94% 的效率峰值要求。发电机效率在额定工况、额定功率因数下效率值分别为 98.211%、98.193%、98.188%，均满足合同要求（≥98%）。另外根据业主要求，机组还进行了发电机参数试验、进相试验、调相试验、黑启动和孤网运行等试验，均满足要求。

3. 苏布雷项目供应链管理创新亮点

EPC 已逐渐成为国内外工程领域主流业务形式，国内传统工程企业分为设计院和施工企业，并没有专门从事采购为主的工程承包企业，在电建集团内部也是如此，因此苏布雷项目在电建集团中标后，综合考虑施工总承包管理、水平管理、工程技术管理和采购管理等因素后决定委托中国水利水电第五工程局有限公司（简称"水电五局"）实施总承包管理。国内外众多文章讲述 EPC 项目供应链管理主要研究永久设备采购方向，本文从供应链角度分析 EPC 项目供应链管理，具体可以分为工程永久设备和施工需要的设备及物资供应链管理两大主要内容。苏布雷项目正是高度重视供应链管理,工程才取得良好效果。

(1)成立强有力执行机构

水电五局在全公司范围内选拔项目经理和总工程师,最后公司副总经理直接作为项目经理执行项目,并任命国际公司主管设备物资领导任项目采购经理,保证项目执行力。项目执行机构充分协调项目各种工作。项目组织机构如案例图1所示:

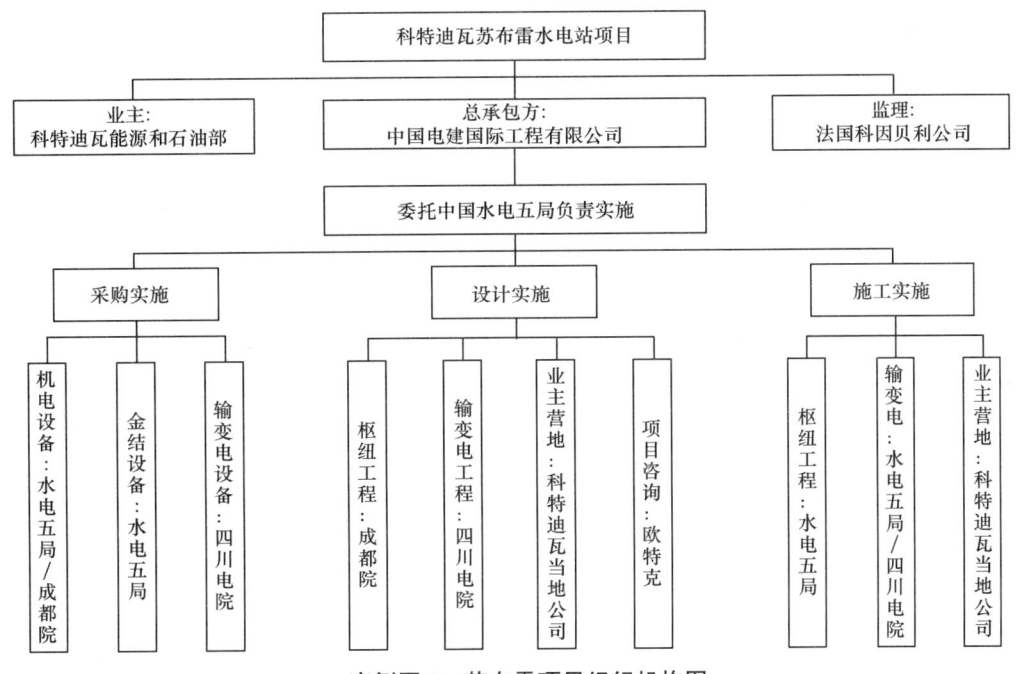

案例图1 苏布雷项目组织机构图

(2)制定完善管理制度

苏布雷项目部根据现场管理实际情况,落实设备物资管理职能,严格按照电建集团《设备物资管理办法》和中国电建集团国际工程有限公司(简称"电建国际")《国际工程设备物资管理办法》要求进行设备物资管理制度制订。项目部印发的《苏布雷项目设备物资管理实施细则》符合项目设备物资管理实际特点,为项目设备物资管理提供纲领性文件。《采购管理细则》《特种设备管理细则》《供应商管理细则》《物资核销管理细则》《物资验收管理细则》《物资仓储管理细则》《周转材料管理细则》等针对具体工作给出了标准和工作要求,为设备物资实施提供依据。制度制定采用"设备物资部门牵头、集合专家,群策群力、分工协同,分管领导把关"的总体思路进行,该工作需要项目其他部门积极配合,项目部对制度文件进行宣贯,对制度文件流程图和核心条款进行提炼汇总,编制《设备物资管理应知应会口袋书》;将设备物资管理制度汇编成册,并予以发行,实现了设备物资管理标准化、流程化。

项目部强化自有机械设备的操作规范化管控要求,制定中法双语的设备操作规程,满足日常管控需要的同时,提升了设备性能及完好率。在项目内部完成交底、培训,印发了自卸汽车、混凝土泵车、液压挖掘机、轮胎式装载机、起重机、混凝土罐车等共计9类机械设备的操作规程,为外籍雇员操作设备及中方维修人员进行日常维护保养提供了支撑。对于永久设备策划了安装运维手册,为后期电站运行提供了依据。

(3)重视项工程前期策划,规划项目采购内容

水电五局为了干好苏布雷项目,成立项目前期工作领导小组,公司总经理直接任组长,

统筹管理项目前期工作,特别强调了供应链管理,专题规划了项目采购策划,并派项目执行团队的各方面专家在当地进行了为期2个月的实地考察,了解当地设备物资供应状况和价格,租赁设备价格等形成项目采购策划报告,从整体上规划了设备物资采购成本和采购时间,邀请了电建集团采购中心领导、电建国际设备物资部领导一起评审项目采购策划后实施。

2012年10月启动苏布雷项目后,水电五局立即着手项目施工组织,设备采购策划于2013年1月18日开始讨论首批施工设备物资,主要为土石方和临建用设备与活动板房等前期物资,2013年4月22日讨论剩余施工设备物资,约120台套,决定土石方设备7月份到现场,混凝土设备10月份到现场,输变电用施工设备根据设计进度约2014年8月到达现场;项目钢材、水泥和柴油从当地采购,火工材料、止水、减水剂、接地材料等从中国采购。

施工物资采购策划重点为施工设备进场和火工材料采购。项目部设备物资采购实施基本上按采购策划进行,效果良好,保证了项目施工需要,溢洪道和厂房提前开挖完成,副坝提前填筑到顶,混凝土浇筑顺利,输变电工程按期开工;施工设备物资采购价格得到大幅度下降,一方面采购渠道和方式得到优化,以最优价格实行供应;另一方面设备物资到场没有闲置,减少保管费用。枢纽永久设备采购和安装处于关键路线上,永久设备按时采购、及时到达现场是影响工程完工的节点,本工程枢纽永久设备采购结合业主科研报告规划和土建施工影响,在设计同时进行厂家联系沟通,项目现场及时成立了永久设备部,其从项目开工就深入跟踪落实枢纽永久设备采购。经多次与厂家落实相关方案,最终选定阿尔斯通作为主机和微型机组供货商,其他主变压器和辅机部分(通风、通信等)从中国国内采购,由水电五局机电安装分局在中国国内制造金属结构及进行启闭机采购。为了充分调动设计单位积极性,让土建设计单位和枢纽永久设备设计采购密切配合,尽早完成设备采购参数,设计上减少土建和安装施工干扰,枢纽永久设备采购重点为3台90 MW机组采购,通过枢纽永久设备采购策划,保证了项目永久设备供货,实现提前发电的目标。输变电工程中永久的设备物资全部从中国国内采购,由于时间紧迫,设计单位深度参与采购,一旦初步设计完成就进行相关采购准备,与业主和工程师保持密切沟通,保证永久设备和物资及时到达现场。项目输变电工程首批永久设备和物资2015年1月到达现场,保证了项目工期实现,按时完成业主要求的部分工程提前用电需要。

(4)凸显集团化作战优势

电建集团确定把苏布雷项目打造成"国际样板工程",以市场化为原则,构建国际工程集团化合作模式,在电建集团系统内部充分发挥了专业优势和资源优势,通过合同方式,聚集了电建国际、水电五局、中国电建集团成都勘测设计研究院有限公司、四川电力设计咨询有限公司、中国电建集团山东电力建设第一工程有限公司、河北电力装备有限公司、中国水利水电夹江水工机械有限公司、中国电建集团华东勘测设计研究院有限公司、中国电建集团山东电力建设有限公司等企业参建,形成了紧密合作、齐头并进、共同发展的良好局面。项目部重点做好牵头工作,商务经营、验工计价、税收办理、物资采购、劳工签证、法律事务等关键性工作,规避法律、工期、成本等管控风险的发生。电建集团依托项目部平台,推动电建集团设计、制造、科研、施工各领域共同走向海外,实现共同发展,特别是主动出击,向业主推荐购买了电建集团内部装备产品,实现了电建装备海外营销的发展。

工程的设计是项目实施的龙头,重要设备和材料都需要设计院提供各种系统的总体参数和总体布置,提供设备的参数、选型和规格。在部分设备上,设计院还要提供供应商制造所需的详细图纸。苏布雷项目充分发挥设计人员作用,衔接好设计与采购的接口管理,提高设计人员的参与性和主动性,采取如下措施:

第一,设计人员参与前期考察,调查当地资源和业主要求,设计出符合业主要求的产品,减少设计审查时间,并且价格总体能够降下来,由总承包单位根据设计成果节省的费用,给予设计人员奖励;

第二,项目部抽出部分人员与设计单位一起办公,参与设计过程,减少文件传递过程,信息沟通畅通,同样设计人员可以专心投入设计中;

第三,选择设计人员为同一个集团的同一个城市的设计院,设计和施工单位人员熟悉,彼此了解,很多项目都有合作基础,双方在国际市场上战略合作,共同开发利特迪瓦市场,实现战略合作。项目电站枢纽部分设计委托给中国电建集团成都勘测设计研究院有限公司设计,输变电项目设计委托给四川电力设计咨询有限公司设计。

苏布雷工程在采购过程中众多产品在电建集团内部企业都有生产,在电建集团协调下,采用市场原则,项目的塔机采购了中国电建集团山东电力建设第一工程有限公司汇丰公司产品,项目桥机采购了中国水利水电夹江水工机械有限公司产品,坝顶门机采购了中国电建集团华东勘测设计研究院有限公司机电产品,高低压配电柜采购了河北电力装备有限公司产品,这些电建内部企业在项目实施中起到关键带头作用。

(5)精益化采购管理控制成本

苏布雷项目抓好设备物资采购管理工作,实现节资增效,其重点在于实现大宗物资、永久设备采购创效;加强苏布雷项目永久设备的设计工作,从设计入手,在源头节省资金,苏布雷项目部通过前期采购策划,重点控制大宗物资价格,节省上千万美元。其中钢筋合同价格比同在科特迪瓦施工的法国布依格公司合同价格低80美元/吨,按12 000万余吨计算,总金额节省约100万美元;柴油采购合同价格比市场低100美元/吨,按项目使用7 000吨计算,节省约70万美元;水泥的采购合同价格比科特迪瓦市场价优惠25美元/吨,按78 000吨计算,节省约200万美元;由于炸药的特殊性,当地存储很少,而且当地炸药价格为国内价格2倍之多,到现在国内炸药运输价格为2 900美元/吨,当地炸药价格为6 100美元/吨,项目按策划用量1 600 t,炸药从国内采购节省512万美元;减水剂、止水等大宗物资从中国采购,节省很大费用。苏布雷项目永久机组基础和土建尺寸交叉在一起,由于各厂家生产机组尺寸不同,很多部件属于非标产品,机组厂家不确定,对后续设计产生很大影响,苏布雷项目通过四次设计联络会,业主、工程师、设计单位与项目部一起通过了初步设计,把机组型号和采购合同全部确定下来,这样后续具体设计工作才能开展,根据主机型号确定辅机和配套设备,永久枢纽设备和输变电工程设备全部在国内进行电建平台集采招标,控制价格和风险。

(6)采购合同管理

采购合同管理对工程履约起到关键落实作用,苏布雷项目在采购合同管理上由专人负责,严格按照电建采购合同管理办法进行管理,对于成熟设备采购固定模式合同模版签订,对于非标产品,签订技术合同和商务合同一起约束双方履约责任。国内采购合同统一与中国水利水电建设集团国际工程有限公司签订,科特迪瓦共和国采购合同统一与中国水利水电科特迪瓦分公司签订,苏布雷项目统筹管理各种合同,具体实施单位负责采购合同实施过程。采购合同模版、合同评审、合同签订统一按照中国水利水电建设集团国际工程有限公司采购合同管理办法进行。合同的支付和出口报关、退税等都开发风险控制系统信息化管理软件,在系统中统一管理,保证了合同执行。

（7）供应商战略合作

苏布雷项目部充分认识到供应商在工程总承包项目中采购管理处于举足轻重的地位，在项目的采购管理中应该贯穿一个"供应商管理"的思想，与供应商建立直接的战略伙伴关系，双方本着"利益共享、风险共担"的原则，建立一种双赢的合作关系，使采购方在长期的合作中获得货源上的保证和成本上的优势，也使供应商拥有长期稳定的大客户，以保证其产出规模的稳定性。这种战略伙伴关系的确立，能给采购管理带来长期而有效的成本控制利益。在采购技术和业务可以实现多项目的集成采购的情况下，可将多项目的框架协议分为五种模式：战略性物资、完全竞争性产品、资源有限的产品、非标设备、与公司已有长期联营协议的供应商。当然对供应商以往合作过程中的行为进行绩效管理，以评价供应商的优劣。在项目的执行过程中，建立了不良记录、动态考核。比如建立供应商绩效管理的信息系统，对供应商进行评级；建立量化的供应商行为绩效指标等。并利用绩效管理的结果衡量与供应商的后续合作，增大或减少供应份额，延长或缩短合作时间等，对供应商以激励和奖惩。这样能促使供应商持续改善供货行为，保证优质及时的供货，逐渐形成电建集团 A 级供应商名录，从而有效提高工作效率，降低项目采购总成本。对于关键设备材料不承诺最低价中标，适时地制定报价投标规则，一方面体现市场经济的规则，另一方面也能对采购成本有所控制，提高项目实施的质量。关键设备供应商数量的选择既要避免单一货源，寻求多家供应，同时又要保证所选供应商承担的工作量，以获取供应商的优惠政策，降低物资的价格和采购成本。这样既能保证采购物资供应的质量，又能有力地控制采购支出。

（8）实行严格监造验收

监造对关键设备生产和验收重要性不言而喻。苏布雷项目在供应链管理中，特别重视关键设备的监造，列出监造规划，分类对设备进行监造，选取国内外知名监造公司进行监造。SGS、TUV、BV、浙江新华工程监理咨询有限公司、四川二滩国际工程咨询有限责任公司参与项目监造投标，最终四川二滩国际工程咨询有限责任公司成为项目监造公司，从质量和进度对项目关键设备进行监造，每周撰写监造报告，将发现的问题提前解决，把关键设备生产缺陷消灭在厂内，保证了产品质量和进度。项目监造项目和方式列表如案例表 2 所示。

案例表 2　苏布雷工程永久设备监造计划

序号	设备名称	单位	数量	监造方式	备注
1	水轮发电机组及其附属设备	台套	4	驻厂监造	
2	主厂房桥机及其附属设备	台套	1	巡检及出厂检验	
3	调速器及其附属设备	台套	4	巡检及出厂检验	
4	中压和低压气系统设备	套	1	出厂检验	
5	油系统设备和自动滤水器	套	1	出厂检验	
6	液压启闭机及附属设备	套	6	巡检及出厂检验	
7	门式和卷扬式启闭机	台套	5	巡检及出厂检验	
8	金属结构闸门及埋件	套	12	巡检及出厂检验	
9	生态流量阀	台套	1	巡检及出厂检验	
10	主变压器及其附属设备	台套	5	巡检及出厂检验	
11	厂用变压器	台	5	出厂检验	
12	发电机出口设备（高压开关柜）	面	约20	出厂检验	

（续表）

序号	设备名称	单位	数量	监造方式	备注
13	低压配电设备	面	约40	出厂检验	
14	励磁系统	台套	4	巡检及出厂检验	
15	监控系统设备	面	约20	出厂检验	
16	保护系统设备	面	约10	出厂检验	
17	通信系统设备	套	1	出厂检验	
18	直流及UPS系统设备	套	1	出厂检验	
19	消防报警系统设备	套	1	出厂检验	
20	辅助控制系统设备	面	约20	出厂检验	
21	225 kV开关站设备	项	1	出厂检验	
22	输电线路设备	项	1	出厂检验	

（9）重视物流仓储管理

苏布雷项目部针对设备物资进口，整体上考虑了设备物资进口成本，合理选择空运和海运，海运中时间周期长的物资和不急需物资选择费用较低的船运公司，比如MSC公司（一般90天航期），如果时间要求紧，选择如达飞、马士基公司等直航集装箱船（一般50天航期）；如果我们自己货物较多可以让船公司单独挂靠圣佩德罗港口（距离项目120 km）；单挂港口费用不合适时货物靠阿比让港口（距离项目350 km）。项目设立各相关部门，合理分工，跟踪到每一步程序，划分责任，密切合作，并确定由项目设备物资部总负责，国内人员、阿比让办事人员、发货人和当地清关公司配合。在发货前就开始办理货物检验和价格认定，货物起运后，等提单出来后先扫描一份清关单据，在收货港口办理商检、清关保险、免税函等和在发货港办理提单正本、货物跟踪单等手续，这样在原始提单邮寄过程中，目的港就完成了相关工作，等清关单据到达就能顺利办理清关手续，减少货物在港口堆放时间。在清关公司选择了在西非具有实力的法国波洛来公司负责科特迪瓦设备物资进口清关和内陆运输。

项目部从策划开始对整个项目物资储存进行规划，建立一个机电永久设备仓库、一个施工临时物资配件仓库、一个炸药库、一个润滑油库、两个柴油库，保证项目物资仓储。在材料到场后，仓库管理员根据采购合同进行质量和数量上的验收，合格产品进行入库，库房管理员根据出库情况用智能软件进行报表管理，真实反映项目库存。

（10）现场设备物资管理

国际工程供应链较长，供应到现场的设备物资要控制消耗，减少成本支出，苏布雷项目部主要是管理好现场的施工设备使用、维护、保养、修理，保证设备出勤率和完好率，永久设备的安装调试，保证顺利移交给业主，控制现场施工大宗物资消耗，杜绝浪费，降低成本。

苏布雷项目施工设备配置源头开始系列化配置设备，项目部运输车辆和辅助车辆（水车、油车、平板车、随车吊、拖车、混凝土罐车等）都采用HOWO系列产品，保障设备配件通用性，减少库存配件。同时开展了单机核算工作，将所有的消耗材料细化到每个部门、每一台设备、每一个施工部位。

在对当地设备、配件、维修资源充分了解的基础上，根据这些资源状况结合项目的规模、工期长短以及设备构成情况合理地选择保养、维修方式，配置维修资源。大力强化设备的使用管理和日常维护保养管理，制定定期的设备现场巡检制度，把该制度真正落到实处，真正了解设备使用的技术状况，把设备事故消灭在萌芽状态，避免拼设备、轻保养、重使用的状况。设立设备维修和使用责任人,即使当地司机操作设备,也要有中方管理人员负责设备的检查和维护。中方人员在设备使用前把启动钥匙发给当地操作手中,并监督设备运行前的检查;设备使用完后,负责设备钥匙回收,保证设备处于完全受控状态。

科学确定海外项目配件的库存,可以保证设备得到及时的修理和恢复,提高设备的完好率和利用率,项目部建立相应的数据库进行统计分析,了解各类配件的使用类别及频率,结合工程使用情况及采购运输时间来确定追加采购的数量。为保证设备的经济适用,要为设备选择合适的操作手。操作手的选择,既要从人力成本考虑,也要结合考虑设备的价值以及对项目施工的重要性和设备操作的难易程度,当地劳动力的教育程度,当地工人的熟练程度。大力加强对当地设备操作手的培训,加强对中方现场设备带班人员的培训,使当地员工不仅具备良好的设备操作技能,还具有对设备的责任感,对项目的认同感。同时对每台设备进行维修费用统计分析,进行单机核算,评比设备生产率和出勤率。

苏布雷项目永久设备主要有 379 km 输变电永久设备和枢纽的发电机和水轮机主机、主变和配套辅机永久设备。永久设备在前期按照工程师批示图纸进行生产,现场主要工作为组装和焊接后进行安装调试,精细控制每个环节,达到设计要求。由于永久设备品种繁多,缺少任何一个部件都会最终导致设备不能出力,因此苏布雷项目部以成套设备部专职负责枢纽永久设备工作,输变电工程成立专门工区负责输变电工程的永久设备,现场抽调高水平电焊工和专业化安装队伍进行管理。经过现场与业主和工程师沟通,最终保证了输变电工程和枢纽工程永久设备的管理工作顺利进行。

【专家点评】

该项目曾获得包括中国建设工程鲁班奖(境外工程)的多个奖项,是我国在海外水电工程建设的样板。该项目从前期设计到采购、施工管理、监理,再到工程交付甲方,全过程体现了供应链管理与项目管理的科学理念,把供应链做成价值链,项目的成功也充分体现了EPC 方式的优越性。

 本章思考题

1.大宗商品采购中可能影响供给或需求的因素有哪些?

2.大宗商品运营战略有哪些选择?

3.什么是套期保值交易?

4.价格投机的含义是什么?

第三部分

合同与商务管理

第1章　合同管理背景

　　全球化推动了选择范围的大规模扩张,在贸易的世界里尤为明显。不管是作为提供商品和服务的卖方还是作为买方,在世界上的任一角落都可以找到贸易伙伴。对于某些人来说,这意味着新的市场;对于其他人来说,这可能意味着获得新的资源提高技能或降低成本。伴随着选择量的爆发,许多问题也出现了。例如,你如何评估哪些是最佳选择?评估需要多长时间?你的选择可能关乎什么样的风险,以及如何发现它们?与此同时,一个企业行进在探索与发现的旅程中,而它的竞争对手也是如此,它们是否发展得更快,或决策得更理智?它们会在我之前创新吗?你是否知道你的竞争对手是谁?谁可能会在世界上你未曾涉足的地区冒出来?

◎ **本章目标**

　　1.熟悉签订合同的背景。
　　2.掌握签订合同的流程。

>>>> 1.1　选择的挑战

　　企业面临着充满活力和令人激动的新机会,但也面临着非常现实的威胁。许多首席执行官们都很关心客户忠诚度和信用风险等问题。这是为什么呢?因为网络技术意味着不再有任何秘密,新老对手可以用更为低廉的成本接近顾客。它使得客户应用电子采购技术进行定期的重新招标采购变得更加容易。媒体、博客或不满的公众成员不可避免地会强调任何质量上的下滑、治理标准的不合适或组织诚信度的下降。判断失误、错误和道德问题只需要几分钟便会出现在全球网络。

>>>> 1.2　对于合同签订的影响

　　这些问题涉及机构的合同及商业的能力和实践。对首席执行官的调查提供了更详细的见解。高管们希望在他们的组织内部能出现更有创造力的领导者。他们特别强调了所关注的三个重点领域。他们想要的工作人员:

——能更好地管理风险。

——能更好地消除规则和官僚主义。

——能更好地建立和管理客户关系。

今天,在许多管理人员看来,负责合同签订的人要在这些重点领域中至少有一条能满足,在某些情况下,需要三条都能满足。对于许多专业人士而言,问题在于他们是希望变化被别人施加在他们身上,还是成为变化的推动者,即那些 CEO 们所寻找的"创造性领导者"。

1.2.1 合同签订的过程 ◢◢◢

合同签订过程可以在两个不同的级别之间进行操作。在某些机构中,合同被视为法律规则,采购实体的策略和实践通过合同得以实施。那些负责合同谈判或管理的人基本上是合规的经理或行政人员,主要任务是防止或限制偏离"规则"的范围。他们的自由裁量权可能是有限的或不存在的,且通常依赖于企业高管做出经营决策。他们在形成标准化政策或做法的战略中只扮演着无足轻重的角色,并且他们认为自己对于确保这些标准提高竞争力或经济绩效方面并无责任。

从另一方面来看,合同签订过程被视为质量控制和品牌管理的关键工具,它不仅是政策和实践实施的工具,而且形成了一个封闭的环状系统,政策和实践通过这个系统得以维护或接受挑战。契约和关系结构、单个条款及条件和合同治理程序等都在不断地被审查,以确保它们能够支持市场优势并加强品牌的形象和声誉。

1.2.2 民有私约如律令 ◢◢◢

"民有私约如律令",这一合同习语刻于已出土文物"杨绍买地砖"上,并被清代詹波馆刻本《越中金石记》选录。这表明,"私约在立约人之间产生同法律一样的效力"的理念在中国由来已久。

法律的作用被公认为是合同实践和过程的基础。任何一个合同专家都必须了解不同法律传统的影响,比如成文法与普通法。这些差异会影响缔约双方的态度,同样会影响合同的长度和内容,并很可能会影响表达方式,当然也会决定所选择的措辞。

最早的合同用于记录商业往来和经济准则,其法律效力排在最后。在许多情况下法律效力似乎被加强或者在应用过程中模糊了合约的原本目的,从而常常削弱了合约的经济价值或经济效益。我们试图纠正这个问题,但并不意味着要否定法律和律师在合同当中的重要性,而只是为了提醒读者,法律是合同缔结过程中众多利益相关方中的一个。在此过程中,允许法律(或任何其他利益相关者)占主导地位,最终会使整个进程陷入停滞或导致失败。

在政府与公共部门的合同中,规则和良好结局之间的冲突也许是最明显的(或至少被最为广泛地进行了报道)。在这些合同中,严格使用收购程序经常会与它们旨在保护人们的利益背道而驰。

1.2.3 人际关系 ◢◢◢

人际关系涵盖了一个关系谱,即从单纯的相识到深深的承诺。在这个关系谱的不同阶段,交流的广度和深度、利益与合作的相互关系也各有变化。对于对方的需求和利益的考虑日益重要,这确实成为关系成功的决定因素,并且也是加深交流深度的一个依赖。

因此,它与商务关系相关,这就是为什么这里同时提出了从客户和供应商两方面看的观点。在一些领域,他们的利益靠拢;在另一些领域,他们可能会出现两个极端的反差,但无论在任何情况下,当事人都会建立一种关系,因为每个人都相信有比没有更好。合同签订过程是一个探索之旅:首先为合作建立可能性,然后试图塑造和定义它,最后监督其实施或终止。

事实上具有讽刺意味的是,那些领导合同进程或主导合同准备的人往往来自这样的职业背景,即鼓励对抗并主张赢。律师、采购专家和首席执行官往往是具有高度竞争性的个人,他们往往推崇一种"他们和我们"的态度,即一种丧失信任的态度。然而,现今的商业理念越来越多的是"合作"和"合作伙伴",在各个方面都不同于许多既定的合同模式和程序。"旧形势"是关于"赢得这项交易",也就是在协商中利用固有的优势;而这个"新形势"是关于"赢得好结果",也就是确保双方都积极认可共同的利益,以优化最终的结果。

所有好的合同和成功的关系都需要某种程度的合作,认识到并尊重对方的需要往往能够促进发展。这并不意味着软弱或妥协,这样的认知和理解事实上提升了我们的能力,不管是对交易制造者还是谈判者,抑或是准备合同草案或管理交易关系的任何人。通过理解,我们可以考虑一系列可能的"价值交易",减少周期时间,鼓励所有的利益相关者达成共识,努力实现共同的目标和任务;而缺乏理解会导致沟通减少,增加合同失败的可能性。

1.2.4　谁来签订合同

许多人会不可避免地想知道,在确保合同成功签订的过程中,什么技能是必要的或什么组织模式是最好的。答案是"看情况"。事实上,所涉及的工作很少只由一个人、职能或部门执行。契约的本质是一种多样的活动,它包含许多领域的技巧和知识。

以下是特定的术语:

1. 商务管理(Commercial Management)

一般而言,商务管理或商务过程往往比"合同管理"术语中所说明的角色或活动含义更广,然而,我们发现差距正在缩小(见下面的"合同管理"的定义)。"商务"经常被用来描述那些非技术性的活动,包含销售活动、市场营销和业务运营。我们心中的定义没有那么广,只包含那些与合同的结构、内容和绩效直接相关的领域。我们认为,"商务经理"或"商务过程"的作用是确保所有利益相关者的意见已被纳入和评估,以保证客户的需求和供应商的能力相匹配。从这点上来讲,我们认为合同作为一种工具承担着并且监督着一项交易或一种关系的"商务保证",无论是从客户还是从供应商的视角来看都应当如此。

2. 合同管理(Contract Management)

历史上,合同管理一直被认为是一个比商务管理更具有管理性质的,并因此更狭义、反应性更高的活动。它通常被用来保障商务管理的规则或做法,而不是改变或质疑这些规则。

3. 采购(Procurement)

正如本部分的其他术语一样,今天我们面对着采购职能的各种职位头衔,而且在许多组织中,采购活动的确可能由非采购人员或不在采购组织内的人员进行。除非上下文明确说明,否则这个词必须被看作是针对一项活动的一个广泛的描述,而不是一个正式的工作角色或职能的定义。

4. 合同或商务经理(Contractor or Commercial Manager)

如上所述,我们一般都在寻求避免暗示特定工作职位。这些术语应被视为代表特定任务的执行,而不管是谁在执行它们。例如,我们认为,在许多情况下,合同经理可能实际上是一个项目经理、一名律师、一名工程师或一名销售代表——事实上,在特定的合同生命周期内,所有这些人可能参与执行合同相关的任务。我们的观点是,如果我们要取得成功的合同和贸易关系,我们必须了解合同签订的总体流程,并如同专业人士一般采取措施,来确保这一过程的质量和最终工作产品。

⑤ 合同签订过程(Contracting Process)

正如以前的定义解释,本书旨在描述一个高性能的业务流程,通过此业务流程,可以建立和管理成功的合同和交易关系。在它可行的范围内,我们试图描述由某种行业赋予的合同类型或关系类型所导致的差异。例如,大宗商品需要从根本上采用与复杂的服务项目或主要的且长期的项目完全不同的模式。然而,虽然任务操作的复杂性是显著不同的,但是任务的列表仍然是高度一致的。大的差异在于谁执行这些任务,他们如何执行,以及所需的完成时间。当然,正是这些因素导致了我们回到最开始的说明,即关于工作角色、技能和组织的变化。

 本章思考题

1.简述合同签订的过程。

2.商务管理包括哪些内容?

第2章　了解市场和行业

在签订合同时,了解市场属于资源战略管理范畴。在市场交易中,为满足某种需要,采购实体根据一定目的,选择适当的分类标志或特征,将商品集合总体科学地、系统地逐次地划分为不同的大类、中类、小类、品类或品目、品种、规格、品级等细目。在实物形态的货物类交易中,品目是细目的集成。但在工程或服务中,细目既包括实物形态也包括非实物形态的"商品"。

◎ **本章目标**

1. 理解了解市场的重要性。
2. 熟悉细分市场的流程和工具。

≫≫≫ 2.1　识别潜在的市场

2.1.1　如何了解市场 ◢▨▨

对供应和购买机构来说,首要的任务是了解潜在的市场。相对于20世纪简单的本地供货的市场状况而言,在如今的全球经济中,市场的复杂性呈几何级数增长。对于潜在的供应商来说,重要的不仅是找到合适的重要位置,也是找到正确的产品/供货组合、增值服务、有竞争力的价格和创新,这些将帮助你的组织占据市场主导地位。相比运输和监管费用、知识产权问题、供应商可行性风险,以及你选择的供应商或供应商选择的分包商所带来的生态和社会学影响这四个方面,购买组织的单价成本核算并不重要。让我们用四个实际的案例来详细说明这几点。

首先,让我们以电动工具的铝壳为例。该产品本身是一种金属铸件。在组装成一个完整的电动工具之前,极少需要铣削、打磨或抛光。当供应商要进入市场时,首先需要了解生产这个产品的基本要求。铝土矿的可得性、采集矿石的露天采矿作业、将矿石加工成铝的铸造厂和一个向客户运输产品的可靠运输系统,都只是核心要求的一小部分。由于铝土矿在世界上的分布是一个已知因素,并且相比于用船只运送矿石,成品的船运更简便,所以将公司设在加工铸造厂附近可能是最好的选择。然而,对于购买组织来说,生产和组装的设备可以放置在世界上任何地方。因此,由于成品重量问题,需要考虑铁路和海洋运输的可行性。

对于买方而言,从铸造厂到生产厂的前置时间是一个主要的问题。

了解市场动态引导买家和供应商思考下列这些主要问题,比如:

——如果货物运输过程中发生损坏,存货归谁?

——买家在必要时为找到新的供应商需要多长时间?

——相对供货的投资回报,买方所代表的业务量有多少?

——用于外壳的铸模或模具是买方所有还是卖方所有?

——谁保有外壳的知识产权(尺寸、重量、铣削点、空气/流体端口等)?

——如果有竞争对手能够生产更耐用、更轻便的版本,买家和供应商会承担什么风险?

其次,让我们用更常见的原材料生产的类似产品——瓦楞纸包装举例说明。对于供应商来说,生产中需要考虑的因素比较相似:获取木材的途径、把木材转换成纸的工厂、把纸转换成瓦楞纸板的机械以及产品送达客户的运输方式。但对于买方来说,供应商所在的位置更为关键。瓦楞纸的耐久性在远海上不如铝合金铸件。空气中的高湿度会更快、更彻底地损坏产品,因此有必要避开全球市场,寻求区域或本地的生产设施。此外,包装线常常因为不能百分之百地符合设计规范而名声不佳。这意味着有一个本地的供应商代表就近去调整切割瓦楞纸板的大小是必要的,以确保高效的包装操作。前述问题对买家和供应商仍然很重要,但也会出现新的问题,例如:

——谁来负担雇用当地代表的成本,以确保瓦楞纸生产与包装线的匹配度?

——由于交货周期短于货物的船运时间,装运的频率应该是怎样的?

——供应商可否采用 JIT 库存的做法以适应买方新的生产要求?

再次,让我们考虑这样一个例子。某大型跨国银行与供应商缔约生产足球,此项目是2008 年欧洲足球赛中营销活动的一部分。银行与足球供应商签署契约的条件之一是禁止使用童工。然而,该供应商并未获得巴基斯坦政府认证,而且一些足球是由巴基斯坦村庄里的男人、妇女和儿童缝制的,其成本为常规成本的一半。产品的买家和供应商双方都需要了解他们的业务往来对声誉造成的影响,并提出下述问题:

——购买/出售的货物的生产对环境有什么样的影响?

——购买/出售的货物的生产对社会有什么样的影响?

——所购商品的预期用途是什么?

——与×公司的合作会如何影响我公司的声誉?

最后,让我们来看一个例子。地球上最丰富的,有着最小的运输需求和(潜在的)可用性的资源是计算机编程。在世界几乎每个角落都可以找到一个帮助世界另一端的公司满足编程需要的软件编程室,与软件编程室合作相比于自己雇用本地程序员要节省相当多的成本花费。来自各主要工业化国家的公司正在全球物色下一个低成本国家,为更高效的软件项目投入其编程资金,以便使用更少的钱更快地得到效率更高的软件程序。从供应商的角度来看,只要他们能够跟上不断增长的变化,是很容易进入市场的。

供应商的关键问题是强调开发材料的知识产权问题,但在世界的某些地区,界定知识产权的界线是模糊的,有时甚至被完全忽略。对于可能会被出售或窃取信息以谋得利润的领域,买家需要非常谨慎。此领域的另一个巨大的风险是核心资源的变动,即人员的流动率。基础经济学理论表明,当需求很高时,供应商可以收取越来越高的价格直到供求平衡。在外包或跨国编程的情况下,由于程序员能够跳槽到作为竞争对手的供应商那里以谋求较高的工资,如此演化为程序员的大幅流动率。在这一行业中,20%的季度性人员流动率并不是前所未有的,这种人员流动率会演变为供应商和买家的效率损失。在进入这个潜在的市场之前,无论是买家还是供应商都需要了解企业业务的总成本,以及如何保证可靠服务的稳定供应,以确保项目的成功。

最后,20世纪90年代和21世纪迎来了显著的变化和新市场的成长。买家和供应商都试图在不断扩大的全球经济中竞争,因此需要了解如何建立市场,这也许会涉及通过使用另一个行业的概念或通过创新来实现。

通过互联网的扩展,合同管理领域在过去10年中经历了新市场的成长。在20世纪90年代末和21世纪初,几个新的电子采购和电子合同的门户网站在".com"时代的高峰期得以开发。在这些电子工具开发之前,签约过程和提案征询函(RFP)是高强度的持续数周的人工过程。拍卖是在房地产销售或高端拍卖行使用木槌进行的。利用未经检验的科技——互联网来联系全球多种多样的市场,该想法如今看来就像一个自然的进程,但在这些工具的发展过程中,一个巨大的担忧是,合同管理的专业性是否会接纳未经考验的技术,能否找到资金来支持开发活动,并且通过客户Beta测试来帮助测试软件的漏洞。最后,让供应商顺应电子版信息征询函(RFI)及进行在线拍卖是打开新市场的艰巨任务。主要组织的合同管理专业人士对于经由未测试和(潜在的)未担保媒介所传播的信息十分警惕,如今只有少数的原始开发商仍然未被淘汰,大部分开发商在经历了软件开发以及Beta测试版漏洞修正之后被大型软件公司兼并。

尽管有所有这些技术和其带来的明显的进程简化,对于创新型供应商或试图找到新产品线供应商的买方,仍然存在如下一些关键问题:

——正在开发中的新产品是客户需要的吗?

——如果不是,那么我将在哪里找到客户? 为了未来的增长,该产品将如何创造需求?

——作为新产品线的买家,我将如何找到这样一个供应商,其可以通过新的材料/工艺设计来改变我的产品的出售情况?

——谁来承担开发风险,是买方还是供应商? 谁来承担开发成本?

——如果供应商(开发商)因缺乏资金而停止业务将会发生什么? 谁来掌管软件的知识产权或源代码?

——如果开发公司(买方)希望未来拥有不止一个供应商,会发生什么? 我(供应商)能够在多长时间内保护新产品/工艺设计的收入来源?

从合同管理者的角度来看,当涉及构建一份协议并针对市场来定义条款和条件时,对市场和其内在风险的认识是至关重要的。

≫≫≫ 2.2　市场细分

2.2.1　定义市场范围 ◢◤◤

所谓细分指差异化的供应链管理,更加靠近客户,提供精准服务。

细分包括客户细分、触点细分、资源细分、产品设计细分和提供产品细分。

传统的公司往往倾向于根据客户线、生产线或地域来细分市场,例如:

——消费者、大型企业、小型企业。

——公司用户、部门用户。

——国家差异或观察买方群体和扩展的企业。

——硬件、软件、服务。

公司经常通过产品生产线和/或地域细分它们的组织和营销计划,这是完全可以理解的。产品可能在不同的市场具有不同的特点,监测它们的盈利能力当然很重要,但这样的细分也会使销售复杂化。例如,如果客户或市场需要产品和服务的组合,或如果客户跨越了地域限制,那么建立在产品或地域基础上的观点可能会引起关于收入和资源的内部争论和纠纷。

因此,最佳实践公司必须以整体的方式来看待市场和客户群体,需确保其内部组织和能力能够响应以市场为基础的观点而不是内部驱动的观点,并与以市场为基础的观点保持一致。

这种以需求为基础的细分可能会跨越许多传统的信息界限和来源。例如,看待客户的方式,包括从现有客户中区分出新的客户;发现正在终止购买或转向其他替代供应商的客户占现有客户的比例;将那些全球或多国采购的客户与进行当地购买的客户区分开。这样的分析有助于调查更详细的需求或失去客户忠诚度的原因,也使得公司可能挖掘到可以更好地满足特定要求的条款,或公司想要从其供应网络中寻求到的能力。

这种分析可以引发某种相应的行动。举一个来自航空航天业的例子,其中一个主要承包商决定在该行业不断进行创新。这在赢得新业务方面被证明是成功的,但合同人员指出,他们从许多新客户那里接到的责任损失索赔发生率正在增加。调查显示索赔大多涉及交货延迟,这些延迟交付的原因源自"创新型"产品和服务的供应商。进一步的分析表明,最易犯这类错误的是有许多天才工程师和开发人员的小公司,但这样的公司缺乏嵌入式的项目管理技能。合同经理建议应在这些公司中安排项目管理人员以消除短期风险并发展更长期的能力,而不是用严厉处罚或终止合同来威胁他们。这一提议被证明是非常成功的,不仅消除了延误交货并减少了责任赔偿成本,而且还提升了这些快速增长和创新的供应商的忠诚度。

如果你的细分是成功的,它将产生更高的利润率并减少对谈判的需求。这不仅仅只是市场营销或销售组织所感兴趣和关注的话题。对合同专家来讲,重要的是确保我们有意识地参与市场细分和相关研究,以对业务成功做出更大的贡献。

2.2.2 市场细分工具 ◢◤

在对市场做出判断时,有一种手段可以被用来识别和评估影响某一特定市场、行业或国家的外部力量,那就是对影响你将要买卖产品的市场、行业或国家的因素进行社会、技术、经济、环境和政治(STEEP)五方面的评估。一些分析人士将"法律"加入这些因素中,并且重新编写了 PESTEL 或 PESTLE 来帮助记忆这六大因素。为了方便,我们将法律问题放在政治部分进行讨论,因为大多数法律要求都是受东道国和/或来源国的政治影响而得来的。STEEP 通过强调为适当应急计划的需求而增加后期风险分析的深度。

这是一个辅助了解市场的手段,并且可与 SWOT(优势、劣势、机会、威胁)分析和波特五力模型(Porter's Five Forces)结合使用,以便于:

——识别各因素的相对优势,并考虑该优势会如何影响未来的战略方针。

——识别 STEEP 可能发生的改变。

——当它们涉及潜在的采购策略时做出相应的结论。

正如前面所讨论的,我们首先需要明确定义市场范围。然后,利用上述 STEEP 分析网格图(见图 3-2-1)来生成一个清单,以考虑所有可能存在的已知或未知的影响因素。我们可以对这些影响因素进行分类,并提出探索性问题,以量化每种影响因素和其对业务及合同战略的作用。每种影响因素都设有特定的问题,以有助于将这一因素分解成更易管理的子集。

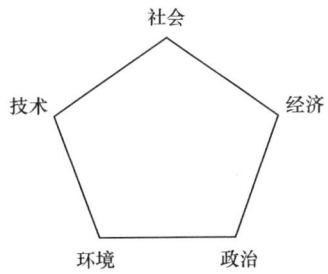

图 3-2-1 STEEP 分析网络图

1. 社会

——本地的教育标准是什么?

——地方政府对最低工资和最低工龄的态度如何?

——应当采用哪些有关的职业道德或实践,其法律要求是什么? 我们知不知道未来的立法可能带来的影响?

——有没有可用的熟练劳动力? 数量是多少?

——有关劳动力培训的文化是什么?

——对于劳动争议或工业中断(如罢工)的倾向是什么?

——有什么当地文化/宗教方面的问题需要处理(如在星期日/星期六工作,遵守最后期限或承诺等)?

——本地标准在多大程度上可能会与其他市场的标准相互冲突,或成为潜在的声誉风险的来源(例如对贿赂、健康和安全、儿童或少数民族权利的态度)?

2. 技术

——现代技术,如电力供应、计算机、互联网、电信,可用程度如何? 地方政府是否促进了对电子商务的认识,并支持对其的采纳和使用?

——在企业解决方案中,企业的平均投资是多少?

——当地供应商适应新的技术并接受变化的乐意程度如何?

——技术变化率如何?

——新技术上市有多快? 这将如何影响我们对资本开支的折旧政策?

——技术性的更新换代频率是怎样的?

——我们正在购买/销售的产品/服务在技术上有多复杂?

——相关国家的经济增长率是多少?

——在我们所涉及的国家中,营业额、利润和增长的趋势是什么?

——当前的基础设施水平如何?

——我们目前和潜在来源国的基础设施中投资水平如何?

——出口/进口关税/配额是什么? 它们有可能在未来三到五年发生变化吗? (这些方面可能在运输货物的过程中极大地增加成本)

——市场的经济条件怎样,如垄断性、竞争性等?

——货币的稳定性如何? 对于应对波动,哪些条款是必要的?

——政府对现有的或新的工厂有优惠贷款/补助金吗?

——历史上曾有过关键商品短缺或供应中断吗?

3. 环境

——地方政府对环境的态度是什么? 其是否与我们的道德立场一致?

——客户对我们所生产的产品对环境造成的影响持什么态度? 这如何与我们的道德立场相匹配?

——供应市场目前的环境问题/关注点是什么?

——寻求一种对环境影响很高的解决方案的成本(财务上的)是怎样的? 这如何与我们的道德立场相匹配? 这对我们在行业中的声誉有怎样的影响?

——有哪些相关的质量/验收/进出口要求?

4. 政治

——政府对出口的支持力度如何?

——政治局面稳定性如何? 政治变革的可能性如何?

——这种变革会影响我们的业务吗?

——何种立法会影响当地商业环境,如税收、激励机制等?

——相关国家的政治氛围稳定度如何?

——如果我们在这个国家提出索赔要求,司法机关处理效率如何? 如果货物被盗或公司财产有所损害,得到赔偿的可能性是怎样的?

——司法系统是基于何基础上,是判例还是法律? 当涉及争议的时候,这一法律会倾向于保护买方还是卖方?

——是否存在贸易壁垒? 如果存在的话,有哪些贸易壁垒? 目前国家间的贸易关系是怎样的?

从合同管理者的角度看,市场细分直接影响需要仔细考虑的样板,合约的最小数量。事实上,因为执法和文化的挑战使合同丧失了关联性,导致一些市场中有些合同几乎是不相关的。合同专业人员在针对每个市场细分起草标准样板合同之前,必须考虑是否需要进一步分类,或考虑设计其他可替代的方法来管理风险。

>>>> 2.3　市场定位

2.3.1　竞争力分析

合同管理战略的一个重要因素是了解市场中每个企业的竞争力定位。采取这种方法的第一步是就公司的谈判实力从低到高打分。等级低的公司往往是依赖于供应商提供服务或产品的买方,或是有许多竞争对手的产品供应商。等级高的公司不依赖于供应商来采购这些服务或产品,它们似乎有更多选择,或占据着主导性的市场地位。等级高的公司也可能被供应商认为其很有可能产生重复采购业务,或者可以通过介绍帮助供应商进入新的市场。无论是什么原因,即使要以较高的合同灵活性为代价,供应商也必须力求留住这些客户。然而,与其对所有这样的客户都提供合同灵活性,供应商应该考虑能够体现其产品或服务的不同优势的另一个方面。供应商很少只提供一个产品或服务。通常,出售的服务或产品套餐可以被归类为主导类或非主导类。基于买方势力和产品/服务优势两个维度,可以考虑不同的合同管理战略(见表3-2-1)。

表 3-2-1　不同的合同管理战略

	"高势力"供应商	"低势力"供应商
"高势力"客户	尝试标准合同	客户可能强制执行其他标准合同

　　一家公司必须谨慎地决定希望执行标准合同的产品或服务。如果客户或供应商有合适可用的替代选择,很可能因为采用了不可谈判的方式导致失去潜在的买家或供应商,甚至可能阻碍最初会带来增值的探索方式或讨论。

2.3.2　产品定义

　　提供具备合适条款或条件的产品或服务是产品开发和市场营销的关键要素,而这不是一次性的活动。在整个产品生命周期中,条款和条件必须进行定期的审核和更新以反映不断变化的市场状况、新的技术或功能、业务能力和客户需求。对于大多数公司来说,条款和条件流程未能与产品生命周期管理相协调。其后果包括错过一些机会,如增加收入、客户、附加值、替代供应商,也可能导致潜在竞争力的丧失。这可能也意味着追求了不适当的市场、供应商或客户,他们提出的要求是你无法满足的。最坏的情况是不恰当的合同条款会建立或加强你的品牌的负面市场形象,为竞争对手创造可乘之机。

　　最佳实践企业视产品生命周期管理(Product Lifecycle Management,PLM)为关键原则。PLM 中的一个阶段涵盖商业化。有些公司在开发服务产品时操作严谨。总的来说,PLM 和采购之间的链接得到了明确的定义,但是 PLM 与合同流程或组织之间的类似链接通常被忽略或是不存在的。这种情况会导致许多带有考虑不周的条款和条件的产品出现在市场上,这些条款和条件往往是高度标准化和不符合市场条件的。这个弱点往往在整个产品生命周期持续存在。

2.3.3　合同在产品生命周期管理中的作用

　　在某些公司,每个产品或服务组都有专门的合同专业人员,他们从一开始就涉入并且参与到整个产品生命周期中。首先,只要他们及时跟进外部事件和处理各种压力,以上做法就很有效,从而能主动判断出对拟定条款或更新报价的需求或其有效性。其次,他们必须有与其他合同专业人员组团合作的方法和激励政策,以开发整合性的解决方案,分享想法,从而确保各种变化不会对企业其他部分的政策或实践造成重大风险。

　　在许多行业中,合同所担当的角色可能受到监管条件和确保合规性的驱动,但这不能解决市场的具体需求。虽然每个合同专业人员的工作方式会有所不同,但在 PLM 中合同专家需要有更强的营销意识、创造力和分析能力。例如,一个大公司培训其商业合同工作人员来负责市场规划研讨会,这些会议更加关注实现市场成功所需的价值定位,并把这些价值定位转换成各个主要细分市场所期望的承诺和能力。然后参照企业的政策、流程和资源来测试这些承诺和能力,以确保它们的可行性以及如果失败可能导致的风险。通常这些会议会使人们认识到一系列的性能担保或保证,而产品管理团队在其设计中甚至没有考虑到这些,并且采购团队也未能通过与关键供应商签订的合同来保证这些。

这样的规划在整个产品生命周期都是必要的,例如,在制定定期促销活动时、决定产品生命终期撤出时或继续履行义务时。

>>>> 2.4 识别风险

性能承诺也许是最困难的问题。特别是当面临着进入市场的阻碍,比如出现重大创新,或由于我们正在寻求竞争差异化,我们都希望为我们的产品做出雄心勃勃的陈述,但如果我们声称产品能够带来大幅节约或能够缩短周期时间,或带来建立市场领先地位的机会,那么潜在的客户可能需要我们做出对成功的保证和对失败的补偿。这种保证或补偿可能以繁重的合同责任或违约赔偿金的方式,也可能是以保证特定性能的方式,或者以独占权或保护权的方式出现。产品相关的条款需与产品的获取或使用相关的风险相一致。条款中必须处理好这些问题,就如同处理好竞争力一样,甚至要处理得更好,但这需要精妙的平衡。通过条款和条件来进行区分必须被视为积极的行为,而不能被看作为了掩盖性能缺陷才这样做。

产品和服务之所以被购买,是为了提供相应的服务,而不是因为产品或服务失败时可以得到更好的补偿。

在产品营销中常见的不足是,无法以正式担保或明确的财务效益(投资回报)来证实产品的性能或价值声明,这已经让许多买家对他们的供应商宣称的"价值增值"或"竞争性差异化"持怀疑态度。如果类似的好处真正可以实现,那么对于合同签订过程来说,确保这些好处被量化,并因此形成有形的差异化的承诺是非常重要的。

>>>> 2.5 将协议与市场相匹配

合同专业人员需要确保,他们为销售或采购所提供的合同包装,能够支持和强化相关的销售或业务战略并带来增值,如下例所示:

在第一个案例中,我们将讨论一个涉及数据存储系统的情况。这些当然是商品化产品,一家大型电脑制造商的产品经理就是这样看待它们的。这些产品在进入市场时,捆绑了标准的采购价格、数量折扣以及关于质保及保修服务的标准条款。性能承诺是基于标准的规范和标准的 4 h 的维修应答时间。现在,让我们从两位客户的角度来看看这个问题。两位客户都需要 18 个单位。客户之一是纽约证券交易所,其计划使用此系统来支持和记录实时交易。这是一个关键任务的应用程序,客户需要它在交易期间具有近 100% 的可用性。这意味着需要全面的备份计划和烦琐的性能条款,以及重大的违约损害赔偿。4 h 维修应答时间是不可接受的。

第二家客户是一家全球性的石油和天然气公司,需要此系统形成国际经营分部的月度财务报告。尽管这个系统很重要,但这样的使用意味着公司可以在更大的程度上容忍售后服务水平的降低,而且该公司对于商品的折扣更感兴趣。

在理想的情况下,产品营销人员和他们负责签订合同的同事应该认识到市场或客户的细分,基于不同条款进行报价。在合同部门,我们为我们的风险管理技能感到骄傲。在这个案例中,风险没有被理解或管理。客户面临着完全不同程度的风险,精明的供应商会利用这一点来制定独特的基于服务水平的定价方法。这本可以让他们更容易跟客户做生意,或可能使他们不同于别的竞争者并免除一场艰苦的价格战。

第二种情况几乎同样反映了基于僵硬的内部政策的标准"一刀切"做法,这些内部政策使工作人员的职责很简单,却完全不理会市场趋势。一个获得许可的程序仅限于企业成员使用,这与公司之间越来越网络化的市场不相匹配。销售部门正试图卖给一家合资企业联合体,但不可能违反内部规则。更糟的是,由于每种情况都是由独立工作组或律师单独处理,没有中央记录系统,因此该公司甚至没有意识到这种需求的频率越来越高。该公司也没有对自己修订后的公关策略采取行动,该公关策略与数字网络经济交流,但提供的条款和条件却仍然基于传统国家和企业的商业模式。这导致了失望的客户和销售代表苦苦被官僚作风纠缠,这种官僚政治只引用规则却不负责开发新产品的条款和合同。

 本章思考题

1.了解市场动态,引导买家和供应商应思考哪些问题?

2.市场细分包括哪些范围?

3.市场细分的工具有哪些?

4.简述合同在 PLM 中的作用。

第3章　理解需求

需求管理是企业采购管理最重要的前置工作,采购需求确定需要企业各部门通力合作。由于"牛鞭效应"的影响,采购需求预测的结果是相对的,需要不断修订完善。

◎ **本章目标**

> 1.熟悉需求管理的因素。
> 2.理解需求管理的关键里程碑的内涵。

⟫⟫⟫ 3.1　需求的重要性

3.1.1　理解需求的好处 ◢◢◢

全面而详细的需求具有以下好处:达成一个更好的解决方案,降低成本,确保方案更好地采用与实施。不充分的需求会导致时间的浪费、巨大的挫折,继续采用错误的方案,甚至会造成项目的最终失败。

在许多情况下,实现精确匹配是不可能的。因此,我们应当做出需求偏离的预期,最佳的可能结果是通过选择最接近的解决方案达成目标。在这种情况下,采购团队需要对各个需求进行优先排序,以便满足主要的标准;销售团队也同样必须这么做。事实上,在以创新为目标的情况下,该合同可能需要基于非常笼统的需求设想要去实现"什么",而任何一方都不知道"如何"来实现它。这样的情况需要采用一种不同的方法,通常被称为"敏捷合同"(Agile Contracting),即假设经常性的变化是这种合同关系中的基本要素,并接受成功也许最终无法实现。

3.1.2　确定需求需要考虑的问题 ◢◢◢

"需求说明"(Statement of Requirements)的质量会对项目的成功有着巨大的影响,这一观点并不稀奇。需求定义活动的结果是生成一份文件,其为合同的功能性基础,同时也是解决方案设计的权威指南。

需求当然涉及要购买的特定解决方案的功能性和技术性方面。在确定最佳的解决方案时,还需要考虑许多其他问题,例如:

——实施的时间表。

——解决方案的外部成本(支付给供应商的)。

——解决方案的内部成本(为使其成功所需要的采购者的资源)。

——法律和合同风险。

——技术和实施风险。

将所有这些元素都考虑进去进行需求分析,所得出的结果可能与单独评估功能性需求的结果有非常大的不同。在现实中,企业需要学会适应对新的解决方案采用整体成本效益/风险比,而不应当允许仅由技术因素来支配需求。

也有必要认识到需求会发生变更。在现实生活中变更是不可避免的,特别是对于非商品性合同和中长期合同,然而,合同专业人员却通常表现出好像这从没有发生过或这不应该发生。有一种风险是,采购人员厌恶"范围蔓延"(Scope Creep),这可能导致工作过程缺乏灵活性,并阻止所期望的和必要的变更。

3.1.3　合同部门早期介入

合同负责人中最常抱怨的一件事是他们"介入得太晚了",他们的意思是,他们没有参与到需求的设置(买方)或评估(卖方)的过程中。这导致几个方面的问题:

——需求往往不明确或未被良好记录,造成在起草合同或相关文件时的逆向追踪或时间延误。

——往往很少评估风险和后果,导致复杂的甚至敌对的合同谈判。

——需求应推动合同和关系架构,因此必须同时考虑这些因素,否则它们会产生一定程度的冲突。

如果那些履行合同职责的人经常介入得太晚,他们一定会质疑为什么其他部门未能理解他们的价值。这也许是因为他们被认为是针对突出问题提出解决方案的人员,而不是为特定的需求提供创造性解决方案的人选吧!

>>>> 3.2　定义需求的角色

3.2.1　需求适用的情况

对于需求的定义适用于所有的合同签订活动,包括购置物业、厂房和设备、软件开发、零部件和部件装配生产,并在某些情况下,包括完整的外包安排。需求是:

——提案征询函(RFP)和响应的基础。

——引导适当解决方案的框架。

——为项目定价的基础。

——为合同谈判奠定基础。

——在利益相关者之间沟通解决方案细节的重要组成部分。

——合同的关键组成部分或参考。

——确定项目接收的基础。

——在项目实施阶段后期变更控制的基础。

3.2.2　战略一致性与商业价值 ◢◢◢

解决方案的开发应当参照绩效期望,如投资回报率(ROI)、过程改进、降低成本或减少风险。战略方向很可能影响其功能性、特征、条款和条件的优先顺序。例如,以积极追求收购为战略的公司,会重视解决方案的市场定位和整合能力;然而将特定解决方案广泛应用于内部的公司,将更看重将现有的投资用于安装、培训和支持方面。关键的战略性需求往往表现在:

——产品、服务或解决方案能否匹配当前的基础设施或战略?

——是否能实现目标投资回报率?

——对照记分卡指标绩效如何?

——可用性和有效性能否转化为简易彻底的实施或采用?

——供应商是否有能力支持客户战略,如创新性、灵活性、所需的文化契合度水平?

价值评估时,考虑获取的各种替代方案也同样重要,这些替代方案可能与你历来获取或评估产品或服务的方法不同,例如:

——尽管绿色IT(能达到国际或某国确定的节能、环保标准的信息技术和产品)的购买价格更昂贵,但它可能会降低另一个预算领域的成本,如能源使用。

——传统的支付方式或承兑方式有没有替代方法,例如相较于直接购买,能否采用出租或租赁?

——以往主要以产品为导向的业务类别中会出现以服务为导向的新业态吗? 这可能导致基于使用或基于绩效的收费。

供应商的不断创新导致了有必要对获取战略、预算和价值评估进行重新彻底评估,也使得可能有必要探索需求的多个替代方案。

3.2.3　简易与效率 ◢◢◢

许多情况下,基于技术能力和供应限制,详细的功能性需求可能会导致选择变得很有限。公司内部的治理结构可能会将可能性限制为少数几个选择,以便于统一各部门的解决方案:

——利用当前的投资。

——保持较低的维护成本。

——促进对现有系统、供应商或业务流程的整合。

——促进集中式支持。

——增强企业数据流。

——减少用户学习曲线。

——将与变革有关的中断减到最低。

3.2.4　在标准与"同类最佳"之间寻求平衡 ◢◢◢

在某种情况下,一个特定解决方案的功能性需求可能与公司的政策和标准产生冲突,或与不同利益相关者的需求相矛盾。这时就会出现"同类最佳"与公司标准之间的争论,治理政策要求必须有大量的论证才能脱离这些标准。实施、维护、支持和培训成本的增加,都需要通过功能性的增强和最终投资回报率的增加来抵消。在某些情况下,公司治理可能会排除任何企业标准以外的考虑。

3.2.5 风险与成本规避

准确完整的需求是降低风险的关键。更全面彻底的需求意味着：

——各利益相关者对需求达成更深刻的理解；

——能够预见文化和技术问题；

——与客户和供应商之间的沟通更加清晰明确；

——降低由质量差和返工所增加的成本,有一个管理未来变化的共同平台。

若需求在一定程度上没有清楚地对结果予以定义,双方的成本可能会暴涨。这可能以不同的形式表现出来,例如,包含不必要的意外因素的定价、昂贵的变更程序、较低的满意度和采纳率、持续整个实施和交付阶段的争论、失败或拒绝产品或服务。在提出替代方案时让供应商参与进来,通过遵循最佳方式确定各种替代选择,将有助于对此进行管理。

人们越发意识到,良好实践包括促进用户组和供应商之间直接的、受控的互动,以确保了解最终用户的需求。在这种情况下,采购的职责是支持和管理此类互动和讨论,以便适当地控制和监督需求的优先顺序。

≫≫≫ 3.3 需求管理的影响因素

3.3.1 驱动规格改进的因素

驱动规格改进的关键因素是：

——持续增长的用户复杂度。

——愈加复杂的技术环境。

（1）持续增长的用户复杂度

随着用户和客户复杂度的增加,有必要使需求更加完整。这包括对生产率和灵活性的期望值增加,以及实施战略性项目的需要。

（2）愈加复杂的技术环境

对高质量需求说明的需要也反映了环境的复杂性,这种复杂性包括系统和网络内及两者之间的相互依存关系。比如,一家保险公司正在通过整合应用程序的方式——把4个应用程序整合到两个应用程序,寻求对财务报告的改进。初始需求确定了13个需要开发和测试的应用程序接口。在开发过程中,数据的"切换"达到57次,大大增加了在集成环境中创建应用程序、迁移和协调数据、测试所有系统所需的时间和成本。更高质量的初始需求可以反映如此大量的接口数,带来更具现实性的成本和时间预算,也会有更成功的项目结果。

3.3.2 波动性和变化的频率增加

在今天全球网络化的商业环境中,内在关联和相互依存的增多导致不确定性和波动性的根源成倍增加。巴基斯坦的洪灾、冰岛的火山灰云、日本的地震都是破坏性事件的例子。这些事件很难预测,且预测的效率极低。我们同样知道,周期性经济动荡,无论是在其严重性还是时间方面,都是风险管理者所无法预测的(如果他们能预测得到,我们拥有的将只是富裕的风险管理者)。

我们必须区分风险管理与风险预测。预测准确度的水平是高度可变的,我们应培养管理风险事件的能力,但是由于需求有确定的要求,因此不断积累的变化导致管理难以进行。事实上,我们面临的问题可能来自监管、环境、政治、经济、社会或技术方面。例如,由于极端或非法组织制造的不可预测的冲突超越了常规威胁,国防工业近年来经历了痛苦的转变。鉴于这个行业的项目周期比较长(通常是 30 年或更长时间),管理需求已经成为竞争差异的主要来源,而合同的"敏捷性"对于供应链中所有参与者来说都是极为关键的能力。

3.3.3　管理不可避免的变更

虽然需求应尽可能地确定,以减少对设计和功能性要素的理解偏差,但需求亦应当具有灵活性。有些变更是不可避免的,需求文件必须从一开始就作为变更控制的基础,甚至作为对供应商管理变更能力的一个主要要求。现今某些合同的授予,是为了达到确定的需求定义或只是为了确定可行性。在复杂的情况下,这种方法往往是良好风险管理的一个基本方面。

虽然无法预测确切的变更,但一些趋势可以帮助识别可能发生变更的领域,包括业务流程、监管及技术环境等。需求应指定在哪些方面灵活性较为重要,以允许供应商预测哪些技术设计应当容许变更。

3.3.4　战略与文化契合度

良好的实践要求除了价格或产品质量之外,还要考虑更多因素的重要性,同时应当关注这种关系的价值。在任何长期协议中,结果在很大程度上都取决于关键参与者之间的协同作用。如果他们不能协同合作,结果就很可能失败或低于预期。为了解决分歧与掩盖矛盾,他们将耗费大量时间成本。

如果创新是重要的,或对于灵活性和合作有要求,那么这些因素必须体现在评估和选择过程之中。这样的因素往往难以适应由规则驱动的采购过程。在政府和公共部门的项目中这种困难尤为突出,因为它们看起来经常是"主观"或"定性"的因素,不适合进行客观分析。然而可以通过寻求推荐意见、让供应商提出他们可能采取的方法、分析供应商的组织和技能模型这三种方式,对这些因素进行客观的处理。同样,供应商应该探索客户的文化契合度,因为启动一个可预见的充满风险和分歧的项目是没有意义的。

3.3.5　需求定义的常见问题

需求经常达不到原定目的。

学者的调查显示,88%的受访者表明,提高需求的质量是第一要素,这对于提高他们组织中的合同绩效非常关键。

在需求定义中最常见的问题是:

——它们往往是不完整的。

——它们可能代表某个人解决问题的观点,而没有反映真实的需求。

——不了解应当让哪些利益相关者参与需求制定。

——可能忽视企业政策和标准,特别是在包括多个部门的公司。

——有急于提出解决方案或急于对特定问题寻求解答的倾向,而不是描述自己的需要或寻找解决方案的具体问题。

最后，在一个交易或一段关系的整个期间，需求会逐渐变化，条件也会改变。在可能的范围内，需求应当将此纳入考虑。

案例 3-3-1	细分市场创造价值

一家全球性银行正在开发固定收益类金融交易工具的应用程序。用户是那些在分行和呼叫中心得到许可出售证券的人。在制定了最初的需求后，公司急于开发此应用程序。

在要求分部高级经理参加的联合应用开发(JAD)会议上制定了需求。会议选定了一个授权的供应商来开发接口。银行坚持固定价格合同。然而，由于需求模糊，供应商坚持要求一个大额的应急开支，以弥补需求的不确定性。银行不接受这一意外开支。

该银行和供应商进行了一系列额外的需求会议以缩减规格。供应商坚持认为所有利益相关者群体，无论是管理层还是生产层级别，都应该派代表参与会议。在第一次会议期间，被认为是主要用户的银行分支账户代表需要具备屏幕展示和报告能力，以方便客户在执行前验证所要准备进行的交易。这导致了一个即时流程与界面的重新设计并附加了报告功能。

随后的一次会议表明，这些"主要"分行用户实际只占交易的 8%~10%。大部分的交易是通过呼叫中心执行的，而呼叫中心是在最初的会议上从未被充分代表的一组用户。

重新界定利益相关者的范围和优先级，原需求中执行交易之前与客户确认验证的监管操作，导致了在最后工作说明书(SOW)中的最终花费比原来的预算高了 33%，但比包含意外开支的预算低了 20%。

>>>> 3.4　需求管理的五个关键里程碑

3.4.1　了解你的利益相关者 ▰▰▰

收集需求的第一步是确定利益相关者。若你在一个项目的结束期发现一个关键的利益相关者在这个过程中被忽视了，那么该项目将有失败的危险。即使这个利益相关者的需求侥幸得到满足，在解决方案的部署过程中，这些需求也往往会出现持续不断的挑战。因为一开始，它们就从未成为这个过程的一部分。

除非你很自信，已经了解谁是利益相关者以及他们所持的观点，否则不要贸然继续下一个里程碑。

3.4.2　了解你的业务目标 ▰▰▰

一旦你了解了这些利益相关者，下一个要实现的里程碑应该是了解项目的业务目标。企业想从这项收购中获得什么？其目标是简化流程、提高生产力还是提高利润率？

为了达到这个里程碑，必须对业务目标有一个明确的理解。在此阶段，你的业务目标应当：

——明确记录在案。

——得到广泛评估。

——由所有利益相关者签字。

顺利通过这一阶段,可以确保所有利益相关者知道他们为什么致力于这个项目并使他们的目标协调一致。

3.4.3 了解项目的功能性和技术性需求

在这个过程中可借助许多工具,这些工具将在下文详细讨论。在对功能性和技术性需求进行定义的各个阶段,团队应重新检查业务目标,以确保事情朝着正确的方向发展。每一组的利益相关者都应该参与到这次讨论中,以确保任何一方当事人的观点都没有对于需求的定义产生不恰当的影响。如果不能细致理解功能性和技术性需求,或对正在进行的采购没有足够信心,那么就需要停下来重新进行评估。如有必要,重新进行这一阶段,直到有足够的信心继续进行。

3.4.4 在验收程序和标准上达成一致

关键的一点是,必须有一个机制去评判业务需求、功能性需求和技术性需求是否已经得到满足。许多项目在这一点上失败了。因为没有人想过如何确定他们是否已经成功。

在这个阶段,我们应该:

——定义业务成功的可测量的标准,以使项目团队聚焦于成果而不是活动。

——完善和改进需求,用可测量的目标来替代不明确的目标。

——确保每位项目参与者明确如何才算成功。

——了解验收的程序。

当考虑测试业务需求、功能性或技术性需求是否已经得到满足时,可能有必要重新审视之前的阶段。在协议完成和合同签署之前做这项工作,可以大大增加项目成功的可能性。验收标准应与企业的指标和优先级协调一致并合为一体。起初用来证明投资有效性的标准应当与衡量是否成功的标准相一致。这些衡量标准和预期应当被明确定义出来,并作为绩效预期的基线包括在原始的需求文件中。持续的监控会显示不断的改进,并且使供应商肩负起应担的责任。

测量指标既可以是定性的,也可以是定量的。举个例子,一家制药公司创建了一个知识门户网站,希望科学家将他们的研究工作成果发布出来,促进社区整体研究水平的提高。该社区成员很多,但很少进行知识共享。通过测量门户网站的使用方式和发送调查问卷,该公司了解到社区成员因为担心失去工作信誉而在很大程度上不愿意公布结果。他们重新调整项目,允许对于先前发表的研究进行深入的调查和分析。从此,该门户网站的使用频率和社区受益程度都得到稳步增长。

3.4.5 落实强健的变更管理过程

世界并不是静止的,技术不断向前发展,企业目标经历变化,金融市场跌宕起伏,人事频频变动。

"范围蔓延"是指使一组需求演变成另一组需求的过程,它通常被视作项目失败、预算超支、时间延迟、绩效不佳等的原因。

有三种管理项目变更的方式:

——置之不顾,将超支的时间和成本归因于经验不足。

——禁止出现变更,即使原始计划不再是最佳选择,依然坚持按期运行。

——清楚地定义变更,分析其在成本支出及时间尺度上的影响,在继续执行合同之前寻求主要利益相关者的批准。

对于大多数大型项目,特别是长周期项目,选项三是最合适的。然而,一切都不是一成不变的。定义变更需要一个明确的原始规格。管理这个过程意味着直到完成恰当的分析,利益相关者签署确认之前,都要一直为叫停项目做准备。项目执行期间,两者都可能带来困难和压力。一个保证变更迅速被评估和批准的、稳健务实的变更管理过程,将对项目成功发挥极大作用。

尽管选项一看起来不切实际,但仍是一些项目(通常是复杂性和周期有限的项目)中最实用的方法。变更可以根据需要而定,动用额外的资金、时间以及其他资源来偿付。

假设各种变更持续地捆绑着业务目标和验收标准,那么这个选项可能是一个在不断变化的环境中快速高效完成项目的方式。然而,这也要求采购者与供应商之间要有一定程度的信任与合作。如果这种处理方法不想将这个项目无止境恶化,那么双方必须致力于以最合适的价格实现最好的结果。给予那些及时完成项目且花费适中的供应商以合适的奖励,可以非常有效地抵消他们想满足所有的欲望。

在所有选择中,选项二是最不常执行的。当选项二被执行时,可能是长时间的范围蔓延所导致的结果,促使组织执行该选项,即便合同过时,也比没有要好。这更像对过去那些消极经历的反应,而非积极的选择。当项目或合同管理资源紧张或技能不足时,这个可能是风险项目的最好选择。虽然在项目完成后添加修改将不可避免地增加成本,但就项目管理的简洁性及预算和时间表的确定性优势而言,足以让选项二成为最合适的选择。

通常客户和供应商在精确定义"变更或修改"的内容,以及变更将产生什么样的后果(如时间或价格)这两个问题上,进行一场长期而艰苦的"拉锯战"。这些困难可能会导致对一些问题的妥协或者搁置,但这通常会为未来的争论与分歧埋下隐患。

>>>> 3.5　确保完成里程碑的工具和技术

没有一个绝对正确的方式来实现五个关键里程碑。最合适的方法将随着产品或服务的类型、与项目相关的风险、可供选择和实施的时间以及利益相关者的偏好等因素而发生变化。然而,在实现这些里程碑的时候,有一些共同的工具可发挥作用(见表3-3-1)。

表3-3-1　需求里程碑可用的各种工具

里程碑	工具
了解利益相关者	利益相关者识别过程 项目管理模板
了解业务目标	业务目标问卷调查 商务目标结构化采访
了解规格	需求清单 收集需求的问卷调查结构化需求访谈 联合应用开发会议(JAD) 研究与对标

(续表)

里程碑	工具
在验收标准上达成一致	验收标准来自需求和业务目标
落实强健的变更管理过程	原型 变更控制文件和签发过程

3.5.1 利益相关者识别过程 ◢◢◢

确定利益相关者的过程很大程度上取决于产品或服务的类型。一个好的开始应当是查询你的应付账款系统,以确定谁之前购买了这种类型的产品或服务,并检查谁在财务或技术层批准了这些购买行为。让公司的风险团队在早期参与这一过程,可以让他们在确定利益相关者时发挥很大作用。

我们可能发现,在需求分析过程中,都需要对每份信息、产品、设备经新方案解决后的路径进行"试走"。跟随同样的信息、产品和设备,在实际上或理论上"走过"它们通过企业的每一步,你就会识别出企业中各个环节所涉及的各方。其中一部分是不太重要的参与者,其他的才是主要利益相关者。只有"试走"过之后,才能明白谁是谁,但有些利益相关者仍可能没有被注意到。

要实施的产品、系统、服务或项目越大、越复杂,识别利益相关者失败的概率就越高,但类似地也存在一种风险,即企业内的某些人做出一些假设,比如在新方案中谁在使用什么,或者谁将采用同样的设施。

当对各种电信设施的合同进行重新谈判时,一个电缆网络供应商识别出一些他们已经支付多年的租用线路作为主要利益相关者的 IT 部门,当被问到是谁在实际使用这些线路时,他们回应说:"我们不知道,但肯定有人用",这样的回答并没有给进行审查的商务团队太多信心。首席财务官做出了一个决定:把线路关掉,看谁会对此做出反应,结果没有人回应。这家公司就这样通过一个及时的行动节省了数十万英镑。认为未被识别的利益相关者会通过此次行动很快暴露出来,这是相对安全的假设。

在需求开发过程的各个阶段,验证假设是必要的。假设某些事情对并不存在的利益相关者是很重要的,这和错失一个有真正需求的利益相关者是同样危险的,并且代价极大。

3.5.2 项目管理方法 ◢◢◢

大多数公司已经建立了强大的项目管理过程,包括清单、分析工具和工作流程,但这些方法并不总适用于确定需求的范围。把需求定义过程形式化为一个项目,那么公司能够确保所有利益相关者有机会参与早期需求的研发。

1. 业务目标问卷调查

在一开始就确定业务目标,这样做有两个目的。首先,它确保了你的需求专注于最终目标;其次,这是一个在项目一开始就吸引利益相关者的良好方式。利益相关者通常对可以在项目中直接看到的利益更感兴趣,而不是项目过程中那些必须被收集且需要了解的烦琐细节。使利益相关者参与进来并为业务目标收集有用信息的一个好方法是,要求他们做一个重要性排名列表,列举 5~10 个可能会对项目有积极影响的潜在业务职能。在了解更多的利益相关者群体时,问卷调查是一个非常宝贵的工具。对于全球组织或其他地理上比较分散的组织而言,问卷调查是必不可少的。问卷调查是一种可以替代面对面会议的低成本选择。作为沟通交流和收集信息的方式,它们也酌情地扩大了信息收集范围。

确保问卷调查为利益相关者提供了一种提出他们自己建议的机制。在业务单位内的人员看来,很明显现在的功能肯定有需要改进之处,但此前他们却一直没有表达出来。一份精心设计的调查问卷,可以引起讨论,激发创造性思维,提供潜在利益,甚至超过项目最初设想的效果。在某些阶段,问卷调查需要经过战略和组织层面的筛选,但通常,从一个长列表中得出更具有优先性的短列表,比在所有利益相关者发表言论之前就确定一个短列表要好。

② 业务目标结构化访谈

一旦有了调查结果,对最重要的关键用户进行结构化访谈将会是个不错的方式。结构化访谈可以确保针对需求问题进行一对一的问答,这有助于确保在调查中对所提供答复的细微差别的理解。此方法的缺点是,无论是对全部关键用户进行采访,还是采访之后进行后续的综合、分析和报告,都是非常耗时的。

③ 需求检查清单

很关键的一点是,需求收集过程涵盖可能会影响该项目的整个范围的需求。这些涉及很多因素,例如:

——投资策略(如进入市场的时间、质量差异化等)。

——公司治理结构,包括监管要求、信誉风险。

——企业政策和标准(如安全标准、支持 ISO 认证或审核要求、健康与安全)。

——IT 政策和标准(如技术平台、供应商状态等)。

——财务绩效(如投资回收期或投资回报率)。

——功能性绩效。

——战略合作需求。

——人为影响评估。

——跨界交互操作性。

——质量标准。

——服务水平标准。

——条款和条件。

——保修和维护。

——供应商关系。

——一体化或同素化的需求。

——出口/进口及物流方面的考虑。

④ 需求问卷

在确定更详细的需求时,问卷调查也是一个有用的工具。根据组织的资源和文化,它们可以通过纸质或电子形式实现。在设计问卷时,为了获得明确的答案需要运用一定的技巧,而不是通过直接或间接的方式引导他们。

有一个有效利用需求问卷的正面例子。一个遍布 63 个国家的儿童慈善机构,计划实行一个新的系统来捕捉儿童及他们的社区的有关信息。当地隐私的敏感性以及独特的基础设施,致使对每个地点的具体信息描述都非常必要。在某些情况,儿童在扩大式家庭中抚养,所以没有相关的通信地址。有些地方,一天只有 4 h 通电,没有电话服务。这些需求必须详细说明每个地点的独特问题。需求调查问卷获得了赞赏,并取得了百分之百的回应率,尽管有些只是为了获得奖励。

5. 结构化的需求访谈

在详尽、内容丰富的系统和项目开发中,结构化的需求访谈是至关重要的。其中一种有效方法是可用性分析(Usability Analysis),专家对相关的管理者和用户进行访谈,在他们的工作环境中进行观察,记录工作过程和流程的细节,然后纳入需求。

6. 需求定义研讨会

对需求达成一致有各种各样的方法。一种方法是举行需求定义研讨会。所有主要的项目管理方法都包括这类研讨会的框架,这类研讨会可能是内部的或供应链中的两个或多个参与者合作进行的。很多时候都多次举办此类研讨会,例如,先是为了内部利益相关者达成共识召开一次研讨会,继而在客户和供应商之间召开联合研讨会。

需求定义研讨会是个很好的办法,它使得我们能运用有条理的讨论和积极的方法来解决不同意见或不确定性。这样的研讨会也可用于为最好的合同或关系模型制订计划,或制定一个谈判策略。最佳实践公司确保其合同工作人员熟悉这种方法,更高级的从业人员接受主持内部或联合研讨会的培训。

样本框架和研讨会大纲很容易在互联网上找到。

7. 研究与对标

需求通常是通过与类似项目进行对标(Benchmarking)而得以优化的。这些可以通过与合作伙伴的关系、对标巡访和涉及竞争对手的私下对标研究,以及由供应商提供相关参考等方式得以实现。通常,对标代表会定义一系列他们感兴趣的问题,并致力于识别适用于他们项目的最佳实践。对标的因素可能包括:

——技术标准。

——对服务水平协议(SLA)的服务级别需求。

——培训和支持项目。

——创新性或灵活性水平。

一旦确定了利益相关者,确认了业务目标并定义了需求,就应当开始准备验收标准了。这些标准是确定是否实现了业务目标及是否满足了需求的基本方法。在此阶段准备这些验收标准,对于确保已彻底和明确地定义了需求是非常有用的。

从业务目标开始,依次考虑:怎么知道这个目标目前有没有得到满足?推动新的需求的指标和工具是什么?怎么知道你的解决方案已经交付了实现目标所需的成果?

只有通过挑剔性的视角来检查每个目标,你才能够确定恰当的验收标准。在这个过程中,你可以选择放弃某些不可衡量的或者不完全客观的目标,或者使用更软性的测量指标。

考虑这样一个例子。一个组织想要实行合同自动化系统。除了简单明确的目标,如降低法律成本、减少谈判周期之外,还可能出现使我们的组织更易合作而不易量化目标。如何确定你有多么易于合作?什么迹象能够表明你目前被客户认为难以打交道?

如果来自客户的满意度调查一致反映组织难以进行谈判或者准备合同效率较低,一旦采用了新系统,其结果会帮助你很好地进行对比。对于这个业务目标的验收标准可能是在采用新系统之后的客户满意度调查问卷中,准备合同速度一项中其分数所提升的百分比。类似的方法可用于每个业务目标,这将形成一组在业务层次上可测量并且可使用的验收标准。

有时候可能在项目实施几个月(或在某些情况下几年)之后,才有可能评估这些标准是否已经得到满足。当确定某项目是否有价值,是否符合原来的投资回报率和是否达成其他目标时,原来的供应商可能早就消失了。当然,不能使用这些验收标准来拒绝提供解决方案,时间范围和对组织的依赖性将会阻碍这样做。

然而,这并不意味着确定业务标准及用其衡量成功的过程中所花费的时间及精力的投资是白费的。只有这样做,我们才能吸取经验教训,凸显出解决方案的真正价值。积极的结果会强化利用结构化方法所带来的好处,而消极的结果可能会导致需要进一步的工作研究。无论哪种方式,好的验收标准能够以某种方式来测量绩效,这种方式有利于采购组织未来的自我认知和有效性。

确定功能性验收标准则是件更为简单的事情。从每个高级功能组开始,询问:"你如何知道这个功能是否被成功地交付了?"这是技术准确性的问题,还是速度、可用性、灵活性问题? 然后,运用到每个需求上,有些是不证自明的,而另一些则需要进一步澄清才能确定是否成功。在这个过程中,不可避免地发现,功能性需求变得更加精细、清晰。我们可能需要重新关注利益相关者,明确他们的目标是什么。我们可能会质疑一个特定的功能性需求是否与业务目标相一致。

对验收进行定义的过程应该被视为对业务需求及功能性需求的审查和验证过程,以帮助二者紧密联系,确保二者的一致性,并使这些过程切合实际。

8. 原型与模型

需求通常是对功能性、设计和其他属性的详尽描述。大多数利益相关者很难投入时间来彻底理解技术性需求。支持理解的一种方法是开发一个原型或模型,在展示会或产品推广会上呈现给用户一个自助演示的平台。这样的可视化过程可以快速有效地展示产品的设计和程序,减少了由于误解带来的项目变更。有时,这甚至会扩大成一个有限的试点项目,以确保项目得到充分的测试和验证。在测试服务方面这样做可能非常有价值,因为服务不包括有形产品,用户的接受度和使用是成功的关键。

软件原型包含从粗线框到详细的设计研究。制造类的原型通常是实物样品。设备原型通常演示对样品的处理。

需求研讨会和原型设计制作这两种方法的一个变体是范围研究(Scoping Study)。当想要对一个当前尚未固定范围的项目采用固定价格时,这种方法可能相当有用。对于一个固定价格、固定期限、目的为确定范围的项目,指定一个承包商(最好是你的首选项目投标人,但这不是必需的),他们与我们的团队一起工作,以确定需求,研究替代方案,并明确规格。这个范围研究的可交付成果是一套全面的需求,包括多个潜在供应商并可以作为提案征询函(RFP)的一部分。

请注意,如果承包商有自己的专有解决方案,他们将会有意开发反映自身能力的需求。

我们的责任就是确保可交付成果满足的不只是他们的期待,更要满足自身需求。

进一步的变体是"敏捷合同",此种方法最早运用于软件开发,但是正越来越多地应用到有着高度不确定性且要求利益相关各方紧密合作的项目中。这种协议中包括一系列里程碑和关卡评审(Gateway Review),每达到其中一个都可能需要进行更深度的谈判,投入更多的资金,或做出终止的决定,抑或尝试新的方向。

9. 变更控制文件与签发过程

一旦定义了验收标准且项目启动,随着项目的进程,应当同利益相关者经常联络沟通。这些沟通应紧扣他们将实现的收益。

项目变更通常使项目经理受挫或使利益相关者感到迷惑。如果项目必须变更,最好从实现利益的风险角度进行讨论,与利益相关者达成协议,告诉他们,风险真实存在,变更必须发生。利益相关者一旦同意变更,我们就可以把变更控制文件呈给他们,请求签字。

⟫⟫⟫ 3.6 延误或失败的常见原因

3.6.1 未按优先级排序 ◢◢◢

在多个利益相关者的标准或过程相互冲突时,或在需求的范围超过项目的时间或预算时,就必须进行优先级排序。第一步是确定主要决策标准,这些决策标准应当与项目的关键业务目标相一致。根据要采购的解决方案的范围和性质,这些目标的性质可能是高层次的(增加企业价值),也可能是高度本地化的(减少那些需要高代价返工的生产错误)。不论关键标准的定名是什么或数量多少,方法仍然一致。然后,利益相关者确定 20 个左右的因素来定义每项主要标准。之后为每个因素打分,然后确定需求的最佳优先级顺序,以便在最初发布中支持大多数的利益相关者。未来的发布中可以按优先顺序的排列结果为基准加入能力因素。

3.6.2 由解决方案驱动需求 ◢◢◢

因为成本低廉和易于实施,人们通常会倾向于“商品化”解决方案。这往往是由于有人看到这个解决方案在其他地方演示或执行过,便很容易认为这是个正确的解决方案。采用现有的解决方案通常被看作是解决问题最廉价、最快捷的路径。

在一个全球保险公司的案例中,该公司财产保险部门正在寻找一款全球软件的解决方案来处理其承保、索赔和账户功能。欧洲管理者选择在全球范围内实施了一个“收缩包裹”的方案,结果发现它并不符合美国以监管驱动的程序。该公司目前正在开发一个内部解决方案,用于在全球范围内取代其购买的产品,这需要一个额外的、高成本的,且在世界的其他地区会带来中断性的技术迁移。

由解决方案驱动需求的另一个例子是,当一个公司选择实施一个强大却不灵活的产品时,某些核心能力可能与需求保持一致,但其设计的缺点或特色的缺乏可能会导致重大的流程再造,或昂贵且低效的变通办法。这里有一家欧洲主要电信运营商的例子。该运营商签订了行业领先标准的人力资源解决方案之后,发现采取此方案需要支付给员工大量不同类型的津贴,致使项目的执行迟缓,并推动成本大幅上涨。

这样,采购过程就成为一个平衡行为,需要仔细分析。该公司是应该开发或定制一套解决方案,以满足其许多特定的需求,还是应该采用一个现成的解决方案并处理其中的差距和不一致?这只有在进行了详细的需求定义之后,才可进一步分析。

在选择供应商之前未能确定详细的需求并期望在实施过程中添加需求细节,这毫无疑问将会带来难以预料的挑战和高昂的供应商索赔以解决合同的大量变更问题。

3.6.3 解决方案具有强制性 ◢◢◢

即使大公司有时也会面临强加于它们的解决方案,并与所导致的流程改变产生矛盾。这些强制的解决方案可能会出现于下列情况:

——一个强大的客户要求供应商直接与它的系统相连接。

——一个供应商提出如果采用其解决方案则有优惠的价格。

——一个并购公司强制其子公司采用它的系统。

——一个现有供应商重新设计其产品,强制对产品进行更新或升级。

即使在这些情况下,为了确定其对实践或过程的影响和所需的调整,需求定义仍然非常关键。例如,在一家企业中,管理团队认为,采用客户强制的软件解决方案几乎不会受到影响。

可是,真正的影响在实施之后显现了出来:强制最小化的程序变更,但需要花费大量的时间和费用重新培训员工。在一些案例中,进行这些更改可能会影响工会的协定。进行此类决定前,对需求进行详细说明和沟通可能会减少决策后产生的高额损失。

3.6.4　外包解决方案

依靠外包信息技术、专业服务或制造过程的企业,可能需要采用这些外包服务提供商的标准解决方案。这可能会存在问题,但界定需求的范围有助于在选择供应商之前确定所需的适应水平和成本。一旦解决方案开始实施后,解决方案的提供方可能会基于现代化进程对技术或工艺流程做出部分改变,这部分改变可能对客户产生某些影响。

将需求外包往往以产出或结果为导向,这种方法通常是提升效率的理想化方法。然而,需要充分考虑到如果依赖供应商而不是制定出详细的需求,那么会带来什么影响(如果有的话)。

需要考虑的其他因素包括更低价格与更多的定制服务之间的权衡及产品或服务更新之间的准则。客户往往希望拥有最新的版本,但更新的频率和造成的中断水平如何仍需考虑。

3.6.5　未能预见的因素和条件

1. 未能预见的因素

对于由解决方案驱动的项目,最大的风险可能是没有办法预见过程和解决方案所带来的文化影响。一家公司计算出,如果对采购需求的定义很模糊,其所花费的成本一年需要数千万美元,是这类服务的预算中一笔很大的开销。这是由于没有对以下情况进行预先了解:

——某些运营国家的规定需求。

——由于用户的语言障碍和工艺限制产生项目进程回退。

——互相冲突的且阻碍采纳进程的内部经济。

——意料之外的支持和维护需求。

为了控制强制性解决方案实施中的风险,需分析比较利益相关方的具体需求和解决方案之间的差异。需求越详细,越便于理解二者之间的差异和冲突。咨询第三方来分析及预测相似方案在实行过程中可能产生的缺陷是个可行的方法,并据此评估这些差异。

如上文所述,因为成本低廉和易于实施,人们通常会倾向于"商品化"解决方案,这被视作阻力最小的途径,但如果在具体实施中,需求定义和分析不充分,导致意外的进度改变或拖延,成本将会直线上升,交付时间也会拖延,导致最终解决方案的执行受到质疑。强制性的解决方案只是延迟或失败的原因之一。

2. 不了解利益相关者的范围

很多公司未能提出,或者未能确定全部的相关利益者,其结果可能是那些被忽视的利益相关者感到气愤,或者由于后期对需求的变更而导致拖延,甚至因为没有达到里程碑及预算超支而完全放弃该项目。

3. 不了解内部经济条件

内部经济(Internal Economy)描述了一个部门或一个企业内推动决策和行为的各种力量。在宏观方面,内部经济可以包括成本分配,如不顾企业的发展计划,驱使短期成本削减,或为了实现本部门的节约而迫使管理人员使用外部资源而不是公司内的供应商,但这样做会使整个公司的成本更高。在微观层面,内部经济反映在围绕各种活动的个人奖励或惩罚措施上,如同事之间或工作组之间共享知识和数据等活动。需求很少受到同事间或工作组之间的数据影响,也很少预见到内部经济的影响。然而,如果他们这样做的话,相对简单的经济调整将对项目的成功产生深刻的影响。

举一个例子。一家具有五个分支机构的生产商意识到每年有数以百万计的美元花销是多余的,控股公司的不干涉传统没有提供员工激励的标准。然而,通过对公司的内部经济进行重新调整,首席财务官降低了通用应用软件的授权费。此外,鼓励各个分支部门展开合作并开发联合采购需求;分支部门能够通过把采购的设备出租给其他部门来收回成本。如果有三个或更多的部门参与,项目的花费可以作为一项公司的投资,并从单独分支机构的资产负债表中移除该项目。

4. 未能理解项目复杂性

所有的项目都隐含着复杂性,而不仅仅是在技术环境中。除了明显的功能性、迁移和基础设施等要素之外,需求文件还必须说明文化、支持和治理等隐性因素。同样重要的是,应当理解和管理复杂的事情与那些真正复杂的事情之间的差异。管理新电话系统的实施是复杂的,因为有很多相互作用的要素和依赖关系,但能干的项目管理经理会使管理过程看起来很简单。复杂的环境是指那些有许多不确定因素的地方及可能有模糊性和规律性变化的地方。这种不可预测性意味着沟通质量必须更高,系统性思维的范围必须更大。

5. 不了解标准

许多部门或职能团队在走过了漫长的开发或获取之路,在某些情况下花费大量支出之后,才发现该解决方案并不适合公司的标准。在某些情况下,偏差的存在是合理的。在所有情况下都会存在与偏差相关的成本。只有在极少数情况下项目才会被彻底废除,导致产生巨大的财务成本和人力成本。

6. 忽视人为的影响

大多数项目团队都无法准确地评估人为的影响,但几乎所有项目都会受到一些人为影响,至少有培训需求,或对生产力的影响。通过给予补偿等方法,寻求员工激励方面的改变。新系统将会迫使工会协议发生改变吗?可用性问题将会降低生产力吗?还有一种方法是,与其他公司的行为进行对标,以明确本公司的人为影响。

3.6.6 允许和管理变更及更新 ▰▰▰

变更是不可避免的,需求文件是整个项目的变更控制基础。模糊的需求将导致猜测。增加的需求细节可减少无用的变更,因误解而产生的延误的变更也会来自项目团队控制之外的力量,因此,必须更新需求以反映这个问题。这些力量包括不断变化的技术或新的产品推广。在某些情况下,这些变更会影响企业的其他领域。这些变更即使在项目投产后,也必须反映在更新的需求文档中。不记录这些变更会导致在最终验收或交付产品时可能产生争论。

市场的力量也会推动变革。无论是产品还是服务,企业都必须及时服务于客户的喜好,并迎接竞争的挑战。虽然速度极为重要,但认真管理变更和更新需求文档也非常关键。

3.6.7 处理与现有供应商的关系

大多数合同会延续或替换现有的产品或服务供应,因此在需求阶段必须重视任何现有的供应商。这一因素会影响客户和潜在的投标人。

事实上,此过程解决更新或替换的问题,但并不影响其严格性。企业的目标、需求和验收/选择标准仍然是非常重要的,尽管有失去客观性的危险。例如,现任供应商可能在企业组织内部有强大的朋友或对手,他们可能会设法影响相应的需求。最近有一个石油和天然气行业的案例,采购专家抱怨说:"业务部门附加了一个需求——不使用分包商提供的服务。他们没有理由这样做,除非现有供应商没有特定的内部能力提供某些具体的服务,从而不能满足要求,但供应商并没有出现类似的履行不周问题,也没有人对附加这种需求做出好的解释。"

更换新的供应商可能会产生重大的经济或绩效影响,必须加以考虑。最近有一个国防工业方面的投标,需要在一个边远地区建立很多基础设施,这使现有的供应商具有明显的价格优势。招标经理需要考虑如何区分投标要素以便进行真正的报价对比,并且还要考虑如何处理更换供应商所带来的影响。

对于需求团队来说,发现自己正在被高级管理层的动机所驱动也是常见的,这些动机可能包括:

——专门设计投标过程,以迫使现有供应商降价。

——投标过程偏向于现有供应商以确保可以续订合同。

——投标过程排斥现有供应商,以确保他们被排除在外。

这些因素可能会在投标过程中导致诚信及正直的道德风险,从而潜在破坏市场中企业的声誉。供货商也在做调查并会收到消息。企业声誉的破坏会降低投标书的质量,并削弱中标的供应商本应该表现出的诚信、正直的道德行为,如未来的价格上涨、问题的早期警告等。重要的是,竞标团队应当考虑这些因素并向管理层提醒这类行为的危险性。

 本章思考题

1. 在确定需求时合同部门早期介入有哪些好处?

2. 确定需求需要考虑哪些问题?

3. 需求管理的影响因素有哪些?

4. 简述需求管理的五个关键里程碑。

5. 需求定义的常见问题有哪些?

第4章　成本和费用分析

　　成本和费用的区别：费用是资产的耗费，它与一定的会计期间有关，而与生产哪一种产品无关；生产成本与一定种类和数量的产品相联系，而不论发生在哪一个会计期间。企业的产品销售后，其生产成本就转化为销售当期的费用，称为主营业务成本。对于没有形成利润的成本是以资产形态存在的，费用是要计入当期损益的。

本章目标

　　1.熟悉成本管理工具的合同条款。

　　2.理解不同策略对财务的影响。

>>>> 4.1　成本管理

4.1.1　成本分析的重要性 ◢◢◢

　　企业的目标是盈利，如不清楚产品的内部和外部成本，就不能合理地设置价格，从而直接影响利润率。对于卖方，价格须设定在客户准备支付的区间内，并保证公司仍然有利可图；买方设定预期价格时，也应保证卖方愿意在此价格上提供产品、项目或服务，这意味着必须理解价值设定的问题，并能够向潜在客户和卖家解释这些价值，也必须要有替代选择方案——无论是来自竞争对手的，还是替代解决方案，或者保持现状什么都不做。合同必须代表双方良好的商业价值，例如，买方的利益必须超过卖方的成本，而买方支付的费用在大多数情况下处于卖方的成本和买方的利益之间。

　　通常，合同涉及的是标准的产品或服务，有标准的收费或固定价格。有时，它们会涉及非标准或定制的产品、项目或服务，成本较难预测，收费也可以在很大程度上进行谈判。在所有场合下，无论标准的还是非标准的产品，都需要对成本分配做出正确的判断。例如，按照不同的细分市场/买家提供不同的系列产品、项目或服务，公司为这些不同系列的产品与服务计算成本时，采用不同的成本计算方法，结果会产生很大的不同。如果以实际成本计算为基础，可能导致成本分配有很大差异；如果采用平均成本法，成本差异就被忽略，从而导致低效率的定价决策。此外，市场模式也可能会影响成本模型（或者更具体地说，是利润率）。

　　当今激烈的市场竞争迫使供应商在收费和定价模式上进行创新。有时候，这些都是表

面的(例如,产品捆绑销售伪装成一个解决方案),但在很多情况下存在可替代的价值诉求,例如:

——增加对结果所负的责任。

——对性能水平做出更大的承诺。

——提供另一种付款方案或收费方式。

外包、软件服务、云计算和"包修合同"(Power by the Hour)都是从传统产品供给向提供服务和解决方案转变的例子。这些都在转变着供应商及其客户的经济模式和风险特性,因此也对合同条款和业务方式产生着根本性的影响。

4.1.2 合同专业人士的作用 ◢◤◤

财务因素往往容易被合同专业人士忽视或忽略。这主要是因为他们在财务领域并非权威,而且经常看不到关键的财务数据,例如潜在的成本信息和构成。这意味着对利润有影响或提高中标率的重大机会可能会失去;意味着许多商业合同人员在向他们的财务同事提出挑战或质疑时缺乏信心;也意味着失去有效的讨论,从而错失良机。大多数条款和条件都对成本产生直接影响——对买方和卖方都是如此,当然也会影响合同拟定的价格和价值。最佳实践是公司确保在进行合同条款的谈判时没有忽略价格因素。为此,这些公司要么通过全面整合的跨职能团队完成,要么确保商务谈判团队具备可靠的财务知识与理论。后者是值得借鉴的方法。

一流的商务谈判专业人员不仅确保了解自己的提案构成,也关注那些能够揭示客户价值认知的问题。这可能会导致包含或排除一些要素,或者以创造性的方式来定价或控制总拥有成本。本章的目的是探讨这些选项,加深认识和理解。

⟫⟫⟫ 4.2 成本分析的重要性

4.2.1 成本的分类 ◢◤◤

最常用的成本分类方法有:

——固定成本或可变成本。固定成本是那些短时间内不能更改的成本(如长期租赁或租金约定、库存折旧等);可变成本则是可以管控的部分(如使用分包商等)。

——成本分配类型。一些成本可以直接分配给产品、项目或服务(如代码开发、制定一个解决方案等),而其他的(如员工或不动产成本)只能间接分配。

有些合同包含了除初始基础费用之外的附加费用,如加班费、倒班费或生活费调整等。

虽然大部分成本都与生产或工作量有关(如上所示),但有些成本没有这样的关联,只是用于规避(财务)风险,如债务追收费用、保险费、债务金额增加等。

4.2.2 风险的种类 ◢◤◤

以风险为基础的成本计算需要充分理解适用的风险类型。根据卡内基梅隆大学的《持续风险管理指南》,风险种类可以分为:

——外部风险。这类风险是来自外部的危险,可能导致损害或损失,如自然灾害、战争以及经济衰退或政府法规。

——内部风险。这类风险是在你的组织内可能造成损害或损失的危险,如错误的策略、管理不善、过失、欺诈或盗窃等。

——不可控风险。这类风险可能导致组织遭受损害或损失,你的组织却不能施加影响,但通常可以投保、应对或对冲。

——可控风险。这类风险可能导致组织遭受损害或损失,不过,你的组织通常可以对其进行预期或充分应对。

4.2.3　价值链模型 ◢◢◢

战略大师迈克尔·波特确定了一个价值链工具,用以分析组织在战略上相关的各种活动以了解成本的行为。竞争优势来自比竞争对手以更高效率地实施活动。波特在其著作《竞争优势》中,将价值链模型分解为五个主要阶段:

——进货物流(Inbound Logistics)。

——运作(Operations)。

——出货物流(Out-bound Logistics)。

——营销和销售(Marketing and Sales)。

——服务(Service)。

这些阶段由公司基础设施(人力资源管理、技术开发和采购/资源获取)支持,它们之间相互联系并依赖于高效的流程。例如,销售、运营和采购之间互相联系,可以确定需要多少存货,从而在库存持有成本中得以反映。

要分析公司的价值链,首先要确定它的活动。例如,一家生产计算机的制造公司和一家服务公司,如咨询或会计师事务所,会以不同的结构进行运营,这些差异会影响每个成本要素的相对重要性。例如,制造业超过 60% 的成本都发生在运营阶段,制造公司应该专注于这方面的成本节约(=降低成本),而对于一个会计师事务所,运营成本占 26%,营销成本约占 21%,这意味着营销与运营具有几乎相等的节约潜力。

波特列出了 10 个"成本动因",包括规模经济和规模不经济、学习或经验曲线、产能利用率等。传统会计方法与价值链方法的最大区别在于后者侧重于客户,而不是纯粹的内部视角。价值链审查制造者的成本,但也考虑了消费者的成本(拥有成本)。

例如,对于终端用户来说,车辆的成本不仅包括购买价格或租赁费用,还包括贬值/折旧、燃油成本、保险和维修服务费用等。价值链方法着眼于卖方如何通过价值创造活动和产品性能来影响这些成本。

⪢⪢⪢ 4.3　成本管理与合同

4.3.1　成本管理工具的合同标准 ◢◢◢

合同专业人员需要在两个层面做出贡献:战略层面(影响整个企业或细分市场的任何活动)和运作层面(影响特定客户、供应商或机会的任何活动)。

在战略层面,你不仅要考虑合同条款,还要考虑合同标准等问题。这些可以显著地影响你的内部成本和你贸易伙伴的成本。考虑了这些问题便陷入一个明显的"便易经商"的范畴。例如,许多公司按一个标准关系协议进行运作,然后需要签署补充协议或采购订单方可生效。这些总括性条款,传统上被认为比每笔交易都创建一个新的协议更节约成本。然而,这种方法的缺点是,协议通常是长期的,它试图覆盖可能需要的产品、项目或服务的全部范围,因此要进行变更或更新可能很复杂。从历史观点上说,由于需要获得签名和保持纸质合同以及每个协议的副本,这种方法似乎值得效仿。它也接受对于"有争议"的条款(如责任范围、损害赔偿和其他样板条款)再进行协商一次,这样就可以规避这部分条款。

今天,情况发生了变化,电子合同和签名意味着有新的可能性。合同结构可以更灵活,可以根据不同的客户关系类型进行设计,这样更具有成本效益。这当然有助于简化合同签约的程序,但是,对于有些条款是否最好在主协议(Master Agreement)中处理仍然存在争论。答案是,在大多数长期关系中,这样处理也许是有意义的。

在战略层面上,必须不断地审查技术变革、商业惯例和立法,以确保公司合同模式是有竞争力的,有利于成本效益并促进业务拓展。有一个知名企业,对规模较小的客户采用电子商务合同解决方案,不仅节约了 1 500 万美元合同签约费用,提高了合同的信誉和可执行性,而且客户满意度还提高了 3 个百分点。

战略性考虑也适用于那些支持产品或服务开发的人员以及行业组织,这些情况下的分析和产品开发需要基于对细分市场的理解。我们要讨论相关的运营工作是否支持特定的投标或客户需求。

4.3.2　成本管理工具的合同条款

除了合同结构和交付方法之外,在许多单项条款中(当然也在其所提供的关系性质本身)隐藏着巨大的机会。

大多数合同条款和条件在一定程度上依赖于业务流程,这不仅与自身组织流程相关,而且还与对方的业务流程相关。有时候,公司可以简化这些过程,甚至通过变更合同条款来消除它们。然而,每次改变条款都可能带来流程复杂性的变化,从而影响成本,因此必须分析这些影响,降低复杂性,同时保持业务流程。一个简单的例子是在软件许可领域。从历史上看,软件供应商创建复杂的程序来监视许可使用。他们想让客户实际清点用户数量或处理器的规模。如此的复杂性带来了很高的不遵从性概率,导致了大量的时间和资源消耗在监测和控制上。后来,供应商改善了收费和监控的方法,例如通过电子方法,并由此建立了一个竞争优势。

通常成本是相对固定的,我们要专注于它们是如何分摊的。例如,运输或交付成本不可避免,问题是由哪一方来承担这部分成本。正如在其他章节中所讨论的,合同条款可以分为主动条款(需要流程或资源,如付款条款)和被动条款(条款不需要流程,如自然灾害、不可抗力)。我们需要从财务的角度来考虑这两种类型的条款,但考虑的方式有很大的差异。主动条款直接影响现实的过程成本,而被动条款可能产生灾难性的影响,但在大多数情况下不影响日常运作(参见上述风险类型)。

这是一个重要的考虑因素。主动条款的改变,例如付款条件规定、实物交割、保证性能、培训义务等,都会带来直接的和可衡量的成本。在确定利润率时即可对这部分成本进行评估,在合同生命周期中可以比较容易地进行跟踪,但是被动条款所导致的影响却不是这样,它们大多涉及一旦出现问题各方的责任程度。虽然其后果可以从财务角度来衡量,但事件发生的概率通常无法给出。这是许多组织所面临的困境,他们试图拟定"风险价格"条款。但问题是,责任范围上增加500万美元,价格应当上涨多少?对于不可抗力原因的变化应当使用多大幅度的涨价? 如果客户不要求第三方损害赔偿,价格应该降低多少? 有关这些被动条款的争执是很复杂的,常常要视情况而定。

一些风险专家做了以下区分:

——定性风险估计。以描述性的术语指出了风险的概率和影响,如高、平均或低风险。

——定量风险估计。这些估计给出了风险发生概率的数学解释,并以数字表述风险的影响。

在定量风险估计中,进一步明确了:

——独立性。一个事件不能受下一步研究或计算的影响。比如抛掷硬币,正面朝上的概率是50%,不会受到下一步动作的影响,也不会改变。

——不确定性。这与缺乏关于风险概率和影响的知识和/或经验有关。

在定性和定量风险估计中,风险影响比风险发生概率更容易估计。

对于评估风险,大多数组织过于乐观。采购实体中某些高级主管倾向于尽量低估风险。例如,销售团队希望快速完成业务,会倾向于低估业务风险。

国际复杂项目管理中心(ICCPM)的研究表明,在企业高管中大都表现出乐观的倾向,它的研究成果已经被许多政要所采用,包括英国国防部部长。此外,乐观情绪还与激烈的竞争或社会压力等力量交织,这意味着应该清楚地了解所涉及的所有风险,给这些风险定性并随后能够从财务角度进行量化。

4.3.3　有潜力降低成本的合同条款 ◢◤◤

有些合同条款有潜力来降低成本或限制不确定性,担保条款和服务成本显然就属于这样的领域。如果一个产品、软件或服务具有较高的可靠性,嵌入"免费"的担保或服务对价格的影响可能不大,但相对于竞争者,其客户价值却可能很高。通过延长担保或免除在特定期限的服务成本,客户实际上降低了产品的拥有成本。

然而,我们需要确保多提供的是客户所珍惜的价值。例如,如果客户有自己的服务中心,或产品为一次性的,他们会认为延长保修或服务包没有意义。事实上,客户会要求剔除这些服务并相应地降低价格,这会带来更多困难。

有些情况下,一些业务要素以更低的价格或更高的质量由分包商或第三方外包供应商提供。而有时,客户准备自己执行某些活动,而我们可以在提案中以更低的成本加入这部分活动,从而提高吸引力。没有很好地理解成本和探索交易的财务信息,就不会发现这样的机会。

我们再来看几个例子。有些领域的条款对用户成本有直接影响,如运输或配送费用,甚至在税收方面。虽然很多人认为这些成本在组织控制的范围之外,但商务专家可能会设计合同方案使交易和价格对客户有利。可以探讨的这类机会有:所有权转移的时间、中介的使用,将产品元素分解后分别定价和开具发票。在国际贸易中尤其如此。

通常,很多谈判时间花在组织财务部门所"拥有"的条款上,但遗憾的是,这些条款中的大多数是有关事情出错的后果,即我们先前讨论的被动条款。比如,财务责任范围、赔偿的范围或违约赔偿金的百分比等。这些条款几乎没有创造的空间,从本质上说,它们是对抗性的。

然而,最佳实践却可以采用主动条款或测量指标来降低失败的风险,从而解决这些有争议的问题。它们通过合同条款或流程,树立客户对它们的产品或服务的信心,或者问题的识别和解决优于竞争对手。实现的途径可以是通过一些简单的识别和解决争议的政策和方法,或记录和报告服务水平绩效的方法,包括服务水平惩罚(如果没有达到约定的服务水平)和服务水平信用(如果你持续满足或超过约定的服务水平)。

合同谈判者或采购经理应当始终考虑:哪些领域可以给客户带来额外价值(减少成本和风险)? 哪些领域给客户带来的价值很小应该取消? 例如,客户能够以更低的成本做这些事情。但是,有一个警告,创新必须在透彻理解法律和监管框架的情况下开展。例如,在过去,企业有时候可以通过免罚款的退回或延期付款来解决客户的关注。自从引进新会计准则和收入确认规则,这样的运作规定不太可能被接受。同样,涉及客户的产品或服务接受的权利也需要特别谨慎,这方面的无知可能会导致严重的惩罚。例如,你需要关注竞争法、中介机构相关的法规、越来越多的环境法律以及自己公司税收和会计的规章制度。"创造性签订合同"在这些领域可能会导致重大的风险。

>>>> 4.4 如何确定产品或服务的收费

如我们前面所述,价值链成本分析方法的吸引力是它关注最终用户的拥有成本或经营成本,因此有助于确定不同类型的买家或不同的细分市场的可支付能力。

当然,可支付能力不仅仅是资本支出的问题,也是一个现金流和时机的问题。因此,商务合同专业人员必须对具有创造力的融资解决方案持开放性的态度。当然由于收入确认国际规则的出台,创造性融资解决方案的选择性减少了。大多数公司不再允许运用延期付款等方案,至少在没有高管授权时是不允许使用的,但还有许多价格或收费选项,企业可以用来满足不同客户的需求。我们需要了解客户愿意支付的价格或费用,不能一概而论。

要确定产品或服务的收费,可提问如表 3-4-1 所列的问题。

表 3-4-1   有关定价和收费战略的问题

你的生产成本是什么? (直接的和间接的)
客户准备支付什么? (市场需求的紧迫性)
有独特的细分市场吗? (行业、类型、地理)
你的竞争对手收费模式是什么? 每个市场典型的收费模式是什么? (市场研究数据)
我们需要的利润率是什么? 企业根本的战略是什么?

不同细分市场相关的需要水平和价值感知并不相同。例如,一个大公司可能获得明显比小公司更大的利益;服务业务的价值可能远高于制造业。我们需要这些问题的答案,因为它是如何设定收费和理解利润率的基础。对于每类客户或细分市场,我们还需要了解竞争性定价,确定检查了这些产品、项目或服务是否在规格、质量、特色和功能上可以类比。公司高管或营销团队可能在市场定位方面设定了一些原则,关键是,需要理解这些原则和战略。

我们还必须了解和评估管理各种客户群体的不同方法,如何论证不同报价之间的差异,特别是当价格差异很显著时。

作为合同专业人员,在设定费用中的作用是保护或扩大利润。我们可能会与销售团队的动机产生冲突,因为他们的主要目标通常是收入而不是利润。要协调立场,我们必须注重对客户的价值,这需要了解产品的定位以及重新定位的可能性。例如,是否存在可以添加、删除或完善的商务条款,以便使产品更有吸引力,并同时又不影响利润率?或者,是否有方法使产品、项目或服务差异化,比如通过增加或减少某些特性或服务,或将其包装为不同的一组服务?

在竞争激烈的市场中,价格总是处于压力之下。我们的任务是想出办法,以便能够选择性地区别对待。可以肯定的是,客户会互相交流,没有什么交易是保密的。如果给一个客户一个特殊的价格,别人很快就会知道。对于针对那个交易或那个细分市场的成本和其他要素,我们必须能够解释为什么要差别对待。

>>>> 4.5 不同策略的财务影响

4.5.1 产品和服务的差异 ▮///

产品、软件和服务在基本属性上存在着差异。产品,有一个实实在在的物品,其所有权通常从卖方转移到客户(或者第三方,如金融公司)。软件的所有权却很少能够转移,而软件授权供客户使用,费用可能有所不同(例如,基于用户的、基于使用量的、基于"需求"的)。服务的所有权不能转移,知识产权也是无形的,但它是一个例外。服务大多被完全消费,服务收费通常基于被消费的量,例如,每小时费率(例如法律服务)或每单位用量(公用事业)。有时,客户可以针对一个预设的数量或基于双方商定的使用量估计值,按一个固定费率提前购买服务(如商品服务)。

知识产权是介于产品与服务之间的混合体。它可能不是有形的(通常只是代码,如软件,尽管它可能会以书面形式出现,如业务流程)。知识产权的所有权可以转手(例如,如果它是一个"雇佣作品",由一个特定的客户委托),但所有权通常归开发人员或发明者所有,因为这是他们谋生的技能。在这种情况下,收费通常以许可或使用权形式出现,而卖方将定义使用的范围和权利,以转移这些权利。

对于一般产品,最终用户可能有权转售(在不与你的销售渠道竞争的前提下),而服务几乎没有可能转售。知识产权是需要保护的。通过分享知识产权或超越使用的权利,客户会威胁到卖方潜在的收入。所以在确定收费和与它们相关的条款时,我们必须了解需要在什么程度上保护产品、软件或服务,以及用户权限必须限定在什么范围。我们还需要考虑监控与实施的成本和效果,以及这对组织的竞争力可能带来的影响。

4.5.2 分销渠道的选择 ▮///

行业之间有巨大变化的另一个关键因素是分销渠道的选择。它是直接销售,还是通过第三方销售(分销商、代理、集成商)?销售部门同意通过实物方式还是电子方式销售?客户接近度的问题很大程度上影响价值的认知和对可转让性程度的期望。

当今的销售很多是所谓的"解决方案"。也就是说,它们是打包的产品、软件或服务,旨在满足特定客户的需求,从而产生很多创造性的方法来定价和融资。作为买家,我们可能会面对一系列的选择方案。例如,直接购买的价格、基于使用的服务收费或租赁等。甚至还有这样的一些选择方案,如共享利益或共担风险方案,依据商定的结果收费。在产品外包中,可能采用等级收费,依据是否实现商定的服务水平(服务水平信用或处罚)对基本费用上调或下调。如果绩效对客户的盈利能力或声誉很关键,他们往往会希望使用财政激励措施,以鼓励良好的绩效。组织在设置收费和计量利润时必须考虑到这些因素。例如,延迟或未能达到预定目标的违约赔偿金可能会降低企业的利润;另外,对于提前交付或超过预定目标的奖励则可能提高盈利能力。

4.5.3 定价和收费的策略 ◢▮///

最常见的产品定价模式就是设定一个销售单位价格。此后,谈判可能围绕折扣或在没有额外费用的前提下如何增加收益。然而,如果一个客户承担不起采购价格,可能还有其他选择方案,即通过供应商或通过引入第三方。这可能包括租赁或贷款。

某些产品可能适合采用基于使用水平或使用类型的收费公式。这是典型的软件和其他形式的许可收费(上述的"基于用户"和"基于使用量"的收费)。这种方法的一个难题就是如何监控计费量和付款的合规性。理想情况下它需要某种形式的计量。

服务通常采用以使用量为基础的收费,如大多数公用事业和专业服务的收费。然而,它们也可能采取固定费率。例如,客户想要定义和记录一个新的流程。我们估计这将需要50 h完成,但是有一些依赖关系,因此希望按照每小时 150 元计算费用。客户不愿意采用没有固定价格的开放式协议,他们提出 6 000 元的固定价格。这种情况下如何协调呢?一个关键要素是明确详细地描述可交付成果,包括依赖关系和假设。如果以固定的费用开展项目,我们必须保护自己免受"范围蔓延"或其他不确定性的风险。我们可以设定一个"绩效奖金",也可以要求按阶段支付,这样你就不必等到工作已经完成才收到报酬。在任何固定价格服务合同中,要确保你总是在主动的位置——我们是决定性的一方,而不是客户。

收费的另一个选择是基于绩效收费,绩效合同即基于结果收费,例如会议的标准清洁服务。通常这样的协议包括基于绩效水平(或结果)的风险和回报。这将导致达不到约定绩效而产生罚金或拒绝付款,当然,也可能因为绩效优异而获得奖励(然而,这将取决于超过绩效的表现是否有价值)。

最后,需要仔细考虑谁将成为产品、软件或服务的最大受益者,通常并不是直接买家,尤其购买的是服务和解决方案。最终用户是最具影响力的,如果他们认为你的产品是"必备的",这将大大增加你在任何价格谈判中的实力。这正是我们上面一直在讨论的价值链的真实意义。价格和收费的选择方案有一系列的变化形式,包括共享风险定价、公共部门引入的"私人融资计划"以及外包等领域中使用的复杂模型。

❯❯❯❯ 4.6 成本/效益分析

4.6.1 成本/效益概述 ◢▮///

❶ 成本/效益分析内涵

成本/效益分析是考虑商品或服务采购时进行商业论证的一部分。它是任何物资投入者需要考虑的一个部分,所以了解如何准备成本/效益分析是一个关键的商务技能。当然,仅凭成本/效益分析并不能保证项目得到批准,项目还必须与战略方向保持一致,并且还需要在与其他项目争夺有限资源的竞争中取胜,但是单单一个准备不充分的成本/效益分析就足以使得一个项目"流产"。

②. 成本/效益分析和总拥有成本的区别

一个成本效益分析最简单的形式可以仅仅考虑资产在使用寿命内的总体拥有成本(TCO),TCO的计算可以包括明显的成本:购买成本、实施成本、维护和支持成本。

完全的拥有成本分析体现了从"摇篮"到"坟墓"的成本:从进行商业论证所需要投入的资源、起草提案征询函(RFP)、管理投标过程,到该资产的退役与处置。

成本效益等式的另一半,即效益,也许大部分很难量化。这种简单形式的成本效益方法可能适合小投资,或对已经完成商业论证的现行项目进行比较,以便能够从众多方案中进行区分和选择。

所有较大的投资项目一般都需要进行完整的成本/效益分析。需要记住,成本/效益分析只是一个对未来的预测,预测将永远只是预测。成本/效益分析将取决于一些假设,这些假设改变时,成本/效益分析将会改变。在成本/收益分析中,花大量时间量化非物质因素是没有意义的。关注物质因素,尽可能让它们接近正确,向利益相关者说明你如何看待这些物质因素中潜在偏差的大小以及如何减小这些偏差。

建立一个成本/效益分析的关键是:

——识别物质因素。

——在利益相关者中取得共识,认可你已经正确地确定了的物质因素。

一旦完成了上述步骤,下一步当你为这些因素提出可能的变化范围时,获得利益相关者的同意就变得容易了,而且一旦这些变化范围得到确定,其余的分析可以很容易执行,而不会在利益相关者群体中产生重大分歧。

4.6.2 投资成本

投资成本计算的复杂性与项目的复杂性相关。当项目不涉及任何流程变化而仅涉及设备更换,计算投资成本便会容易些。如果是报废并更换一台机器,其成本通常是容易量化的,包括报废的成本、更换机器的成本以及安装成本。然而,如果项目牵涉整个运营的流程再造,那么,就需要考虑其他很多因素,比如,重新设计流程和培训人员,以及相关支持系统、应用程序和服务的任何变化。

项目,如更换一个企业资源计划(ERP)系统,要跨越数年的时间,投资成本在第1年非常大,从第2年到第5年投资逐年降低。计算初始投资必须包括整个项目生命周期的成本。注意,初始投资不需要分解成费用和资本项目。准备投资回报单(ROI)计算时,将所有支付作为现金支付来考虑。还要注意在准备初始投资的计算时,必须提供足够的细节,以便能够让利益相关者了解所购买的是什么,但也不能过分详细,以免影响对整体项目的理解。

在表3-4-2的分析中,可以看到第1年预计投入104.5万元,第2年降低为20万元,第5年为6万元。投资成本和项目预计可以获得的费用节约相差100.4万元。

表 3-4-2　一个项目在五年期间的初始投资分析(单位:千元)

	第 1 年	第 2 年	第 3 年	第 4 年	第 5 年	合计
节约费用		622	622	622	622	2 489
支出						
资源	800	100	50	30	25	990
培训	150	100	50	50	50	400
意外开支	95					95
合计	1 045	200	100	80	60	1 485
总计	-1 045	422	522	542	562	1 004

最初的资本支出和项目相关的费用通常可以比较确定地进行量化。通常,如在表 3-4-2 中,偏差由名为"意外开支"(Contingency Fond) 这项来处理,在预计的投资成本不确定情况下,这一项的数额可以酌情由利益相关者达成一致。

4.6.3　计算投资回报率

1. 盈亏平衡分析

当投资的收益等于投资金额,这一时间点即盈亏平衡点,以此进行的投资回报分析称为盈亏平衡分析。计算盈亏平衡点需要考虑现金流,在投资项目的生命周期内定期比较现金流出(成本) 与现金流入(收入) 。

从表 3-4-2 可以看到,投资的第 1 年现金流出大大超过了现金流入。在第 2 年至第 5 年,现金流入超过流出,在第 4 年早期项目投资获得净收益。

为计算该投资的盈亏平衡点,需要看看投资仍然保持亏损的年数。在表 3-4-2 中,最后一个保持亏损的年度是第 3 年,所以盈亏平衡点将在第 4 年的某个时候。要计算第 4 年的什么时候达到盈亏平衡,需要用第 4 年的累计收益除以第 4 年的项目净收益。用 44.2 万元除以 54.2 万元得到 81%,100%-81% = 19%,也就是这个项目的盈亏平衡点发生在第 3.19 年。投资回收期越短,投资效益就越好。

2. 净现值

贷款投资是有资金成本的,资金成本的高低取决于利率,或把现在拥有的资金进行投资以产生利息收入。因此,一般而言,现在拥有的资金的价值比在未来某个时间的同样数量的资金有更高价值。这个概念被称为资金的时间价值。

现值代表未来一定数额资金在现在时点的价值。利率越大,或者计算未来的时间越长,资金的现值越低。现值等于投资价值(或回报) 除以(1+年利率) 的 n 次方,这里 n = 收到钱之前的年数。因此,如果预计将在 3 年内实现 100 万元的收入,年利率为 12%,那么这笔钱的现值是 100 万元除以 1.12 的立方,即 100 万元除以 1.404,相当于 711 780 元。

假设收益率为 12%,第 1 年,支出的现值是实际支出 104.5 万元。在第 2 年,期望得到 42.2 万元净收益。这个数字除以(1+最低回报率),即 1.12,得到 37.7 万元。在第 3、第 4 和第 5 年,尽管净收益增加的幅度超过 500 元,但由于离现在越来越远,其折现增加,这 3 年折现收益分别为 41.6 万元、38.6 万元和 35.7 万元。

在上面的情形中,该项投资的折现收益是 49.1 万元,少于没有折现的 100.4 万元,但仍代表了 33%的投资回报率。

3. 内部收益率

大多数组织运作的内部收益率(Internal Rate of Return,IRR),由其财务部门制定并用于评估投资决策。通常,合同专家有必要了解特定的 IRR 需求,当然了解你的贸易伙伴的 IRR 需求也是很有帮助的,因为这可能会有助于定位你的投标或需求。

IRR 计算可以预测一个投资项目在其寿命内的收益率,有时被称为 Yield on Project,即项目的收益率。估算内部收益率的方法是,找到一个折现率(Discount Rate),使一个项目现金流出的现值与现金流入的现值相等。这一计算的结果是找出使项目的净现值等于零的折现率,那么,它就是项目的内部收益率。

4.6.4 关键的成功因素 ◢▮▮▮

1. 成功的成本/效益分析的关键

——理解对分析数据有最大影响的各种物质要素。

——确保这些要素背后的假设尽可能准确。

切合实际的成本/收益分析可以最好地为企业服务。为了实现这一点,要确保将风险分析纳入其中,以识别那些影响现金流入或其他预期收益的潜在障碍。应当识别各种隐性成本,以确保财务预测切合实际。最后,将该商业论证扩展作为持续绩效测量的基础。那些用于论证一项投资的标准应当被用来判断该投资项目是否最终成功,并为取得成功所需要改进的领域提供见解。

2. 使投资项目与组织战略保持一致

如果所有的财务分析方法都包含很高的不确定性,为什么商业论证还要如此依赖这些方法呢? 有两种回应:

第一,它们是预测公司赚钱能力的最直接的工具。有些公司使用详细的成本核算方法,执行严格的预算控制,并运用有力的预测技术,这样的公司能够以较高的可信度来评估投资。

第二,公司在财务分析的基础上,采用非财务的定性分析方法,有时候,采用定性分析来取代财务分析。

各种替代方法通过引入战略的或流程的考虑因素来减轻单纯财务分析的猜测性。这些方法包括开发多指标决策模型,作为投资决策的基础。这些模型考虑机会分析、战略一致性、风险分析、对客户需求的响应性和竞争趋势。

3. 使用有共识的方法

进行一项商业论证时,必须使用公司内部普遍接受的方法。这样就不必教育听众去了解一种新方法。如果标准方法不适合这一商业论证,就需要一个令人信服的理由来采用另一种方法。要确保听众理解为什么没有采用常规的方法。即使使用一个独特的方法,也要尽可能使用每个人都能理解的术语和指标。如果公司标准是内部收益率,一定要从这些方面来评估项目的投资。

替代方法,如平衡计分卡或约束分析,不是要代替常规方法,而是作为其补充和备选方法。使用所有利益相关者都能理解的方式,阐明各种风险情形和其他非财务因素。

4. 假设的可信度

商业论证中表述的假设,特别是非财务假设,也会存在偏见。一个过硬的商业论证应当清楚地阐明它所基于的各种假设,如竞争加剧、利率上升、有新的监管压力。确保在进入细节分析之前,各方在重大的前提假设上取得一致。

应当提供假设所基于的证据。如果一些假设说服力不足或者有待商榷,可以考虑其他成本/收益情形,以便在某些特定假设未能实现时使用。错误的假设可能彻底破坏商业论证。所以,一定要针对特定假设不能实现的情况,预先提供补救措施和预计成本。

4.6.5　风险评估

1. 将关键指标结合到供应商评估中

商业论证及其中的成本,效益分析并非在最初的项目批准后就结束了。其中一些部分应该纳入RFP,以便潜在供应商理解基本的投资目标,确保他们的响应符合这些预期。有了这样的理解,供应商就能够在他们的提案中考虑各种替代方案,以便更好地实现预期的结果。

完成商业论证也是供应商评估标准的基础。选择供应商时,应考虑供应商是否有能力实现商业论证中所列的目标,同时还要考虑他们是否有能力处理在商业论证中所识别的各种风险。

2. 将衡量指标与需求联系起来

正如我们已经提到的,完成商业论证是项目或采购的主要目标。初始项目批准后所创建的详细需求应当进一步完善,以优化成本/收益情况。一种方法是将商业论证中的高层次目标逐级向下展开。例如,如果成本/收益分析确定了一些成本考虑要素,如分配和实施支持,那么要确保负责这些成本要素的人员了解其中的假设,认同它们并能够管理它们。

你可能需要相关责任人签署同意商业论证中的相关指标。之后,这些衡量指标成为需求和整体合同的不可分割的一部分。对于这些需求,应当指定"传感器"来报告财务和非财务绩效指标,并在成本/效益分析的任何部分偏离预期时发出预警。这有两个功能:它使得合同经理在实施过程中能够识别出问题并更正这些问题;它为未来的成本/收益分析提供一个更坚实的基础。

案例 3-4-1　中铁集团电气化局×××客专四电工程项目部成本管理的"加、减、乘、除"

1　坚持创新经营,策略运筹,增强项目创效新动能

中铁集团电气化局×××客专四电工程项目部在前期策划、过程盯控及清概结算项目全过程二次经营工作中,坚持创新经营,策略运筹,增强项目创效新动能,项目实现变更索赔2.4亿元,变更索赔率为14.37%。现将主要做法分享如下:

1.1　严预控、抓管理,激发二次经营创效动能

项目部成立伊始,依托集团经济运行管理三个平台严格预控管理,对项目二次经营工作系统筹划,策略谋划。以初步设计批复为基础,对照施工图、施工图预算、投标文件盘点项目总盘子,结合现场调查,共计策划二次经营项目五大类55项,预估金额2.8亿元,考虑预备费、降造费情况,确定了确保2.1亿,力争2.3亿工作目标,明确工作方向,找准变更索赔切入点。

项目部贯彻股份公司、集团公司二次经营理念,转变观念,狠抓二次经营全员、全过程管理,实现了从二次经营是工经或技术等个别部门的事到各部门协同、上下联动、内外结合,全员参与;从工程后期的临时工作,到贯穿于项目全过程二次经营;从按部就班、积少成多,到主动出击、统筹运作;从责任不清到各层级、全周期目标分解,落实责任矩阵、清单管理、绩效

考核、奖惩兑现等观念运作模式的转变,激发了项目创效内生动能。

1.2 建精品、抓源头,拓展二次经营创效动能

外部环境的融洽性是二次经营取得突破性进展的基础。项目部以四电精品"示范工程"及全路观摩现场会为契机,向外界特别是业主单位展示了电化局的施工水平、工艺质量,赢得了行业高度评价,为后续二次经营工作开展营造了良好、和谐的外部环境;实现了二次经营与外部环境深度融合,凝聚了项目创效外部动能。

协同各参建方,完成了《高速铁路电力及电力牵引供电工程细部设计和工艺质量标准》(简称《细部设计和工艺质量标准》),首次将施工工艺要求和工程质量评价纳入铁路总公司企业标准。同时依据《细部设计和工艺质量标准》,通过技术测定、统计分析、比较类推等科学方法,完成了新标准配套定额的测定和研究工作,并在全路成功颁布实施,补充完善了现行铁路造价标准体系,使经济与技术协调共振,实现二次经营与技术标准深度融合,拓展了项目创效新动能。

2 精运算、抓结算,增强二次经营创效动能

2.1 做好"加法","加"出创效新途径

注重在二次经营规模和金额上下功夫。一是在相关变更上做加法。除做好本专业的个性变更外,厘清相关参建方的变更,既要做好变更"搭车",实现"借鸡下蛋",还要将"蛋"孵化成"鸡"。

2.1.1 在政策文件上做"加法"。广泛借助国家、行业、当地政府的政策性文件及相关标准,推进二次经营工作。(如×××四电房屋所址结合地方规划、原址地貌及环境等因素进行位置改移。)

2.1.2 在变更方案上做"加法"。合理调整方案,施工措施做到不保守,同时打足安全性。转换到预算中,一方面通过施工工序与预算定额的对照组合,实现多套定额,提高指标;另一方面通过分析施组差异,修改定额,提高指标。

2.1.3 在上报金额上做"加法"。充分考虑各级审核时的折扣量,努力把变更索赔额打足,避免花钱买负担的现象发生。

2.1.4 在甲供物资上做"加法"。一方面,通过比对分析,将预算价格高于市场价格,或实际用量远低于预算数量的甲供物资,通过合理理由转为自购,同时注意结合调差文件,调差范围内的物资最好在纪要中明确包干使用。另一方面,主动参与甲供物资技术规格的制定,将相关的连接件纳入甲供物资;再者要结合工程数量的变化趋势,在甲供物资领用上做"加法",原则上足额领用预算加变更的甲供物资。(如×××项目在甲供接触线中增加锚绳、在甲供开关柜中增加 FS_6 气体监测以及 27.5 kV 隔离开关转自购等。)

2.2 做好"减法","减"出节支新效力

2.2.1 通过缩小和取消原合同中的亏损项目,优化施工方案,做好税务筹划等措施,提高节支增效能力。在施工方案上做"减法"。项目开工前,组织人员认真做好设计交底、图纸核对和现场调查等工作,现场踏勘时着重掌握路径、地质、人文等情况。在此基础上,仔细比对设计图纸和现场情况,比对施工图预算、清单报价和实际成本测算情况,遵循便于施工、确保安全质量、效益最大化的原则,尽早发现施工图与现场情况的不符之处,提出科学合理的施工图优化方案,前期准备阶段不能解决的,通过制定预案,为施工阶段变更创造条件。

2.2.2 在负变更上做"减法"。通过风险及盈利能力分析,在不影响安全的前提下,将原施工图预算水平与现场实际严重不符的施工项目"砍掉","砍掉"的方法可以根据项目实际情况创造性的制定,可以是通过"建维一体化"的相关要求,从运营维护角度提出,还可以是结合地方规划,论证变更前后的技术与经济水平等。

2.2.3　在自购物资上做"减法",与甲供物资做加法相对应,主要还是从范围、技术规格、数量及单价等几个维度来筹划,做好甲供与自购的转化。

2.2.4　在税务筹划上做"减法"。在坚定纳税筹划的刚性原则基础上,将税金比照现金管理,满足三流一致,以及纳税方式与合同约定的一致性;结合衍生合同约定做到应抵尽抵,能抵则抵;根据供应商与分包商的性质以及合同约定的计税方式,采用总成本最低的方式进行采购和分包筹划;结合资源配置和采购方案降低税负;集中相关费用的采购或消费渠道,采取定点集中开具增值税专票的方式来降低税负。

2.3　做好"乘法","乘"出清算新动力

2.3.1　充分利用"乘数因子",力争"乘法效应"。创新二次经营策划项目。充分运用政策,或者有条件的项目通过创造标准来扩大"乘数因子"。(如×××客专细部设计和工艺质量标准及其配套定额的出台。)

2.3.2　在立项的基础上创新清理方式。项目部二次经营的方式随着时间、空间的迁移而改变,不墨守成规,而是"拥抱"变化。比如建设单位委托的四电占地及地上附着物补偿,主动改变以往实报实销的清理方式,采用沿线地方政府的收费标准,以及对经确认后的现场调查数量进行清理;再如对建设单位委托的牵引变电所特殊试验项目采用国家能源局颁布的《电力建设工程概算定额(调试工程)》进行清理。如此既能依法合规地解决委托事宜,又可激发代甲单位的积极性,还可合理控制投资,从而营造铁路建设项目多赢的生态系统。

2.4　做好"除法","除"出结算新空间

2.4.1　项目部通过扩大分子,缩小分母,实现二次经营"质"的转变。这里通过材料设备价差来说明"除法"在二次经营中的具体应用。加大正差部分的品类、种目。充分利用46号文调差目录中的通用、专用材料细目的不明确性,以及各单位之间(不同的建设、设计单位)、单位内部之间(不同的主管)的信息不对称性来加大正差部分的品类与种目。比如对46号文中钢材、钢件、接触网零部件不同划分标准,以及关于不同专业材料设备的参考或转换等。

2.4.2　充分利用材料设备调差周期。在部颁信息价材料中,根据市场价的波动趋势,动态调整施组,从而适当调整验工数量。

2.4.3　策划没有信息价部分的材料设备价格。总体目标是在维持总成本不变的情况下,提高材料设备的正差。具体策略是一方面通过前期资源配置、分包方案与物资采购的合理调配,以及物资名称、规格型号及含量的不同设置;另一方面实施期间通过研究实际使用材料与原预算材料的功能对应,灵活应用专业之间的通用材料,专业预算内不同规格型号物资与实际采购物资的组成对比等。

2.4.4　研究预算中定额缺项所对应物资的价差调整方案。

2.4.5　准备多种调差方案。项目部针对上述策略分别进行测算,对测算结果、影响比例进行细化分析,在此基础上制定不同的调差方案,分步推进。

【专家点评】

精细化生产是供应链管理中第一个重要环节,中铁集团电气化局在工程项目管理中,通过"加、减、乘、除"的办法,自每一个环节创造价值,体现了价值链的理念。

本章思考题

1.依据卡内基梅隆大学的《持续风险管理指南》,风险可以分为哪些种类?

2.价值链模型分为哪几个阶段?

3.有潜力降低成本的合同条款有哪些?

4.简述成本/效益分析和总体拥有成本(TCO)的区别。

第5章　通过财务模型综合考虑风险

所谓财务模型就是将企业的各种信息按照价值创造的主线进行分类、整理和链接,以完成对企业财务绩效的分析、预测和评估等功能。

在实际操作中,财务模型既可以通过办公软件也可以借助专业的财务模型软件来协助完成。

◎本章目标

1.熟悉通过应用财务建模综合考虑风险的内涵。
2.掌握通过财务因素了解成本和费用的程序。
3.理解需求的个性化,能够对合同条款进行审核。

>>>> 5.1　建立财务模型

5.1.1　经济因素的重要性

业务关系破裂,要么因为供应商不赚钱,要么因为买方觉得没有得到所期望的价值,抑或因为要对每项变更都要付费,或因为面对市场和竞争条件发生的重大变化没有做出足够大的、足够快的关系调整。

如果对失败的商业合同进行深入分析,我们可以发现,这些合同失败或结果令人失望往往是因为合同双方或一方感到合同不公平、僵化或没有信用。这些不良感受主要是源于经济利益。商务合同是关于钱的合同。合同的创建是因为当事人预期产生互惠的经济利益。

强调"互惠"一词,是因为似乎合同专业人员和谈判人员经常忘记,"互惠"是交易或关系得以成立最为基本的驱动因素。他们很多时候痴迷于琐碎的风险分配或企业内部的考评,忘却了成功的合同取决于双方有良好的动机去执行,并且在整个合同生命周期中必须时常维护这一动机。有时候,问题也许在于合同专家看不到合同的财务影响。在这种情况下,他们似乎是在真空中设计合同或进行条款谈判。他们不理解他们的交易的价值或经济影响,从而使合同失败的概率大幅度上升。

5.1.2　财务建模的基础知识

财务建模(Financial Modeling)是合同工具包重要的构成要素。讨论合同的结构、条款、风险分配和谈判策略,不可能是在对其背后的经济学一无所知的基础上进行的。

根据销售或采购的产品或服务的性质,及其销售定价或收费方式,我们可以选择很多种类的财务模型。在财务因素那一章,我们学习了成本和价值,以及有关标准交易成本核算和定价的基本知识和理论。然而,很多合同横跨很长的时间段,会受到一系列不确定性的影响,甚至连原始精确需求或用于实现合同目标的方法也出现不确定性。在这种情况下,财务建模被用来分析这种不确定性带来的后果,并反过来影响合同的结构或所使用的条款和条件。有时我们必须对我们的方法有勇气,有时我们必须挑战或改变标准规则,因为在有些情况下这些规则不但不能保护我们免受风险,反而会成为风险的来源。

5.1.3　案例研究 ◢◤◤

大多数合同签订过程都是规则驱动的。由来自法律、财务、运营、产品管理等职能部门的很多利益相关者提出合同条款。合同或商务人员改变这些条款的权力是有限的,他们的作用是使用标准合同条款,或协调和管理利益相关者的观点与市场需求之间的差异,在允许的范围内进行谈判。有时,他们可能会提出创造性的商务解决方案来解决棘手的问题。但是以下案例说明,他们必须对交易背后的经济因素进行分析来制定恰当的合同策略。

在英国曼彻斯特的 Media City 项目是一个 5 亿美元的高新技术项目。项目供应商构成比较复杂,这些供应商按照公共部门与私营部门的采购规则运营。与大多数重大建设项目不同,Media City 项目运作在时间上不能拖延,并且费用要控制在预算之内。

与当今越来越多的复杂项目一样,Media City 项目的运作面临着很大的不确定性。项目规格描述不精确或高度概括,例如,建筑物必须遵守 5 年内适用的环境和监管标准。项目有明确的完成日期,如果失败会导致声誉损失。在这种情况下,没有人可以确定预算是否切合实际。

首先,做出战略风险决策。据估计,传统的合同谈判需要至少 6~8 个月,而按照这样的谈判时间,项目的完工日期将无法实现。而且谈判团队还将面临太多的不确定性,他们达不成协议的可能性很高。由于存在着这些不确定性,Media City 项目签订了一份谅解备忘录后就启动了项目,并在初始投入 800 万美元。当这些资金用完后,又进一步投放资金。而更多的正式合同谈判在工作进行期间继续展开,合同团队由此可以获取实时数据,以验证项目的很多基本假设。

其次,战略决策与供应商选择标准相关。考虑到存在着许多不确定性,显然,对各个单项都估算价格的意义不大,因而在预算之内实现交付的关键在于经验和态度。因此在选择供应商时,需要重点考察供应商合作与风险分担的态度。

这种精神也影响了风险管理的方法。项目团队秉承开放和透明的原则,当问题出现时,他们立即沟通,提出解决或缓解方案,并允许更新成本和预算估计。

合同团队还把上述策略融合到合同签订和财务战略。他们打破了许多与传统承包相关的常规,却获得了一个成功的结果。当然这不代表每个项目都可以采用这样的模式,但说明面对现实问题,需要合同和商务专业人员的智慧,并创造灵活的方法加以解决。重要的是,这种灵活的方法意味着风险的控制。通过资金阶段性地投入,预算持有者可以更好地了解项目进程,确定每笔资金投放的风险。对于每个职能而言,了解这些规则什么时候不适用,这种能力是良好判断的关键。在合同和商务界,我们需要更多的专业人员表现出这种勇气和理解力。

5.1.4 做出判断 ◢▮▮

"打破规则"应该作为商务管理的常规,但它可以引起我们关注风险的两面性。

首先,我们必须问的是,这是我们想赢得或参与的商业交易吗?如果是,在当前的规则之内是否可以实现,或者这些规则反而可能增加项目失败的概率吗?

其次,如果使用标准规则,哪些具体规则需要更改?我们能够管理变更的后果吗?换句话说,我们是否可以应对偏离常规程序所可能导致的风险?

最后,在进入财务建模内容之前,为了使潜在的商机最大化,我们需要考虑与失败相关的风险。当我们这样想时,我们不再仅仅关注眼前台面上的事情,而认识到,这笔交易可能随时变化,因此我们的程序必须适应这一变化,也许基本的要求因为新的市场状况而发生了改变,或合同价值因为市场需求的改变而显著增加(或减少)。良好的风险和财务管理使我们能够顺利应对这些潜在的变化,确保我们从合同中取得的价值最大化,而不是进入索赔或争议,或针对谁该为糟糕的项目绩效负责而争论不休。

⟫⟫⟫ 5.2 财务模型要素

为了充分而准确地评估销售合同现金流的属性、时间和范围。我们需要考虑以下要素:

❶. 测量指标

测量指标包括:

——收入。

——售货成本/销售成本。

——管理费用和分摊。

——现金流。

❷. 时间要素

时间要素包括:

——总时间框架(合同生命期)。

——时间间隔(月、季度、年)。

❸. 驱动要素

驱动要素包括数量、价格、产品/服务的可行性,以及生产、交付、质量、所有权转移等合同条款等。这些要素会:

——终止条款及其影响。

——处罚条款及其影响。

风险因素与上述驱动因素密切相关,但风险因素主要关注现金流的不确定性,如引入未能降低不确定性的服务水平协议(SLA)条款,允许买方放弃交易的"重大不利变化"条款(MAC),按需交付的可用性,质量等。

这些内容许多已经在前面的章节讨论过。回到上面的案例研究,不难看出,构建财务模型所需的关键因素在很多情况下是高度不确定的或未知的。这些有疑问的或缺失信息的领域显然意味着风险,可能影响项目下一步如何开展,特别是影响到我们如何向管理层提出建议。有时候,我们的建议也许是"不确定性太高,应当放弃该项交易"。在其他情况下,比如在上述案例中,也许我们认为这笔交易不应该采用常规标准的业务形式。换句话说,我们需要一个创造性的方法来管理不确定因素,并确保随着项目的进展填补这些空白。

>>>> 5.3　基本原则和条款

5.3.1　基本原则 ▰▰▱

在大多数长期项目中,卖方面临大量的启动成本。一般来说,随着时间的推移,这些成本将会减少或消失。启动成本的例子有:项目前期需要投入的建筑和工具,需要创建一个新的呼叫中心,需要雇用新的或专业的人员,需要进行广泛的研究或工程设计或创建原型。

与项目相关的成本都需要计算在项目成本里面,但是通常很难要求客户在项目前期进行投资。因此,这些成本将分摊在整个项目生命周期中。

早期的部分成本以及早期进行的活动随着时间的推移可能会减少。然而,劳动力或原材料等成本往往会上升,相反,IT 成本则可能降低。还有,产能全面使用时,供应商通常可以实现更高的效率,例如,可能会减少人员或雇用廉价和低技能的劳动力。

在许多合同中,尤其是在外包等领域,有一个假设,即成本会随着时间推移而降低,因此当今的很多合同往往有设计费用随时间推移而降低的条款。买家期望价格逐年下降,这并非一个不合理的假设,但如果各方未能协作实现成本降低,那么,价格降低的条款将给企业带来危险。这时,供应商可能以牺牲质量、健康与安全等要求以获得成本的降低。

在对多提议的合同进行财务评估与经济风险测量时,合同双方必须清楚该合同是一项基于什么来计算合同价值的采购:是基于输入要素(也就是说,基于投入的时间和材料),还是基于输出结果(产出的结果或成果,如成功销售的数量、满意消费者的百分比,或基于交易数量(如呼叫数量)或资源数量(用户数量、电脑数量等)。有时候,支付方式也可能对所选择的方法很重要,例如,客户期望成本加成的方法,还是开放式账目(政府项目通常采用的方法)。

不同的收费方法可能带来的风险差异很大,尤其是如果需求水平不可预测或可能发生变化的时候更是如此。如同前面列举的因素所表明的,风险的增加或减少也取决于客户期望的其他条款。例如,客户拥有提前终止的权力或随需求调整采购数量的灵活性,这将对项目是否能收回成本产生重大影响,或者导致额外费用。所有的财务模型都必须做出假设。显然,需要假设的因素越多,出错的概率就越大。

5.3.2　定价机制 ▰▰▱

在实践中,双方同意的定价机制一般应当体现交易所代表的总体风险。例如,具有明确范围的合同更可能采用固定价格。那些范围不确定的合同很大程度上需要预先使用"设计及建造"合同来验证价格。

商品化程度高的产品或服务通常按照输出结果定价。这意味着按输出结果定价往往适用于相对比较成熟的产品或服务。输出定价也广泛应用于电信等领域。输入定价通常适合运用在不确定性比较高或缺乏可靠的"基准线"的合同。这些不确定性的水平也许并没有达到采用"设计及制造"定价方法;例如,当事人可能非常清楚他们想要什么以及什么可以实现,但是部分成本存在着不确定性,如部分业务外包,或者客户要求大量定制。当使用输入定价时,客户可能要求对成本基础有更详细的了解,也可能要求定期进行成本对标。

5.3.3　收益共享

在商务合作中是否应该激励供应商表现超预期,或是否应该奖励供应商的优秀绩效或创新。在这一问题上,有些观点认为是不必要的,认为供应商出于希望保留他们的客户和提升竞争力而会主动这样做。而另一些观点认为,财务激励使得供应商有动力致力于持续改进,如果创新的收益得以共享,这将是一个双赢的关系。

一般来说,收益共享在理论界是相当热门的话题,但在实践中却相对罕见。很多时候,这是因为很难将特定的经济效益与某项改进活动相联系。然而,并非总是如此。例如,可以为一个新建筑的提早完工或一个新的 IT 系统的提早使用提供激励,但客户希望确保奖励源于供应商付出了更多的努力,而不是为照常工作"支付更多"。

如果你正在考虑一个收益共享计划,需要考虑的要点包括:

——设置双方同意的基准线。

——定义预期的服务水平以及什么是高"标准"(也许可以通过对标来加以说明)。

——收益可以验证,如持续的节约或流程改进。

——如何处理供应商控制以外的事件,如客户行为。

——决定风险或奖励如何分配以及期限。

——供应商是否有权保护导致这种杰出绩效的独特知识产权或方法。

5.3.4　其他因素

在期限长、基于绩效的合同的实施过程中,经常还会出现许多其他因素。例如,在外包协议中可能需要设立生活成本调整条款或汇率波动条款。许多外包都是受劳动力套利所驱动,但在许多低成本国家里,薪水和汇率极其不稳定,合同双方都需要制定预防策略。

基于结果或绩效的协议的另一个重要运用领域是服务信用或违约赔偿。双方应该谨慎,不要因为这些条款而影响双方的信息公开和风险共担。为了确保双方愿意共同努力提前解决问题,使用一个基于开放水平的滑动尺度是一个好主意。但即使这样"风险额"仍然是一个主要争议的焦点。同样重要的是,确保这些条款与关键绩效指标(KPI)相关联,但KPI 不应太多。如何应对商业变化是管理的另一个难题。客户越来越需要灵活性,但供应商却需要很大的产能投资。没有简单的答案,虽然在某些情况下可以通过补偿提前终止协议。

本章思考题

1.财务模型的要素有哪些?

2.驱动要素包括哪些内容? 这些要素会产生哪些影响?

3.收益共享计划一般包括哪些条件?

第6章 合作伙伴的选择及选择方案

合作伙伴的选择属于供应商管理战略寻源的范畴,合同主体的选择是签订合同的基础条件。本章分析了选择合同相对人应当注意的事项以及选择方案。

◎ **本章目标**

1.了解选择不同合同相对人应当注意的事项。
2.熟悉选择合作伙伴的方案设计。

>>>> 6.1 合作伙伴的选择

在企业与企业的关系方面合同具有显著的重要性。在提供服务方面,合同通常体现为一些具体有形的定义(如最后交付的是什么)及建立重要的步骤。合同也会回答一些问题,比如谁、什么、何时、何地或假设的情景等。这些合同及关系类型的责任和所有权会在公司与公司之间或公司内部有很大的不同,尤其在分包、经销或联盟领域。然而,程序的透明度和问责制远比合作组织更为重要,这些方面的不足是导致关系失败或错失机会最常见的原因。

6.1.1 使用代理商和代表▰▰▰

1. **使用代理商或经销商的原因**

很多公司使用代理商、代表和经销商来帮助促进销量或在细分市场及各个国家提供服务。使用代理商、代表或经销商有以下一些原因:

——公司可能不熟悉特定市场中的商业惯例、文化风俗和开展业务的方式。

——第三方渠道可能是接触客户更为经济的方式,尤其是在消费品市场或小型业务市场。

——代理商或经销商可能拥有客户关系,可以帮助拓展销售机会。

——第三方渠道可以为核心商品提供附加价值,如专业化服务。

——顾客可能更倾向于在当地的且已知的实体企业购物,而不是选择国外企业。

——公司可能在特定国家或地区没有子公司、合资企业,也没有其他直接的方式经营和提供产品或服务。

在特定市场中,可能需要特殊的关系以开展业务或有助于开展业务,如一些中东国家要求业务必须由当地的代理商或经销商处理。

建立这种类型的第三方渠道不是一个简单的决定,其会导致截然不同的经营结果。即使这种方式在某种程度上扩大并补充了营销力量,但可能在另一层面,它严重限制了我们在这一市场上的行动自由。例如,我们可能再也无法在该市场上对顾客进行直接销售;我们失去了一部分谈判价格的灵活性;即使客户想要不同的销售方法,我们也只能使用该渠道。

❷ 了解供应商

作为买方,了解供应商所使用的经销方式以及他们计划如何确保有效处理合同要求是很重要的。这一部分将讨论一些选择程序及它们可能导致的结果。买方和卖方都应该熟悉这些原则,原因如下:

——这些原则会对供应商的行为有所限制,同时根据不同的业务目标,这些原则可能会影响对供应商的选择。

——买方对其公司第三方关系要素的控制力或影响力越来越大,例如通过安排分包合同或管理某些类型的供应商开发项目。通常,分包合同所授予的机构可能同时又是我们公司的代理商或经销商,这需要我们特别谨慎并且理解这样做的法律含义。

——除非我们了解代理或经销的法律法规,不然无法做出有效的决定,也无法确保对合同进行恰当控制或采取保障措施。

管理这些关系的立法环境是复杂多变的。当然,确保做出的决定是依据最新的竞争法和代理法这一点是最基本的。传统上,当地第三方协议曾经被用于向关键决策者支付“佣金”或“协调费”,特别是在政府合同中。在某些市场,这种行为的压力依然很大,我们应当避免这些行为。在某些情况下,合同经理人可能意识到了这种压力,那么他们应当负责确保高层管理人员知情。

6.1.2　市场

产品经销方式在近几年已经发生了很大的变化,并且仍在持续发展的过程中。目前,一些公司直接通过互联网销售产品,但由经销商提供服务以及后续支持;一些公司通过经销商销售产品,通过电话或网络来提供支持;还有一些公司在本土直接销售,但在没有雇用当地销售队伍的地方使用经销商进行销售。当决定是否需要雇用代理商或经销商时,我们需要回答以下问题:

——使用代理商或经销商是否是根据产品或服务的市场需求决定的?

——竞争法中的哪些条款适用,以及这些条款对于行动的自由性有哪些影响(如在选择第三方、创建市场条款、确定价格以及管理客户关系方面)?

——该地区是否存在足够的需求,适合设立独立的代理商或经销商? 该地区是否可以由相邻地区的代表同时负责?

——该市场是否过大以至于无法给予一个单独的代理商或经销商独家代理权(法律是否允许这样做)?

——指望代理商或经销商不去负责市场上竞争对手的产品是否合理(你能否阻止此类情况的发生)?

——是否需要一个长期的战略,只有拥有大量资金来源的人才能贯彻实施?

——是否应该与经营完善的并能够直接提供销售渠道的第三方合作,即使需要更高的利益分成？

6.1.3　客户 ◢/⁄/

比起直接的销售人员,代理商或销售代表可能会为本地客户提供更好的服务,例如:

——产品将被专门出售给政府部门。

——销售代表可以直接与参与采购决定的政府官员联系。

——产品是一个大项目或交钥匙项目的一部分,这个项目需要接触项目协调人并且需要具备与项目工程师合作的能力。

——如果需要对特定顾客进行长期的销售公关,这种情况可能更适合代理商而不是经销商。

——如果销售是为了拓宽普通商业客户的基础,具备现有销售网络的经销商则更加合适。

——如果客户倾向于购买本地产品,最好选择使用经销商,让其在自己的商标下销售你公司的产品。

6.1.4　产品 ◢/⁄/

第三方也许可以更好地代表产品或服务本身,例如:

——产品需要高级的咨询、管理和技术人员来有效地营销和销售产品,公司无法独自提供所需的人才,如一个大型 ERP 系统或一个建筑项目。

——产品与另一条产品线相辅相成,因此最好使该产品依附着其他产品一起经销。例如,迪士尼的产品"怪物史莱克"的玩偶经由汉堡王的儿童餐销售,车载的设备及辅助系统与很多新车销售相结合。

——对于产品的检修以及补充品来说,在当地提供足够的可用资源和零件是必要的,而公司无法通过自己的资源来有效达到这个程度。轴承这种产品就是一个很好的例子,航空器的支持与维护服务是另一个例子。

——从战略角度来说,公司会希望避免在特定市场(如区域性的或具体的细分市场)中实体所带来的成本、风险或复杂度。

6.1.5　代理商与经销商 ◢/⁄/

在决定应当选择代理商还是经销商的时候,最好从各个角度看一下目前的情况。要考虑以下几点因素:

——选择代理商的因素:

当需要对该代表的营销活动实施较高程度的控制,包括价格、条款和条件。倾向于直接销售给客户,以建立产品的市场商誉。

——选择经销商的因素:

当我们不愿意承担客户不付款的风险。

如果我们不想采取以佣金为基础的报酬结构。

我们希望别人承担商品与零件的库存并提供售后与维修服务。

代理商和经销商最关键的区别就是代理商是其委托人的代表,负有诚实守信的责任。在大多数情况下,客户资源仍然直接属于委托人。经销商(也可能被称为中间商、转售商或分销商)是一个独立的实体,以一般交易关系进行经营,委托人对他的影响力和控制权有限;客户是经销商的客户,主要客户资源属于经销商。所以,在特定市场情况下决定选用代理商还是经销商,根本的问题就在于我们希望对渠道实施控制的程度和希望维持客户与公司关系的程度。一个经销商不仅会支配,同样会拥有所售货物的所有权,不像销售代表或代理商,其可能暂时持有货物(或可能直接听从生产商的命令),但并不会拥有货物。经销商通常以自己的名义从生产商那里购买商品,增加利润率和转售商品。在很多情况下,在大多数司法管辖区想要设定或影响经销商的销售价格是不合法的,而且违反了竞争法。

6.1.6　选择代表

既然已经决定所选择的代表类型,那么选择正确代表的典型标准有哪些呢?

我们应当要求代理商或经销商提供参考、财务信息、隶属关系及该候选方已经阅读过并同意相关政策法规的证明。

在与经销商或代理商谈判之前,合同专业人员应当审查所有潜在的协议和谈判战略。除了符合公司政策、国家及地方法律和其他标准法律保护的证明之外,所有代理商和经销商的合同都应当非常具体地阐述各方所需的行动、需要达成的目标及所适用的限制条件。因为需要考虑到企业目标和市场环境,目前没有针对代理商/经销商协议的单独模板。

下面这些条款是在制定大多数协议时通常要考虑的内容:

——考虑经销商的经销渠道和移动产品的能力。

——授权地区,可能是地域性的市场或细分市场(例如,任何少于 100 名雇员的公司,仅限药业公司等)。但要记住,在大多数情况下,尤其在欧洲,我们可能无法施加这样的限制。假若如此,我们可能需要关注并建立激励机制(如奖金),以便促使与目标保持一致。

——能够使代理商或经销商持续及续签协议的商品最低销售量或购买量。同样,这些规定可能无法被所有国家接受,所以我们可能需要再次关注一下激励计划或类似的规划。如果我们对这一点有所顾虑,认真考虑以下两点是明智的:(a)协议的条款;(b)整体的渠道策略和架构,比如是否应当采用多层经销制度。

——绩效条款,比如培训向我们汇报的人员或对营销进行预算,把代理商或经销商的不作为跟合同的终止联系在一起。

——对于经销商,要考虑价格的规定。其包括他们所支付的货物金额或他们从你的标准价格中享受的折扣、终端用户的建议价格(公司无法决定经销商卖给终端客户的价格)。对于代理商,要考虑可以购买到设备的价格(如果在签协议的时候就已经知晓的话)。

——对于代理商,要考虑佣金结构的依据及花销限制。

——对于国外的代理商和经销商,要考虑汇率波动。这必须包括规定我们本国货币和外国货币之间汇率波动的一个百分比,超过这一百分比,就需要重新商议价格或佣金率。

——开始及结束日期。避免"常绿"的续约条款,除非以书面的形式终止,这种条款会允许协议自动延续。协议应当在所申明的时间段结束后终止。公司的律师可以提供相应的建议,或针对国外经营的代理商或经销商为你提供建议。需要考虑管理续约或终止所涉及的行政问题,以确保我们能够处理这些问题。

持有库存的义务。如当终止一条产品线或引入一条改进后的产品线的时候,"旧"的商品如何处理?产品终止的时候会发生什么?

——提供服务(如客户支持或保修)的义务。

——质量义务：所需的设施类型、员工培训等。

——保密政策：如何处理机密信息和商业秘密。

>>> 6.2 商业联合体与合资企业

6.2.1 商业联合体 ◢///

1. 联合体的定义

联合体(Comsortium)的定义为：企业之间的一个联盟，通过该联盟，在投标一个项目时，可以向客户明确指出一起合作是它们的愿望，其投标已经在此基础上进行了协调。这些公司通常非常谨慎，以确保每个公司的独立报价相互吻合并且共同组成了一个完整的计划。客户一般会要求所涉及的公司出具联合保证，即项目会圆满地完成并且妥善地经营。在大多数情况下会存在一份声明，表明联合体内部的所有成员对客户负有连带责任。这意味着，在法律上，联合体的每位成员都在自己负责的领域上和联合体内其他成员负责的领域上对客户产生责任。联合体协议就起到了分配这些责任的作用，并且列出管理联合体成员的其他规则。

鉴于联合体的复杂性，类似协议的开发和起草都是漫长的过程，需要所涉及的各方开展广泛的合作。开发合同的领导可能是买方，也可能是主导的供应商。在有些情况下，这项工作被外包给了在类似情况下有丰富经验的律师事务所或者由所有主要参与方代表组成的起草委员会。

2. 联合体协议的条款

以下所列出的联合体协议条款是在起草与改进合同过程中需要特别关注的几点：

——确认联合体成员。

——工作范围。

——索赔责任。

——价值比例。

——责任范围。

——关系本质。

——重大违约或实质性违约。

——管理联合体。

——解决纠纷。

——合同绩效。

——适用法律。

——合同谈判。

——术语定义。

——工程服务。

——投标准备。

——一般条件。

3. 需要考虑的联合体问题

一旦已经决定参与联合体,需要考虑并解决以下问题:

——这是所有参与者都平等的联合吗? 还是有些公司是以分包商的角色参与进来的? 谁是成员,谁是分包商?

——有没有影响联合体组织方式的税务问题?

——有没有其他财政激励? 例如,如果一家美国的公司与另一家公司形成联合体进行投标,它可否从下调的利率或其他补贴中获益? 一家本地公司呢? 带有本地化比例的保证呢?

——连带责任的意义已经被相应管理层评估了吗?

——已经对每个候选成员的经济实力进行充分评估了吗? 需要特殊保护吗?

——是否应该允许联合体中各成员分配责任? 可否将责任分配给子公司? 是否带有保证? 各方应当有批准分包合同的权力吗? 这样做应该寻求总公司的保证吗? 应当得到这些保证吗?

——各成员应当给其他成员提供什么技术数据、财务数据及业务数据?

——这些数据应该保密吗?

——协议应当是排他性的吗? 还是各方可以任意与其他公司对项目进行竞标?

——谁承担与提案的准备相关的花销? 谁来协调提案? 投标保证金的责任已经被理解并得到了适当分配吗?

——给客户的价格是以一种货币还是多种货币来计算的? 风险分担协议中考虑了汇率变动的影响吗?

——是否存在一位成员作为与客户的联络者,来安排谈判会议? 在这样的会议中,所有成员都参加吗?

——如果客户坚持使用某方不可接受的条款,该方成员是否有权利毫无责罚地退出?

——如何分配责任? 设备、维修、现场维护和支持服务以及培训由谁负责?

——如何管理联合体? 是否有成员提供全方位的管理? 项目会由一个委员会掌管吗?

——如何做出决策? 必须一致同意,还是由大多数成员同意,或由利益占多数的成员同意? 有没有牵头的公司?

——哪个公司会提供现场项目经理? 他们会具有怎样的权利范围?

——每个成员都要派出现场代表吗? 他们会聘请一个外部的顾问或销售代理商吗? 这些顾问和代理商的成本该如何分配?

——一些成员会给其他成员提供服务吗? 是否提供工作或居住设施? 办公设备呢?

——谁负责提供必要的保险和保函?

——各方如何分配与当地税费相关的成本?

——如果有一位成员周转不灵或破产,怎么办? 各方可以将无法履行职责的成员驱逐出去吗?

——对于要略过的工作或变更,应当遵循什么程序?

——违约赔偿金如何分配? 谁来负责绩效保证?

——源于缺陷或延误的额外成本会全部归因于有责任的成员吗? 这些不利责任如何分配?

——在担保期限结束之前,所有的成员都要互相约束吗?

——什么事件会引发协议的提前终止?

——纠纷如何解决? 技术性问题呢? 其他问题呢?

——联合体协议也授予客户所签合同相同的法律及管辖权制约吗?

——客户所在的国家是否存在针对联合体的特殊法律?

——是否有其他必须考虑的监管问题? 反垄断? 商业行为? 出口管制?

4. 联合体与主承包商或分包商

一个联合体具有有限的或整个的范围,负责它自己的工作以及参与者的工作,对它自己的范围有直接的控制,而对参与者的范围有较小的控制。主承包商拥有整个范围,负责它自己的工作和分包商的工作,对它自己的范围有直接的控制,对分包商的范围实行合同控制。分包商的范围有限,负责它自己的工作,并直接控制它自己的范围。

在决定哪种投标模式具有合理性的时候,每个参与者的份额比例是重要的考虑因素。一个具有三个成员的联合体,这三个成员每个成员的工作量约为总工作量的1/3 的方案,要比项目分成 70、25 和 5 的工作量方案更加可行。

6.2.2　合资企业和组团协议

合资企业(Joint Venture)是指两个或两个以上的独立组织为了战略目的而进行的一种合作商业活动。这些组织可以是私营企业、政府机构或其他现有的合资企业。合资企业可以完全通过合同协议来进行合作或联合活动。在市场营销背景下,这些通常称为组团协议(Teaming Agreements),而在开发环境中被更为常见地称为联合开发协议或合作开发协议。真正的合资企业是通过一个新的实体来运营的,在实体中一个公司和其他各方做出股权(所有权)投资。

一家公司通过融入合资企业,获取或改善进入市场的途径。尽管大多数合资企业是制造企业,但有一些企业涉及产品开发,还有一些涉及联合营销活动。

1. 组团优势

对于制造型的合资企业来说,最主要的原因或优势如下:

——某些国家对本地经营的所有权有法律要求。

——税收和关税优势。为了获得这些优势,通常要求最低限度地参与(如在中国,参与度达到25%即可适用激励机制)。

——更低的人力和运输成本。

——能够利用成熟的客户联络、客户知识和基础设施在当地进行市场营销。

——需要将该客户视为战略伙伴(在一些情况下,某些产品的客户可能是另外产品或市场的合资企业合伙人)。

——有些招标偏向于能够增加本地价值的投标,为了对这些招标做出响应,需要与当地企业建立合资企业。

——获取资金或其他资源。

——参与方不愿意接受在企业子公司的角色,或者利用现有的企业结构无法开发所预见到的机会。

多数不发达国家的政府鼓励合资企业,有如下理由:

——鼓励当地自给自足。

——帮助创造当地就业机会并促进就业。

——激发民族自豪感和知识资本。

——获得对科学及技术诀窍的掌控。

——减少外汇成本并改善贸易差额。

——支持当地供应商的成长和发展。

——减少基础设施开发的成本。

——一些政府把建立合资企业作为市场准入的条件。

一般来说,组团协议是一个简单的合同,为了对提案征询函(RFP)进行响应,某个公司根据这个合同与一个或更多公司共同准备标书。公司与团队成员具备互补的能力(每一方的优势可以弥补其他方的劣势),通过合作来提高共同赢得竞标的概率。

组团同样有可能采取联合发布广告或促销的形式,即各方不是针对具体的提案或顾客征询,但可能仍然希望共同促销各自的产品(如在贸易展或在客户展示时)。通常情况下,应顾客的需求,组团同样可能会带来复杂的技术合作、联合产品开发和/或与合资企业合作。

在任何组团形式中,都必须明确定义各方的角色和责任,这对买方和卖方的利益同样重要。通常情况下,某个公司担负起客户的总承包商这一角色,其余团队成员成为分包商。在这种情况下,总承包商肩负着向客户准备提案及贯彻实施所做出的承诺的全面责任。对于各方来讲,对提案中自己的部分负责是很重要的。另外,各方可能同意在组团协议期间团队各成员彼此不能竞争性地参与投标。这种禁止竞争条款的精确范围和持续时间可能根据情况的不同而有显著的差异,它们可能仅仅限于这个特定的销售机会,也可能限于该投标过程的持续期间。一旦各方已经从竞标中淘汰,这种规定通常立刻期满终止。

② 组团协议承诺

在合资企业,尤其在联合开发协议中,一个重大的要点是对于各个公司的专利及知识产权的保护。组团协议应当具体阐述各方所贡献的技术类型、培训及其他信息,并说明应当如何处理这些机密信息。在通常情况下,也有必要具体指明哪些信息不必视为机密,因为我们希望避免可能出现的后续法律诉讼。

预先与组团伙伴获得承诺是十分重要的。在没有获得分包商背靠背承诺(Back-to-back Commitment)的情况下即直接履行义务,常常导致你处于劣势及合同失败。在与候选的组团伙伴分享任何信息之前,应当签署适当的保密协议。

我们通常所称的背对背协议其实是组团形式的一种版本,在这种形式中,公司作为分包商,而另一方(如增值代理商、合资企业,甚至竞争对手)则作为主承包商。这些协议也应当在向客户投标之前就落实到位。主承包商所谈判的,将由公司来承担的任何条款和条件都应当与公司的利益相吻合,并且没有让公司面临无法承受的风险。在组团协议中需要处理的各类问题同样也必须在背对背协议中得到处理。

在任何组团协议中,至少要考虑如下问题:

——提案准备:责任的分配。主承包商协调总响应,其他组团成员向主承包商交付他们的输入,只有当主承包商提出要求,他们才可以与客户进行直接联络。

——各方的关系:他们是独立的承包商。在没有另一方预先批准的情况下,他们不能承诺让另一方采取任何行动。主承包商应当负责与客户的沟通。团队成员通常会同意在组团协议期间不与成员们竞争来参与公开招标。处理竞争禁止的协议时需要非常谨慎,尤其当你的公司拥有很多子公司时,这些子公司可能受到类似协议的影响。

　　——工作说明书:哪一方应当提供何种类型的产品、服务或技术信息。

　　——成本及费用:各方都应当负责自己的费用。制定报销、税务及行政费用的责任办法。

　　——责任范围及"免受损害"约定。

　　——所需的投标保证金及履约保证金。团队成员应当出具履约保证书以支持公司所负责的产品和服务的部分。

　　——保密性。

　　——协议终止。

　　——公开宣传。

　　——争议解决。

　　——完整协议。

　　——赔偿时限。

　　成功组团的结果应该是中标或有一个好的营销计划,这取决于组团协议的战略。如果公司是主承包商,我们应当与客户准备一份销售协议或许可协议,并与团队成员准备分包合同或转授许可证。

6.2.3　股份式合营企业

　　对于 IT 企业而言,随着其业务全球化,股份式合营企业(Equity Joint Ventures)变得愈发普遍。股份式合营企业实体在追求战略商机方面有单独的身份和自主权。投资者通常分配一定程度的:

　　——所有权(这可以从 50% 以下非控股至 70% 或以上直至完全控股)。

　　——运营责任。

　　——财务风险与回报。

　　对于合营企业来说,有一些潜在的负面因素必须予以说明。最主要的风险就是合伙人的利益通常随着时间逐渐出现分歧,或者从一开始就存在幕后动机或有各自的目标,从而导致后期出现不可避免的争端。其他的一些风险包括:

　　——与总公司或同一个公司的其他合资企业出现潜在的最终竞争。

　　——缺少对质量及服务的控制权。

　　——该企业的市场发生改变或消失。

　　——合伙人的技术贡献没有达到另一方的期望。

　　——与实际的或潜在的竞争对手分享专利信息的风险。

　　——不均衡的成本或收益,导致不情愿继续投资或提供支持。

　　在合营企业协议中可能出现的或应当预见或处理的众多问题中,以上几点只是其中的一部分。尤其关键的一点是,企业的合伙人应当就如何解除合同达成一致,包括在解除合同时资产和责任的分配。最近的案例(如美国电话电报公司与英国电信(集团)组成的 Concert 合营企业)表明,没有计划合同的终止可能导致严重的延误,高额的成本和较高的不确定性,在这个过程中摧毁了合营企业的大部分固有价值。

≫≫ 6.3　合同履约地的法律适用

各个国家都会有具体的法律来保护代理商、代表和/或交易商。所以在与第三方进行合作之前分析这些法律是很重要的，因为它们对于供应商未来的行动自由施加了实实在在的限制。

目前存在很多决定公司所使用的经销商数量或生产商与经销商关系的法律。其中一个例子是欧盟。欧盟管制了使用经销商方面的反竞争部分，即其所谓的"纵向约束"。还存在一些规定禁止限价协议。在特定的情况下，其余一些被禁止的行为包括在持续时间不限或超过五年的合同中直接或间接地规定禁止竞争义务。

这些法律还涵盖了一类限制——即使公司与代理商或经销商的书面协议只针对一段具体的时间，公司仍可能不被允许与他们终止协议。如果他们终止了这种协议，并且没有代理商或经销商违反义务的证据，他们可能需要支付基于代理商或经销商预期未来收益的第三方巨额赔偿金。在一些司法管辖区，如果公司决定启用第二个代理商或经销商，并由此限制了第一个代理商或经销商潜在的销量或利润，那么公司也可能要评估损害赔偿金。在其他一些司法管辖区，指定一个单独的或专用的经销商可能是不合法的。

各个国家都制定了这些法律，以保护它的人民不受剥削。公司有时雇用一个代理商或经销商只是为了涉足新的市场，一旦业务建立并完善，就可能不再需要代理商或经销商，而这个代理商或经销商可能已经支出了费用来建立新的业务、积攒商誉甚至放弃了其他机会。

有关合同终止的法律是否适用，要取决于第三方是被视为代理商还是被视为经销商。其中的区别是严格依照法律判断的，并且可能在各个国家都有所不同。如果你在合同中没有正确地加以区分，可能会让你付出巨大的代价。

在授予经销权方面你可能也会受到限制。在很多中东国家，代理商或代表必须是当地人（在这里，"代理商"这一术语实际上是误称，其实他们通常在保护他们当地的人脉和客户方面更加卖力）。沙特阿拉伯王国禁止国外公司在当地进行直接售卖，要求必须由当地的代理进行所有产品的出售。

如果你的经销商在欧盟内某地区有独家经销权，那么你需要去查看相关的反垄断法。如果公司授予经销商在一个欧盟国家进行销售的经销权，而禁止其在另一个国家出售商品，那么就很有可能侵犯了这些法律，这要取决于你在合同中对反垄断法的处理方式。

要查看所适用的税法。这些向公司支付的款项会被扣除当地的预提税吗？你是否能够出于国内税收目的而将这些针对国外商品的销售所支付的当地税款记入账内？当地税法定义"常驻机构"的方式可能会导致公司很难在不受到当地税法限制的条件下雇用代理商。在某些情况下，基于适当的合同结构，这些税收可能被避免或最小化。

要考虑当地劳动法的影响。如果这些法律只对个人性质的代理商产生影响，你可能希望代理商是企业实体。如果保护性的法规只包含了经销商，你可能需要考虑仅雇用代理商。当地劳动法适用的风险要比代理关系的风险更大。这些法律可能会极力保护当地一方的权利，并且使国外的公司义务过重，还可能使公司承担很多额外的义务，如大量的报表或其他官僚主义行动。

>>>> 6.4　选择方案

6.4.1　识别潜在的供应关系 ▄//

当我们在寻找合适的关系时,无论是作为买方在寻找供应商,还是作为代理商或经销商在寻找业务关系,最好考虑以新颖的视角来看待商品或种类。在签署协议之前,我们必须从供应商和客户这两个角度来审视内在的市场现实,以确定适当的业务需求及其对标准和规格的影响。下面的市场路线矩阵将会使我们能够:

——以恰当的方式看待价格。

——清晰地看待业务需求的角色。

——了解供应商的行为和动机(对于商品不合适的适用区域做出标记)。

从买方的角度来看,供应商可能有着根本不同的思维模式及观点,这取决于他们是在哪个市场路径象限中运营的。通过了解供应商的思维模式,买方可以更有效地进行谈判。要留意不同象限中的行为,这是买方使用市场路径分析工具来制定和实施商品战略的一种方式。对于供应商来说,理解买方的动机可以使供应商针对客户的业务需求准备好他们的提案和协议。表 3-6-1 概括了一些可能但并非全部的思维模式、供应商和买方的相应态度。

表 3-6-1　一些可能但并非全部的思维模式、供应商和买方的相应态度

象限	供应商的思维模式	买方的思维模式
特制化	"我在出售我的流程" 开放企业,展示设备和雇员 灵活性 适用于以质量和服务为导向(除非他们以低端产品为目标,在这种情况下你的操作成本很低)	共同降低成本 联盟 预采购关系 友好收购价格成本分析 公开账面定价 持续改进 价值工程 合作团队
客户 定制化	"我提供独特的创造性价值" 展示有创造性的员工 喜欢亲密的工作关系 不喜欢讨论价格,更关注价值 形象意识 技术导向 个人关系在销售中很重要	以下行为的最佳候选人: 目标定价/设计的竞争 首选供应商列表 创新寻源 提高价值(而非降低成本) 在新产品开发中让供应商参与 满足于现状(注意周期)
大众化	"我必须击败竞争对手" 做好交易及谈判的准备 坦然面对竞争或影响力 愿意在价值上重新定位 封闭性企业,具有戒备、好斗及谨慎的特点 不太值得信任,也不太信任他人 习惯于拥有只能同甘不能共苦的朋友 成本意识 价格意识	关注价值的重新定位 品牌名称 干扰研究开发 更多地使用杠杆 有市场头脑 注意物流成本以实现重大节约 了解并管理供应需求的问题或机会 在采取战略行动之前保持谨慎

（续表）

象限	供应商的思维模式	买方的思维模式
专卖	"我在掌控" 我会收取他们可以支付的最高金额 "我拥有这项技术或这个想法" 极度不公开的企业 傲慢的 很慢才意识到竞争 实事求是 附加有限的价值（除非创造了专利产品）	寻找替代品 挑战规格 寻找杠杆项目来与产品捆绑 风险及脆弱性分析

6.4.2　评估项目范围

对项目范围的适当管理对于任何项目或业务关系的成功都十分重要。在开始时花精力开发适当的项目范围，可以大大节约双方后期所花费的时间和金钱，从而为双方带来巨大的回报。在书的后面章节我们将更深入地讨论工作说明书（SOW）及服务水平协议（SLA），这些文件将记录、描述和评估任何所要完成的工作的必要的及技术性的要求。

在合同管理生命周期的初期，就有必要开始概括出一个书面的范围文件。此范围文件将成为供应商与客户所签订的协议的基础。书面范围文件定义了项目所交付的产品及项目目标。范围陈述（Scope Statements）定义并确认了各利益相关方之间对于产品或项目范围的理解。一份好的范围陈述在被所有利益相关方阅读之后不会产生歧义。如果我们与不同的利益相关方审视范围陈述文件，发现各方对此文件产生了不同的理解，则说明范围陈述还不够清晰。

6.4.3　理解项目范围

我们需要处理两种截然不同但却相关的范围陈述：

——产品范围：定义了产品或服务的特征及功能。

——项目范围：根据产品范围，定义了交付这些产品必须要进行的工作。

在起草范围文件之前，有必要清晰明确地理解产品及项目范围。强烈建议以下几点：

——涉及的所有各方应当已经审查过供应商及客户的业务需求。

——所有各方应当已经明确了客户与供应商之间的责任。

——所有各方应当已经认定并同意了明确排除在范围之外的任何限制和工作。

——关于在范围中纳入任何最后的更新或变化，所有各方已经与他们相应的赞助者及其他主要的利益相关者进行了讨论。

6.4.4　项目范围陈述包含的要素

一份恰当的范围陈述应当包含以下基本要素：

——商业论证。充分论证项目以及目标，以评估未来的各种选择方案。

——产品描述。概述产品是什么或产品应有的用途。

——项目可交付成果。对于产品的概括性列表，这些产品的完成对于项目的完成来讲是必需的。

——项目目标。可衡量的标准，如成本、时间表、质量检测等，这些标准用于检测项目的成功与否。目标应当遵循 SMART 原则,即具体的、可测量的、可行的、相关的和有时限的。

——支持细节。描述在范围陈述的开发过程中所考虑的任何假设或限制。

——变更控制过程。尽管一般情况下,这是一份独立文件,但每个范围陈述都应当简要地概述将如何管理项目范围以及已同意的变更将如何纳入项目可交付成果中。

下面是一个例子,用以说明如何创建一份成功的范围陈述。这个七步骤流程只是一个范例,有助于开发基本的范围陈述。对于更复杂的项目,建议使用更高级的、更有经验的项目管理人员来制定项目的工作范围。

(1)审查项目的业务需求及产品规格和要求。要准备一份精确的工作范围,唯一的途径就是要确切了解项目中包含哪些任务。应当对任何可能被忽视或误解的少见的事项或条件做出记录。

(2)找到适合你的工作范围的合适模板。如果你的公司没有自己的范围模板,那么就利用简单的文字处理文件,在一个带编号的列表中分别列出每个范围项,包括公司的名称、该范围要发往的公司、项目名称及日期。

(3)创建一个适用于所有参与者的通用范围。比如,在一项建筑工作中有一些任务是每个分包商都必须完成的,这些任务可能包括清洁工作、安全问题、项目会议、工薪报告、时间表或许可。

(4)为每一方准备一份详细的范围。例如,在一个与外包供应商合作开发软件的项目中,分别概述其开发、测试及实施程序,并指定每个阶段的负责人员。

(5)寻找两个区域中可能重叠的部分,并确保在范围中说明谁负责什么任务。

(6)包括任何对某方特定的附属任务。以一份建筑协议为例,某方可能负责提交所有的工程图、电路图并获得所有的法律许可。

(7)与每个利益相关方审查范围,以确保所有条目都能够被明确理解,并且各方都对范围无异议。这一步骤通常在正式合同授予前召开的范围审查会议上进行。

随着项目的进行,范围陈述可能需要反复讨论并修订,以反映项目范围中被批准的变更。项目范围同样会受到关系类型以及最终使用的合同的影响。

≫≫≫ 6.5 合同签订的备选方案

常见的有三种基于关系的合同:

1. 合作伙伴(Partnering)

合作伙伴通过开放式沟通及共同的目标,共同承担项目管理的职责。只有当双方有同等程度的承诺时,这种合同方式才能发挥作用。如果不得不非常详细地定义承诺水平,那么这种合同就更趋向于传统的合同。

2. 项目联盟(Project Alliances)

这是一种针对特定项目的时效性方法,通常在项目完成后终止。这种联盟以双方共担风险和共享回报为基础,需要双方开放账面成本以及拟订一份关于风险利润和管理成本的协议。

3. 战略联盟(Strategic Alliances)

这与项目联盟较为相似,但其适用于更长久的承诺,合同时限通常是若干年。典型的例子就是长期的外包关系,外包商提供产品或服务以换取有保证的现金流。这种战略联盟的内在好处是双方将开始了解互相的需求,并且能够实施持续改进,以提高未来的利润回报。

特定的行业同样已创建了标准的合同模型,这些合同模型可以针对不同的风险或关系类型进行调整。例如,在工程建筑方面会大量使用一些标准合同,如国际咨询工程师联合会(FIDIC)或 NEC 模型合同。美国工业界也开发了标准的条款和做法,包括一些调解纠纷的专业做法。在英国,石油天然气工业有合同模板,并且一些常见做法已经在全世界被广泛采用,例如以"各负其责"的方式来对特定风险领域投保。在广告媒体行业,还有房地产行业,同样倾向于使用大量的标准格式合同。然而,这些模型中没有任何一个成功地获取了普遍的吸引力和接受度。在合同签订领域尤其在法律界,"非由我属,不为我用"综合征依然普遍存在。

 本章思考题

1.为什么要选择代理商?

2.代理商和经销商有什么区别?

3.商业联合体和合资企业有哪些区别?

4.合资企业和组团协议有哪些区别?

第 7 章　信息征询函（RFI）

买方需要信息来支持其采购决策。国际上会以三种不同的方式要求潜在供应商提供这些信息：提案征询函（RFP）、报价征询函（RFQ）或信息征询函（RFI）。前两个字母意为"征询"（Request For）而最后一个字母"P""Q""I"则分别代表"提案"（Proposal）、"报价"（Quotation）、"信息"（Information）。这三个术语统称为 RFX。采购人发出 RFX，称为"招标"。依据我国法律，RFX 属于要约邀请。要约邀请可以以公告形式发布，也可通过邀请书形式发布。

通常情况下，信息征询函是用来评判新项目是否会使采购人受益的。信息征询函会帮助你决定内部提供产品或服务的可行性、从外部供应商处采购的可行性或什么都不做的可行性。

◎ **本章目标**

> 1. 熟悉编制信息征询函的工作内容。
> 2. 了解编制信息征询函的格式和内容要求。

>>>> 7.1　采购前期准备阶段

国外称之为预投标阶段，在我国称之为投标前期准备阶段，其包含了不同类型的准备工作，包括与你的供应商/客户/潜在客户进行沟通。我国的招标投标法规对该阶段没有规定，前期准备阶段的工作由企业制度规定。

信息征询函（RFI）与提案征询函（FRP）类似，但不同的是使用信息征询函的时间更早，即在购买意向还未确定的时候，因此其在根本上存在更多的试探意味，通常没有特别明确的具体要求。发布信息征询函可以用来收集信息以做出"自制还是外购"的决策，或用来收集有关信息以协助业务或制定相关的采购战略，例如，在新兴领域，涉及新加入市场或来自之前没有考虑过的区域的供应商。

值得注意的是，与信息征询函相关的条款和条件不应当太过严格，以免限制供应商准备提供的信息或潜在客户使用他们收到信息的方式，这些限制在某种程度上会阻碍信息收集过程。

作为买方，即使你的公司有能力自行生产产品或提供服务，你可能仍然想要知道在产品或服务由外界供应商提供的情况下公司所花费的成本或可能得到的额外收益。在其他情况下，你可能需要开发新的能力，并希望做出"自制还是外购"的选择。

>>>> 7.2　选择并组建 RFI 团队

7.2.1　定义并管理角色

合同或采购专业人员在与相关的业务部门人员进行交流时会意识到信息征询函是十分宝贵且必要的,对于业务部门来说,信息征询函会启动需求收集会议(RGS)。

在这个阶段有两点十分重要,其一是确认所有的利益相关者,其二是选择团队成员,需要这些成员来提供信息并获取项目批准。各方的参与程度取决于为完成 RFI 需要他们所做的工作。在大多数信息征询工作中,必须要求以下代表参与:

——执行发起人。

——项目经理。

——技术代表,包括信息技术、工程、质量或其他相关部门的技术人员。

——财务代表。

——业务发展或营销专家。

——法律代表。

——合同专业人员。

——任何其他可能提出与产品或解决方案相关意见的人士,如人力资源(HR)专员。变革管理或企业绩效考核方面的人士。

① 执行发起人

执行发起人(Executive Sponsor)是高级执行官,有权资助并批准项目,同样对于整个信息征询过程负有责任。执行发起人是"自制还是外购"决策的组成部分,其角色相当于所有高层管理者的代表,这些高层管理者可能在信息征询进程中必不可少或可以扫清障碍。执行发起人不会参与日常的 RFI 流程,其他团队成员在 RFI 流程的不同阶段向执行发起人做项目进展或方向的报告。在 RFI 流程中,项目经理负责让执行发起人了解所有里程碑目标的达成。

② 项目经理

项目经理可能是合同专业人士或来自业务部门的人士。他们是需求收集会议的协调人,控制整个 RFI 项目并协助准备 RFI。他们为所有的会议安排时间并召集与会议上需要讨论的任何主题相关的人员。他们还通过与团队成员互动,调查并确认项目中的所有依赖关系,可能涵盖设备、硬件、软件及系统。

③ 技术代表

技术代表提供创建 FRI 所需的技术信息,因此是这个过程中非常重要的角色。他们使用技术术语定义适用于项目、系统或硬件参数的质量标准。对于他们所提供的信息,在此列举如下几个例子:公司内部技术指南、系统架构定义、数据库设置、服务水平、容量需求及性能要求。技术代表负责把项目的功能性需求转换成可以被供应商理解并使用的技术语言,这些供应商们依照这些技术语言完成他们对 RFI 的响应。

④ 财务代表

财务代表应当确保处理并落实所有必要的商业论证及财务审批,并在财务分析、支付及融资方案方面与 RFI 团队合作。

5. 业务发展或营销专家

依据 RFI 的主题,让业务发展或营销专家参与该流程并提供外部市场目标和挑战是较为恰当的。这样可以帮助 RFI 团队将外部市场信息转换为对潜在供应商的要求或提问。

6. 法律代表

法律部门不参与日常的 RFI 编写,但其对编写 RFI 过程中可能需要的条款及条件或语言风格提供意见和建议。在编写 RFI 的过程中,合同专业人士将与法律代表密切合作,以确保使用了适当的术语。在向潜在供应商发布信息征询函之前,法律部门将会进行最终的审批。

7. 合同专业人员

在 RFI 文件的创建和编写过程中,合同专业人士成为核心控制点的角色,他们提供一份批准的供应商列表,列表上的供应商都是有资格参与 RPI 过程的合格供应商。

如果有请求使用不在该列表上的供应商,他们将会作为汇集点,负责请求、接收或发布来自新潜在供应商的所有信息。在所有情况下,合同专业人员都是任何(潜在)供应商与用户之间的沟通接口。如果在 RFI 过程中需要与供应商们进行会议安排,合同专业人员会协调会议的时间与形式,并作为负责人将信息传达给各供应商。对于在 RFI 过程中所有与供应商的口头或书面沟通,合同专业人员都要做好完善的准备与分发控制。

≫≫≫ 7.3 开始 RFI 过程

RGS 对于必要的业务部门(如财务、技术、运营或市场)提供了讨论拟议的项目或服务,创建 RFI 内容(作为业务需求的功能性或技术性需求)的途径。对于与 RFI 相关的需求,这些需求的关键点是它们需要有一定的详细程度,以便可以将需求要素分类为"最好具有"或"必须具有"两类,但又不能过于详细,以避免客户和供应商不得不提供大量的细节;更为详细的细节可以在后续的互动中补充。在创建出一份完整且全面的 RFI 并发给潜在供应商之前,协调人必须与所有利益相关部门进行合作。

在 RGS 完成之后,依据你所在机构的公司管理条例,应当向执行发起人或批准讨论会提交一份执行概述(Executive Overview),以获取批准将 RFI 发给潜在供应商。这份概述中应当包括项目的细节及这个项目应当作为 RFI 发给供应商的原因。应当切记执行发起人通常以高层的视角参与很多项目,所以其需要在概述中重新了解项目。接下来,我们应当在执行概述中陈述项目的基本目标,并着重强调本项目对执行发起人的使命有何好处。然后,我们应当陈述项目的预期范围并以项目总结作为结束,这份总结应当再次强调本项目对执行发起人总体使命的积极作用。

≫≫≫ 7.4 信息征询函内容

7.4.1 信息征询函 ◢◢◢

1. 执行概述

RFI 的执行概述部分在高层次的水平上阐述公司对于供应商的产品或服务的期望及它

们在整体流程中发挥的作用。要说明如果项目变为"外购",供应商必须了解他们的产品和/或服务的运作环境及总体业务目标。

② 一般信息

公司应该与供应商进行沟通,说明他们应当在公司之间执行保密协议(NDA)。如果潜在供应商拒绝签署保密协议,公司可能将其从RFI过程中排除掉。然而,当要求签署保密协议成为普遍做法时,一定要小心谨慎。首先,供应商可能要求这样的保护是双方的——这绝不是一个不可理喻的要求,但是必须确认已经评估了潜在的后果。

其次,如果有内部开发团队正在研发类似的产品或想法,我们必须考虑公司的未来是否可能遭受索赔,可能被诉窃取了供应商的知识产权。在那种情况下,其实可能需要一份涵盖此类索赔可能性的协议,此份协议实际上也明确地否定了对保密性的任何义务。

如果RFI过程中出于某种原因需要在公司场所工作,那么就应当出具一份声明,即要求供应商遵守公司有关的工作或安全规章政策,如进入限制和安全规章制度。如果适用的话,RFI应当包含关于在RFI准备过程中所发生的任何可报销花费的具体信息。这个解释应当足够详细,以防出现任何关于花费是否可以报销的误解。RFI应当是供应商进行商务活动的正常成本,供应商不应当报销花费。

最后,RFI指南应当说明用于评估每个供应商的反馈及相对竞争地位的流程。在评估竞争地位的过程中,供应商必须达到在RFI中概述的技术性需求才有资格被公司加以考虑。

评估的其他注意事项至少包含以下几点:

——预算成本,包含一次性实施成本、连续运作成本及更新成本。

——供应商的安全方案、所有权信息及运营详情。

——接受关键的条件与条款。

——供应商的财务状况。

——供应商的经验及质量控制流程。

——提交创造性的方法或意见。

7.4.2 提案格式

要确保所有对RFI做出反馈的供应商都明白反馈的格式要求。为了公平地对比评估这些反馈,格式必须是统一的。供应商对RFI的反馈格式细节应当包含:

——一封附函,其中包括供应商姓名、地址和授权为供应商代表人的联系方式。

——各种概念性的选择方案并说明它们如何满足这些需求。

——关于每个提议的选择方案的可行性评估。

——在准备该提案过程中供应商所做出的假设。

——与RPI相关的额外信息,其他适当的材料、建议及讨论。

评估中没有具体要求,但供应商可随意愿提交任何材料和数据。同样,我们可能希望供应商附加与反馈相关的参考资料,包含标准销售手册、图片资料及供应商希望提供的可选方案、成本及进度预估。

7.4.3 条款及条件

① 条款及条件

RFI的条款及条件需要反映具体的商业环境。应该对以下几点给予特别的考虑:

——保密条款。如果与RFI相关的项目具有高度敏感性,这些条款可能会非常严格。

——知识产权。可以用来保护客户的知识产权,并且可以在后续 RFP 过程中使用潜在供应商反馈的内容。

——期望的承诺水平。用于避免供应商对于后续 RFP 的反馈与 RFI 的反馈出现巨大差异,这种情况可能导致 RFI 的结果、RFP 过程及相关活动或开支无效。

——筹划关键的合同条款。这些合同条款可能是后续合同的一部分。

② **所需的供应商信息**

这部分包含了有关供应商业务运营方式的信息。在这一部分,你应当要求提供详细的技术、财务、质量和管理信息。这些信息会成为最终评估过程的重要部分,并在选择供应商阶段非常重要。

从供应商处获得的公司信息应当包含但不限于财务报表、公司结构、可能会阻碍供应商交付项目产品的法律或材料制约、曾经为公司或子公司做的工作或者与拟议的 RFI 相关的为其他公司所做的工作。

我们应该建议供应商提供至少五位推荐人,并且在 RFI 的评估过程中可以联络到他们。每位推荐人的信息都应当包含公司名称及联络人名字、完整的邮寄地址、电子邮件地址和电话号码。

依据提案的类型,关系管理对于任何潜在协议的成功都至关重要。供应商应当说明对项目及综合管理的流程和做法。确保供应商有足够的资源来支持 RFI 是十分重要的。所以公司应当要求供应商提供包含机构大小及雇员数量的相关信息。供应商应该阐述他们与该提案有关的内部专长以及拥有的专家。

如果这份 RFI 包括一些软件,我们可能需要让供应商推荐进行软件维护、集成、系统更新及开发的标准与方法。他们应当了解实施提案所需的工具以及如果这些工具有专利权,是否可通过商业途径获得。

如果需要使用供应商的任何实体设备来展示或执行各种可选方案,每位供应商应当描述设备的大小及位置、保护机密及专利信息的安全程序、设备的实体结构及位置和灾难恢复计划。如果适用的话,让每位供应商描述他们现有的基础设施、设备、通信设备及容量和两个公司之间将使用的沟通方式。

7.4.4　变更控制及支持

变化总会发生。在你探讨各种选择方案和进行 RPI 过程期间,我们可能发现业务需求、功能性或技术性需求发生了变化。确保已经准备好追踪这些变化的方法和相应的沟通计划,并且确认其可以执行。对 RFI 所做的所有变更必须告知所有竞标方,以确保公平竞标。

7.4.5　经验及稳定性

要求供应商提供过往经验,尤其当这些过往信息与 RFI 中描述的系统或过程有关,或者与公司有关,或在同一行业内。还应当要求供应商提供与 RFI 中描述的硬件或系统有关的过往经验。要求供应商提供他们组织的统计资料、运营业务的时间、总雇员数量及参与提案流程的雇员级别。询问他们是否与公司或子公司有任何业务关系,他们与公司有怎样的过往经历。如果他们曾经与公司做过生意,确认与他们合作的人员,并确保我们跟公司内与他们有过交易的人士交谈过。

>>>> 7.5　信息征询函的其他要求

7.5.1　功能性、技术性及业务需求

　　供应商的提案应当包含拟议的产品或服务的所有功能性、技术性、业务性需求及规格，包括与现有的或计划的流程、系统、体系及基础设施（包括工程或建筑设计）的集成和与兼容性相关的信息。这可能需要他们与现有的或潜在的供应商或分包商合作，在某些情况下，也可能与他们的直接竞争对手合作。要尽早检测他们是否愿意遵守类似要求是很重要的，这可能会省去很多无用功。

　　提议的解决方案应当概述人员需求，即执行该计划所需的专用的或具备专门技术的项目团队成员。要求供应商提供执行提案所需的技能要求及培训活动的具体例子。

　　建立通信需求，即供应商与本公司之间的任何专用通信联系及所需的通信联系类型。供应商必须说明这些通信协议是如何遵守你公司的现有标准或如何加强它们的。

　　指导供应商，他们必须使用可重复性的方法，对拟议的可交付成果所需的进展评审和检查做出界定。

　　我们应当对公司的支持团队的责任做出界定。这些职责可能会改变一些公司通常处理内部工作需求的方式，如获取内部客户需求、定义及管理项目进程，参与所有可交付成果的测试。依据 RFI 的性质，可能还会要求其他责任。

7.5.2　软件及硬件需求

　　如果需要软件开发，供应商必须概述公司的软件开发方法。这应当包含影响分析、系统分析及细节设计；生成代码的过程及各种测试场景，如单位、字符串、系统及集成、负载及用户验收测试。

　　如果需要对产品进行维护（产品支持），供应商必须说明在维修过程中负有一级、二级或三级职责的人员；还应当对任何版本管理或变动进行标示及说明。

　　如果需要硬件，供应商应当提供包括硬件或软件配置、系统性能、批处理或在线模式、与其他硬件或软件的配合能力、公司的电力需求、系统支持要求、备件可用性、空间需求及未来升级的信息。

　　这只是硬件及软件需求的一个简短清单。公司的技术代表应当在需求收集会议（RGS）中对所有可测量目标提出验收准则及失败严重性级别参数。无论产品是什么，这都是必需的。技术代表可能允许供应商推荐存在某种程度缺陷的可交付成果。在该种情况下，供应商必须提供完整的风险分析及风险管理计划。

7.5.3　预算定价

　　在预期信息、定价要求及收费标准的概述中，供应商至少应当提供粗略的价格水平或估计。你应当要求每位供应商为拟议项目提供预算定价及收费标准。预计的定价必须全面且完整，在后续的 RFP 流程中，其将会部分用作选择供应商的标准，并用于修正项目预算。因此，必须充分阐明涉及硬件、软件、安装、培训及支持的所有一次性及重复性成本。预算价格

应当基于拟议的项目。如果供应商在 RFP 中引入了隐形成本,那么这位供应商将被取消资格。

供应商应当基于技术性、功能性及业务性需求提供预算价格。如果适用,供应商还应当提交一份保修期满后第一年的维护方案,此方案从保修期结束时起生效,时效为一年,此外还应当提供一份后续四年的维护方案。供应商应当把附加四年的建议费率包括在内。供应商还应当提供"技术支持"流程,以协助实施团队解决问题或实现预期安装进度。

7.5.4　审查、认可及分发 ◼◢◢◢

在编写信息征询函的过程中,我们可能需要与团队成员召开各检查点会议,以认可并批准已经编写的内容。当 RPI 全部编写完毕,并已经准备好分发给供应商时,所有的竞标团队都应当对其进行审核。一旦所有的团队成员已经认可并批准了这份 RFI,合同管理人员将会把此函发给供应商。发布 RFI 以收集信息及制订计划为目的,其并不能构成对进一步服务的请求。RFI 的反馈并非要约,通常也不会被作为有约束力的合同。

⟫⟫⟫ 7.6　RFI 结论和替代方案

7.6.1　RFI 结论和替代方案 ◼◢◢◢

团队将会审核信息征询函的反馈,并向项目主管报告他们的调查结果及结论。这些结论及报价评估可能导致"自制"或"外购"的决定。

如果决定"自制",此项目在公司里便结束了。这种情况可能出于很多原因,主要原因是:

——供应商出价太高。

——供应商的时间表与项目的时间表不吻合。

如果决定"外购",那么会出现两个可选方案(这应当已经在 RFI 中确认了):

——从 RFI 中选择最好的供应商,让其成为项目的供应商。

——以 RFP 发出项目。团队可能决定分发 RFP 的对象并不是包括所有对 RPI 做出回应的供应商。这个决定的原因可能是:某些供应商的预算成本较为高昂,他们的技术结论与项目不吻合,或者他们在 RFI 中没有报价。

有可能会发生另一种情况,即项目主管决定取消项目。企业的方向可能表明不再需要此项目,或者基于供应商的反馈及公司的内部评估,此项目成本过于高昂或技术上没有可行性。公司主管可能会取消项目,或让团队重新评估项目并重走 RFI 流程。

无论结果是什么,要确保我们对所有的供应商做出响应,让他们了解公司的决定,然后将此流程归入"经验教训"档案中。

在个别情况下,更为合适的做法可能是,与一个或几个供应商探讨开发各种替代方案并避免 RFI 流程所施加的限制。这可能是由于拟议的开发具有创新性、可选供应商数量有限、收集必要的信息所产生的成本高昂或具有竞争敏感性。

在这些情况下,可能有必要通过以下两种方式来处理这一流程:通过联合保密承诺,或者在支付费用的基础上,与一个或多个供应商签订合同来开发原型或进行概念验证分析。

此类安排是很少见的,但对于特别复杂的项目来说可能是必要的,这类项目可能具备很高的重要性、不确定性或风险。在这种情况下,你必须非常谨慎地对待知识产权、保护其进展到竞标阶段或完全停止活动。

7.6.2　供应商视角

RFI 对于以下几类供应商提供了机会:

——对现有的供应商而言,有机会巩固他们现有的地位,突出如何开发利用现有的投资(包括商业关系),打败新进入的竞争者。

——对外围供应商而言,有机会加强与客户之间的联系或使合作关系更加具有战略性。

——对新的供应商而言,有机会以更加正式的方式接洽潜在客户,有可能参与后续的RFP 过程,并最终获得一份合同。

——对于所有供应商而言,有机会影响决策过程及 RFP 内容,提高赢得合同的概率。

本章思考题

1.信息征询函采购方式的主要目的是什么?

2.组建 RFI 团队需要哪些步骤?

3.信息征询函的主要内容应包括哪些?

第8章　条款审核

本章规定的条款审核指在招标投标(RFX)活动中和管合同草案的审核,包括审核的必要性、目的以及审核时间影响等在内的有关事项。

◉ **本章目标**

1.熟悉审核合同草案的必要性。

2.了解合同审核时间对合同双方的影响。

>>>> 8.1　条款审核的原因

依据公司的大小、定位或所处行业,企业可能已经开发了自己的条款或已经使用了由所在行业协会创建的一系列条款。针对那些已经开发了属于自己条款的公司,其所开发的条款可以依据表3-8-1分为买方条款及卖方条款。

表3-8-1　买方及卖方一览表

购买自	购买途径	购买人
供应商或供应商团体	采购代理合作公司商贸组织	贸易集团
销售给	销售途径	销售人
当地或国际及商业或公共终端用户	经销商 市场营销人员 代理商	代理 咨询机构

8.1.1　合同条款审核的必要性 ▰⁄⁄

① 事关公司竞争力

为什么要进行条款审核?从本质上来说,这事关公司的竞争力。条款及条件可能会严重影响公司作为灵活贸易伙伴的吸引力;或者影响进行商业交易的成本;或者透露出对于规章制度的遵守程度。我们如何确保在维持有效合规性的同时,持续优化供应链的成本及交易的简易性?采购人最近是否已经从局外人的视角看过上述条款,以确保它们满足商业需求及目标?是否仔细看过主要竞争对手所使用的条款?如果采购人认为条款与业务目标不吻合,或正在妨碍甚至阻止商业交易的执行,或不符合公司近来宣布的产品、服务或战略,那么是时候来审查及调整这些条款及条件了。

② 一般性条款性的审核

大多数买方或卖方的公司都有一系列基本的条款,这些条款通常被冠以"一般性条款"。这类条款通常应用于一些或所有的采购或销售交易,并涵盖一些标准部分,如支付条款、滞纳金、知识产权及责任范围等;此类条款通常是其他部门的"保留权力"。例如,公司的法律部门通常负责知识产权部分,这个部门通常可以自行决定(保留权利)在任何情况下的用词变更。机构内的其他部门负责其他条款(支付条款会对财务产生影响,增加责任范围的上限可能影响定价及保险费等)。因为采购部分需要坚实可靠的商业论证来说服法律、定价、安全、财务或审计等部门的专家,因此调整一般性条款会需要大量的准备工作。在通常情况下,尤其在小型交易中,一般性条款都是不可谈判的。很多司法管辖区对于起草及应用一般性条款都有严格的规定,在任何交易中,较弱势的一方相对于较强势的对手可能受到更多的保护,尤其当对手向弱势方施加他们的一般性条款时。

所有买方或卖方的公司都倾向于有大量不同的标准交易文件(如工作说明书、程序许可协议、软件获取协议等),这些文件都会引用到公司的一般性条款。与此同时,当发布新的产品、程序及服务时,公司可能会介绍这些产品、程序及服务所拥有的后续支持的具体条款。这些具体的条款从公告日期开始便具有可变通性,以促进并加快产品及服务的流畅推广。不仅如此,当引入类似新产品、程序或服务时,公司可能宣布对于替代产品或服务的灵活条款,以缩减库存。很明显,最重要的条款便是价格,其与优惠折扣、特别款项或融资条款等息息相关,结果可能导致一个公司拥有大量不同的条款。然而,在企业对企业,尤其是企业对消费者的市场里,对于特定的"现成的"产品或程序(或某些"商品性"服务)的条款是没有商量余地的。当出售一个低价值的操作程序时,交易双方不会对条款进行谈判;当买咖啡机时,卖方也不会与买方商议这些条款(除非在某些情况下商议价格)。

>>>> 8.2　条款审核的目的

8.2.1　条款审核的目的

合同条款通常可粗略地分为两类:主动条款与被动条款。主动条款是这样一些条款,它们的管理、执行或控制需要有资源或业务流程来支持,如支付条款、合同或项目变更、担保服务或产品交付。被动条款是那些不需要任何基本流程的条款,这些条款只是在某些具体的行动或疏漏影响了整个合同的履行时才会生效;被动条款包括不可抗力、责任范围及损害赔偿等。

主动条款通常会对经营效率、运营成本及利润产生巨大的影响。不遵守主动条款可能会激活被动条款。被动条款主要是关于当发生问题时,对后果的遏制。在大多数业务中,被动条款一般被视为处理风险的条款,实际上,所有的条款都涉及风险,然而被动条款只是在描述、遏制并且圈定这些风险的后果。

8.2.2　不适当条款的后果

整体来说,如果合同条款没有竞争力或不适宜当前贸易条件,就可能会导致以下的负面后果：

——其他公司可能不愿意与其进行业务合作，因为合同条款可能对他们的风险或利润来说有些苛求，或竞争对手可能提供了更多的伙伴关系或更大的合作空间。

——可能会促使不必要的谈判（包括谈判的层次及频率）、延迟交易完成及招致本可避免的花销。

——可能囊括了发生问题的后果，同样也会错失机会，如提高利润、拥有创新型解决方案或更强大的合作关系。

——可能错失提升经营效率的机会，如通过标准化或计划性的条款选项（而不是有很多的或定制化的例外）。

——可能已经错过了新领域的风险，现有的货款不足以处理这方面的风险，如电子事故报告、竞争法的变更或新的数据保护法规。

——条款可能导致贸易伙伴（或公司内部部门为了避免合作冲突）的高风险行为，并导致广泛的风险暴露，如在健康与安全领域、管理合规性和声誉风险方面。

如公司的每个利益相关者经常会在条款方面采取坚定的立场，这些立场有时可能会造成很难与公司开展业务。例如，关于知识产权的所有权的政策（比如一个大公司试图采取这样的立场，即希望拥有所有供应商的知识产权）；责任范围方面是最容易引起争论的领域，因为买方和卖方通常采取极端相反的立场（这在公司内部也是真实可见的，法律部门所面临的挑战之一就是解释他们如何协调公司内部的不同立场）；一些公司寻求严苛的损害赔偿或违约赔偿金，而这可能导致他们的供应商倒闭；甚至在有些政策领域，如女性或少数族群所有的企业，苛刻的规章及流程可能将很多潜在的供应商排除在外，从而导致一个高度无竞争性的环境。

>>>> 8.3 审核时间及其影响

8.3.1 需要审核的时间点 ◢◢◢

进行一次彻底的条款审核的明显原因是，如果是有意识地转变市场战略或市场细分，例如一家卖方的公司可能因商品化需要而转向更加以服务为中心的出售品；或者一家买方的公司可能希望推行供应商类型及关系模型更清晰的市场细分。还有可能的是，卖方的公司现在已经在一些它提供商品或服务的市场上占了主导地位。因此，其可能使条款及条件更加严格，并仍然能够以预期的节奏增加其销量。

进行条款审核还有一种常见的原因，即采用了新的内部软件应用或更普遍的流程重组。显然，类似的机会不应该被错过，将过时且不合适的条款嵌入公司的合同库或模板中可能成为一件令人遗憾的事情，但我们不应当等待如此罕见的事发生。真正的答案就是当我们的监控机制告诉需要去审核，那么便进行一次审核；所以关键在于那些监控机制是什么，以及如何实施。

我们已经讨论过一般性条款与交易文件中条款的区别。前者在较长时间内较为稳定，而后者经常会变化，如随着新程序或新版本的发布改变这些条款。

最佳实践公司通常有一个封闭循环系统，因此公司会获得持续的反馈，这些反馈是基于市场经验及变化着的业务需求及条件,这样的循环系统可以确保对具体合同条款或商业政策及做法定期进行由需求驱动的审查。例如,有些与支付、交付及验收、服务水平或赔偿有关的条款可能会导致贸易伙伴频繁地不配合,那么明智的做法是关注对这些条款进行的可能的改变,以促进谈判和完成交易。从另一方面来说,这些领域可能代表了谈判和价值交易的机会,如果它们对于市场来说是重要的,那么就不要放弃它们,但是需要培训谈判者来提供后备条款以换取对你有价值的一些事项。

无论是买方还是卖方,对于非常频繁地发现索赔或争议的合同领域,都应当应用类似的研究。这些都代表了改进内在程序或做法的机会,通常的方式是对条款进行谈判或管理。例如,如果对于议定的范围或对于变更是否可收取费用经常出现意见分歧,那么了解为什么会出现这些问题及怎么才能降低其发生频率是很重要的。

大型采购实体通常会掉入一个陷阱,即对于其采购与销售运作设计一份“一刀切”的合同,这种做法显示了该机构对不同细分行业的相关成本、风险及规范的误解。可达成的标准化程度是有限制的。如果我们希望将效率最大化并举行建设性的谈判,那么审核必须包含对于不同产品及服务类型的适当分析,以确保拟议的条款对于行业及地理区域来说是适宜的,并代表了风险与回报的完美平衡。例如,用于机械部件的条款可能与附有嵌入软件的私人电脑条款不同。涉及维修服务的条款在芝加哥可能与在哈拉雷或在一个近海石油平台上多有不同。但是,无论在产品或服务或法规环境方面是否出现了重大的变化,依然还是需要进行全面的条款审核。这是因为竞争标准在变化,业务流程也在变化。合同条款可能已经与两方面中的任何一方面都不吻合,使得很难开展业务,或者导致本可避免的内部成本和冲突。

关于应当何时进行条款审核,并不存在一个普遍适用的具体时间段,但一些指标会告诉我们条款审核可能有点迟了。最佳实践采购实体考虑这些指标及市场中变化的节奏,以便:

——定期解读一般性条款,以确保这些条款依然符合当前的合同签订需求。

——获取关于法律的警示,以对于即将到来的法律改变或司法管辖权问题提出建议。

——设立一个日期,周期性地进行总体审查及批准。

——反复核对条款的任何调整,以验证所有更改都已经被适当纳入。

8.3.2　审核警示 ◢◢◢

很多采购实体为各个业务部门包括合同小组开发了关键绩效指标(KPI)。关键绩效指标的持续或突然下降,甚至长时间的反复无常,都足以表明应当进行条款审核。

即使一家机构可能拥有关键绩效指标的监管流程,但还是有一系列的警示信号提醒公司应当进行条款审核了。具有讽刺意味的是,最明显的信号就是当合同小组面对对其服务有大量需求而不知所措的时候,这通常会导致误解不断加深:合同小组的员工承担着很重的工作负担,他们不理解为什么销售或行政管理部门还在质疑他们的增值作用。他们不明白这会导致其他人视他们为绊脚石,是简化程序的障碍。然而,他们通常是对的。特别的招标、异常请求、不合规或要求让步,这类情况的大量增多确凿无疑地表明条款与市场并不同步。

当然,这也可能是产品或服务问题,如质量、实用性甚至品牌形象,如果是这种情况,条款变更能提供的帮助就十分有限了。但是,即便如此,条款审核也可以识别所提供的产品与服务结构方面的变更或具体条款的修改,从而帮助提升公司竞争力。

对于何时开始条款审核这个问题,最简易的指标就是特定例外发生的频率。现在有些公司拥有精确的数据,例如,通过合同管理软件或其他数据采集系统。还有一些公司利用外部的服务来提高洞察力,但是很多公司没有这类数据。它们应当从进行内部问卷调查开始,总体上来讲,这种做法有可能获得一个相对准确的印象。评估需要超越的具体条款,并了解例外情况与特定提供品类型或市场的结合程度。很明显,我们应努力优先投入最具战略性和影响收入的领域内。

随着我们在技术方面变得更加成熟,希望纳入对标,即与主要竞争对手或对等合同类型实施具体的比较研究。这类数据非常难以获得,几乎没有客户会明确透漏竞争对手提供了什么,但是我们的确有一些选择。如可以委托第三方进行研究;可以求助于国际合同与商务管理协会(IACCM)进行的各种研究和报告;可以与公司新招聘的成员进行交流;可以与自己的采购实体进行谈话,他们可能真正地在与一些竞争对手合作;也可以查看互联网,在公共平台可以获得大量的信息。

非常重要的是我们要与贸易伙伴建立联系,以创建谈判之外的关系。如果与合同对方的交流时间只限于激烈的谈判过程,那么我们就错过了一个好机会。销售部门通常会尝试将采购部门隔绝,销售部门不希望其他部门与贸易伙伴建立会威胁他们控制权的关系。什么控制权?他们代表了你的公司,这比作为销售部门重要得多。当然,采购供应部门一定会对整体战略非常敏感,并且必须避免危及特定的机会。与对手讨论商业条款并了解他们的驱动力及业务需求,这完全是合法的和值得的,这样采购实体可以相应地调整公司产品。最后,寻找买方和卖方可以坦诚讨论的场所,或向外部专家寻求建议。

8.3.3 信息反馈

很多机构,尤其是当购买商品或服务时,都会引入一些条款,这些条款旨在满足特定的功能性目标,不需要了解或评估它们对于绩效方面更广泛的影响。这对于很多风险分配而言确实如此,尤其是在处罚条款(责任、违约赔偿金)中或在不平衡的势力导致不公平的感觉(价格、终止权、知识产权的所有权)的情形下。这个问题甚至扩大至绩效测量,涉及持续价格缩减的义务或创新的要求等。类似的条款提高了供应商的风险水平,并可能驱使供应商采取产生相反效果的行为,这些行为本用以保护他们免受损害,而不是为了实现预期的结果。

不均衡的条款倾向于建立对抗的或以责任为基础的关系。这些条款通常限制了信息流并导致了双方的不诚信和怀疑。这会导致风险增高,从订货至交货的时间延长,工作事倍功半和错失机会。只有当双方都致力于共同的成功,关系才能够与日俱增。如果每一方都只关注自己的利益,这种关系只能挣扎着存在下来。

最糟糕的是,不良的合同签订和关系管理会导致各方之间忠诚度的流失。如果客户依赖他们的供应商来提供核心业务能力,那么这会是客户承担的一个很大风险。在特定的行业,如汽车及电信行业可能最为明显,在过去,严苛的合同条款曾经导致供应商将重点转移到他们认为更公平、更合乎道德的客户身上。这就意味着他们将市场、开发预算及创新的重点转移到了我们竞争对手处。忠诚度的缺失通常在很后期的时候才能够觉察出来,但是依然会存在一些警告信号,如对立的关系、创新的缺乏、经常转换资源和不愿意协作。

>>>> 8.4 进行条款审核及其案例

8.4.1 进行条款审核

列举出需要进行的主要步骤是很重要的。这可以确保我们在识别主要机会的同时,再将这些机会按照优先顺序排列。记住,条款审核一方面是在应对贸易伙伴,告诉我们需要改变的地方,另一方面是在驱使我们提升绩效。问题与解决方案之间的联系在开始时可能没有那么明显。例如,我们最近遇见一家公司,它提供自动托管条款以减少客户风险。作为回报,这家公司对其标准的责任范围没有任何协商余地。他们已经识别出了一个战略机会,即他们所接受的风险的价值已经超出了客户寻求更繁重的责任条款所获的收益。为了确保在条款审核中识别出类似的战略机会,在条款审核进程中拥有合适的代表是很重要的。合同小组很有可能希望由其内部团队来进行条款审核,但是让尽可能多的来自直面客户部门的代表参与审核(如果你是向别人出售产品的公司),可以获取最大的价值。

有时,法律上或技术上的改变可能带来简化或效率的改变。电子合同就是这方面的一个好例子,或者可能因为法规的变化或新标准的产生,需要对条款进行更新。

无论我们想要做什么,都需要很好地了解目前在用的关系或合同类型组合,并且需要一些关于条款对相关市场重要性的数据。如之前提到过的,可以使用 IACCM 对于被商议条款的研究数据作为工作背景。这反映了公司的典型经历吗?对于供应商和客户所不喜欢的条款与我们所在的行业的情况一致吗?如果有差异,这些差异是正面的还是负面的?我们能不能觉察出可能代表差异化机会的趋势?例如,如果支付期普遍拖长了,我们能够通过缩短支付期限来获得竞争优势或获取其他利益作为回报吗?或者能否引入代收服务,以便供应商可以尽早得到款项,从而使我们成为更具吸引力的客户并且保护了他们的现金流?我们需要针对各种战略机会来考虑每个条款,包括每个条款是如何与合同中的其他条款相关联的。

从这些步骤中,我们将识别出合同的重要条款,即那些在列表顶端的条款。我们应当评估贸易伙伴可能出现的问题,但这样的评估应当切合实际,不要过于乐观或悲观。销售部门可能会告诉你任何变化都是危险的。不要相信这些!只要顾客和供应商能够理解其中的商业理由,他们通常都可以接受变化。当然,如果合同模型是总括性的或是关系条款,那么会出现麻烦。在交易性合同中,采购部门不需要通知任何人。

最后,要记录预期的收益(如节约费用、谈判量减少、竞争力提高、合规性加强),并指出测量及报告结果的方法。然后,继续进行,得到管理层的支持以推动这些变更。就像任何审计一样,对条款审核必须确保充分的审核跟踪,主要是用来避免不同合同文件之间的不一致性。

8.4.2 审计示例

A 公司曾经面临大范围的风险条款。每次谈判都似乎聚焦于猛烈的杀价,同时伴随着对责任、赔偿及保证条款的洽谈。这种情况对大客户来讲是最为显著的,并且影响超过40%的盈利机会。法律及合同管理者感觉他们在每次谈判中都处于守势,没有真正的机会来进行交易或者补偿。这看起来只是一件如何抑制冲突并且限制让步程度的事情。A公司执行了非标准的条款及合同。当时并没有预先批准的条款选项,也没有已发布的指南可以协助对于交易风险的评估(换句话说,标准条款都伴随着标准交易及关系类型)。

一次条款审核揭露了这些短处,但更重要的是,背景调查揭示了在顾客担忧及广阔市场趋势背后的原因。以下几点很明显:

——这家公司需要一个对于不同类型交易背后相对风险的评估方法。

——需要引入风险条款的备选(后备选项),以反映不同的可能性。

——对于风险条款的讨论本应该在每次谈判的早期进行,而不是留在谈判的最后,而且缺乏真正的交易机会。

应该引入新的谈判筹码以阻碍过多关注主要风险条款,这些筹码会处理顾客风险的其他方面,因此是一些有吸引力的备选项。例如,在类似价格保证(最受顾客欢迎的条款)、便利终止及服务水平保证(包括违约赔偿金)等话题上开发创造性的立场。

在随后的12个月里,合同小组监控了市场。他们发现典型的谈判周期时间平均缩减了超过10%,并且与大客户的合同中非标准风险条款事故(现有可用选项无法满足的那些条款)减少了近七成。这是与他们的主要竞争对手直接对比的结果。

 本章思考题

1.简述合同条款审核的必要性。

2.不适当条款有哪些后果?

3.适当时间点的设置可以满足合同管理的哪些要求?

第9章 招标投标（RFX）活动及规则

本章至第13章介绍的招标投标活动指国际通行的 RFX 活动的程序规则。RFX（RFP、RIQ、RFI）活动和我国的招标投标活动类似，但程序规则有很大不同。在 RFX 活动的不同场合，合同双方可以有不同称谓，如在 RFX 活动准备阶段，采购人称为 RFX 团队（简称"团队"），在合同管理阶段称为买方，站在供应链角度称为客户等；同理，供应商也可以称为投标人、卖方、中标人等。

◎本章目标

1. 了解 RFX 活动的程序。
2. 熟悉对供应商评估的工作。
3. 了解 RFX 活动中的评标和我国现行制度的区别。

⟫⟫⟫ 9.1 招标投标（RFX）活动的准备工作

9.1.1 进行招标投标活动的准备工作 ◢◢◢

做好准备是采购成功的关键。尝试收集尽可能多的相关信息，关于要采购的东西、所涉及的个人、业务需求及时间安排，以及任何成本预算，把它们与之前采购的进行比较。要了解内部流程及不同层级中谁需要参与采购流程。在早期，尝试找出最终批准采购的管理层负责人。

要对潜在供应商进行调研，查阅贸易团体、期刊、广告、口碑。收集对该产品的供应和需求的研究。我们可能需要咨询行业专家，与最终用户保持密切联系，以找出其正在试图解决的业务需要及其成功的构成元素。

9.1.2 招标工具定义及其使用 ◢◢◢

（1）RFP 最为复杂，且以正式文件的形式提供有关买方的需求和目标的完整详细信息，还包含对提案编制、标准合同起草与标准响应表格及提案评估标准的指导说明。

（2）RFI 适用于买方要求提供关于产品/服务的更多细节，供应商应该提供价格、产品宣传资料及供应商的优势，并回答买方对于产品主要功能及其他条件的询问。它还会使供应商能够列出可能会影响我们正式进入市场的方式的替代产品或商业模式。

（3）RFQ 用于当买家只想知道供应商对某物品或服务的收费时。RFQ 中描述了要求的物品或服务，并需要供应商响应费用、付款条件和交货期。

尽管不同的公司及不同的组织对合同专业人员的职责限定不尽相同，但很明显，合同专业人员不论是在整个招投标过程的管理中还是作为主要贡献者都具有关键作用。

RFQ/RFI/RFP 可能无法适用于所有情况，尤其是如果时间是关键或如果仅有一家供应商提供你想要的产品。在一个单一供应源的环境中，我们可能要考虑与供应商的长期承诺来降低价格或调查开发产品的替代来源或自行建造/供应。

与供应商预先存在的关系是定价的优先考虑因素。我们可能有比使用 RFQ 更好且更快的选择：对于 RFQ 类型的采购，电子商务交流及逆向拍卖网站可能会给你提供更快、更低的竞价。

9.1.3　目的和时限

RFX 团队（以下简称"团队"）在起草 RFX 文件时要当心"视野狭隘"，我们可能已经非常熟悉采购，以至于在描述中可能遗漏掉关键内容，尤其要确保高于本次采购要实现的目标的清晰度，特别是重大项目，值得在公司里派专人（与采购无接触）来阅读 RFX 介绍。如果那个人能够阐明采购的基本价值主张，则说明我们做得很好。要理解供应商会对响应 RFX 感到压力，因此，不要问太多"愚蠢"的问题。

设置日期很重要，但最重要的日期是响应及投标截止日期，即供应商必须返回其对 RFX 响应的时间。我们建议使用"投标意向"截止日期来统计有多少供应商打算做出响应，这将对 RFX 是否正确命中目标受众或是否需要向其他供应商发送 RFX 给出早期的指示。

《中华人民共和国招标投标法》对投标截止日期有明确规定。

9.1.4　行政管理信息

团队将自己放在供应商的位置，并作为供应商为了做出恰当的响应需要准备什么样的问题和方向。请注意，多数大型供应商有专门的 RFP 响应团队，用来获取标准化的 RFP，并且希望事先提供此类信息。鉴于供应商可能会在其看过 RFP 不久之后开始提出问题，因此，在发出 RFP 之前应选择好主要联络点。团队也可以指派 RFP 项目经理作为主要联络人，加上第二技术联络人。在这种情况下，对技术问题进行记录并转发给技术联络人，然后经由主要联络人返回。这个过程比较慢，但确保了更好的管理和信息流通。

9.1.5　商务和技术需求

最难的 RFP 工作是创建一套良好的需求。团队需要理解该采购项目的商务诉求，即我们想要解决的问题。请记住，如果该项采购仅仅是因为必须拥有某个特定物品而要获取该物品，则使用 RFQ 更合适。也就是说，发出 RFP 是因为该项采购有多个解决方案，或者因为供应商的解决方案各不相同，但都能令人满意。

因此，RFP 中的技术需求应该是那些对于兼容性、性能或未来要增强的功能绝对必要的需求，要始终质疑那些指定了特定供应商的标准的技术需求，或那些在规格方面表现武断的技术需求，提问为什么需要这种特殊的技术需求。有时，一个以更普遍的方式来指定的技术需求将对所有供应商更公平，并为我们提供更好的解决方案。公司可能对某个系统有一些特定的标准,通常是许多制造商都满足的行业标准规范。如果适用,应参考公司的这些标准。

9.1.6 案例研究

一家比利时银行发出了一份在其分支网点以新的电子门取代传统木门的技术。这样做是为了提高安全性,尽管额外的好处是降低采暖成本并提升作为"现代"机构的银行形象。但是,它忘了授标后的支持与维护需求,这种需求在过去未曾被提出过。该合同被授予出去,且在其主要分支机构安装了新的大门。几个星期后,发生一起事故,大门失灵导致三名客户被困在门里面,银行花了几个小时才找到支持人员并解救出客户。当供应商谈到维修合同时,银行并没有什么优势,更重要的是,该事故对其声誉造成了严重的损害。

>>>> 9.2 供应商响应和选择

9.2.1 供应商响应"招标"

建议团队随 RFP 一起发送两个电子表格。一个表格列出各项要求,允许供应商以复选框形式选择带有解释的答案。另一个表格列出团队需要的成本明细的类型(初始采购价格、未来维护价格、需要近期升级和/或未来升级的价格)。在发送之前,花一些时间练习亲自填写电子表格,这样会消除大部分疏漏。

请确保团队理解答案的限制性,使他们对需求的描述措辞清晰,以便得到所要求方式的回答。

9.2.2 供应商评分与排名

1. 供应商的成本响应

在发送 RFP 之前,仔细思考并建立评分流程及确定权重,这有助于验证 RFP 内容并确保我们了解初轮投标所需要的一切。在"最终报价"一轮,团队依然可以要求对这些需求进行优先排序。并非所有的需求都能或者应该是关键任务,否则将很难在供应商当中进行区分。团队将使用开发的评分矩阵进行初步供应商选择和最终供应商选择。

评分矩阵的细节可在 RFP 发出后和收到提案之前进行开发,以避免评分受到特定提案或供应商的影响。重要的是,要十分明确哪些要素将进入评分以及它们的相对权重。这不仅有助于决策过程,而且应适当地传达给供应商,以便其制订提案时能够理解优先顺序。

我们应当将需求评估与成本评估清楚地分离开,由此简化 RFX 管理。花时间制定成本电子表格会帮助我们专注于想要供应商响应的定价种类。这将便于比较并减少进行比较时的混淆。

应当抵制供应商提供他们自己格式的成本响应。那样只会使内部评估过程复杂化,并使比较价格更困难。然而,如果供应商在成本矩阵中发现了未被列入的成本类,则请务必探讨其他供应商处理这些成本的方式。该项成本可能适用于所有供应商,但是因为未在电子表格中列出而被忽略了。

❷ 决策的评估标准

RFX 活动是一个自然的进程,从高度概括的描述到需求,到成本元素,然后再到总体评估过程。供应商应该基本了解如何对其进行评级,并且允许有足够的灵活性以便不陷于特定的方法或权重计算方案。供应商不应了解排名的具体权重(否则可能会质疑评估)。切勿向供应商披露不必要的竞争信息。这是一条需要精细把握的界线,要保护内部团队成员不被直接的供应商提问"淹没",或者不得不应对那些竞标失败的供应商的抱怨。这是作为 RFX 负责人的工作的一部分,成为供应商与内部团队之间的缓冲,既要确保恰当地处理信息,又要与潜在供应商进行有效的沟通,需要保持好这二者之间的平衡。

≫≫≫ 9.3　管理 RFX 的过程

9.3.1　关键管理主题 ◢◢◢

团队应针对每个 RFX 项目设立联系点(Point of Contact,POC)并向内部及外部宣布,这一点无论怎样强调都不算过分。此外,供应商一方也应该有单一的联系点。RFX 文件应该非常清楚地指出,如果供应商试图围绕该 POC 私下走动,则会被取消投标资格。请记住,作为 RFX 团队负责人/POC,团队负责人要管理两个过程:①供应商与公司之间的沟通;②公司内部的沟通。两者对于 RFX 项目的成功同样重要。

作为供应商与公司之间的接口,团队负责人在很多方面都承担着守门人的职责。请记住,我们的目标之一是鼓励竞争并让良好的供应商有兴趣对公司的业务进行投标——不论是现在还是将来。

9.3.2　组建团队 ◢◢◢

对于谁会加入 RFX 团队,负责人可能没有太多选择,而合同专业人员的职能也因公司不同而不尽相同。无论如何,对团队成员进行 RFX 过程及隐患方面的培训仍然是至关重要的。如果团队成员方面有一定的选择余地,尤其是在选择参与创建需求或成本电子表格的成员时,请尽量选择那些对高效精确的语言有良好把握的具有商务/技术背景的人员。即使在理想情况下,也应通过培训团队来给自己提供帮助。如果团队已具有响应 RFX 的经验,则仍有价值基于以前的成功对合适方法进行更新,并去掉任何旧的坏习惯。请记住,高级管理层应该对团队在一定层次上进行批准。

9.3.3　管理项目 ◢◢◢

RFP 流程一般仅用于大型采购项目(只要你公司认为是大型的)。因此,在处理 RFP 流程时,应当与公司管理其他大型内部项目时考虑的一样。在大多数公司中,这些考虑包括一个项目计划,其中带有人员配备预期、里程碑、PERT(项目评估与审查技术)和/或甘特图(或至少在一定意义上包括关键子项目的组成部分)。至少应该将 RFX 文件中引用的截止日期映射到项目计划中,以确保其合理性,并确保团队有足够的人员配备在规定的时间内完成相应的工作。

9.3.4 管理供应商

1. 供应商澄清

RFX 活动应当有澄清环节,在 RFP 活动的文件中应告知供应商关于提问/回答的流程。

请注意,供应商可能会尝试向团队的成员(如果供应商知道具体的团队成员)套取信息以获得竞争优势。此种目的可能会以友好的方式来进行,或蓄意使本采购偏向于其他方向。负责人的责任则是维持"公平竞争"。

应该在 RFX 团队和更广泛的组织内强调 POC 的作用。根据项目的规模,可能要适当确保高层管理人员都知悉该项采购的 POC。应该鼓励高层管理人员将所有有关 RFP 的问题都转向该 POC 提问。管理层将有很多机会在口头介绍或通过该 POC 进行提问。要说服管理层,使之相信让 POC 做好他的本职工作对管理层是最有利的。

团队可能会收到来自供应商的典型问题包括:

——对需求进行澄清,尤其是标记为"必备"的需求。

——有关那些貌似与某特定供应商有关联的技术规格方面的问题。

——该项目是否真的有预算。

——管理层是否已经内定了中标者(而该 RFP 只是一种形式)。

——供应商是否可以提出自己的解决方案(RFP 未考虑过的解决方案)。

由于所有供应商必须遵守必备需求,因此,对于这些需求应当进行最多的严格审查。团队应该了解为什么那些需求从公司的角度出发是必备的:如果你不了解,请在提交 RFP 之前和需求团队开会以确保了解。供应商也会试图评估公司的财务假设(如预算),并可能会问一些诱导性的问题。不要鼓励供应商继续询问不当的问题,请礼貌地但坚决地转移话题。如果供应商用"头脑风暴"的方法来解决 RFP 问题,请听取解决方案并与其他团队成员进行讨论。

作为项目管理的组成部分,应统一收集供应商提出的相关质疑问题。尽量等到所有的供应商都有机会查看 RFP,并针对他们的提问做出统一回复。唯一的例外情况是,如果发现在 RFP 中犯了明显的错误,就应该立即纠正并宣布。请以保密方式处理问题,并且不要在响应中泄露提问者。一种格式是"某公司提出了以下问题……答复为……"。无须对问题逐字引述;修改问题以确保其听起来更具有一般性,或者同时回答来自多个供应商的问题。

2. 签署保密协议

在所有情况下(极少数特例除外),RFI 和 RFP 都会含有对采购商来讲商业上的敏感信息。在一些文化环境里,采购实体希望通过在发出 RFI 或者 RFP 之前要求所有目标收件人签署一份保密协议(NDA)来保护这些信息。从供应商角度来看,其回响应中的信息也可能是商业上的敏感信息,因为其可能涉及以下一项或者全部内容:

——目前的战略和将来可能的发展方向。

——目前或将来可能的技术。

——服务能力。

——运营方法。

——定价。

——现有客户和市场潜力。

因此,在提供敏感信息前签署一份保密协议对双方来讲都非常重要。团队的 NDA 在签署前应经供应商的合同管理机构审核和批准。

9.3.5 更改 RFX 时间表 ▰▰▰

团队应对照项目计划随时监控内部时间表,寻找关键路线问题。当时间延长时(极少会缩减),供应商们会希望有更多的时间来完成他们的投标响应,但内部团队有可能会失去关键的项目成员,因为他们有可能被派去执行其他任务。

公司倾向于缩短响应 RFX 所需的时间。如果团队编写 RFX 文件时做得很出色,就可以缩短响应所需的时间,特别是在响应需求及成本参数的电子表格方面。三个星期(自收到之日起)为小型 RFX 活动的典型响应时间,但每个行业都有其认为的合理的标准响应时间。需要注意的是,响应时间高度依赖于具体时间(逢假期会延长该过程)及采购的类型。

▷▷▷▷ 9.4　投标人响应及其评估

9.4.1 供应商对 RFP 活动的响应 ▰▰▰

对"招标"的所有响应都必须在截止日期当日或之前通过 RFX 系统、快递、供应商当面递交或者平邮的方式递交;也可考虑邮件递交,但应当注意确保递交能够安全被接收且交付时间有保证。

任何提前收到的提案必须安全保存,直至截止的日期和时间才开封,以避免先入为主导致给予某位供应商对其他供应商来讲不公平的优势,或者避免把信息泄露给还没有递交的供应商。在截止日期前,也可能接到一位或者多位供应商通知,说明他们将不会对招标做出响应。团队应询问这些供应商为何不做出响应,并要求他们将所有的招标信息全部退还。

如果"招标"响应是在截止日期之后才收到,其应当被拒绝,除非该延迟被证实超出了供应商的控制,在截止日期前已经通知,且招标过程的安全性和公正性不会被破坏并通知了其他潜在的供应商。确保每位供应商都了解如果出价在截止日期之后才提供,其会被拒绝,除非一些极特别的情形。必须确保对每位供应商一视同仁,以避免任何潜在的商业道德或法律问题。

9.4.2 投标评估委员会 ▰▰▰

自响应 RFP 招标项目开始,采购实体团队应组建一个投标评估委员会,并推举一名主席,对 RFP 的合同以及供应商投标文件进行评估。

①. 红色评估委员会(以下简称"红色团队")

红色团队基于完整的 RFP,从客户的角度执行一个独立的审查和评估。该评估会议应当包含在可能条件下的定价评估。

审核及响应的流程可以通过角色扮演进行强化。高级经理很少有足够的时间去参加全天候的审核。这就意味着红色团队审核会议通常为那些准经理及其他需要增长经验的高级雇员提供了良好的关注度及培训基础。在万不得已的情况下,某些公司使用外部咨询师来支持红色团队审核。尽管这种做法很常见,但也蕴含着风险,因为局外人可能不知道内部的政治及团队所面临的压力。

红色团队审核对于合同专业人士来说是以正面的方式磨炼文件起草能力的一个很好的机会。常常有这样的情况,即从团队的角度看,合同的用语看起来得体、适宜,但从买方的角度看却有些无礼、傲慢或在法律上太过详细。红色团队可以识别出这类陈述,建议做一些轻微的修改,让用语更得体一些,这样做可以加大赢面并保留竞标者响应中所要表达的含义及任何必要的风险预警。对于合同专业人士来说,他们的挑战就是要去完全适应建设性的氛围,并且学习如何在起草文件时使用得体的合同用语,以保护公司免受过度的且难以量化的风险,但同时又使文件非常明确、友好、易于阅读,可实现双赢。

②. 绿色评估委员会(以下简称"绿色团队")

并不是每次招标响应都有时间或必要来进行绿色团队评审,但做一次无拘无束的"头脑风暴"可以提供很多价值。绿色团队会议的专家具有专业知识,并可以接触采购实体更广泛的集体性知识。这可以使团队能够从团队之外的视角来看如何清除障碍,补全缺失的信息,发现新的优势领域。

绿色团队的成员是从团队之外选择的,他们来自采购实体中不同领域,选择他们是因为其在一个创造性环境中工作的能力和提出非传统想法的能力。他们把其拥有的专业知识、人际网络和组织知识用于团队所提出的问题和解决方案。

绿色团队评审流程是一个专注、简短及高度创新性的工作。开始时由团队介绍该机会的概述及总括,然后绿色团队成员召开一个会议提建议。该会议应当由一个富有经验的协调人主持,以确保该会议简短、议题集中,并且尊重成员们的意见和建议。

会议结果包括:对已知问题的解决办法,对团队未预见的事项进行示警,处理已提出事项的变通办法及行动事项。仔细记录会议的结果,这样可以让团队快速行动并且解决那些会影响中标能力的问题。

9.4.3　对响应文件初步评估

①. 检查投标文件的完整性

团队收到 RFX 响应文件后,需要首先检查其完整性。如果缺少任何关键组成部分(如电子表格),应该立即通知供应商来予以纠正,不要超过 24 h。需要安排评估委员会来审查这些响应,并分发材料和评分表。通常情况下,最好快速召开会议来讨论程序,而不是仅仅将这些材料发出。确保设定了完成的截止时间并向管理层进行了通报,此类截止时间应该在 RFX 文件中做出明确规定。

如果供应商的出价超出范围,请对该响应进行进一步的分析以确定差异的来源。与供应商在谈到其成本假设时请务必小心,这样就不会放弃任何谈判筹码。有时候,可以联系该供应商并小心提问[如"你对出价的全部组成部分进行了细分吗(通常是关键问题)?"你知道是我们的总部大楼需要 10 台,而不是所有办事处都需要吗?]。

②. 通过两个维度评审

复杂项目评估流程一般通过两个维度进行:技术/运营和定价/商务。为确保客户的技术评估,标准流程一般要求供应商将价格信息从技术/管理提案部分中删除;然后评估者仅收到分配给其评估的部分,技术评估者的判断不会受过分关注价格这一问题影响。根据起初的分数,评估委员会将集体做出结论。

评估过程应当根据评估计划进行,一般保证评估的客观性和公正性。评估计划应当在收到提案前就已经批准和准备,任命评估委员会主席,并详细阐明包括技术/运营和价格/商务因素的完整审核流程。

评估计划应当包括评估计分表,前后一致的评分指南(无论由谁来评)和所要求的评估概要模板。评估计划还应当包括评估日程表。

此外,主席负责向每个委员会成员分配任务,并负责确保完成所需要的陈述和报告。

9.4.4 详细评估和评分

应当运用排名和权重的组合对提案予以评分。提案评估表是一系列的计分卡,用以填写方案的排名并对每项评估标准所使用的权重进行标注,然后各项相加,还应要求评估人对每个问题给出评分提供理由。一个标准的方法是将需求分成强制性(必须有)和可选择性(最好有),并将后一类进行分级。强制性需求仅简单地根据满足或不满足要求予以评分,任何一项不满足都会导致该投标书不会被考虑。

1. 关于评审办法

任务最艰巨的部分就是准备总体评估。采购变化太多,很难对如何结合需求分数和成本分数给出具体的指导。

一些公司喜欢使用公式,如使用百分比因数将每类供应商从最佳到最差进行排名。例如,需求分数=45%;供应商的质量/信誉=30%;成本分数=25%。然而,简单的顺序排名忽略了供应商之间的百分比差异程度,因此,你可能需要采用更复杂的权重计算方法。

一些公司设置了"门槛",这样,在每个排名标准上,供应商的表现必须优于一定的满意度才会被加以考虑。例如,某公司可能提交了最佳的需求答复且成本最佳(最低),但是其声誉很差且濒临破产。即使它的整体分数是最好的,也可以使用"门槛"将其剔除掉,原因就是该公司在某一个重要的评估类别的得分太低。

应考虑具有最佳和最终报价(BAFO)这一轮的投标。这为供应商提出其最终报价提供了坚实的基础,也确保了在招投标过程中更改的任何需求都会得到妥善处理,并给供应商提供更令人信服的解决方案的机会。这一点更适合大型复杂的需求,并且要小心提防,每次采用这种方法时,我们不是在培训供应商们进行投机,即他们在初始出价时提交非竞争性的竞价,因为他们明知还有机会再次提交报价。

2. 其他注意事项

如果发现任何重大问题,应当立即提请主席注意。此类问题可能由以下事项引起:在提案内包含了供应商保密信息,要求的附件丢失,或者明显的重大错误。

其他问题,如项目的替代方法,可能导致采用不同的评估方法或者修改评估标准。在此种情况下,主席需要决定如何处理例外事项:是否重新评估所有的提案,或者继续下去并将该替代方案呈交给业务发起人做进一步考虑。

在RFP活动中要求供应商提交其过去的业绩和客户情况也是很常见的。团队应当对拟提交的业绩客户情况进行一次通过业绩体现能力的资格审查,一般会通过电话与过去的客户事先安排好时间。通常,复杂的项目还要求现场参观之前客户的安装。对于较典型的电话访谈,推荐由两个人来进行:合同方面的负责人(其能处理业务方面的内容)和技术代表。事先准备好关键问题,而且这些问题不能仅仅引出"是"或者"不是"的回答。不直接和客户代表对话的那个人应负责记录。

如果项目十分重要或者复杂,或者内部对各提案的评估不能产生一名确定的赢家,主席应当决定是否有必要进行面对面会谈并进行相应的安排。如果面对面会谈没有必要,主席应联系供应商以获得其对问题的答案。

与所有的供应商进行一对一的面谈,这是一种普遍做法。团队也可以选择仅邀请提案值得进一步考虑的供应商。对后一种情况,要务必注意,因为排除一部分供应商可能导致流程受到质疑。而且,面对面会谈是供应商大会的补充,仅在收到和评估 RFP 回应之后才适用。

9.4.5 RFX 活动过程中的供应商大会

无论 RFP 准备得多好,供应商仍有可能对招标中的一些条目解释不当或者需要就一些内容予以澄清,这将导致供应商在 RFP 过程中产生一些问题。如果出现这样的情况,应指示供应商将所有问题提交给合同管理部门指定的人员。

合同管理人员应当将这些问题发给跨职能团队中的合适人员。例如,如果仅有一位供应商提出某个问题,应当将该问题和你的回应发给所有供应商。绝不能向其他供应商披露提出该问题的人的身份。团队的回答可以用电子邮件发给每个供应商或者通过 RPX 系统传送。

如果是一份非常复杂的 RFP,预计到供应商会提出问题,那么应当在 RFP 中的检查点部分规定一个供应商大会的日期,并应当包含大会的日程和时间、地点、何时将问题提交给谁,以及供应商的参会人员数量。事先准备好所有的问题和答案并打印出来,以便直接发给参与的供应商,这样做是非常有利的。确保事先通知供应商不要在其问题中包含任何保密信息,因为其他供应商将会看到或者听到问题和答案。合同管理人员一般会主持供应商大会,应确保所有跨部门团队的成员都参会。

如果在会议进行过程中出现了不能回答的问题,通知供应商团队会将答案在会后发给他们并通知发出的方式。

团队可能会收到一个或多个供应商延期的要求。这时团队应同跨职能团队的成员进行讨论,如果都同意延期,则通知所有的供应商相关日期已经延后。

⟫⟫⟫ 9.5 面对面会谈

9.5.1 面对面会谈的批准程序

RFP 的响应可能很详尽,因此评估过程中可以不需要面对面会谈。一些小的问题可以通过电话会议的形式提出,以便对信息予以澄清。但是,评估委员会可能需要通过与相关技术和管理人员会晤、讨论他们的方法、理由和对问题的回应来获得更深入的了解。这在复杂的或者大型的项目中尤其重要,确保对选择的供应商充分了解并与其达成一致十分关键。

为获得管理层同意,完成供应商选择流程,应由评估委员会主席向公司管理人员提交一份审核报告,该报告基于最后评估委员会的提案概述以及评估表提供的依据。在准备向高层发起人提交报告时,请记住该发起人往往是高层管理干部,在细节方面可能需要团队对项目重新进行介绍。团队应当说明项目的基本目的以及项目的相关范围,以便主要负责人能够了解项目的潜在影响。

概述应当涉及最终评分、提案要点、建议的技术执行、员工配置计划、成本和时间安排，以及评估过程中的所有发现，这些信息可能影响发起人是否推进最终决定。

报告应当包括选择过程的结果，展示所推荐的供应商拥有相关技术能力、财务资源和人力资源并能够成功交付项目或者产品的证据，包含以下很重要的内容：

——对所建议的供应商时间表信任程度的描述。

——依据已设立的检查点对供应商绩效进行测量的标准。

在收到公司高级管理人员"同意推进"的决定之后，这个选择则被视为是最终的。它取决于在同意批准的决定中是否规定了需要再谈判。

9.5.2 面对面会谈规则

一般情况下，在最佳最终报价这一轮最好有两家或三家供应商。当然，管理两家供应商比管理三家（或更多）要更容易一些，也更容易挑选出一个明确的赢家。允许多少家供应商进入面对面会谈，这要取决于最初投标的数量，环境的竞争性，也许还要考虑一些政治因素以及管理平行对话的实用性。

务必提醒最终入围的供应商们对他们下一步的要求是什么，尤其是如果计划要让供应商们对其解决方案进行陈述。并非所有的 RFP 招标流程都需要最后一轮，也就是说，可以在最初的竞价中做出选择。但一般来说，团队会通过进行一轮面对面会谈从供应商那里获取最佳的条件。要对一轮面对面会谈所需的时间或人员，与可能得到的价格或条款/条件方面的改进这二者之间进行权衡。此时，应当确保已经获得批准继续进行该项采购。我们可以向管理层汇报本项采购的封顶价格，这样最终购买的近似价格就不再是个谜了。获得这一批准也使得与供应商们进行谈判更为容易。

最后一轮谈判旨在降低供应商提案的成本，并确保团队对供应商的解决方案及他们按要求交付的承诺有良好的理解。需求几乎不该进行更改，如果有的话，应该在此时更改。如果供应商的定价低于预期，则可能会考虑扩大采购数量。如果是这样的话，请向余下的最终入围供应商提交新的数量或范围，并让他们使用新标准的定价电子表格进行答复。

在面对面会谈流程中，供应商应该接受团队所在公司的标准采购合同或者应该对在RFP 中列为附件的标准合同进行响应。供应商们在中标之前会抗拒花时间研究你的合同；然而，除非在同一时间进行谈判，否则你就失去了影响力。有些合同条款对于成功地选择供应商可能是至关重要的（例如，保修和赔偿责任），而且一些需求可能也需要通过合同中的段落来解释/强调。供应商在他们对 RFP 的响应中所做的任何陈述都应当被引用和包含在最终的合同中。

面对面会谈向供应商提供了对其提案进行解释的机会。评估团队能够对问题予以澄清并收集数据，支持其再评估他们临时的结论。如果需要进行面对面会谈，应当同各供应商分别进行。公司应当通过邮件发出书面通知并致电，要求进行当面介绍并列出需要回答的问题。应当告知供应商其介绍的所有数据将被视为其提案的一部分并用于评估，但是应事先约定是否可以对实质性问题进行修改，如价格。

每个供应商应当选择一个发言人，并带上相关产品专家或者交付人员以解决其提案中的问题。最理想的形式是，首先允许供应商对其准备的内容进行 1 h 介绍，并有视频资料。供应商应向公司参与人提供已打印好的材料，并以合适的媒介形式提供电子文件。

供应商事先准备好的介绍内容中应当涉及公司之前提出的问题,其间其他提问或打断应控制在最小限度内。

在正式介绍之后,主席应当引导进行讨论,使用评估委员会之前已经提交的问题,并允许讨论其他问题。评估团队应避免做出可能表现出其观点或者评估结果的评论,评估应持续直至所有问题都予以涉及。

要告诫的是,面对面会谈中的互动性可帮助对建议的解决方案有更深入的了解,同供应商人员的接触也能帮助了解主观方面的一些重要因素。但是,你的员工与此同时可能很欣赏某一特定供应商解决方案中的优势,并希望根据该解决方案修改你的要求。如果你珍惜合同签订过程的公正性,千万不能这样做。如果希望改变要求的需求有助于满足公司的目标,则应准备一份修改后的 RFP 文件,将已改变的需求纳入,并同时将其发给所有仍然合格的供应商。

经团队选择,供应商可以在面对面会谈当日结束后 24 h 内提交补充数据。此时,评估小组的初步审核和分析已经完成,因此,最终评分和选择会在口头评估结束后进行。

值得注意的是,随着科技的进步和业务的全球化,面对面会谈可以通过虚拟会议的形式来成功进行。该方法是否适合,取决于项目的性质和供应商对此技术是否接受。

▶▶▶▶ 9.6　中标通知

9.6.1　中标通知前的工作 ◢◢◢

选择供应商的过程与选择初步供应商的过程类似,只不过团队可能会依据供应商的陈述和供应商对任何新增需求的回应而添加某些标准。否则,应该使用相同的总体评分矩阵并根据供应商新的成本提案进行调整。

合同专业人员需要确保由结构化的、归档的最终审批程序来支持决策或建议,且与 RFP 团队主要成员对最终决策进行了讨论。与此同时,合同专业人员应与其管理层沟通交流,提醒他们注意到最终决策,并将决策标准及分析的书面总结一并列入。

在这个后期阶段可能会出现新的问题。如果这些新问题不加以考虑就会使决策及后续执行无效或受困,这时才应该考虑这些问题。应与中标供应商取得联系,最后确定任何悬而未决的合同问题,一旦这些问题圆满解决,就通知供应商他们已被授予合同。

9.6.2　合同谈判 ◢◢◢

所选择的供应商和公司采购团队在需要的情况下将对任何未决的问题和价格继续进行协商。在谈判取得进展之前,建议团队不要通知未被选中的供应商,从而使得拥有其他选择作为“协商协议的备用方案”。一些合同专家建议同最终两位选手同时进行谈判,以便公司获得最大的谈判优势和准备更充分的替代方案,以免在同第一位供应商谈判时出现任何无法预料的障碍。

9.6.3　供应商授标后的问题 ◢◢◢

团队应该在通知中标供应商之后不久通知竞标失败的供应商。做好准备,协助竞标失败的供应商理解其为何未被选中。这个过程应该相当短,必须避免那些可能会引起投诉或质疑的、有争议的或主观的信息。如果编制 RFP 文件时做得好,可以很容易向特定供应商解释为何其未能中标,以协助其在今后得以提高。千万不要在解释中透露任何供应商的保密信息。可以告诉供应商其定价太高,并对其是否接近最终价格给出一些合理的提示,但不应向竞标失败的供应商提供足以查明中标者的信息。如果供应商因特定的互动或未能充分解决关键需求而未能打动团队,则应向供应商代表提及这一点。通常最好口头传达这些信息,而不要以书面形式,并且要有多名人员参与。

本章学习注意:本章介绍的招投标流程和《中华人民共和国招标投标法》相关规定主要有以下不同:

(1)没有规定 RFX 活动公布的法定媒介;

(2)没有规定明确的投标截止时间;

(3)本办法对评标委员会的结构、成分、资格和组建方式,没有类似《中华人民共和国招标投标法》的规定;

(4)允许截标后对响应文件进行关键内容修改澄清;

(5)针对复杂、重要项目增加了"面对面会谈"程序;

(6)依据谈判结果,采购实体自主决定中标人;

(7)发出中标通知书合同即成立,即授予合同;

(8)没有公示中标结果的环节和签订书面合同的要求。

上述活动完全属于"私权"性质的契约自由、意思自治行为。

目前我国《中华人民共和国招标投标法》正在修订,其中呈报国务院的送审修改稿第 85 条第三款规定:"依法必须进行招标的项目及属于政府采购范围的自愿招标以外的其他招标项目,当事人对招标投标的具体条件和程序另有约定的,从其约定,但是违背社会公共利益的除外。"

如该条予以正式通过,国有企业可参照本章规定制定企业的招标投标制度。

 本章思考题

1.简述招标投标(RFX)活动的基本程序。

2.RFP 规则和我国招标制度的差异有哪些?

3.简述红色评估委员会与绿色评估委员会的使用条件和程序。

4.简述面对面会谈的适用条件和优缺点。

第 10 章 提案征询函的编制及内容

本章规定了提案征询函文件编制的程序和办法,提案征询函一般是针对复杂采购项目的要约邀请,类似我国招标投标活动中的"招标文件",其格式和内容的完整影响供应商投标的准确性。

◎ **本章目标**

1. 熟悉 RFP 文件包含的基本内容。
2. 熟悉对投标人的要求。

>>>> 10.1 定义、管理内容及起草招标需求

10.1.1 提案征询函(RFP)包含的基本项目

每个 RFP 应包含下列基本项目:
——附函(招标公告/投标函)。
——执行概述。
——RFP 指南(仅对买方)。
——推荐的(对买方)或所要求的(对卖方)提案格式。
——投标人信息(对买方)或清晰的客户信息(对卖方)。
——功能及技术要求。
——定价信息(仅适用于卖方)。
——法律条款和条件。
——安全性需求。

作为买方,附函(对于买方而言即招标公告)应表达买方公司拟收集信息的意图,其目的是能够对特定产品或服务相关的采购需求做出业务决策。应该明确指出,本公司拟依据项目净成本、投标人响应的完整性、投标人的担保、管理支持、产品支持与相关业务功能,以及本公司期望的质量与服务,以这些为基础对全部响应进行评估。作为卖方,其附函(对于卖方而言即投标函)则应该始终引用买方的 RFP(如日期、联系方式、具体的参考文献),且你的投标函的日期必须始终在买方规定的期限内。

投标人的响应应该是完整的并对任何变化进行说明。买方应该声明,提案编写过程中使用的任何偏离或假设必须在提案之内进行说明。同样,作为卖家,对买方的响应应该包含相同的信息。当然,目标是尽可能少有偏离或假设,但是,对 RFP 的响应几乎不可能不存在任何此类偏离或假设。

买方还应该清楚说明,每个投标人均有义务提出问题和/或澄清任何不完全理解的问题,或者,在他们看来解释的方法可能不止一种。买方公司应尝试回答每个投标人提出的所有的问题,但不需要回答全部问题。为了确保公平和待遇平等,并避免首选供应商的挑战,买方回答一个投标人的任何问题时应向所有投标人通告。在提交给卖方的招标公告中,应该采用同样的方法:有疑问时,千万不要猜测或假设,而是向买方提问,并让他们回答问题。如果买方没有回答或没有完全回答卖方的问题,卖方应该将相应的问题保留为空白,而不是以"某个"答复来填写。

附函应该表达买方公司对响应的法律地位的理解。如果提案被接受,采购通常寻求将这一提案作为合同的组成部分,或者认为其具有合同约束力。供应商通常会设法将所做的响应排除在合同协议的组成部分以外。最终如何处理这一点可能受到谈判或管辖权问题的影响。同样的问题也适用于卖方。某些司法管辖区认为,一旦另一方接受了提案,则提案就是合同,可能会产生重大的影响。在有多个国家参与的国际交易中,RFP 的发出(买方)或响应(卖方)则更为复杂。

附函中还应该说明,买方公司有权自行决定撤回 RFP 并中断这一过程。如果投标人决定对 RFP 不予响应,则买方公司应以书面形式说明投标人负责向公司返还所有文件,且此类文件的保密期限为自收到招标公告之日起至少两年。作为卖方,拒绝始终不太合理,因为这样会削弱商业地位(你的客户想要收到他们可以处理的响应)。随同投标人须知一起,附函应包含对选择响应的投标人的指导。买方公司应明确约定对 RFP 进行响应的截止时间(日期与时间),并确切指定可接受的格式。指导内容应包含提交响应的电子邮件地址以及实际邮寄地址。应消除任何混淆之处。

作为供应商,以一封附函(投标函)来响应,确认卖方对买方组织需求的理解。这也是快速汇总响应的机会,并且为在正式的一对一会议上对任何问题进行说明和澄清提供了机会。虽然对 RFP 的响应应该是附函的主要组成部分及重点。但是,强调与买方现有的任何积极的关系,或者卖方拥有的能够巩固地位的新的奖项/认可,也都是不错的主意。不过,有一句忠告:要保证附函突出重点,简明扼要。

10.1.2　执行概述 ◢◢◢

在附函之后,RFP 的执行概述部分详细介绍了买方对投标人的要求,高度概括地说明了对投标人的产品或服务的预期(或者你的客户对你的产品或服务的预期),并用描述性术语高度概括地说明了将如何使用这些产品或服务。投标人了解他们的产品或服务被打算如何在公司中使用,并确定双方都理解全局性目标,这一点是非常重要的。双方必须同意,拟议的投标人解决方案将会实现预期的成果。同样,卖方应该在执行概述中对买方公司清楚且具体地阐明这些产品或服务的使用或应用。请注意:不要做出可能意味着隐性担保的声明,例如,声明服务宗旨为实现某一特定的成果。这类声明是危险的,因为在一些司法管辖区域,你的提案一旦被客户接受,即建立了协议。

10.1.3　基本信息◢◢◢

RFP(响应)的这一节包含支持成功的招投标过程的所有信息。其内容必须明确详细，并应该在最低程度上包含RFP(响应)的目的和目标，对客户的RFP明确引用(卖方)，并根据RFP的复杂性，为做出响应留出合理的时间(买方)。如果规划了供应商大会，则应在这一节说明该会议的日期和时间。RFP的基本信息还应包含联系方式及用于响应的邮寄地址(买方)。此外，买方应就以下项目给出明确的指导：提问的方法(格式、基准等)、完整的响应的详细信息、投标人的成本概述的详细程度、货币标准、税费处理(如增值税)及进口/出口影响、投标人竞价的到期日、有可能影响响应的任何合同义务，以及对附属信息披露的规定。买方的RFP还应包括准确的细节，来说明投标人应如何提供一份明确供应所需的产品/服务、经济上健全且简洁明了的提案。通常，市场营销或宣传材料不应列入RFP，除非买方公司对这种材料有特定需求。在对RFP的响应中，作为卖方，你应该尽可能如实对待买方，按照买方的指示解决问题。通常买方对收到的手册或宣传材料不感兴趣，因此，提供这类东西并不一定会帮助卖方公司入围。

如果该提案包含买方公司的专有信息，请向投标人传达。如果要求在公司的设施内进行工作，应该有一份声明，要求投标人遵守公司的相关政策，如访问限制、保安与安全的规章制度。同样的原则也适用于卖方对客户的RFP进行响应：如果认为RFP中的某些问题与本公司的政策和做法有冲突，那么卖方必须在响应中清楚地提出这些问题。

如果适用的话，RFP文件应包括投标人在编制RFP过程中发生的可能有资格报销的任何开支的具体信息。相关说明应该足够详细，这样，关于什么费用可以报销和什么费用不予报销就不会有误解。卖方在响应客户的RFP时，要表明所要提供的某些活动将是收费的(这一点应在响应中提及)，并有必要说明实施这种收费的原因。

最后，RFP指南应描述用于评估每个投标人的响应并评估投标人相对竞争地位的过程，并指明为了有资格入围必须满足RFP中列出的技术要求。

评估应当考虑的其他事项至少要包括：

——成本，包括一次性实施、持续运营及更新成本。

——投标人的安全计划和/或IT安全合规政策。

——接受你公司关键的条款和条件。

——投标人的财务状况。

——投标人在所要求的产品/服务及相关质量控制流程方面的经验。

——创新方法/理念的提交。

10.1.4　提案的格式◢◢◢

确保买方邀请的对其RFP进行响应的所有投标人都了解响应的格式要求，这一点是非常重要的。为了相互之间公平评估，这些响应必须一致。投标人的RFP响应格式细节应包含：

——附函，即投标函，包括投标人名称、地址、被授权代表投标人、做出陈述的联系人的电话号码。附函必须包括投标人的授权代表的签字及职位，使提案对投标人有约束性，并受司法管辖机构等的制约。未经澄清、谈判或调整的提案不太可能被接受。然而，如上所述，某些司法管辖区认为接受提案将构成协议。虽然在某些情况下，这样可能有益于公司，但是投标人在对买方的 RFP 的响应中包含商业行为也是常见的。

——一份目录,包含所有提案材料的全面概述,带有顺序页码和章节参考编号。

——投标人在编制提案期间所做的所有假设的章节。

——RFP 的任何附件中规定的必要的投标人信息,如工作说明书(SOW)模板、公司合同文件等。

——对所提出的用以满足作为 RFP 附件提交给投标人的任何具体要求的功能/技术解决方案的描述。

——不是专为进行评估而具体要求的,但投标人希望提交的任何材料和数据。此外,可能还希望投标人收录那些与响应相关的引用资料,可能包括标准的销售手册、图像材料及投标人可能要呈报的替代提案。可能还想要求投标人提供你可以随后核查的任何推荐客户。

——定价表及附带资料。

——投标人提案的财务模型。

10.1.5　条款和条件 ▰▰▱

可适当地指出,投标人(卖方)或客户(买方)之间的现有协议的条款和条件将在合同有效期内对双方具有约束力,且投标人/客户同意这些条款和条件,除非他们以书面形式明确反对并提供替代的条款和条件。要确保每个投标人都知道,任何该类变更都需要在其对 RFP 的响应中以书面形式做出,且任何此类例外都将作为评估标准的组成部分。

⟫⟫⟫ 10.2　对投标人的要求

10.2.1　所要求的投标人的信息 ▰▰▱

该信息包含有关投标人业务运营方式的信息。在这里面,买方应该要求详细的技术、财务、质量及管理信息。此类信息会成为最终评估过程的重要组成部分并在中标者的选择中发挥重大作用。由投标人提供的企业信息应包括但不限于财务报表、企业结构、会妨碍投标人交付项目的法律或材料限制、之前为买方公司、子公司完成的任何工作,以及为任何其他公司完成的与拟议的 RFP 相关的工作,如要求投标人提供在 RFP 评估过程中可能会联系的相关参考客户。每个参考客户的信息应包括公司名称、联系人姓名及其完整的邮寄地址、电子邮件地址和电话号码。

根据提案的类型、关系的管理对该项工作的成功至关重要。投标人应具体指明自己如何为项目及一般管理建立管理过程及相关的做法。

投标人应当有足够的资源来支持正在投标的项目,这是非常重要的。投标人应该要求提供其组织规模及员工总数的信息,指出有多少是行政人员,多少是支持员工,以及可用于与 RFP 相关的项目任务的员工数量。投标人还应说明各地理位置上的员工人数并说明关于提案的内部专业人员,按平台对技术专长进行分类。他们应该进一步说明对指派给该项目的员工的培训策略,详细介绍他们的经验、职业发展和培训计划。投标人还应该向你描述其过去三年中的员工聘用情况并指出聘用的员工人数及经验丰富的员工与缺乏经验的员工的比例,并要求其描述他们的自然减员/留住策略及他们如何管理员工流动。

如果 RFP 涉及软件,则买方需要让投标人描述其进行软件维护、功能增强、融合、系统升级、版本管理和发布管理、任何托管安排、第三方知识产权(及投标人再授权的权力)及任何软件开发的标准与方法。他们还应该描述在其方法中使用的工具,并标明这些工具是市售的还是专有的。

如果考虑使用投标人的实际设施来执行项目任务,则每个投标人都应描述该设施的规模及位置、保障机密和专有信息的安保程序、该设施的实际结构及位置,以及灾难恢复计划和准备。如果适用,让每个投标人描述其当前的基础设施、设备和通信设施与能力、增长能力和产能提升的时间期望。如果买方公司需要专用的厂外设施,那么要求投标人提交关于供公司专用的该设施的完整描述。

响应客户 RFP 时,在编制提案时应仔细考虑所有上述信息。此外,注明本交易下开发的任何材料的知识产权(由客户拥有、由你拥有或共同拥有)并提出此类材料的任何市场开发(再处置)权。

10.2.2　探索投标人的灵活性

如果适用,在投标人的战略能够得到保障的情况下,询问投标人是否愿意向买方公司转让该设施?投标人是否愿意向公司提供工作人员作为其他第三方机构的顾问?投标人是否愿意在其设施中用公司聘用的第三方顾问来增加工作人员?投标人将接纳的第三方工作人员与其自身工作人员的最大比例是多少?投标人是否愿意使用公司人员作为全部或部分团队成员?投标人是否愿意在不额外增加费用的条件下购买公司首选的工具和方法?投标人是否愿意在不额外增加费用的条件下对公司的工作人员进行有关首选工具和方法的培训?而且,如果新开发的项目需要新兴技术,投标人最后是否愿意对公司的工作人员进行培训?

10.2.3　质量与质量过程

投标人的工作及交付产品的质量必须较当前水平有所改善并继续逐年改善。这并不是买方对他们提出的具体要求,但是却是(或至少应该是)他们开展业务的标准方式。投标人必须向买方详细讲解他们是如何实施质量管理流程,以及如何将其应用到公司的项目中的。买方必须向投标人提问,他们如何保证质量。在他们的组织内部是否使用任何正式的流程?如果有,如何通过质量保证计划尽量减少质量缺陷?先前或现有的应用程序维护或开发项目中的质量指标是什么?实施了哪些战略举措来保证以客户为中心和以过程为导向?向投标人提问,他们是否通过了 ISO 认证,如果是,请他们提供对其机构上一次进行认证的授权评估单位的名称及认证日期。某些市场上应用其自身的质量标准和相关认证,买方应当熟悉这些标准,并让投标人提供所有相关的信息。

如果适用,提问投标人是否已被独立的评估机构用的能力成熟度模型(CMM)评估过。如果是,则他们应指出评估范围、评估机构名称、结果及评估日期。要求投标人描述其机构中采用的最佳实践,并要求其描述该机构中使用的任何专有过程/方法。最后(且如果在 RFP 中适用),要求投标人描述其软件开发及维护工作的生产率指标,并量化在其机构中测得的生产率改进与其期望的未来的改进水平。

10.2.4 项目变更控制 ◢◢◢

要求投标人描述其变更管理过程,并在提案中提交变更管理过程以供比较。询问投标人是否理解并同意买方公司的过程。双方在签署协议之前就变更管理过程达成一致,这是极为重要的。如果 RFP 需要硬件或软件开发,而公司需要投标人维护产品,那么需要将公司的产品支持过程包括在内,包括所有的服务水平协议(SLA)。询问投标人是否同意公司的过程,如果不同意,则要求投标人提供建议,更重要的是,要求每个投标人提供生产支持的定价。

询问投标人是否同意买方 RFP 中所附的 SLA 条款和条件。买方可能想要在 RFP 中表明 SLA 是主要的评估点,如果任何投标人对 SLA 有重大例外,买方将对此进行相应评估。询问投标人,他们在测试中使用哪些工具和过程,如果认为某个应用程序的变更是可以接受的之前,必须达到什么指标,并让他们描述其测试方法及相关的审计程序。买方应当强调指出,高质量、简明扼要的文件对公司很重要,要求投标人描述他们的文件是如何生成及交付的(如在线手册)、文档的更新频率及指派什么类型的专业人员来编制文件。

10.2.5 外包的经验 ◢◢◢

如果是服务或外包 RFP,则询问投标人是否在外包方面有任何经验并请其提供客户的数量、应用的类型(如金融、呼叫中心、数据中心等)、投入的全职员工的数量及类型、所提供的支持为现场还是远程、平均及最长合同期限以及维护项目的合同平均总价值。询问在他们看来,在这些交易中,是什么使他们有别于其他供应商。要求投标人描述其将总体责任转移给其工作人员的分步流程。

确定在过渡前、过渡期、转型期和"稳定状态"期,哪些活动将由买方公司的工作人员管理,哪些活动将与投标人共同管理,哪些活动将由投标人的工作人员管理。要求投标人就以下方面提供简要的叙述:确定时间范围的方法、所需的公司资源的数量和类型及时间、计划如何管理从公司向其工作人员过渡中的具体任务。

10.2.6 经验和稳定性 ◢◢◢

要求投标人提供 RFP 中描述的任何系统、程序、材料或流程方面的以往经验的信息,不论是与买方公司合作的还是行业内部的。如果有这种经验,则投标人应清楚地描述经验的类型并阐述其在过去取得的成果。务必要求投标人提供其组织的统计数据,并要求其提供其从事该行业的年数、员工总人数、过去三年的总收入,以及他们是否与本地或国际子公司有或有过业务往来。

10.2.7 工作说明书或功能/技术要求 ◢◢◢

RFP 应包含工作说明书(SOW)的样本或拟议产品、软件或服务所需的全部功能和技术要求及规格。投标人应委派熟练且经验丰富的项目团队来支持该项目。要明确,投标人负责通过一切必要的培训活动来保证其工作人员的技能是最新的。要求投标人与公司建立并保持通信联系,并指明所要求的具体方法或标准,例如电子通信或接入买方 RFP 系统的能力。

指示投标人,他们必须按 RFP 的要求完成所需的可交付成果,启动审查并进行检查,遵守周期性状态报告的规定,至少应包括项目状态、人员利用(适用于服务提案)、方差/偏差报告和指标。

在 RFP 中,应该对买方公司的支持团队的职责进行定义。这些职责可能包括:如何处理来自公司内部客户的工作请求,获取内部客户的需求,确定和管理项目进度,参与所有可交付成果的测试及参加项目的电话会议。依据 RFP 的性质,可能还需要其他职责。

如果需要产品维护(产品支持),则应该向投标人明确在维护过程中谁负责 1、2、3 级支持责任,准确详述预期,如全天候维护、备品备件分布、SLA、远程/现场维护或如何处理对产品、服务、设备或程序的修订。与买方技术代表和采购经理合作,以便包括生产支持的所有方面。他们将在 RFP 文件中规定包括产品、软件或服务的所有适用的技术要求和规格条件。如果需要与现有或未来产品、服务、系统或工艺的基础设施或其他供应商进行集成或兼容,则必须明确指出。

买方应与自己公司的技术及采购部门的同事进行深入讨论,以确保所有的技术需求、功能和规格都会发送给投标人。如果不向投标人发送全套的需求,谈判完成时,团队对这些规格进行微调时将会很困难。请记住,RFP 的关键词就是需求清晰。

公司的技术和采购专家将为一些专业主题提供适用的语言表达,如所有可衡量的目标的验收标准和故障参数的严重性级别。这种语言可能允许投标人提供带有一定程度故障的可交付结果。举例来说,可以用严重性级别来定义故障,严重性 1 为最糟糕的情况,而严重性 3 为轻微故障。向投标人指明,公司要求对所有可交付成果进行验收测试。

⟫⟫⟫ 10.3 其他要求

10.3.1 卖方的定价信息 ◢◢◢

买方应要求每个投标人提供在 RFP 中要求的所有项目的定价及收费安排。作为卖方,定价必须按要求充分全面、详细且完整。定价将部分被用于选择投标人及修订项目预算。必须全面提出硬件、软件、安装、培训和支持方面的所有一次性和重复性费用。定价应该仅基于被提议的项目。如果选定的投标人在谈判过程中引入了"隐性成本"则该投标人应被取消投标资格,而且基于买方的投标评估,应选择下一个最佳投标人。投标人应依据需求提供定价,不多也不少。如果适用,还应当提交第一年的维护提案及随后四年的方案,价格将在保修期结束之日起生效,有效期一年。所有提议的产品、许可证及服务在初始年份之后的续约的选项必须明确并充分解释。投标人还应提供"客服支持"过程,以协助实施团队解决问题并实现建议的安装进度计划。指示投标人,价格信息必须在 RFP 签发之日起最短期限(如 180 天)内保持稳定。

RFP 中的每个产品、软件或服务都可能是唯一的。如果是这样,且 RFP 发布给目前受现有公司协议约束的所有认可的供应商,则买方可能需要将独特的条款和条件列入 RFP 中。告知投标人,接受这些产品、软件或服务方面独特的条款和条件将是整体投标人评价过程的一部分。如果买方文件包括了不在批准名单上或不受现有公司协议约束的投标人,则要在 RFP 中附上公司的合同,以及可能使用的任何独特的条款和条件。

10.3.2　合同专业人员参与 ▰▰▰

为何要引入合同专业人员？合同专业人员的具体职责各不相同。最基本的一项，其职责是有关合规性的。在一个规则驱动的机构里，合同团队的首要关注点是规避风险，从而能够避免一些特定的高风险条款。如果合同团队的目的是审核或者谈判一些特别条款（典型的条款有责任、赔偿和其他法律相关条款），那么该团队达成交易并带来附加值的机会则可能有限。一般来讲，合同团队职责越有限、越为规则所驱动，则其参与得会越晚。如果合同团队被视为一个"业务阻挠部门"则是非常危险的，这样一来其他团队（尤其是销售）便会寻求避免合同团队的介入。

这种规则驱动方式的一个典型表现便是合同团队经常抱怨其介入得太晚。另一个极端是，有些合同团队全程参与整个招投标流程甚至占据主导地位。在许多公司，招投标管理和资源由合同团队负责。在这样的环境下，该组织就依赖合同专业人员来主导达成交易，并负责取得成功所必需的部门协调工作。

介于以上两种极端例子之间，当然有很多变体。即使在同一家公司，如果公司处理许多合同和关系类型，那么在该公司内也往往可能采用不同的方式。如之前指出的，最佳实践的关键是：在整个组织之内，清晰明确合同团队的职责范围、针对不同类型的交易和关系应如何调整、如何带来附加值和提高商业机会赢取概率并获得盈利。

10.3.3　保安、健康和安全要求和考虑因素 ▰▰▰

确保在 RFP 中列入了任何必要的保安或健康与安全要求，并指示投标人必须始终遵守这些要求，包括在 RFP 过程中适用的情况。要求可能包括数据安全和准则——在买方公司的地点及投标人的地点，买方公司对投标人的人员的安全要求，以及传输机密信息或持续运营的安全要求。对于卖方，至关重要的是，在启动对 RFP 的响应之前确定买方的要求是否可以实现（根据企业准则，太紧还是太松）。

▶▶▶▶ 10.4　管理评估过程

有时，可以在未对可用的全部可选方案或所涉及的风险进行充分考虑的情况下就制定战略。它们也可能是根据相当主观的标准来制定的，例如基于过去的关系，它们也许无法满足利益相关者设定的业务需求。这些可能性都不可能满足业务的目标，因此，需要一种替代方法来评估各种可选方案。此方法需要基于结构化的、严谨的方法，针对一组制定的需求进行明确的评估。在发 RFP 之前，采购团队需要就衡量成功响应的标准达成一致。

对 RFP 可能有两种类型的答复，即"快赢"和"长期战略选择"。这在创建 RFP 之时就需要加以考虑。在某些情况下，可能既要求快赢又要求长期战略选择。在这种情况下，RFP 应当要求供应商解释其将如何管理这些阶段之间的转移。

快赢是降低成本的机会，可以在 12 个月内充分实施并对商品/品类计划中的中期和长期战略没有任何不利影响。需要快赢来实现立即的首年收益，以确保在接下来几年业务的盈利能力。具体来说，快赢可以：

——为实现第一年的成本降低目标做出重大贡献。

——立即改善现金流。

——有助于获得高级管理层的承诺,因为他们看到商品管理过程实现了目标,为开发团队提供"通行证"来实现中期和长期战略。

——调整供应基础,显示买方对于改变现状及当前的业务管理是严肃对待的。

——提高团队士气,因为团队认为该过程将有助于他们达成并超越原先目标。

——确保来自职能部门(采购以外的)对目标的支持。

——商品管理过程的支持,因为他们看到了早期达成或超越其业务需求的有形交付。

——促进团队内部的过程思维。

虽然快赢在整个招投标过程中会发展,但是大多数供应商还是会寻求把重点放在能够在整个买方—供应商关系中实现持续利益的中期和长期战略可选方案上。所有缔约方需要针对可选方案评估工具达成一致,以提供客观、基于共识的过程,借此对照关键标准评估每个可选方案。根据重要性对这些标准进行加权,这样,可将其中得分最高的可选方案定义为最有可能达成业务目标的可选方案。对每个可选方案的风险也做出评估,选定的最终方案具有最大可能性达成业务需求,获得主要利益相关者批准的可能性也最大。

可选方案评估是一种方法,借此可以评估由团队生成的可能方案,以确定哪个可选方案或一组可选方案最有可能达成业务需求。该过程提供了:

——一种识别要使用的标准的方法。

——一种确保标准的明确性(Specific)、可测量性(Measurable)、可实现性(Achievable)、现实性(Realistic)和时限性(Time-bound)(SMART)的方法。

——一种标准加权方法,以确定最关键的标准。

——一个对照加权标准组的整体得分。

——一个评估与每个可选方案关联的风险的方法。

——一个以首选方案为形式,可以向主要利益相关者进行解释的输出。

在关闭 RFP 时对可选方案的评估使采购团队能够就关于要遵循的战略达成一致,并减少了支配业务走向的主观意见的风险。如表 3-10-1 所示的可选方案评估矩阵通常为模糊的、主观的,可选方案选择过程赋予了一个结构。此表确保了依据要达成的关键业务标准对每个可选方案进行衡量,并评估了与每个可选方案相关联的风险。这种方法的客观性和集中于业务需求、有助于达成高度共识、结构良好的输出,大大增强了主要利益相关者对决策的支持。

表 3-10-1　可选方案评估矩阵

	加权	可选方案 1		可选方案 2		可选方案 x	
标准		等级	得分	等级	得分	等级	得分
收益必须大于 xx	过/不过	过		不过		过	
资源应仅限于制造	过/不过	过				过	
必须在 12 个月的时限内实现收益	10	3	30			10	100
无规格变化	8	8	64			0	0
应使用现有的供应商	6	0	0			6	36
难度不应大于中等	4	4	16			0	0
总计			110				136

为确保成功,在编写可选方案的评估标准过程中应该询问几个关键问题:

(1)业务需求

——所有或大多数标准都与业务需求挂钩吗?

——标准中包含所有或大多数业务需求吗?

——标准涵盖所有关键业务需求吗?

(2)标准的清晰度

——每个人对要使用的标准都有共同的理解吗?

——该标准尽可能做到了 SMART 吗?

(3)加权

——加权公平地表达了各要素对业务的重要性吗?

——与其他加权因素相比,有没有除业务以外的原因? 如办公室政治;对某优先性给予太高或太低的加权?

——加权是否有可能使结果倾向于一个预定的可选方案?

(4)风险

——所有重大风险是否都有了行动计划以减轻所涉及人员的担心?

在成功授出投标响应后,在为即将到来的谈判做准备的过程中,供应商也应使用与此类型相同的可选方案评估。通过事先准备不同的场景,供应商能够准备好应对买方的挑战或谈判策略。这并不意味着在 RFP 响应时不用提交最佳报价,而是指要理解所提供的每个业务标准,并能够应用一个适当的"成本"(不论是定量的还是定性的)。

 本章思考题

1.说明 RFP 文件包含的基本内容。

2.简述对投标人的要求。

第 11 章　供应商响应 RFX 文件的流程

本章是对响应供应商编制响应或投标文件的规定,包括对采购提案、价格和信息等不同"招标"的响应。

◎ **本章目标**

1.了解在 RFX 活动中针对不同要约邀请编制响应或投标文件的流程。

2.熟悉对响应或投标文件的评估标准。

≫≫≫ 11.1　采购流程

采购实体需要获得货物和服务来开展经营活动;而获得货物和服务具有不确定性和风险,因为需要和采购商不能完全控制的外部组织打交道。与供应商就需要获得的货物或服务订立合同是管理上述不确定性和风险的方法之一。当然采购实体还需要应对其他相关的内部或外部风险。这些合同也提供了一个载体,通过该载体可以实现采购或者销售流程所期望和预计获得的价值。

正如在之前章节中所讨论的在决定向谁采购的过程中,客户将经历以下流程:分析从第三方采购可能造成的风险,识别潜在供应商,定义和明确其要求,起草合同条款和条件,然后决定选择供应商的关键指标(评估标准)。

如果买方对以上提到的各阶段都具有不确定性,其往往会发出信息征询函(RFI)以便从潜在的目标供应商处收集信息,从而为与这些供应商的下一步互动做准备。RFI 并不表示采购商在寻求确定的合同关系,相反,RFI 是请求潜在的供应商提供与其能力和专业经验相关的信息。潜在的供应商将会按照要求进行响应,因为 RFI 在大多数情况下都意味着会有进一步互动及最终签约的机会。

重要的一点是,卖方应当明白客户经常使用 RFI 来吸引潜在的供应商,以便:

——获得目前市面上产品的最新技术信息。

——识别顾问和专家。

——形成联合体、联盟和合作关系。

——建立供应商网络。

——获得决策所需的相关信息。

——为有效的 RFP 做准备。

假设 RFI 并非必要或者之前已经使用过,则采购商通常会通过一般称为"要约邀请"(Solicitation)的采购文件,并要求以书面形式来投标、报价或者出价。要约邀请一般采取如下形式:

——提案征询函(RFP)。

——报价征求函(RFQ)。

——投标邀请(ITT)。

要约邀请应清楚并具体阐明采购商的需求,以确保与最终供应商合同关系的确定性。一份高水准的要约邀请对采购活动的成功至关重要。上述这些文件之间的共性是:都要求供应商给出要约(Offer)(特别情形除外),且该要约能被采购商接受。采购商希望寻求与供应商建立其认为最符合评估标准的特定合同关系。

>>>> 11.2　提案准备

11.2.1　该项目是否值得竞标 ◢◢

① 客户是否了解该产品或服务

说服客户可能是提案最主要的目的。如果客户在开始时就完全了解这一领域,那么基于一系列关键的变量,他们会很快做出购买决定。如果客户一开始完全不了解,或者如果该产品或服务是新的,那么购买周期可能会很长。RFP 的响应必须涵盖更多的领域。RFP 将会反映客户对市场、现有产品和服务以及它们的销售方式的了解程度。所以在响应中可能有必要介绍新的概念,这样客户可以评估并且理解投标人的价值陈述。

在引入新的概念时,应当在响应文件的开始部分就对于新概念予以陈述,并且在后续各个主要部分进行重复,这样所有的响应审核者都能够了解这些概念。即使投标人的响应与 RFP 的结构相差很大,仍应该在响应中做出对比。这一部分应当体现投标人是如何不同于 RFP 文件所述的传统方法,以独特的方式来提供产品或服务的。

例如,如果客户需要 ERP(企业资源计划)软件包,投标人提供了一个增值的应用软件服务模型,响应中应当阐述要购买这两种应用的预期总成本。请记住,投标人的主要任务是尽可能地符合客户之所想,所以尽量不要用一个非常特别的提案来混淆客户,这样可能导致客户接受竞争对手的投标。

如果与客户的关系非常好,那么可能值得探索其他替代方法,比如非应标提案、以销售为引导的展示或者产品试用。这些方法可能把客户引向不同方式的购买,除非该客户愿意冒险,不然这些方法可能并不奏效。一个很好用的技巧是,向客户澄清他们对中标提案的10 个最主要的要求是什么,并且弄清楚买方将会如何评估标书是否满足标准,这会让投标人更好地理解客户的评估流程,并且为其提供一个基线,以将投标人及其竞争对手的获胜概率进行对比。这样,投标人的竞标行动计划就会变成一个更为有效的过程,在此过程中,销售与商务团队会调整他们的方法,寻求弥补能力差距,也可能基于这些要求进行创新,从而带来竞争优势。

2. 客户是否对该产品或服务有迫切需要

客户迫切需要有助于增加所提供的产品或服务的价值,但是通常情况下,它会决定客户决策的提前期,从而决定哪个潜在的销售客户最有可能在最短的时间内被转化为利润。反过来说,这将决定买方应当将重点集中在哪个销售对象,以使客户能够赶在对手之前完成交易。

在准备提案的过程中,如果卖方要花时间弄清楚自己的产品如何解决问题、打开市场、降低成本,那么对手可能已经跑在前面了。在交易之前了解竞争情报和市场细分,会让卖方具有竞争优势。预先做好调查,了解客户并且了解如何定位提案以最好地满足客户的需求。竞争的时间应当被用来保持自己的领先地位,就客户的关键要求及能力进行创新,并且保持积极的关注。

3. 客户是否已经指定了采购所需要的资源

了解客户的预算,可以设定关于订购量以及潜在出价的期望范围。了解预算期望,同样可以非常清晰地知道客户了解市场的程度以及客户是如何评估其需求的。如果客户没有指定采购的资金,一定要谨慎地推进。没有确定资金的 RFP 是一个试探性摸底。对此,最好的做法就是建立订购流程,跟踪客户的选择以及了解该项采购实际上在如何进行。这样做可以给买方企业必要的提前期来预订库存,但若竞标不成功,也有足够的时间去终止这件事情。如果卖方是按精益流程进行运作的,这样做也能获得一个新合同,一个销售在短时间内转化为可交付产品。运用这一库存问题来判定是否存在真正的预算、前置时间和一个有保证的订单销售。

4. 如果不竞标会发生什么

如果卖方公司决定不竞标,投标负责人必须非常清楚不竞标的原因。一旦涉及与客户(买方或影响者)的关系,客户应当在各个层面上知晓该原因。该原因应当明确、有重点并且全公司上下口径保持一致。信息中必须态度积极并且尊敬地传达出对于客户的兴趣、感恩与客户的关系、有明确的意向继续与客户进行生意往来,并给出一个非常具体且有界限的原因来解释目前的 RFP 不在卖方公司现在的投资考虑和评估范围之内。该原因应当不针对个人,而是基于事实并且重点在于业务评估。

这样做,卖方公司可以保持正直的形象,一直诚信于客户,与客户保持紧密的联系,防止竞争对手为挑拨决策者而引入一些问题,如暗示缺乏承诺或者质疑交付产品的能力,这可能正好揭示出客户是否仅以太低的价格确定了太严格的规范,并且愿意重新制定他们的要求,以让市场上两个或更多的参与者加入。客户喜欢供应商们为他们的业务竞争,就如同卖方喜欢赢得比赛一样。垄断性的供应或高调的供应商对于客户来说并不是好消息,因为他们的筹码变少了。如果卖方正在进行非投标谈话,请做好准备,客户可能要重新制定他们的标准,而且准备好去陈述一些你准备好要投标的环境,并检测差距在哪里。这样卖方不仅会证实竞争对手的下限,而且也证实了客户能接受的最低购买定位。

11.2.2 了解客户

1. 为什么邀请投标

当卖方在回答"他们为什么邀请投标?"这一问题时,寻找一些迹象,如客户对现任供应商不满意,有了一个新的业务模式,或者正在进入新市场。从合同的角度来说,这些情况明确表示了客户可能在以下三方面的灵活性,即接受新的条款及条件、采纳一份工作说明书

（SOW）或者一份新的服务水平协议（SLA）。当投标人考虑你所计划的提案时，切记提案必须站在客户的立场，而非投标人想要他们认为的样子。例如，如果客户视该交易为商品采购，投标人不应当以战略合作伙伴关系的方式进行响应。不要让自己所希望的状态来驱动响应。在试图重新制定购买标准之前，该响应必须获得客户的认同。

②. 谁制定购买的决策？

当回答"谁制定购买的决策"这一问题时，不要仅仅考虑谁来签名。卖方的销售团队应当能够描述并且指出关键的影响者、驱动者及阻碍者。这些不同的利益相关者的势力标志着他们对于响应的影响力。例如，如果销售团队认为客户的合同团队是决策的关键驱动者，那么，销售团队和合同团队共同创新，以整合的方法做出 RFP 响应，这样会极大地加强 RFP 响应的清晰度及增值程度。如果客户的工程团队在做决策，卖方的综合团队应当包含一位技术专家，以平衡客户的决策流程。这种整合方法将会带给你全方位管理客户需求的能力。

③. 了解客户的购买标准

成功的销售策略就是在以下两者之间寻求双赢的局面，其一是客户的购买标准，其二是公司尽可能按这些标准完成交付的能力。这些双赢的定位就是取胜主题。这些主题会在之后纳入响应的适当部分，并且在执行摘要中进行重复。这些主题创建了一个明确的信息，使评审者在整个评估流程中难以忘记。

了解客户已陈述及未陈述的购买标准是响应团队的最重要的工作事项之一。通常情况下，RFP 文件都会声明低成本、合规性以及便于使用是必须要满足的主要标准。除此之外，尤其对于高科技及外包的采购，通常还要提供大量的资格证明。销售团队使用客户之前的采购信息，可以对客户特别敏感的领域在 RFP 响应中进行相应调整。

通常，未陈述的标准之一是成功的投标人以用户熟悉的方式来提供产品或服务，使得他们的学习曲线尽可能缩短。投标人应当尽最大努力为用户沟通及培训提供资源，这样买方才不会视其为另一个需要在批准流程结束之后需要处理的难题。

例如，Flybe 是一家欧洲独立的区域性航空公司，它做出了购买决策：将其机场地面的维护操作外包给第三方，以保证付款的乘客连结合点都看不到。

如今，很多买方非常有经验，会特别谨慎地审视那些异常低价格点的响应，然而展示你的提案如何提供了价格优势是有益无害的，例如 RFP 可能需要每年度的价目表。如果你的价格中第一年包含启动费用以及第四年包含移交成本，那么要确保将该细节指出，以让买方能够将其与不太完整的报价区分开。基于所有相关的合同要素成本，帮助建立互相之间的比较，合同资源就能够提供巨大的增值效应。

如果客户有具体的感兴趣领域或者曾经的失败经历，这些都被称为"敏感问题"。列举出在客户机构内会引发强烈情感响应的问题，确保在对这些方面做出响应时谨慎处理。例如，如果由于海外供应商没有履行承诺，导致客户刚刚错失了一个主要的交付日期，那么，他们可能对于投标人所说的在全球市场以最低的成本采购不为所动。

11.2.3 了解竞争 ◢◢◢

最重要的竞争分析应当专注于目前的供应商。这种现有的关系将 RFP 置于特定的环境，展示了客户的偏好和购买标准。这些数据点描绘了 RFP 的建立背景。例如，如果客户从顶级轮胎供应商那里挖过来一个高级执行官，那么这可能预示着客户准备做出改变。

为了让你的团队不错过任何潜在的竞争者,看看你自己的市场细分,想想客户可能参与的其他市场。在客户相关的市场群体中审视客户,这样可以让投标人以竞争对手的视角去看待客户。这种更大范围的分析可能拓宽潜在竞争者的范围。

例如,卖方的化学制品的客户可能是竞争对手的农业企业客户——不同的市场细分,但却是相同的 RFP。公司可能没有意识到这些农业企业的供应商目前能够在市场细分中与之匹敌。例如,John Deere 制造拖拉机并且提供医疗健康管理服务;Norsk Hydro 提供石油、制造铝制汽车零件以及养殖三文鱼。所有的供应商都知道客户的需求及过往,而不仅仅在公司的专业领域方面。

11.2.4　评审及评估风险

通常由评审委员会做出竞标或不竞标的决定,以确保在提交提案之前已经了解了交易的风险及回报。就像很难对客户说“不”那样,在卖方公司不能交付的提案上,在极低的利润或者在没有获胜的机会的现实中花费时间及金钱可能是大家更容易做出的行为。合同专业人员通过在一个简要的风险评审报告中总结风险,来为这一决策增加价值。

在总结风险评审报告的过程中,只关注那些将会促成或者阻碍交易的要素,如导致大笔应急费用的要求、无限责任、不可接受的服务罚金或者接受那些你公司无法控制的风险。未知的要素可能是最具风险的要素,合同专业人员应当时刻关注缺失的信息、附件、后期才提供的信息及延迟至谈判阶段的事项。

有时客户使用不同层次的需求(通知或其他独立的文件)作为新供应商进入的障碍。了解现有的标准及要求可能导致中标及投标被拒之间的差距。在 RFP 中所提到的所有风险事项都应当作为合同流程的一部分记录下来,并成为从销售部门转交到运作团队的移交文件的一部分,而且应当在谈判期间使用。

尽管说明风险是很重要的,在提交一份积极的标书时,找到减少这些风险的方式才是制胜战略的关键。赢得特定交易的战略通常取决于卖方公司能够比竞争对手更好地掌控具体风险。例如,一个全球跨国公司比国内的小供应商能够更好地处理国际交易中的货币风险,然而一个小供应商可能更愿意为了一个客户去改变其操作流程。

通过转换用语,对责任进行仔细划分或者识别专业的供应商,合同专业人员最适合去寻找减少风险的创意性方式。另外,合同授予后,合同专业人员可以提供关于公司曾经如何解决这些问题以及吸取的教训等方面的企业经历。这个时候不应当说“是的,但是……”,“或者我曾经这么告诉过你”,而应当引发“是的,而且……”这样的思考。尽管准备提案通常非常让人疲惫,但是它却是扩展合同团队关系网,了解决策者,并且在操作过程中发挥作用的强大工具。

11.2.5　与 RFX 团队合作

在与销售及运营部门进行合作时,合同专业人员应当注意到由这些机构取得回报的方式不同所引起的驱动力及盲点。尽管销售团队会推动愉悦的长期客户关系,但他们的即时回报取决于进入客户的入围名单。因此,销售团队可能不强调“未知因素”,而选择去“迈出第一步”。

运营部门(在服务导向型企业中经常被称为“客户负责人”)对合同的成功负责。因此,他们倾向于应用可重复的可靠及真实的解决方案。他们同样努力并且谨慎地将任何未知因素排除在他们的责任范围之外。

在销售与运营团队制定创造性的解决方案时,需要认真记录风险减缓细节。尽管很多事项在提交提议之后仍是可商议的,但应当将这些事项控制在最小范围,并且不应当包含那些潜在可能改变产品或服务交付方式的事项。例如,采用分包商的决定应当在给出响应之前就定下了。

对于RFP的响应通常是一个重复性的过程,表现为文档管理中的不同版本。文档管理者这一角色负责组织来自撰写人、技术专家及其他相关资源的输入。文档经理主要负责文件的完整性,将杂乱的数据按照客户所要求的格式条理清楚地整合进响应中。

11.2.6 对 RFP 文件的响应 ◢◢◢

对于RFP的响应通常包括填写一个合规性矩阵,一份RFP事项的表格,该表格中标明了投标者同意/遵守或不同意/不遵守的各事项。

客户可能非常坚持所有的响应者都必须完全同意他们RFP的陈述,那些给出替换用语或者暗示不接受这些陈述的公司可能要承受可怕的后果。这就要求合同团队既要有创造性又要有防御性,找到一种既能达成一致又不接受不合理风险的方式。

除了要遵守RFP中明确陈述的事项,客户通常会要求投标人提交一个单独的工作说明书(SOW),在此SOW中投标人指明他们所提供的产品或服务,以及在合同周期内这些产品将如何交付及管理。此外,还会要求提交一份定性的文档或者服务水平协议(SLA),以说明在交付过程可能出现的不同情况下,针对每个产品及服务的提供,可接受的服务水平的组成内容。的确,即使客户没有要求,有经验的投标人也通常提交SOW及SLA文档。这会确保解决方案及成本核算都以同样的测量指标进行衡量。

在审核由投标团队制定的SOW及SLA的过程中,合同专业人员应当重点关注客户所暗示的争议升级、服务罚金、服务奖励或支付影响。此外,如果客户将交付的责任留给了投标人,但却对影响交付成功的事项不予控制,那么对于这些交付领域,合同及运营团队都应当非常小心。基于投标人的标准运作职能,合同专业人员可以与运营团队一起进行"如果这样,将会怎样……"的假设情形分析,以确保了解、记录各种可能的交付场景,并在必要时将其添加至应急费用中。

在竞标过程中,对于所提供的条款及条件的审核不一定都是可行的,因为某些客户在RPP中没有包括这些内容。尽管如此,合同专业人员应当尽最大的努力去熟悉客户所偏好的条款及条件。在投标人的条款及条件中,客户反对的普遍原则就是条款及条件中更趋向于被动条款而非主动条款。将采取行动的责任推给客户固然能够降低风险,但是这样做同样有损关系。作为替代,可以提议由一个治理委员会来审核那些意料之外的问题,该委员会定期会晤以在必要时决定双方应当采取什么行动。

了解制胜战略的要素可以让合同专业人员制定风险减缓战略,该战略强调公司的优势,并且最小化缺点的暴露。例如,如果投标人使用行业领导者作为服务交付的合作伙伴,这不仅最小化了交付的风险,而且还提高了提供给客户的产品或服务的价值。合同响应应当通过下列途径反映这一战略:重点关注与该合作伙伴的关系强度,管控这一合作伙伴关系,客户与客户及与该合作伙伴之间沟通所需的信息。

制定风险减缓战略的方法是,反复将不同的解决方案针对RFP响应进行测试。风险减缓战略必须反映处理被记录为风险的每个事项的制胜策略。合同专业人员可以将风险分组,找出风险的模式,将其与解决方案中的关键事项联系起来,从而简化风险减缓战略。投标团队最感兴趣的是各种创造性的解决方案,它们既可以缓解风险,又不会严重影响合规性。通过与负责响应的各个小组(在绿色团队评审之前或者审核过程中,在前文中有详述)来交流这些解决方案,合同团队可以移除障碍,降低成本并且改善最终解决方案的交付能力。

11.2.7　成功投标人的特征 ◢◢◢

以下的特征将成功的投标人与其余投标人区分开来。

成功投标人的特征为:

——在不同层次上与客户保持良好的关系。

——理解 RFP 的要求、影响及过往经历。

——撰写为客户决策流程量身定做的响应。

——利用他们的关系来影响及预见 RFP。

——明确表达他们的产品及服务与 RFP 紧密契合。

——除了最低成本之外,为客户提供强大的财务激励。

——将产品与服务打包,方便客户购买。

——用清晰的价值陈述展示他们强大的竞争地位。

——创建交付物,这些交付物已经由预算持有者测试并确认为可交付成果,它们的运营风险可量化并可控。

——在销售流程的初期,整合未来客户的负责人、合同管理者、交付服务团队及相关的技术专家进入竞标响应团队。

——对于那些不合理的、无获利前景或者不符合投标人战略的产品及服务的 RFP,展现出"不投标"的勇气。

11.2.8　客户联系 ◢◢◢

竞标团队制定的日程表上除了标明截止日期外,可能还要注明供应商大会的日期(通常在客户 RFP 的附信或给投标人的指示书中给出)。应当与销售部主管或客户部主管协调,精心准备投标人会议上要提问的问题。提交给客户的问题通常会分发给所有的投标人,并且可以反映竞争格局,暗示了谁在努力符合要求,谁还迷惑不解以及谁有内部消息。

客户通常预想不到潜在投标人所提问题的数量和细节,这会导致对这些问题回答的时间很长。客户可能拒绝延后提交标书的截止日期,这就更加重了在提问环节产生的困惑。在很多情况下,客户要求即使还没有回答问题,也要提交标书。如果是这样的情况,这些领域的任何 RFP 响应都应当包含一种表述,即后期基于对这些问题的回答允许改变。

有一个总原则,问题问得越少越好。然而,由于被限制与客户接触,这可能是弄清楚可以推动解决方案的关键点的唯一的机会。

有时,我们将在竞标过程中与客户的接触限制称为"帷幕",这是因为之前有使用屏风将特殊层级的人物区分开来的传统。该理论是指在竞标过程中投标人与客户员工的无限制接触可能至少在两个方面出现问题。其一,各投标人可能基于客户不同的表述来提交提案。如果后期合同遭到诉讼,这可能是一个非常严重的问题;其二,投标人可能相信 RFP 流程是"固定的",这会有损客户正直的声誉。

在商界,通常会在 RFP 中明确说明"在投标过程中的交流限制"。投标人不应当假设在竞标期间客户会考虑非正式的会晤。然而,如果投标人没有问不正式的问题,也没有参加那些讨论问题并设置截止日期的公共会议,那么他可能错失了很重要的机会。当然,没有明确禁止的交流可以用于收集所需的信息以设定竞标战略,但是要预料到任何发送给客户的信息,所有的竞争对手都是可以看到的。

在不公开且限制交流的竞标形势下,在任何重大采购行为发生之前建立并维护与客户的良好关系是非常重要的。一段信得过的关系使得客户了解我们的交际能力、绩效记录和处理意外问题的公平且诚实的方法,这将是评估过程中的关键。即使价格很低,但如果客户对我们没有信心也是无法中标的。较低的价格和较高的信任度更有可能在评估中取胜。

11.2.9　执行总结

(1)编写执行总结通常在最后一周,而决定该总结框架的关键战略决策(如低出价、合规的响应、创造性的融资)则通常是在流程的最早期就拟定了。在撰写执行总结时可以展现创新性、洞察力及不加掩饰的感性。执行总结被视为整个响应中唯一客户必看的部分,而且这部分实际上可以针对某人进行论述。

(2)在一份经典的执行总结中,投标人展示出对客户招标原因的了解,这使用了感性辩论。这部分同样阐明客户对从投标人处购入商品可能的担忧。一位优秀的撰写者通常引导读者去意识到竞争对手产品的劣势,这通常是通过按照客户需求,加强对自己产品质量的描述,并且对于现状提出疑问的方式进行的,致使读者会主动去找寻更好的商品。

(3)在接下来的一部分中,撰写者应当有逻辑地罗列出自己公司的优势、竞争差异性及创新性,证实自己公司的竞标资格。这通常要写得优雅一些,使用最少量的夸大陈述,并且不要对具体的竞争对手做出负面陈述。

(4)在最后一部分,撰写者向读者展示为什么选择自己公司的解决方案具有可持续和能获得长期双赢的局面。

(5)这份论述是基于洞察力、直觉及竞争情报编写的。执行总结通常采用信件的格式,信末附上撰写者或者公司高级官员的签字。销售团队可能坚持在执行总结中强化销售,在这种情况下,更善于起草复杂文件的商业团队对于整个提案的构建来说是必不可少的,这样信息才能够前后连续一致,在执行总结中所要求的细节才能以最佳角度呈现出来。这对于合同和商业团队来说是一个很好的机会,可以展示他们创造性的洞察力。常常有这样的情况,即高级执行官在合同授予很多年后还记得执行总结。合同专业人士还应当确保执行总结与交易中所指定的合同及运营承诺相吻合。例如,执行总结可能列举出年度同比的效率增益,这种情况下要确保在风险减缓战略中将此也考虑进去了。

11.2.10　批准

批准是任何公司合同流程都不可分割的一部分。一般情况是,所有能够被接受的响应(或要约)都需要获得内部正式批准。该批准可能需要经历一个漫长的流程或者在管理者和财务经理的快速会议中得以通过。这通常意味着,没有价格(除了价目单定价之外)的RFP 响应或者已清楚写明不具有法律约束力的响应不需要经过批准。里程碑时间表必须考虑审批流程的时间以及审批人所需信息的提供时间。最佳实践的机构会进行投标预审核,尽早使关键决策人和审批人了解该商业机会以及赢得该业务所需克服的特别挑战。

>>>> 11.3 提交提案

11.3.1 提交标书

RFP 文件中通常明确地描述了如何将响应提交给客户——时间、地点、包装方式、媒介以及复印件数量。买方很少直接接收响应文件,但是如果是这样的情况,投标人应该让销售主管或客户部主管在交接现场。至少,在客户所在地应该有某个人签收响应打包文件,这样就有了一个提交记录。

按照 RFP 文件的截止日期,客户可能设定一段时间来听取投标人的口头陈述。通常情况下,这些陈述仅限于进入短名单的潜在中标人。这可是竭尽全力来惹人注目的时机。买方长时间地埋头于大量枯燥的技术响应和复杂的合规性描述,一点亮眼的东西对他们来说都是很好的调味剂。

投标人应当做出流畅的多媒体展示,该展示集中了他们的解决方案的优点并且构建出了未来合作关系的美好蓝图。做展示的客户部团队应当让与客户有联系的公司高管或董事会成员参加。

在提交标书之后,与客户交流的限制通常会少了一些。任何特殊渠道的沟通都应当与销售团队进行谨慎协调,以加强关键信息的表述并注意到客户的担忧之处。这种特殊渠道可以是正式场合,如高尔夫球场,也可以是不太正式的会议、校友聚会、社交团体和兴趣小组。

特殊渠道可用于准备口头陈述。不太确定的渠道是客户。买方对响应表达不满也并不罕见,尤其在价格方面。他们可能对所有的投标人施加同样的压力,希望有人能够给出一个更低的价格。这可能是一个谈判策略,也可能仅仅是由于缺乏信息。

11.3.2 谈判及定价

在谈判阶段,中标的公司可以预期客户会尽力消除风险要素并保留所有可能的价格优势。双方的谈判者应当对需求的细节都非常熟悉。供应商一方的谈判者还应当意识到风险减缓计划和在谈判阶段可能受到影响的运营及交付领域。例如,为客户提供不同的包装选项,采用不带供应商标识的盒子,这看起来像一个无须成本的让步;然而,运输经理可能没有方法去储存、供应及准确地运输不标准的包装,由此为销售增加了难度和成本。对需要供应商提高交付的复杂度或接受风险的任何改变,最终都会影响赢得这笔生意所期望的回报。太多这类的改变会造成风险与回报的失衡,因为这笔生意已然无利可图了。当然,如果卖方按照他们的标准进行回应,并且期待买方做改变,那么也会发生同样的情况。

建议合同团队透彻理解 RFP 响应中有关范围的内容。对于工作范围、覆盖的地理区域、时间线或者交付量的微小改变,都可能对成本产生极大的影响。尽管扩大交易的范围在通常情况下都会很好,但把范围扩大到不可预知的方向则会导致交付团队负担过重并且产生过多的管理费用。客户通常将范围削减至一些较小的部分,以此来限制实施风险。谈判者了解启动成本和管理费用是非常重要的,这样范围的任何改变均可以被精确定价。

同样,大部分客户会期望非常精细地谈判价格。详细了解实际的管理费用、物流成本及预期利润,可以加快合同谈判进程。另一个需要考虑的因素就是订单出货周期。

根据行业的不同,如果在验收之后一个特定的时间段内付款,客户可能希望有一个折扣率。在其他一些行业,客户可能希望供应商能够消除多重交付周期内商品成本的变化。

对于供应商和客户使用不同货币的国际性交易来说,应当仔细考虑由哪一方来接受货币价值的波动风险。要注意监管问题,影响跨国贸易的法律和细节的变动,这些可能会影响价格、责任或其他运营表现。

在某些行业,尤其是新经济领域,客户不了解做交易的所有成本,会落入含糊定价策略的陷阱。如果投标人忽略了客户在开始使用这一产品或服务时必须承担的成本要素(例如电信线路终端成本),就会出现以上情况。通常情况下,虽然这时客户处于危险之中,但那些在响应中没有罗列类似成本的供应商可能发现他们自己也会赔钱。

哪一方来承担这些成本取决于最终合同的表述。在谈判中的交易杀手有很多。例如:

——不平衡的货币风险。

——在行业规范之外,对质量规格的无理要求。

——与验收时间线不一致的交付日期。

——无理地终止规定。

——在人员雇用和员工选择上的限制。

——繁重的服务处罚。

客户提出的而卖方无法忍受的要求,在各个交易中千差万别。一个总的指导方针是,在风险减缓战略的背景中考虑每条要求,并且将所需的改变与提供的回报相比较,以确保风险与回报关系能够保持平衡状态。

⟫⟫⟫ 11.4　关系销售

在关系销售中,投标人对于客户长期的目标和需求有着深刻的认识,同时具有很广泛的人脉。卖方已经不再是一年一次拜访客户以确认预期的订单数量,而是参与到客户的长期战略甚至目标的设定中。

卖方与客户共同努力去消除生意上的阻碍,卖方成为客户长期成功的关键。这种形式的销售会更多地获利,因为卖方在 RFP 起草之前就已经了解了客户的需求。对于卖方来说,这也需要花费更多的时间及精力,例如一个大型全球服务的外包工作可能需要两年或两年以上的时间。如果在采购周期的早期就让客户接触正确的专家、信息、论坛及演示,复杂项目的购买周期可能会在某种程度上缩短。

在与客户合作了几年之后,合同团队应当在发展持续长久的关系方面具有独一无二的地位。通过保持记录及已议定的合同,合同团队可以知道客户偏好的购买习惯、风险接受能力及所期望的条款。使用这种方式,当客户具体想要购买某种商品时,该卖方可能成为其求助对象。这就使卖方能够在心照不宣的情况下,或者以直接的方式来影响 RFP 的内容。在某些情况下,客户还求助卖方基于他们的产品及服务拟定 RFP。这有可能会,也可能不会限制买方的选择范围。至少,这给予了卖方足够的时间去准备及形成他们的响应。

在关系销售中,对于竞争格局的评估需要有更前瞻性的视角。卖方寻找的竞争对手,不是针对客户当前的需求,而是客户未来可能产生的需求。用一个更长期的视角通常可以认识到某个竞争对手可能成为一个有价值的合作伙伴或有价值的客户。由于全球化和供应商的专业化,类似的"竞合"变得越来越广泛,从合同团队的角度来说,与供应商的谈判就更加重要了。另一个公司可能同时身为竞争者、合作伙伴和客户。在这些谈判中任何傲慢都可能限制卖方在未来赢得生意。

　　合同团队可以通过预见其他各方对于合同要素的反对意见,来加快谈判进程和缩短交易达成的周期。基于之前的经验,合同团队可以提供可接受的替代方案。他们同样可以重新将讨论引导至双赢的局面,而不是"大乱斗"。合同团队能够在不同层次的谈判、商业风险以及商业趋势等方面带来专业技能,从而赢得交易。这就使得合同团队能够为客户、合作伙伴及供应商增加价值,减少风险及移除阻碍。

 本章思考题

　　1.RFP 包含的基本项目有哪些?

　　2.在 RFP 活动中工作说明书或功能/技术应该有哪些要求?

　　3.简述在编写可选评估方案中应询问的几个关键问题。

第 12 章 供应商响应 RFX 文件的工具

成本识别和机会评估是供应商编制 RFX 响应文件的主要工具。本章对成本识别和机会评估的相关内容做了提纲性的规定。

◎ **本章目标**

1. 了解成本分析的主要内容。
2. 了解评估机会程序和内容。

>>>> 12.1 成本识别

12.1.1 成本概述 ◢◢

最初的成本识别应当是商业论证中成本/收益分析的一部分,并被视为准备提案征询函(RFP)之前初始审批流程中的一个环节。在招投标及合同签订过程中的关键里程碑处,还需要进行成本识别环节,这样可以验证我们当初所做的假设,并且可以处理一些在 RFX 过程中发现的问题。当然,最终的财务结果取决于谈判及合同签署后管理的有效性。

总体拥有成本(TCO)力图识别资产使用期内的所有成本。TCO 显然包括采购、实施、维护及支持成本。全面的拥有成本分析体现了从"摇篮"到"坟墓"式的成本观:从开发商业论证所需的资源、起草 RFP、管理投标流程,直到资产的退役和处置。

TCO 可以包括资本成本,并考虑风险或经验等因素;但是它并不解决与战略保持一致、投资的可行性等问题。全面分析 TCO,对于了解投资的规模应当是很有价值的。

12.1.2 基于活动的成本核算 ◢◢

基于活动的成本核算(ABC)是通过将一般管理费用分配到产品和服务,根据与特定的产品和服务相关的比例将一般管理费用适当分配,以此为基础将一般管理费用转化为直接成本,从而提供关于一项活动成本的真实和完整的理解。TCO 模型对于评估一项投资非常有用,但当需要复杂分析时又存在不足。例如,TCO 可以估算一个生产中心中计算机设备升级的成本或签订外包协议的成本。

ABC 提供几项投资的一个过程视图,使我们更能洞察定价和营利性。在我们的生产示例中,ABC 可以用于评估所有设计活动的成本及其对销货成本(COGS)的贡献。例如,某公司提供一种标准化产品,与该产品设计及生产相关的所有成本相对容易合计。但如果顾客想要对常规产品的标准形式做某种改变,如不同的颜色、不同的材料,那又会怎样呢?

ABC 洞析与增量式设计、测试及生产相关的成本。保持各自的库存和原材料要多少成本? 附加的标签要求是什么? 这种改变对监管制度及环境的影响是什么? 一旦了解了所有成本,这些又怎样在与顾客的合同中反映出来呢? 是一开始就一次性支付,还是在最低采购量保证下依靠单价上涨来收回这些成本?

ABC 成本核算考虑完整的流程成本,因此可以作为挑选供应商的基础。了解流程成本同样有助于理解成本结构,因此它也是一个支持风险分析、合同开发及谈判规划的信息来源。ABC 是识别成本的一条更为精密的途径,采用一种更具分析性的定价方法,但它的实施和维护需要更多的资源和费用。

12.1.3 税收影响

成本识别应当包含对税务结果的考虑,因为对企业来说,它代表实际的节约或成本,但是这些节约或成本的最终实现,依赖于其他活动及公司的整体税收状况。因此,税收影响报表需要同基本的成本/收益分析清楚地分开。

资产折旧允许企业在资产使用年限内,根据比例每年注销资产价值,这由税务当局以及公认的会计准则来监管,根据资产的类型来决定按三年、五年或其他年限进行折旧。

资产注销允许企业扣除折旧额来反映更低的利润,同时不影响现金流。折旧扣除的数额及最终的税收节约额将取决于企业的整个利润状况。

由于资产折旧的最终影响受其他因素制约,因此资产折旧一般被排除在成本/收益分析之外。

其他税收收益包括税收抵免,由税务当局政策控制。例如,为了推动经济发展,当地税务机构可以对指定自由创业区内的投资给予税收激励。某些税收抵免能够反映对环保的重视。这些税收优惠如何实现,在很大程度上取决于具体规定及企业的整个税务状况,因此,在商业论证中也许不会考虑这些税收优惠。另外,一项投资意味着有纳税义务,如营业税、持续的物业和使用税。这些税需要在成本/收益分析和成本合计中作为成本对待。

12.1.4 费用分摊

如何处理费用分摊,取决于是谁在做成本分析。在公司和业务单元两个层次上,存在非常不同的相关性。业务单元需要把分摊费用作为其成本结构的一部分,无论这些分摊费用是否代表真实的成本。

大多数费用分摊在某种程度上是主观的,但直接反映在运营单位的盈利报告中。然而,在公司层面,只有真实的成本才会影响总公司的损益表底线。分摊成本在业务单元层面会影响所报告的成本,但它们通常不会影响整体的成本结构。

因此,考虑费用分摊,能够影响到是否支持了一个业务单元的决策,却违背了公司的最大利益。成本/收益分析应当展示有费用分摊时的结果和没有费用分摊时的结果,这样才能做出最优决策。

12.1.5　不同类别的成本

1. 机会成本

机会成本代表当制定一项投资决策时没有被选中的方案的潜在影响。公司选择一个项目或一个供应商,也就选择了将其资源集中于特定的路线。在有些情况下,考虑没有进行另一项投资的成本是毫无价值的。在其他情况下,该项投资可能意味着公司真正牺牲了其他领域的机会。如果可用的资本有限,那么这种影响可能会很大。

机会成本通常代表软性的、难以量化的成本,只能基于预测和分析。在选择最终供应商前,应当探究和证实机会成本。探究采购选择的各种替代方案,这样做符合治理的要求。

2. 质量低劣的成本

有时候,在采购过程中公司会做出削减成本的决定,这会增加风险并可能要承担替换成本。与这类风险暴露相关的潜在成本可以记录在风险分析中。

例如,某公司可能决定减少对一项新 IT 软件系统培训的投资,让员工在工作中学习。决策者必须权衡两个方面的时间及费用,一个方面是制订并执行培训计划,另一个方面是缺少培训导致的生产率降低带来的费用。如同机会成本,质量低劣的成本难以量化与预测,但是,它们是成本框架中的重要组成部分。

3. IT 软件系统成本

让我们看一个关于假想的投资 IT 系统的成本识别。IT 投资在技术和非技术领域都代表了显著的复杂性,这些成本可表述为:

——直接成本与间接成本。

——最初成本与持续成本。

——硬件、软件和基础设施成本。

——人员成本(对用户和支持人员)。

——与该投资有关的其他成本。

4. 硬件/软件成本

大多数情况下,硬件相对容易制定规格,从这一意义上讲,硬件在本质上是一种大众商品。很多公司都和制造商存在商业关系,因此硬件的采购就可能像订货一样简单。但是,与特定项目相关的硬件可能有特殊的要求,甚至需要在原有企业协议之外进行采购,尤其是大型服务器或专业设备。

项目特需的其他硬件也许包含桌面工作站、手提电脑、便携式无线设备。硬件设置,包括开发环境,可以使硬件成本大大增加。

直接成本包括购置和安装费用,如果需要特殊环境,如 24 h×7 d 备用电源、专业路由设备等,则这些成本可能会很高。最后,也许还需要对现有设备进行必要的升级,来支持最初的或未来的增容或性能要求。

与项目相关的软件日趋复杂。一些软件公司要求企业从开发者手中购买许可证,即使这些软件是由不在现场工作的独立咨询师所使用。使用定制应用程序,还要向外部软件开发人员支付专业服务费。有些应用程序可能需要集成软件、数据库软件、报告软件、质量保证软件、ETL 软件(提取、转换和加载)等。这些成本会根据供应商选择而变动,因此在 RFX 流程中进行全面披露是非常重要的。

5. 基础设施成本

基础设施成本一般纳入公司内的摊派成本或基于使用的收费系统。然而,如果基础设施的改进直接与项目相关,比如增加带宽、新的目录系统或基础设施升级,那么应当全部计入该项目的成本。企业咨询台支持通常作为分摊成本计算;可是,如果项目需要对咨询台工作人员进行有关新的、定制开发的应用软件方面的培训,那么将对该项目专项收费。

6. 人员成本

人员成本经常最易被低估,因为掌握那些没有直接参与开发的人员动态很困难。其他的人员成本包含基础设施和支持人员,参与需求定义、评估、测试和数据校正的业务人员,以及分配给培训和学习新应用软件的用户时间。除了由于需要学习而耽误的生产力外,新应用软件中的工作流程积压与漏洞也加大了成本。

7. 其他成本

直接由项目引发的其他成本包括所有的合同签订活动的成本:需求定义、商业论证、RFX、谈判及项目管理。用于促进项目通过和采纳的信息交流、变更管理及其他支持服务成本,应作为由项目引发的直接成本。成本计算还应当考虑绩效测试、会计、税务及与"退役"旧系统有关的成本。

12.1.6 风险评估

虽然大多数成本要素能被识别,但总会出现预料不到的问题。一部分成本识别包含风险分析。通过应用知识管理和绩效测量,合同专业人员能够预见风险,并确定这些风险带来的费用情况。他们通过详细的需求会议、风险缓解技术的投资和其他治理计划,还能够将这些风险降至最低。

≫≫≫ 12.2 机会评估

12.2.1 参与

卖方合同管理团队应尽可能早地参与评估流程,通常在客户策划或机会识别阶段。其必要性体现在两个方面:其一,确保对所提议的承诺和后续报价从各个维度进行过审核;其二,保证对一个已权衡过的建议进行评估并展示给客户。这为合同专业人员提供了最佳机会,可以使他们在这一过程中应用创新思想,并主动地追求最佳价值及提出全新的建议。

在某些机构,合同专业人员不愿意对他们视为"投机"的活动投放过多的资源——他们手中已经有足够多现成的投标需要处理了。这是个严重的错误。首先,这种行为给销售部门传递了一个负面信息,可能下次销售部门不会再找上门来。其次,这种行为强化了很多合同团队面临的最大问题之一——参与的时间太晚,即当很多条款已经确立完毕,或当他们的任务已经变成使公司从欠考虑的承诺中解脱,抑或当只剩下合同"标准条款"(例如责任、赔偿等)要讨论时。

一个教训就是要尽早参与到流程中,这会使你的工作更加轻松有趣。欢迎并且鼓励销售团队的介入,即使这个机会在他们看来还有些渺茫。尽早参与不仅仅意味着可以决定导向和许多条款,而且甚至可以发现会导致新提议的创新性意见。当一份正式的提案放在客户手里,到了这时通常不可能再提出把控导向和灵活的、创新的意见及想法。

在评估机会时,应当直接关注两点。其一,是否有机会掌控或指导所寻求的竞标或条款?其二,是否有证据表明竞争对手已经做过类似事情或该竞标已经有指示性地针对某个明确的赢家?别人占据先机,并不代表公司肯定要"不参与竞标",但这是必须探究的早期关键要素之一,并且基于评估重塑条款机会,了解这些证据可能会决定应当为该机会所付出的努力与资源有多少。

当然,查明竞争对手是否已经对该机会施加影响的能力取决于竞争情报,如对于竞争对手一般所实施的竞争性报价或条款投标人了解多少。没有这些情报,投标活动就如同在黑暗中前行。

12.2.2 准备工作 ◢◢◢

❶ 计划

举一个汽车制造业设定需求的例子。几年前,很多供应商拼命赢得生意,结果常常发现他们的报价和条款已经与行业内的步调不一致了。

当时的情况是行业领导者梅赛德斯奔驰正在与买方组织合作来定义行业标准和条款。定义行业标准的能力是很多供应商尽全力去达成的一件事情。在技术行业里,IBM 为此奋斗了几年才得以达成;在航空业里,波音、空中客车公司也是如此。但类似的地位是很难保持的,不断增长的买方成熟度已经导致了一个更加公平的竞争市场。当今,这些行业领导者的不同就在于他们的战略和计划。因为他们预先做了更好的准备,所以一直使竞争者处于守势。无论是通过对市场更好地了解还是通过更仔细的机会评估与选择,他们能够确保自己提供的产品或服务与客户需求保持一致。我们已经在之前的章节讨论过达成这种市场一致性的方法,但很显然没有商家能够与市场达到完美的一致,所以机会评估流程是非常重要的。

从本质上来说,机会评估关乎决定对这个机会的追求是否代表着所投入的资源是值得的。如果值得投入,还需要投入什么才能获得成功?得出这个结论,要取决于一个连贯的流程外加高效的、具备相应技能和知识的团队合作。

当然,还有另一个选择。一些公司不假思索地追求任何每一个遇到的机会。大多数这样的公司得到了生意失败的下场。

如果供应商希望获取高效的合作和计划,那么早期参与是非常值得的。创建团队氛围也是非常关键的。我们要摒弃常见的看法,如销售部门就是一直尝试着绕过体制的"打工仔",合同部门就是总是拖延进度、规避风险的"官僚"。

所以要确保供应商主动参与到流程之中,并辨识那些你能够负责任的领域。尽管各个公司里合同人员的角色和责任各不相同,但我们认为合同人员的角色应当包含合同的所有方面。这是用来确保所有的条款都已被考虑到,并且对于风险与机会已经进行了仔细考量及权衡的唯一方式。同样,这种方法也可获得其他职能或部门的信任与认可。

开发团队战略所产生的主要好处之一就是将分歧都在公司内部消化掉。在面对客户之前,开发团队已经熟悉了各种问题与选择方案。

❷ 需求

客户的员工同样没有很好地合作。这是一个普遍的问题,合同团队与客户机构中相对应的团队应当尽早进行沟通是很重要的。在当今这个愈加复杂的世界里，仅仅在技术规格方面进行大量的交流是不够的，还必须尽早参与定义能最好满足客户需求的商业条款。客户机构中的采购和法律部门同样经常会产生"加入游戏"过晚的感觉。他们也会通常感受到销售团队试图绕开他们，直到他们在强压之下妥协，所以要有足够的机会来改善这种关系。

供应商曾经接收过提案征询函（RFP）并感觉其含混不清吗？它是否看起来像两个或更多不同的人共同写出来的？当你知道很多 RFP 是由委员会编写的，可能就不会惊讶了。这就是为什么有些需求有时让人困惑或互相矛盾。另一个原因是一些客户相信他们可以要求他们想到的任何事情，然后找到愿意满足他们最多要求的供应商。

对客户而言这可能是有效的方式，但这也给供应商带来了一个挑战。究竟要对哪个需求进行竞标？如何找到这个问题的答案？这就要依靠供应商对客户的了解程度了。

供应商可以联系客户机构中任何熟悉的人，并证实客户的需求。几乎没有竞标者利用这一优势，他们不仅仅极少问问题，而且这些问题也不会经常被问到。即使提出了问题，通常也只有一轮提问。一旦客户公布了答案，你——事实上所有的竞标者，需要问一些对这些答案做进一步澄清的问题。

遗憾的是，大多数提案征询函在解释需求方面并不完整。即使有几轮问答环节，客户总是能够发现他们在需求或描述中忘记了一些重要事项，因此提案征询函需要进行大量澄清。

❸ 确定及测试灵活性

对所陈述的需求进行验证，其结果是我们可以确定在这些需求和所陈述的条款中有多大的灵活性。曾经有一位从业者早期在航空业工作时犯过这样的错误。很明显这项竞标的招标书是由他的一个竞争者"书写"的。众所周知，市场上只有一家公司能够符合这些规格。所以最终的决定是"不投标"，并且继续保持关系以便有机会对下一次招标施加适当的影响。

设想一下，当公布中标结果时，那位"书写"招标书的竞争者是多么沮丧！中标者竟然不是他，而是另外的一个竞争者，该竞争者实际上提供了一个不那么完美的报价，并且动用了在客户机构的所有人脉找出了一些不在标书中，但却令客户很感兴趣的事情。

现今，当然需要警惕投标规则，并且不要破坏它。但再次重申，如果参与得早，这通常是一个完全可接受的方法。

12.2.3　评估范围

❶ 评估的标准

我们应当把竞标视为一个机会，使用该机会定位并且向一个或多个需要本公司产品或服务的客户出售它们，并创造一个令人信服的理由使他们依照条款与条件在某一价格购入，从而达到公司的商业目标，如利润、贡献、收益及现金流。

机会范围的决策矩阵开始于这样的战略性投资决策，即决定将产品或服务推向市场的成本，这一成本是否值得去承担竞争特定可变机会的风险。投资回报率的问题正在获得越来越多的关注，其与合同的承诺有紧密的关联，然而在大多数公司里，投资回报率的评估及其后续的绩效表现都是弱项。在某些行业，如建筑业，大家都知道投资回报率是不准确的。很少有公司具备可靠或实际的方法来创建数据以评估一个机会的投资回报率，而且在某种程度上，这也是因为目前的主动条款中没有包含有效的成本计算。所以，在审核或讨论合同的选项时,很少有人关注成本的影响。

实际上卖方公司可能想要仔细分析这个机会并依照典型的标准,例如时间、质量及成本来确定它的所有需求。然后,可以清楚地看到哪些标准可以与其他标准交换。降低工作量的一个方法就是从客户那里获得电子版拷贝,在表格的三列中按照这三个标准类别剪切并粘贴。

在这三个标准中,时间是最简单易懂的,它包含截止时间和是否能按时完成。尽管这一点理解起来很简单,但仍是高风险的领域,因为存在很多可能影响进度的因素。

资源有很多种形式,但都代表着金钱。公司拥有有限的财产,若是在这个机会上有效利用,那么则意味着其他地方会无法使用这些资源。这就是评估非常关键的原因。可能使用工厂或设备;也可能使用人力资源或技能。问题是它们在公司需要使用的时候是否可用并且符合需求的数量? 或者它们能否从其他人那里获取? 在任何情况下,资源都带着价格标签——需要花钱。

最后,质量即公司可达到的绩效标准。质量标准以规格、服务水平或绩效承诺来体现。公司能否满足或超出这个机会所要求的标准?

这些变量有趣的一点就是在一般情况下,可以以某一个变量为代价,改善另外两个变量。举例说明,公司也许可以附加更多的资源来改进时间表,提升产品质量。

2. 评估分析的好处

在评估机会时,投标人应当努力思考:

(1)哪项标准对客户来说最重要(时间还是质量)?

(2)他们所寻求的承诺是他们的底线还是期望值? 这一询盘是在确定可用的供应商还是实际在寻找"同类最优的"供应商?

在进行内部以及客户讨论的过程中,对公司在随后做一些交易的灵活性进行说明是非常重要的。尽量避免将事情定位为不可能做到;取而代之就是努力说明做到这些事情的结果。这就给其他人提供了机会,使他们能够提出你意想不到的意见或创新性解决方案。利用每次与客户的互动,通过提问来填补知识空缺及检测他们对于需求的具体某一方面的观点。

在销售过程中,可能出现改变交易状态的新意见和新问题,双方之间可能对各个风险进行交易,因此这一评估必须保留检查点,以便依照该检查点对所做的所有交易进行评估。如果提出附加事项,例如延长担保的期限、获得长期保证、提出支付条款及更短的交付周期等,这可能就是一个风险因素。所有的让步都存在财务影响或风险影响,因此应当对照一个基准来评估这些影响,以确保这些让步承诺没有超出特定客户类别的正态分布。合同管理团队应当负责正式的报价,并且在将报价提交给客户之前负责评价一个条款是否在评估范围之内。

这就是为什么合同专业人员需要熟悉财务及项目管理技巧,这一点是很重要的,因为这样才能够将相关的因素包括在提案和商业条款中,并支持改进企业中这些关键职能领域之间的协作。

考虑这些机会需求,一个有价值的方法就是看客户的观点。退一步并且问问自己为什么他们会有这种特定的需求,并试图理解为什么某个具体的需求对客户来说是重要的。重新引用第 10 章"提案征询函的编制及内容"的可选方案评估矩阵来理解客户会如何进行他们的业务需求分析,就如同他们在编制 RFP 文件时那样。如果该竞争对手只是寻求销售所要求的产品或服务,你越了解客户的决策流程,保证该业务不被竞争对手抢走的机会就越大。

这样的分析有很多潜在的好处。好处之一就是它能够启发投标人提出高质量的开放性的具体问题,并在团队内创造一个更加积极地寻求解决方案的环境。在这样的交流中所获得的洞察力是极为宝贵的,因为客户提供了答案,且任何关于增值解决方案和竞争差异化的想法都能够与客户直接联系起来。

这个分析还有助于估计客户的优先顺序和权重,或确认为什么他们做出这样的选择。由此可以开始确认公司在何处满足或不满足这些需求,或者差距有多大,或者实际上有着超出客户预期的能力这一事实是否是公司的优势来源,并认为公司必须弥补所有的差距。分包或者与另一个更加有能力的合伙人合作来实现客户目标并同时排除竞争,这是非常有可能的。

在这一阶段,机会评估团队通常会掉入一个陷阱,即只关注他们能力短板的差距。这是一个非常严重的疏漏。能力过强也会成为问题,因为这通常意味着你将会拥有更高的价格。例如,如果客户只想要"96"的可用性,但你提供了"98",这是否意味着一个表现较差且开价更低的竞争者会赢?

3. 服务水平

服务水平可以通过很多不同的方式来表达:修复时间、可使用时间、回答一个呼叫的时间、响应时间、修复的平均成本、生产能力、无故障平均工作时间等。这些方式有以下共同点:

——它们通常产生开支。

——客户可能想要或可能不想要该水平的服务。

——它们可能相互矛盾或者与质量标准冲突。

挑战是相同的,要确保:①真正了解这些服务水平标准;②如必要,质疑这一服务水平是否合适。

在这里,需要指出的很重要的一点是,如果为"结果"而签约,我们就有责任去真正了解服务水平是什么,因为只有要全部负担达到这一服务水平的成本。

4. 确定技能缺口

在资源的大标题下,我们也许需要考虑我们是否拥有完成需求的技能。对于服务竞标来说更是如此。这个任务相对来说比较简单。分析投标中满足客户需求所需的技能,将它们一一列举出来,然后,针对这些技能,将可执行这些任务的人列出来。

如果存在技能缺口,调查是否能在本组织的其他部门找到拥有这些技能的人选,如果没有,那么我们是否可以从外界获得。计算获取这些技能的成本,并将它们计入总成本中,以确定技能缺口及其成本。

5. 财务影响

既然我们已经阐述了很多影响成本的方面,那么我们便已经准备好分析财务影响了。要分析的最为显而易见的一项就是交易的利润率。这可能会由卖方团队中的财务人员执行。既以传统的商业论证的方式又考虑其他因素,这样来分析财务影响是很有用的。

应当评估在销售一个产品或承担一个项目时公司所需要承担的风险。这个风险可能太过巨大,以至于不想做出响应,或者可能想要忽略竞标的某些部分。然而,最为可能的情况是,这一风险通常可以通过其他措施(如保险、过高制定产品的规格、履约担保等)来解决。

但这通常会转化为附加的成本,可以在财务分析中使用它们。

任何完整的财务分析都要分析竞争的影响,这就是为什么我们如此强调需要团队参与分析。财务人员可以基于我们已经提到过的因素进行全部的计算,他们将这些总结为一个所需的确切价格。销售人员可能知道竞争对手的想法,并且知晓这个价格是否有机会赢得标书。工程师可以确认产品计划是否能够让我们向这个客户出售大量的产品,若非如此,成本可能不会被剩下的预期销售量抵消。竞标的最终决定需要考虑到所有因素,并且需要一个团队来做出决定。

12.2.4 评估风险 ◢◢◢

❶ 责任

当我们审视供应商可能承担的各种方式的法律责任时,结果可能非常可怕。因为存在第三方身上的责任风险,即雇员或产品可能会对一个客户、客户群或大众等对象造成身体上的伤害。责任同样包含间接损害赔偿的可能性,在这种情况下公司所提供的产品的故障会导致客户出现巨大的损失。

目前,很多提案征询函都包含一些条款,这些条款使供应商在合同谈判之前,对于竞标响应的条款是负有法律责任的。卖方的商业团队对于竞标响应的审查是十分必要的,最好使用标准的预先同意的提案格式范例,该格式的提案在竞标之前不需要大范围的法律审核。对于这种提案格式范例做任何改动,都包含未经评估的风险,都应当在标书提交之前让相关领域的专家过目。围绕标书有效性,有很多法律问题。应当针对自己的司法管辖区仔细考虑这些问题,并获取任何必要的内部审批,以确保标书有效、能够被接受,以及若可接受,在签署合同之前许下的承诺的本质。

在某些司法管辖区,可能存在这种情况,即某些供应商的响应删除了在合同生效之前他们所应负的法律责任。客户通常将此视为回避策略,认为在最好的情况下该供应商对其所提供的服务缺乏信心,最坏的情况是他们说的不是事实。

❷ 不履约

不履约的风险通常在 RFP 及后续的合同协议中有所预见。这通常表现为 RFP 的担保、服务水平、救济措施及损害赔偿。它们被称为救济措施,有时候也被称为或被视为"罚金"。这个术语是不大准确的,因为法庭不愿意鼓励将一方处罚另一方这类概念作为一种商业关系的一部分。

一般来说,如果不能按照所约定的水平提供服务,那么,违约方将会被要求做出某种赔偿。客户可能会给一段确切的时间供违约方考虑研究,即要么解决问题,要么做出赔偿。

这可以体现为支付违约费、提供更多的资源、提供更高规格的商品和附加服务等。通过评估故障的可能性及做出赔偿的成本,可以将这些纳入响应中。

但是,有时所见到的是另一种类型的补偿——非经济补偿。曾经有一个案例,政府的 RFP 要求中标者保证设备的故障不会造成严重损害或人员伤亡。若出现人员伤亡的情况,供应商的主管必须去慰问逝者家属、参加葬礼并出具一份公告,说明他们的设备是导致死亡的原因。投标人团队可能需要评估这类非经济的且关于商誉的条款所具有的风险。

❸ 合规性

目前政府管制出现了全球增长的趋势。在美国,在供应商审核的早期,客户越来越多地参照特定的规定或保护措施。同样确定的是,作为一名供应商,需要确定客户的要求不会引起合规性的问题。依据该机会的地理范围,这可能会导致出现很多潜在的问题。例如,在不知情的情况下,一个客户可能要求了侵犯欧洲竞争法或数据保护法规的条款,或者他们要求的风险准备金很可能需要报备给美国证监会,或者他们的某些支付条款可能与收入确认要求产生冲突。

作为一名合同专家,必须小心诸如此类的事情,如需要酌情与法务的同事一起培训一下团队和客户。随着近年来对这一领域的关注越来越多,公司可能会有一名合规专员,合同专家可以向他咨询此类问题。

④ 企业风险

尽管企业风险可能不会在 RFP 中直接被提及,但它会一直存在。如果产品不符合要求,那么会对公司声誉产生什么影响?这位客户在行业中具有多大的影响力?是否有可能客户滥用你的产品?并且在竞标响应中,什么样的条款可能会提高或损害公司的声誉?

记住,并不存在什么安全的"秘密";不要相信可以与某一客户在幕后交易,并且不会引起别人的注意。

从另一方面来说,如果这是一个前沿的机会并且公司没有赢得它,那么大家会怎么议论企业的质量或创新性?这将如何影响未来的公司定位和竞争力?

⑤ 故障的后果

与企业风险紧密相关的就是故障风险。如果公司的产品不能用了,那么后果如何?这些后果都是经济上的损失吗?声誉呢?这是否会影响其他的产品计划?或者这次故障是否在某个角度有助于公司吸取教训?也许在评估风险、权衡机会或计算竞标的付出之后,投标人决定不去竞标。这种情况非常合乎情理并且可以接受。然而,在这么做之前,问问自己以下这些问题:

——如果我们不竞标的话,对客户关系有什么影响?

——如果我们不竞标的话,市场如何看我们?

——我们将以怎样的形式传达我们的决定?

⑥ 风险评估的方法

既然我们已经了解了我们所面对的各种风险,它们让人眼花缭乱,那么我们应该如何应对呢?我们如何评估它们发生的可能性及真正的影响呢?

对风险做出评估的一个经得起考验的方法就是使用 SWOT 方法。SWOT 是优势(Strengths)、劣势(Weaknesses)、机会(Opportunities)和威胁(Threats)四个词的首字母缩写。如表 3-12-1 所示,我们可以发现,团队已经在最左列中把风险分类为责任、履行及合规性。每一列的标题都是按照 SWOT 罗列的。

表 3-12-1 SWOT 分析举例

类别	战略	优势	劣势	机会	威胁
责任	责任最小化	RFP 中没有对责任进行明确说明	RFP 中客户要求我们承担超出我们现有政策限制的责任保险	我们可以出具我们关于所批准的责任限额的标准条款和条件	我们的竞争对手一向接受这些责任保险限额,但被授予合同后这些限额没能使用

（续表）

类别	战略	优势	劣势	机会	威胁
履行	确保我们能够满足所有的绩效标准	我们几乎满足了所有的硬件绩效标准。我们有一个久经考验的追踪记录,这些记录满足了大部分所需服务的服务水平(列表)	为了满足所有的硬件绩效标准,我们必须制定更高的规格并提高成本。为了提供所有的服务,我们必须分包或分配服务的一部分(列表)	一些已分包的服务,其价格非常有优势,这会提高业务的利润率	我们的一些竞争对手能够提供一站式解决方案
合规性	确保我们能够满足所有的合规性标准	我们购买的萨班斯-奥克斯利合规性软件是至今为止行业中最棒的	我们所有的具有合规性软件专长的工程师都被指派去了其他项目	我们可以向客户提供额外的合规性咨询服务,可以作为增值服务,也可以作为一个增收的机会	我们曾经被美国证监会传唤,因为曾轻度违反了汇报规定。这可能被客户视为负面行为

我们先看第一行——责任。在"优势"一栏中,该团队指出 RFP 并没有详细清楚地说明责任规定。这是一件好事,我们可以确保我们的提案包含我们自己对于责任的标准范围。然而,在"劣势"一栏中,我们发现客户的确希望我们在原有的基础上去承担更多的责任保险。这可以通过获取更大的保险范围来补偿。

然而,尽管责任规定的缺失带给我们机会去创建自己的条款,但我们也发现了一个竞争威胁。我们知道客户会同意那些条款,尽管没有意愿去执行。所以我们的竞标团队不得不对于我们可以负担的保险成本做出决策。另外,团队决定以最好的方式与客户进行沟通:

——我们遵守我们的承诺。

——客户应当要求供应商提供其合规性的证据,由此来保护他们自己。

这个分析可以延展到其他风险领域。

12.2.5　减缓风险

鼓励团队的所有成员参与到风险识别活动中。让他们去识别所有的担忧和问题,无论它们是否被视为风险。一旦确认为风险,就可以使用前面介绍过的 SWOT 方法进行分析。

流程中的下一步就是去计划应该采取的行动。尽管它们可能不纳入对 RFP 的响应中,但必须针对下列各项记录并归档应急计划:

——所要求的产品设计或流程的变化。

——准备接受的任何负面后果。

——需要对该风险做进一步研究的计划。

一旦计划成型,就需要制定一个详细的跟踪记录方法,明确指定谁负责记录什么,何时(或者以什么频率)以及如何记录和上报。

下一步就是制订控制计划,这通常被归类为项目管理。需要确定谁去管理该项目,并且尽可能地确定如何控制该项目及各种偏差。

在完成上面的步骤之后,一定要对它们的结果进行沟通。在对 RFP 响应之前和之后,都应当对其进行沟通,寻求来自本组织内受该项目影响的任何人员的输入和同意。

>>>> 12.3 评估关系

12.3.1 评估与供应商的关系 ▰▮▮

供应商如何响应 RFP 以及如何评估该机会,这要结合自己与客户或未来客户的关系背景。

供应商是否曾经和买方做过生意?他们是否重视你?你是否了解他们会如何决定中标者?

这是一个很好的时机来仔细观察你对于客户是否真正了解。RFP 文件有时会暗示如何决定标书是否中标,有时不会。即使它们暗示了决策中标的信息,经验表明总会有预料之外的事情发生,从而导致决策的标准产生变化。政府部门和公共机构通常会公布标书甄选的规则。在这一部门任何投标的人都会告诉你除了规则,决策还有可能通过其他方式进行。

了解客户这件事是不可替代的。投标人越了解如何决策,决策者是谁,不同利益团体之间是怎样的"潮流暗涌",就有越大的可能性去制定一个可能会中标的响应。这对于销售团队来说可能是最大的责任。要成功了解客户,有三个步骤:

——了解组织结构。投标人可以很简易地了解到公司的架构。通常情况下,你只需要询问,就能够从客户手中得到印好的组织图。这些组织图有时会公布在商业出版物上,或者可以通过网络搜索到。了解汇报关系以及谁负责 RFP 事宜是非常有用的。

——了解决策结构。这比组织结构更加有用,但有时却很难获得。有时一个人做决策,而在大机构中,可能在决策过程中有几个人比其余的人更加具有影响力。对此进行一个详细的了解是非常有用的。

——使用人脉关系。如团队中的销售人员主要负责与客户人员的联系并且建立良好的关系。公司中的任何人都可以对此做出贡献。也许有人在客户的办公楼内有一个好朋友;工程师们可能定期去客户那里提供服务,并且非常了解客户机构内所发生的事情;应收账款员工可能从客户应付账款的联系人那里收集了一些有意思的信息。

12.3.2 判断客户的成熟度 ▰▮▮

衡量客户的一个方面就是了解他们在创建及评估 RFP 上的成熟度如何。这种成熟度可以很好地决定需要在响应中提供多少细节及承诺。它同样会给我们一个很好的指示,告诉你 RFP 提交之后,谈判可能是什么方向。

做到这一点有几种不同的方式。首先可以分析 RFP 本身的内容。很多 RFP 都有一些共同点:它们陈述客户所需要的东西,但它们通常漏掉他们想要得到这些东西的程度。有时候他们会陈述原因。一般会给出需求列表,通常还会给出如何响应该 RFP 的指示。

更为老练的客户在这些事项上非常完备。他们的需求列表非常详尽并展示出他们对于寻求的产品或服务有很好的了解;指示非常详细,并给出了 RFP 流程的各个里程碑;预料并且回答了投标人可能有的行政问题;在如何提问、应当或不应当与谁联系、答案如何公布

（通常情况下向所有的竞标者）这三方面给予了准确说明。

有一个成熟度的指标在 RFP 过程中买方及卖方都没有很好地理解。很多人认为中标之后，双方之间将签署合同。在起草合同的过程中必须要做的一个决定就是："你是对一个东西还是对一个结果签约？"东西是指具有特定规格的产品或服务。如果按照要求的规格交付了产品，但该产品没有达到客户希望的效果，这就不是供应商的责任。而对结果的合同通常描述了客户想要的最终结果是什么。之后，供应商有全部的责任通过任何方式达成这一目标。请看下文这个简单的例子。

一些美国政府联邦部门通过竞标授予对草坪维护的合同。他们过去常常使用针对"东西"的合同。现在他们使用针对"结果"的合同（他们将之称为"基于绩效的签约"）。之前他们会说明中标者会是实施如下行为并且收费最低的公司：一周修剪两次草坪、每日灌溉、五个人一组开展工作、三个月喷一次肥料等。政府列举出了他们能够想到的草坪维护的所有活动。在春季和秋季，草会疯长；但到了夏季，工人们还是会尽职地一周两次修剪没怎么长的草坪。现在的合同则规定：草应当一年四季全绿，并且高度在 4~6 cm。至于修剪、施肥、灌溉等行为的频率，则是承包商的责任。

成熟度同样很明显地体现在直接要求的"陈述信赖"形式的承诺数量。RFP 中是否已经包含了如果中标他们希望同意的条款及条件？他们甚至有可能在 RFP 中包含了他们希望签下的完整合同。

寻找其他形式的"陈述信赖"的用语。如客户可能要求投标人签署他们可以依赖我们所说的自己是行家的陈述。我们也许不知道这是非常有约束力的，如果发生了争议并且去诉讼，法庭将会把我们视为"专家"并且要忠于比平常更严格的行为标准，就如同他们对待医生和律师那样。类似情况下，我们很难以"自己疏忽了"作为借口，并且因此法庭判定的损害赔偿会更高，甚至是令人震惊的金额。

其他一些用语可能让投标人接受自己提议中的所有内容都将不经协商纳入最终协议中。他们甚至还要求所提交的提案必须由将来签署合同的同一个人签字。在这些情况下，我们应当确保在提案中非常小心谨慎地措辞，并经过了全面的法律审核。

在实际的 RFP 中可以找到以下这些关于客户成熟度的指标：

——收集客户情报。另一个判断客户成熟度的方法就是使用投标人对于客户的了解。使用所有由我们支配的资源去了解客户在评估提案和协商合同时，他们可能探究的深度。

——使用投标人的提问机会去弄清楚客户的期望。这是一个可以问明智问题的机会，包括那些可以向我们展示客户在竞标过程中成熟度的问题。

——了解客户签约架构。很多大型企业没有专业的采购合同管理人。在他们的采购及签约架构中寻找客户成熟程度的指标。去寻找的指标包括：

——他们是否只有一个采购部门？或者他们是否有单独的寻源部门与采购部门？

——他们是否有额外的供应商管理部门？

通常情况下，如果有一个单独的寻源部门，他们的主要任务将会是与你谈判协议。行政工作将会由采购部门实施。如果机构中存在供应商管理部门，他们的责任将会是测量及跟踪供应商的表现。他们会一直收集改进措施并且对供应商进行相对排名，以决定哪些供应商会对客户最有利。

>>> 12.4 评估未来的机会

最后,在投标人准备好响应 RFP 之前,这是一个很好的去思考未来的机会。这样做有两个原因:一个是未来机会可能影响响应招标的方式;另一个是这个竞标可能包含一些出售更多产品的机会。

比如,合同授予后,客户报告说他们已经选择了一个出价不是最便宜的竞标者。这个标书使他们审视他们从未考虑或者意识到的可能会需要的一些服务。他们感觉这个竞标者对于他们真正的需求有很好的了解,并且可能会帮助他们满足未来的目标。

这样的机会可能就出现在 RFP 中。客户可能在他们的指标中体现了他们接下来的需求,他们甚至可能询问竞标者是否有其他什么主意。竞标团队应当仔细审视这些机会,并且决定将在响应中在多大程度上考虑这些因素。

即使标书中没有要求,投标人也许有客户可能用到的额外的产品或服务,甚至可能有一个客户没有考虑过的方法。然而,如果确有不同的方式,甚至比客户已经要求的更好的方式,还是要尽全力按客户的确切要求来响应 RFP。客户可能没有意识到投标人方法的优越性,并且不做进一步解释而取消资格。作为一种给客户提供一个额外选择方案的途径,可以考虑在提案中加一个附件。通过投标过程中的提问步骤,正式地询问未来合作的可能性。同样可以使用我们之前介绍的客户人脉及关系网来发现合作的可能性。可以询问未来的业务可能是怎样的,也可以对其未来可能会是怎样的提出建议。一旦觉得时机成熟,同样可以询问如果你中标,客户是否准备对未来做出承诺。

 本章思考题

1.机会评估包括哪些步骤?

2.在准备环节需要做哪些工作?

3.评估分析有哪些好处?

4.了解客户有哪几个步骤?

第 13 章　法律对 RFX 活动的影响

　　世界上有一系列法律准则和传统惯例,这些法律准则和传统惯例对投标过程有重大的影响。要订立具有法律约束力的协议或避免法律争议,就必须遵守这些法律准则和传统惯例。为简单起见,通常将这些法律准则和传统惯例分为普通法系(英美法系)、伊斯兰法系、大陆法系等,以示区别。事实上,尽管这种抽象概括是有帮助的,但仍需详细了解不同国家或地区在这方面的差异。例如,虽然美国、英国、澳大利亚等均以普通法系(英美法系)为依据,但对法律的解读及贸易集团的影响导致差异日益扩大。

◎ 本章目标

　　1. 了解 CISG 公约的基本内容。
　　2. 了解采购方和供应方的合同和关系类型。
　　3. 熟悉不同的谈判方法:框架、战略和目标。
　　4. 熟悉评估合同管理、资源计划及管理活动。
　　5. 熟悉合同终止和收尾的类型的相关工作。

>>>> 13.1　基本原则

　　投标人的大部分投标在内容及司法管辖权方面可能是国内的。在这种情况下,面临两件事情要考虑:
　　——投标人应了解国内的法律会如何影响投标。例如,何谓有约束力的要约与承诺?必须是书面形式的要约才构成有约束力的承诺吗? 在本阶段,是否有需要排除的特定法律?
　　——客户是否在本次招标中列入了具体条款,或者把遵守或接受这些条款作为投标的条件(在此次或任何一次价格沟通中)?
　　最终合同的条款和条件太重要了,不能有半点疏忽。在投标阶段,不会希望出现因为缺乏透明度或公开性而使自己的谈判立场受到损害。销售部门往往宁愿让事情含糊不清,尤其是如果存在潜在的坏消息或分歧。这不是一种良好的商业策略,也并不安全。现在就是认识并评估可能存在冲突的领域的时机,提出这些领域以及建议的替代方案/解决方案。

>>>> 13.2　国际法摘要

13.2.1　国际合同基本要素

本节考虑如果投标涉及国际层面,会如何影响事情的进展。

表 3-13-1 列出了国际合同中最起码需要考虑的基本元素,无论在哪个司法管辖区。

这些都是国际合同的基本要素,应该构成投标响应的组成部分。

表 3-13-1　国际合同中最起码需要考虑的基本元素

要素	描述	须知
卖方与买方	标识和税务详情	公司及联系人的全部细节。验证签署合同的人是否有权力这样做,这是非常重要的。即该签署人是否为该公司的法人代表。如果该签署人是由公司的经理或管理者指派的,则应该通过询问法定代表人来亲自验证这一事实,并将这一点收录为合同的附录
产品	详细的描述、成分、功能、名称	使用出现在标签或用户手册上的描述。建议包括海关命名,表明其遵守了该国家适用于该产品的法律
数字	品项、品项数量、重量、体积、尺寸	度量单位必须与要约接收方采用的相对应,还要考虑不同国家之间所使用的度量单位的差异
价格	单价、总价、付款币种	清楚地指定金融交易中使用的货币。建议以数字和文字并在旁边加上 ISO 4217 中的三个字母货币代码来表示价格。此外,还应确定税费如何处理,包括是否有代扣代缴税费的包税条款
付款条件	支票、转账、信用证、信贷期限,如 30 天	如有必要,指明银行名称及账号。对于分期付款或信用支付,要尊重目的地国家的习惯
保障	证书和标准化、售后服务	特别提及 ISO 标准、原产地证书及买方所在国所需的标准
发货条件	运输方式、容器和包装方式	列出箱数及每箱产品的数量
交付	交付日期和地点	取决于所使用的国际贸易术语或合同中的约定。建议用国际贸易术语固定交货条件,以便在国际贸易中被更广泛地接受
有效性	日期、要约的有效期	标明完整的要约有效期(起始日期),年、月、日
法律方面	适用的法律、具有管辖权的法院、仲裁条款、卖方的责任及责任限额	应指定以解决双方之间争议的适用法律,指定解决争议的有司法管辖权的法院及国家。可将仲裁条款列入合同或稍后达成。例如,交货延迟情况下的卖方责任及责任限额

13.2.2　跨境交易的建议

在构建跨境交易的过程中应小心谨慎,结构不当的交易对于公司及其客户来说都可能代价高昂。对主要税务陷阱的识别将使我们能够正确地构建交易,尽量减少不必要的税务成本并增加利润。

例如,在某些司法管辖区,合同签订的地点将决定是将其作为本地合同还是离岸合同来对待。

1. 建议采取以下行动,以减轻国际跨境风险

——跨境项目由当地承包。

——带有当地执行的交易文件的主协议。

——借调工作人员。

——使用适当的人力资源方案,以利于税务的策划。

2. 建议用于减轻风险的合同签订结构

如果是在公司内部,适当应用转拨定价政策。

——当地对当地的合同(Local-to-local Contracts)。

——以当地公司实体对当地客户(Company Entity with Local Presence to Local Customer)。

——全球合同(Global Contracts)。

——带本地交易文件的主合同(Master Contract with Local Transaction Documents)。

——指派模式(Assignment Model)。

——分包模式(Subcontracting Model)。

——综合报表工具(Consolidated Statement Facility)。

3. 建议当地承包

——客户合同由要提供服务的所在国当地的公司法律实体与当地的客户法律实体签署。

——在当地进行服务并开具发票,并无集中跨国管理。

——收入在当地入账,税务也在当地申报及缴纳。

——建议带本地交易文件的主合同。

——主导公司与主导客户之间的主协议的执行是为了制定总体条款和条件,供当地遵循。

——当地的合同将由当地公司与当地客户之间缔结,并且将主协议的条款纳入。

4. 建议的分包模式

——由主导公司与客户法律实体签订单一的全球合同。

——主导法律实体分包给当地的下属公司来对客户在当地的下属机构执行远程服务。

——分包的实体将通过公司间结算系统向主导实体开具账单。

——分包模式的使用需要税务签核,以确保适当考虑了间接和扣缴的税款。

5. 建议的指派模式

——在主导公司与客户法律实体之间有一份有效的单一的全球合同。该合同必须包含允许指派的规定。

——主导公司与客户将其对远程服务的提供与接收的权利和义务分别指派给当地公司/当地客户的分支机构。

——有效的结果就是,当地合同以当地货币在当地开具发票、当地支付。

间接税项:

——增值税(VAT)和商品及服务税(GST)是最常见的间接税项。

——在亚太地区,增值税率的范围为 5(新加坡)至 17(中国)。

——VAT/GST 体制允许对已支付记账税务的税收抵免,该类税收是中性的。

——如果当地执行的服务在当地发账单给当地税务注册的客户,进项税额使得 VAT/GST 只是个时间问题。

——当地提供的服务跨境发账单时,VAT/GST 则成为一种不可回收的成本,客户最终为此支付,作为直接的不可回收成本或公司服务费用(纳入价格)的一部分。

对于预缴税金(WHT),客户合同涉及跨境支付时,应考虑列入一项规定,允许公司,包税发票金额来计算 WHT 金额,从资金角度将公司看作一个整体。因为包税提升了支付的价格,且在大多数情况下,可根据税务协定对 WHT 进行收回,因此,需要考虑对客户关系和竞争地位的影响。

>>>> 13.3 CISG 公约

13.3.1 CISG 公约的使用

因为与货物销售有关的国家法律有非常多的变化,联合国制定了一套规则来管理国际销售。这套规则被称为《联合国国际货物销售合同公约》(CISG 公约)。经过几十年的努力,联合国国际贸易法委员会(UNCITRAL)推进了《联合国国际货物销售合同公约》的通过。在撰写本文之时,CISG 公约适用于 76 个国家,包括主要的贸易大国。

参与国际贸易的商界人士及法律代表必须了解到 CISG 非常重要的方面:除当事各方明确表示 CISG 公约不适用的情况以外,CISG 公约将成为针对营业地点位于不同国家的各方之间的所有货物销售商业合同的管辖法律。

举例说明。如果当事各方,如一家位于蒙罗维亚的企业与一家位于多伦多的企业(利比里亚和加拿大均已通过了 CISG 公约),没有同意将 CISG 公约排除在外,则他们之间的商业销售协议会自动遵守 CISG 公约的规定。然而,如果销售合同的当事各方希望受一些其他法律的约束,则他们可能会规定将适用其他法律而停用 CISG 公约,并申明在出现争议的情况下 CISG 公约不适用。

CISG 公约部分基于普通法系传统,但也受到大陆法系和社会主义法系的影响。例如,根据普通法,有效的合同即包含以下要素的协议:

——经双方同意而订立。

——有足够的对价支持。

——当事各方具有签订合同的法律能力。

——不存在非法目的。

一般来说,如果缺少上述要素之一,则合同无效。

然而,CISG 公约仅适用于销售合同的订立及该合同所产生的卖方与买方的权利和义务。以下情况,CISG 公约并不直接与合同的效力有关:有人受欺诈参与到合同当中,有人不具有订立合同的能力,或者国内法律禁止销售合同中规定的货物。

13.3.2　要约和承诺 ◼◢◢◢

合同也可以通过采购订单转化而成,这些订单包含小字条款,已被接受或确认。这种情况在国际交易的当事各方之间相当频繁。根据 CISG 公约,包含修改的承诺则构成对要约的拒绝,并构成反要约,除非所做的修改没有实质性地改变要约的条款,且要约人能够接受。如果要约人未及时提出口头反对,则该合同条款按照承诺中更改的成为要约的条款。

这意味着,承诺或订单确认的小字条款具有约束力,除非立即反对,或者其构成对要约或采购订单在价格、质量或争议解决方面有大更改。这一点在普通法和大陆法系中均被称为"条款之战"。

CISG 公约规定,要约仅在被收到时才算作接受。CISG 公约还限制了当事人撤回不可撤销要约的能力。如果不可撤销要约尚未被接受,则通常可以予以撤销。

受要约人接受要约之前,不存在合同。根据 CISG 公约,接受可以是受要约人表示其遵守合同的意图的任何声明或行动。然而,根据普通法系,接受的方式必须为要约人规定的方式。如未规定,则必须是当时情况下适当的方式。

13.3.3　根本违约 ◼◢◢◢

CISG 公约保留买方起诉违约的权利。然而,"废止"或解除合同并拒收货物的权利却相当有限。如合同已被"根本违约",则买方可拒收货物并要求交付替代货物。其结果必须是对买方造成的合同损害已基本剥夺了买方根据合同预计要收到的货物。然而,在一般情况下,CISG 公约允许未按时履行合同或交付了不合格货物的卖方对其行为予以纠正,只要未给买方造成无理拖延或不便。此外,如果通知卖方在合理时间内履行合同,而卖方拒绝这样做,则买方还可以宣告合同无效。这是普通法系中的新型补救办法。

CISG 公约还针对买方的潜在财务失败为卖方提供了保障,如果买方明显可能没有能力支付货物的货款,则卖方可通过发出适当的通知来暂停交货或阻止货物放行。如果买方后来提供了付款的充分保证,则卖方必须继续交付。

根据 CISG 公约,合同可由任何形式证明,包括使用证人的证词或口头证据(在普通法中,口头证据规则防止书面合同的一方当事人提出与完整合同的书面条款相矛盾或向其增加内容的证据)。此外,根据 C1SG 公约订立的合同不需要存在对价,在普通法系管辖权内即如此。最后,CISG 公约免去了合同订立的"镜像"规则。根据 CISG 公约,包含非实质性的补充或替代条款的接受仍然可以构成合同。

CISG 公约促进了私人国际行为监管方面的合同自由。它允许商人以一套允许自我监管的法律来替换极有可能引发诉讼的法律制度,从而在日益增长的国际市场上更有效地运作。

13.3.4　采购人员需要了解的法定守则 ◼◢◢◢

大多数法定守则往往有利于买方,而且在一些方面,卖方可能并不喜欢法律允许的结果。在这些情况下,卖方可能会尝试创建条款和条件,将结果向更有利于自身的方向进行更改。但在某些司法管辖区域,这可能行不通,在准备或考虑一个投标时,需要问一系列问题,如:

——哪些条款具有法律约束力,哪些留待谈判?

——如果建议使用自己的格式条款,那么协议条款在工作要进行的国家有效吗?

——法律会保护合同条款以外的利益吗,以及能保护到什么程度?

——依据法律,由于另一方的作为或不作为,会造成什么责任或其他处罚?

——不履约可能承担什么法律责任?

——有什么法律补救办法或程序可用来落实合同条款吗?

许多商业交易发生于招投标及提案过程之外。在大多数情况下,仅涉及一个国家时,将适用交易发生地的当地的地方性法规,除非当事各方另有约定。了解会影响合同的成立及你公司承诺的义务的各种法律是非常重要的。

》》》 13.4　有条件的要约及要约的撤回

13.4.1　有条件的要约

大多数要约就其根本性质来说都是有条件的。如前文所述,要约的条件性可能针对各种因素。如果包括了任何条件,请确保对其都做了明确规定。要约可能:

——对卖方标准条款和条件的接受是有条件的。

——对附加条款和条件的共同协议是有条件的。

——对客户在指定期限内的接受是有条件的。

——对合同订立时的材料价格是有条件的。

——对适用货币的价值是有条件的。

——对在规定的时间期限内获得政府或其他机构审批是有条件的。

——对客户同意履行若干承诺是有条件的。

根据 CISG 公约,要约在被客户实际收到之前是可以撤销的,但是一旦客户收到要约,则由客户来决定接受、拒绝、有条件接受或以不同条件接受。如果客户的承诺中的条件是不同的,则卖方须决定是否愿意接受更改。如果卖方忘记在要约中加入所述重要条件,则可能不具备撤回要约的坚实的法律基础,即便在客户接受之前。这就突出了在对要约、反要约或承诺进行招标之前要检查全部细节和条件的重要性。

13.4.2　要约的终止

终止要约的五种不同方式概述如下:

——要约人可以撤销或撤回要约。如果要约人对于一个对价已允诺在一段时间内不会撤回要约,则不可能由要约人撤销或撤回。这就是所谓的期权。

——要约可能只是失效,要么因为要约人已明确指出要约会在一定时间后失效,要么是因为要约已经变旧了。

——有可能在要约中规定,如果某一事件发生或未发生(先决条件),则要约结束。

——如要约人死亡,则要约可能失效。

——如果遭到受要约人拒绝,则该要约失效,例如,受要约人做出反要约时。

13.4.3　知识产权与竞争法/反垄断法 ◢⫼

在许多组织中,知识产权是企业的命脉。销售团队卖给客户的就是知识产权。因此,在任何谈判期间,尤其在投标阶段,任何团队成员不得随意放弃知识产权的所有权,这是非常重要的。如果精明的当事人抓住口误并以书面形式得以确认,那么可以最终为其获取你方重要知识产权的许可证,而你则可能不得不授予其使用许可。

知识产权是一个复杂的领域,且在进行合同谈判时并不一定需要被个人理解。貌似合理的可能是,例如,因一方拥有原始创意或因客户为其"出了钱"而拥有知识产权的所有权,这样做可能会夸大拥有知识产权一方的贡献,或严重低估不拥有所有权的一方的贡献。

这里要注意的关键点是,谈判阶段需要谨慎行事。在向对方当事人发出所有书面的函件之前,须经律师或合同经理审查。

在竞争法中视某些被认为是反竞争的、伤害企业或消费者或两者兼而有之的,或违反一般道德行为标准的做法为违法。在美国,这些统称为反垄断法,因为其最初的制定是用来对付当时被称为商业信托,现被称为卡特尔。其他国家也使用竞争法这个术语,例如,欧盟依据《罗马条约》来维护公平竞争,澳大利亚则依据其《1974 年贸易惯例法》。

竞争政策正在进入一个新时代。全世界范围内越来越关注竞争法,要注意你要打交道的各国在立法方面的变化。

⫸⫸⫸ 13.5　初步安排

13.5.1　初步接触 ◢⫼

初步安排可以采取多种形式。从进行最初的客户接触,直至双方实际签署合同的那一刻,会有很多不同的筹备工作或初步安排。

这些初步安排可以是:

——口头讨论或协议。

——信息交流。

——价格估算。

——信函、电报交流。

——正式会晤。

——谅解备忘录/意向书。

人们常常以为参与初步讨论的各方都可以自由地对各种可能性进行探讨,而不必担心其行为、书面通信或电话可能产生法律后果。大多数人都知道,一旦签署了合同,即受合同约束(必须依据法律履行合同或支付损害赔偿金)。然而,我们很多人并不知道,这种义务在合同签署前即可生效。让我们来看看供应商与客户之间的会话及谈判的一些阶段,其中可能会出现某种形式的合同责任。

请注意,一方或双方(但更通常是买方)当事人可能会寻求将所有投标相关文件及会话纳入最终的合同。因此,仔细监测所有会话及通信以确保其不包含未授权或无法实现的承诺,这是至关重要的。

13.5.2 持续接触

在当事各方热衷于追求这笔交易的时候,各方对技术和商业条件进行了讨论,并进行了信息的提供或截留。在此期间,可能会出现一些问题:

——所提供的信息中可能有错误。客户可能根据被证明是不正确的信息采取一些行动。

——供应商可能会在无意中做出要约,或者客户可能会认为供应商已经做出了要约。供应商可能无法跟踪整个要约过程或该要约的一些细节。

——任何一方可能并没有真正与另一方针对该项目订立合同的意图。也许一方缺乏适当的审批。然而,如果一方依赖于另一方的陈述,并放弃某些其他前提,则可能会产生有约束力的法律义务,不论当事一方的实际意图如何。

进行这些初步讨论时,应诚实面对意图、权限,且说明这些讨论仅为试探性会谈,这一点非常重要。让对方知道,我们不希望在这个时间点代表客户或供应商承担义务。

>>> 13.6　完成交易

13.6.1　协议或约定的类型

此阶段可能发生在供应商提交提案之前或之后,在此阶段,已经对交易的要点进行了讨论,在当事各方之间已经传递了很多文件。可以附加到谈判的结果增加了,退出可能也不再是一种选项,否则会有重大罚款。

在此阶段,有时提出的口头的或书面的协议或约定包括以下类型:

——依据约定条款和条件达成合同的意图。

——以诚意继续进行谈判的约定。

——在规定期限内不与第三方进行谈判。

——需要/不需要合理的费用报销即开始开发或制造。

每个参与了达成合同交易的人在谈判中都扮演了角色,无论是有意还是无意地,有能力帮助还是阻碍谈判,并进而导致交易完成还是失败。自觉地认识这些谈判并对其进行规划是非常重要的,因为我们可以确信对方当事人也会这么做。

非常重要的是,应当预先考虑交易的结构,以及条款与条件和结构会如何影响价格及谈判。提供的任何价格都应当依据一套条款和条件。这确保了对条款和条件的任何更改都能够与价格上的波动相关联。一些需要考虑的事项如下:

——合同的期限。

——是国际合同还是国内合同。

——是否涉及另一方当事人或是否寻求合资。

——该笔交易是否涉及可能受政府监管的业务(如银行、交易证券、电信等),或者涉及政府合同,是否需要遵守特定的规则或涉及保安审查。

——对方对替代的支付结构是否感兴趣(例如,基于效益的缔约方式,抵消账户缔约)。

——任何一方是否依赖于分包商来履行合同的任何重大部分及条款和条件的外延。

将棘手的问题推迟至最终的合同谈判是很有诱惑力的,但这样做目光短浅,并会导致资源利用效率低。通常,最好尽早解决棘手问题,例如,合资的请求、替代的价格结构、终止的收费、法律责任、知识产权等。一旦有"交易杀手"问题,那么有利的做法是早早认识到这一点,撤出并将资源重新部署到另一个机遇。

13.6.2　例外条款 ◢⧹⧹

例外条款(Escape Clause)即规定签约者在某种情况下不受某些约束的条款。我们可以在文件中置入精心打造的可能性,能够退出交易而不会使任何当事方承担责任。在某些国家,这可能就足够了,但在其他国家则不然。某些大陆法系国家赞同"缔约上的过失"(Culpa in Contrahendo)原则。其源于拉丁短语,意为合同订立过程中的过失,即合同订立前的责任。这一原则要求当事各方继续以诚信讨价还价,并由行为阻碍了合同成立的当事方进行损害赔偿。

⧽⧽⧽⧽ 13.7　合同订立前的谈判

13.7.1　合同订立前的风险 ◢⧹⧹

在合同订立前的阶段,每一方应承担自身的费用及风险,但不应在谈判中断的情况下对另一方承担义务或责任。在粗心大意的情况下,可能会发生以下类型的问题:

——不当使用可能由任何一方在谈判过程中获取技术资料/知识产权。

——如果会谈开始之前,你签订合同的前景为零,且不论如何进入了谈判,这可能被理解为强制压低竞争对手的价格,或获得技术信息。

——如果谈判无合理原因中断了,则对方可以对满心期待合同成立而发生的必要费用进行索赔。

——一方或另一方当事人的代表可能真的没有对项目进行承诺的权力,导致了错误的预期和可能的损失。根据法律规定,这样的人,尽管缺乏实际权力,但可能因"貌似有权力"绑定其公司而受到追究。

——在临时谈判中采取的立场可能损害供应商要在最终合同安排中采取的立场,并导致出现妥协的协议。

使用意向书。在谈判的最后阶段,才会频繁使用题为谅解备忘录或意向书或类似标题的文件。这些类型的初步协议,在达成实际合同之前确实有业务地位,但仅在严格可控的情况下使用这些文件,可能会产生大量的义务和责任。意向书、任何表明采取或放弃某种行动意图的文件,均有可能是合同可以采取的最危险的书面形式。在迷恋客户和速度的企业,凡客户来找你并要求必须瞬间完成合同,意向书已成为一种流行的"便捷"措施。对于意向书是否具有法律约束力,往往存在大量的困惑。如果必须使用意向书或谅解备忘录,则应当有一个条款明确说明该类文件是否具有法律约束力,这一点是至关重要的。如果其不具有法律约束力,则通常应谨慎地指出,该文件将不具有法律约束力,但保密条款具有约束力。

最好的选择是不要在第一时间创建意向书,而是坚持使用包含公司所需的所有要素与保障的合同。在意向书为绝对强制性的情况下(这些情况应该极少),起草该意向书时其所包含的承诺不得超出最终协议中将要包含的承诺。应当包含对支出的限制,包含或纳入公司的"样板条款"信息,包含明确的"失效"日期,在该规定的时间,除非换成了合同,否则意向书将失效;还应包括对如果未执行意向书会发生什么情况的清晰的说明。

13.7.2　管辖合同的法律

合同双方必须针对管辖合同解释的法律达成一致。因为合同法因国家不同而不同,如果任何一方认为需要求助于法院系统,则对适用法律的选择会产生重大影响。当事各方显然希望没有必要诉诸法院,但在合同中很多事情有可能出错。其中,可能会引起诉讼的潜在问题有:

——一方当事人未能履行其义务,导致另一方当事人损失时间、客户和利润。

——该合同对交易中包含的内容并没有完全明确。

——对于技术资料的所有权或使用权有分歧。

——有人声称专利、版权或商标遭到侵权。

——产品不能按照客户的预期正常工作。

——客户不付钱。

在国际销售领域中,多数卖方和买方都希望采用自己国家的法律。如前所述,由于许多国家都加入了 CISG 公约,该法律将适用于两个公约成员方之间的任何交易,除非该法律被明确排除在外。在选择特定国家的法律时,确定以下事项是非常重要的:

——该法律合理吗?公司的律师对其是否了解?该法律是否能够充分保障你所关注的事宜?

——你在所选择的国家能够获得良好的法律咨询吗?

——你的法务人员及其他有关各方所发生的费用合理吗?

——法院是否可靠?结果可预测吗?或者说,法院会受制于可能损害公平结果的地方权力或影响力吗?

在对方坚持采用自己的法律的情况下,要经过认可的内部机构(通常为总法律顾问)进行全面的风险评估及正式接受之后,你才能同意这一点。特别是,你必须对客户的法律对责任、保修、专有信息保护、付款及债权人权利等方面的潜在影响进行详细研究。许多公司特别关注与知识产权(专利、商标和版权、信息使用、软件许可证)和出口管制相关的规定。

>>>> 13.8 仲裁和替代性争议解决方式

13.8.1 仲裁或调解的优势 ◢◢◢

相对于利用法院,仲裁或调解的优势是什么? 一般来说,你仍需要利用律师及辅助人员,而且需要支付仲裁费用,国家通常免费向当事各方提供一名法官。因此,成本方面并非总是选择仲裁的理由,并且在时间方面也越来越不是其优势。仲裁的优点可以包括:

——一些仲裁制度中争议能得到早日解决。

——各当事方能够更好地控制决策过程。

——仲裁裁决极少受法院审查(如果有的话)的左右(除非合同中规定了退而求其次的方法)。具有保密性。

——当争议解决程序被写入合同时,律师应参与确定恰当的语言。这一点之所以如此重要,原因如下。

示例:一家美国公司与一家中国企业成立合资企业。双方同意在北京进行争议仲裁。下面是一些可能出现的后果:

——将从北京市仲裁机构的小组中选择仲裁员。

——即便为美国公司,也只有中国律师才能对案件进行申辩。

——中国的法院不会对仲裁败诉方进行复审。

可以理解的是,一家中国公司同样也不会愿意在美国提起仲裁。

通往争议解决的路上散落着许多"尸体"。争议可能会升级到失控,并有很多种形式。争议可能发生在买方与卖方、合作伙伴、投标小组成员、总承包商及分包商之间。争议始于分歧,然后成为正式的问题;问题升级,最后变成了争议。

一般来说,需要发起一个过程以解决争议。有许多面向争议解决的过程和机构,但从经验来看,很多失误均源于缺乏经验丰富的突破问题的实践者。各种争议对企业有着显著的成本影响。因此,以及时有效的方式解决争议是最重要的。许多企业有保护其客户满意度的理念,在争议中,这一点会驱使某些员工的表现及行为,在事情朝着争议的方向发展时影响他们解决争议的能力。最重要的是,合同经理必须处理并解决这一问题。当问题拖延并变得由感情支配时,就会扩大范围和增加成本影响,并变得更加复杂和难以解决,因此需要干预。由具有专门知识的合同经理通过干预来快速解决争议,能够(而且经常能够)提高客户的满意度。

13.8.2 成功解决争议的关键 ◢◢◢

成功地解决争议的关键是发现问题的动因和成本。许多争议源于不同的解释,并创建了此类语句,如"你理解错了""我们的合同很差,比如空白条款"或者"这会影响我们的盈利能力"等。

要确定关键人物都是谁,即作为问题/争议背后的关键动因的人员。揭开每个人物背后的"真实"动机,由这种澄清到确定解决方法有很长的路要走。务必查出企业与问题/争议相关的实际费用(这种"真实的"费用通常很低),这也有助于设定解决方法。

主要目标 1：对驱动争议的因素及企业的实际费用予以澄清。

首要任务是确立问题的基线。创建"问题云"来识别问题。这些很可能会包括以下问题中的某些或全部：

●关系破裂；●问题的多重性；●被嵌入的立场；●敌对的环境；●疲乏不堪的争论；●状态＝僵局；●当事双方的高风险；●公司非常急切；●成本高。

对业务的影响有哪些？是否有急切的愿望来解决这一争议？合同经理对这种情况怎么看？我们有没有做好准备？未解决的争议中通常包括以下典型的关键因素：

——对客户来说，没有急迫的事件需要解决(对其影响越小，就越不着急解决)。

——公司惧怕因违约触发合同终止而无法减轻自己的损失。

——公司方面有时间压力。

——已经到达了必须与公司管理人员共同解决的时间点。

合同经理必须使问题更加明朗，并在争议中摆脱情绪影响。对于合同管理从业者，建议的路线图概述如下：

将各种问题分离开，并为每个问题构建"来历图"(谁在驱动数据、通信、电子邮件、会议纪要、投标阶段数据等)。

——将各种问题分组，例如，成本影响与无影响成本、范围与无范围、范围分组等。

——编制这种情况的轮廓图，并展示当事双方的立场以及立场之间的差距。这些差距成为解决问题谈判的焦点。

——与适当的管理人员一起进行审查，提出对解决策略的看法和建议。

主要目标 2：澄清浑浊，恢复秩序，并收集有关数据。

采用的数据格式应当有助于确定问题解决的策略。

所有的争议都可以解决。呼吁的第一点是要建立解决问题的意愿，不仅在企业内部，还要让对方组织建立此意愿。这一点可以通过完成以下目标来实现：

目标 1——为希望解决争议的当事各方创建急迫的事件。

目标 2——在寻求支持数据时要明确和自信。

目标 3——在论证中明确各种优势与劣势。

目标 4——从管理人员那里获取对解决方法的支持。

目标 5——为受挫做好准备，要对方法有信心。

目标 6——面对情况果断迅速地采取行动，不要拖延，并说服管理人员也要果断地采取行动。

主要目标 3：创建条件，打开通过谈判解决问题之门。

需要牢记以下要点：

——对争议第一时间通知非常重要。对问题的描述要具体、清晰、明确，要准确地描述当事各方各自的立场及差距。

——在问题细分表格中附加争议情况摘要，确保论证已经过适当测试并得到良好的支持，论证的结构、深度及支持数据要令人信服。

——开始时要抵制任何延长该决议/升级时间框架的企图。

——记录并锁定所达成的关键成果、行为或协议。

——要寻找一方当事人可能会提供的任何"解决之道"。

——努力让所有参与者保持对关键问题的关注，避免那些转移注意力的争论，以重申事实来向对抗行为做出回应。

——保持向自己的管理层全面介绍进展,并让团队保持"同步"。这一点在该过程中最重要。

——保持团队"同步"有一项重大挑战,即管理内部的"我们"与"他们"关于正式争议的观点之间的差异,尤其是如果律师也参与进来。

关于争议的法律观点是"正确地严格解释",而且往往会反复谨慎看待立场,这使得高层管理人员很难对有关结果获得信心。合同经理的观点必须是更广泛的商业观点,而不太关心如果事件闹上法庭我们将如何成功。如果我们为此认真做了功课,那么一定愿意为公司取得更有利的结果寄予更高的可信度。

如果自己是领导争议解决团队的合同经理,请随时准备好接收会撼动你论点基础的新的信息。我们会发现,在大多数情况下,新的信息要么无关紧要,要么可以转而获得支持。准备好面对高层管理者的可能改变的主意,一般表现为"撤诉"或另一方当事人"显著有利的和解"。

13.8.3　争议解决中心

仅当缔约实体来自两个不同国家时,才能够使用国际仲裁协会。在一些国家,法律规定了仲裁程序。虽然仲裁有时优于诉讼,但是复杂国际争议的仲裁可能是昂贵的,需要专家和律师团队,以及仲裁员的费用。这些费用通常可以通过仲裁之前的和解程序予以避免。

仲裁的合同条款通常规定,当事人必须首先尝试调解。专业调解员或经验丰富的中立的第三方将当事各方请到谈判过程中以促成和解。在通常情况下,中立方在案件中的出现使和解成为可能,并避免了对仲裁的需要。

替代性争议解决条款采取的形式可以是所需的一系列旨在解决问题的谈判。这些谈判将在技术层面开始,然后进展到合同管理者层面,进而进入高层管理者层面。最常见的是,不论合同中是否列出,以上步骤是任何情况下都会发生的。在一系列谈判步骤结束时,如果没有达成和解,则专业调解员可以介入。

争议所涉及的公司可能具有不同的文化规范和不同的法律流程,有些争议非常复杂,因此为了最好地解决这些争议,往往可以提前在协议中规定多步骤的争议解决程序。

——仲裁程序应说明仲裁员的人数,通常为一名或三名,以及任命过程。

——该仲裁员(多名仲裁员)的特殊资格要求可以作为协议的组成部分,包括国籍、语言能力、技术或法律培训及专业经验。

——应指定仲裁地点,可与管理机构所在地不同。

——仲裁条款的编写可以只涵盖指定的争议,如违反担保,也可以涵盖除某些问题以外的一切事项。例如,某持有欧洲专利的公司不希望通过仲裁来确定该专利的有效性。

——进行该仲裁要使用的语言。

——合同的当事各方及其律师必须根据所涉及的具体情况决定仲裁条款。

13.8.4　替代性争议解决方式

替代争议解决方式(ADR)一般分为至少五种类型:谈判、调解、合作法(Collaborative Law)仲裁及和解。

ADR 可以与现有的法律制度同时使用,如英国这样的普通法司法系管辖区范围内的伊斯兰宗教法院。

ADR 根据国家及文化的不同有所不同。ADR 有两个类型:正式司法机制之外的争议解决方法及附属于正式司法机制的非正式方法。此外,还有自立式和/或独立的方法,如调解程序和组织内的监察专员办公室。

包含招投标过程的国际交易中的争议解决可能是非常复杂和辛苦的,还会很昂贵。ADR 为法院审理制度提供了替代选择。ADR 可以包括非正式法庭、非正式调解过程、正式法庭及正式调解过程。

正式和非正式过程之间的主要区别在于:法院诉讼程序和拥有或缺少程序申请的正式结构。拜访某机构的监察专员办公室从来不算正式程序。

要认识到冲突解决是所有 ADR 过程的一个主要目标,这一点是非常重要的。如果一个过程促成了争议解决,即争议解决过程。

⟫⟫⟫ 13.9　当地法——大陆法系和普通法系

在普通法系中,冲突法(Conflict of Laws)包括法律的选择、管辖权的选择及对国外判决的认可。在大陆法系中,恰当的诠释是国际私法(Private International Law),因为法律冲突仅管辖法律规则的选择。

虽然国际私法的历史可以追溯到古罗马时期,而普通法系的冲突法规则相对较新,因为服务的程序性要求曾经足以将法院的管辖范围限制在国内冲突。

大陆法系基本上是实体性的,即规定权利和义务,更强调其法律规则的选择;而普通法系,本质上是程序性的,侧重于司法管辖权的规则。普通法系的客观契约论阐释了合同承诺要依照允诺的合理预期(客观标准)来解译。大陆法系是基于自由意志的自主性,要求实际(主观标准),但可向主审法官提供事实推定。

普通法系更具有对抗性(涉及抗辩人的),而大陆法系更倾向于纠问式(由检察官主持的刑事侦讯程序),当涉及提供某一外国法律的准确性时,在法律选择中产生一个事实问题或对国外法律情况的认可。对于普通法系,外国法律是由被传唤到法院的合格专家证人作证来证明,并就其受到质疑的作为专家的资质及其对外国法律的认识和解释接受检验。另外,在大陆法系管辖区,外国法律通常仅需要生成证书来证明,该证书由相关国家的外交官或所涉及的外国法律方面的专家来出具,然而,此证明人不会被传唤到庭审现场作证。

现代大陆法系的发展最明显的领域之一是在国际商事仲裁方面。过去的每一年都有不断增长的仲裁裁决量的报告(特别是在大陆法系管辖区域,以及在美国),而仲裁员们则越来越趋向于参考先前类似案件做出的裁决,从而逐步发展出了仲裁先例制度。

国际商事仲裁也大大得益于主要的国际公约,如 1958 年的《纽约公约》和 1985 年的《联合国国际贸易法委员会国际商事仲裁示范法》。基于该示范法的立法,现在以下司法管辖区生效,如澳大利亚、保加利亚、加拿大、塞浦路斯、尼日利亚、秘鲁、苏格兰和突尼斯,以及在美国的数个州。我国香港地区对该法已生效。

本章思考题

1.国际合同中最起码需要考虑的基本元素有哪些？

2.采购人员需要了解的法定守则有哪些？

3.成功解决争议的 3 个目标分别是什么？

第四部分

绿色供应链

第1章　环境的重要性

所有的商业运营均在限定的自然环境范围内进行,也不可能脱离自然环境而单独存在。生产过程中所需的原材料来源于自然环境,产生的垃圾同样输出到自然环境。如果希望不断地改善商业活动,我们必须重视这些支持经济活动运行的系统。

◎ **本章目标**

　1.理解所有的商业运营均在自然环境限定的范围内进行。

　2.熟悉可持续发展的含义及环保原则。

≫≫≫ 1.1　全球趋势

人类经过几千年历史的发展,如今已步入一个令人兴奋而又极具挑战性的历史时期。我们恰逢其时,立足现在,回顾历史,展望未来。

人类社会在20世纪经历了意义深远的变革。科技突飞猛进,先进科技在生产、运输、通信领域的成功运用使世界成为一个地球村。货物在广阔地域空间飞速流动,服务在全球范围迅速传递。

同时,经济空前发展。仅过去的半个世纪,全球经济增长5倍,国际贸易增长超过了10倍。然而,不容乐观的是,经济空间发展引发了严重的环境和社会问题。环境遭受破坏,其程度之深已严重威胁到我们在地球上的正常生存,随之而来的贫穷、社会动荡、新出现的健康问题,使我们面临严峻的挑战。

如图4-1-1所示,全球的环境趋势主要有:

——人口增长、贫穷及相关社会问题

——资源减少(如:水、土壤、矿物燃料、生物多样性)。

——环境退化(如:空气、水、土地污染)。

　——固体废弃物,有毒、有害废弃物。

　——全球气候变暖。

　——臭氧减少。

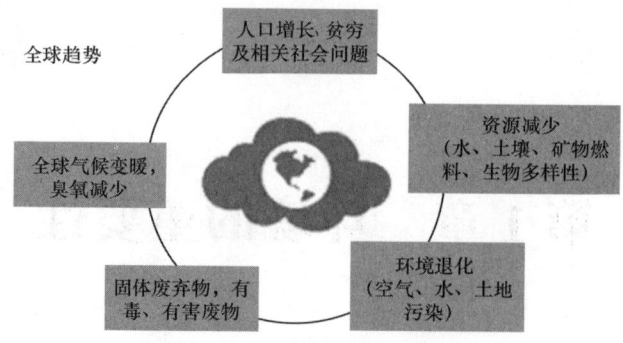

图 4-1-1 主要的全球环境趋势

1.1.1 人口增长、贫穷及相关社会问题

人口已呈指数倍增长趋势。目前,世界人口是 78 亿,预计在 2050 年达到 98 亿。人口增长将主要来自发展中国家。预计在未来几年,49 个最不发达国家的人口数量会增至现在的 3 倍。

人口问题不单指数量上的增长,事实上更多的是伴随人口增长而带来的贫穷问题。大约有 1.5 亿人口生活极度贫穷。财富分配的明显不公又使这种状况加剧。例如:世界上排名前三位的富豪所拥有的财富之和大于 48 个最不发达国家的 GDP 总和。这种贫富悬殊的状况,不仅存在于发达国家和发展中国家,也存在于每个国家的富人和穷人之间。

1.1.2 资源减少和环境退化

我们对土地、森林、淡水和海洋资源的使用超出自然环境的更新与再生能力。据世界自然基金会(World Wildlife Fund)估计,我们消耗自然资源的速度比自然资源补充的速度快 20%。我们每天对自然环境的消耗看上去并不是很多,但是在发达国家平均每人每年消耗自然资源 45~48 t!（全球环境趋势 1998—1999）我们不仅每时每刻都在消耗着自然资源,而且因消耗自然资源而产生的废弃物通常也污染了空气、水和土壤。

◆简单的解决方法:

——支持政府和个人发起的针对空气污染的治理计划。

——使用节能交通工具。

——设计有效的货物运输体系。

1. 空气

空气污染是一个严重的问题,尤其在城市和高度城镇化地区。矿物燃料在燃烧时释放出一氧化碳、固体颗粒、二氧化硫、氮氧化物和铅等污染物。在某些地区空气质量非常差,以至于空气有时被形容为"乌烟瘴气"。空气污染致使每年有数百万人丧生,且主要发生在发展中国家。

例如,工业品的喷漆过程也是污染源之一,有条件的工厂可以采用环保喷涂工艺,虽成本较高,但成品好,防锈耐湿,对工人的健康也不产生影响。

2. 水

21 世纪世界水资源委员会(World Commission on Water for the 21st Century)报告统计,全世界一半以上主要河流枯竭和污染的程度令人震惊,已威胁到人类的健康和相关生态系统。在发展中国家,每年有上千万人因用水不安全和恶劣的环境卫生丧生,且绝大多数是儿童。

另一方面,过度开采地下水,使世界上许多地区的地下水位下降。以我们目前耗水方式和预计的人口增长带来的水资源耗费的速度来看,不久的将来,一部分人可能会在水资源极度匮乏的条件下生活。水质污染正迅速成为21世纪最急迫、最有争议的问题。

例:开采地下水造成地面塌陷。非法向地下水排污,造成水资源的深度污染。

◆ 简单的解决方法:

——节水设施。

——修补泄漏管道。

——水循环使用。

——进行污水排放前处理。

——支持当地河流和地下水的保护计划。

❸ 土壤

农用土地占据了地球陆地面积的四分之一。不容乐观的是,一半以上的农业耕地正在退化。大部分的农田因植被匮乏或过度耕种而受破坏。有些农田正遭受盐碱化的侵蚀(因灌溉用水蒸发而产生的盐类),并因过度使用化学药品而污染。

❹ 生物多样性

生物多样性是指地球上生命形式的丰富性和多样性。地球是一个生态系统,是一个物种和基因呈多样化的星球。生物多样性是非常重要的,不仅为我们提供了赖以生存的食物等需求,而且保证了整个地球的安宁。目前生物多样性面临许多威胁。

❺ 生态系统多样性

目前全世界存在生态系统衰退的迹象。在印度旁遮普地区水资源匮乏,在美国北卡罗来纳州的海域鱼类被捕杀,在洪都拉斯因采伐森林而引发山体滑坡,在图瓦出现土壤侵蚀,这些仅是生态系统衰退的个别现象。我们也能看到自己所在地区生态系统正面临着威胁。生态系统层级如图4-1-2所示。

(1)森林生态系统

森林被形象地喻为"地球之肺",它提供氧气,吸收二氧化碳,稳固土壤,调节水循环,是数百万物种的家园。可森林提供的生态保护功能经常被忽略。我们大多数人只看到了森林的经济价值,确实,我们每年从森林中获取的木材和林业产品为世界经济贡献了数十亿美元。

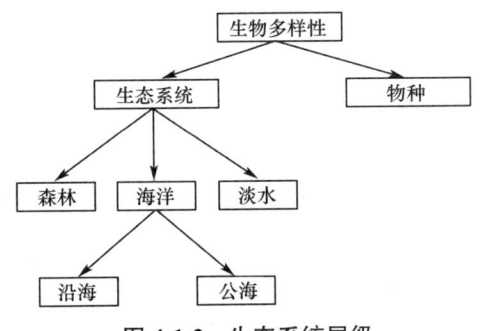

图 4-1-2　生态系统层级

然而,不容忽视的是,矿业、伐木业采伐树木和开采森林产品、放牧、伐木造田及其他开采活动使世界上的森林覆盖率大幅降低。据统计,世界上近一半的森林已经消亡。世界资源研究所(World Resources Institute)估计在未来10年到20年内,目前剩余的大部分原始森林包括在原始森林中栖息的物种将消失殆尽。每天正消逝的物种,我们甚至连名字都还不知道!

例:美国加州2018年11月8日发生的森林大火。天灾:天气极度干燥、大风。人祸:人类无序利用自然资源,在风景优美的地带建造房屋。有些是真正不应该建立生活区的地带,模糊了与森林的天然隔离带,在发生灾害时无法利用自然地形有效阻止山火的蔓延。

◆ 简单的解决方法:

——支持森林计划。

——避免使用难以再生的新型产品。

——反对非法开采濒临灭绝的森林物种。

(2)淡水生态系统

每年从湖泊、河流和湿地中捕获的渔产品总计达数百万吨。淡水生态系统是重要的食物来源。作为水路运输通道,淡水生态系统吸收了废弃物,在水循环中起到重要的作用。淡水生态系统还具有风景旅游价值和休闲娱乐价值。如果我们以货币价值计算全球范围内淡水生态系统给予人类的贡献,将合计数万亿美元!可是,淡水生态系统正在迅速地退化,许多淡水生物种类正在大量减少,甚至正在遭受灭绝的威胁。

(3)海洋生态系统

海洋生态系统包括沿海和公海。

世界上大约有一半的人口生活在相当于世界陆地面积10%的沿海地带。城市和工业废水的排放、渔业的过度捕捞以及其他沿海资源的开采,加上其他开发活动,使沿海地区的生态系统承受着中度或严重的压力。沿海地区的生态系统包括沙滩、岩滩、红树林、三角洲、珊瑚礁等。

因农业、居住、工业等因素,世界上超过一半的原始红树林已经被毁坏、退化或改造。这是极其危险的,因为红树林在保持生物多样性方面起到重要的作用。红树林吸收了来自内陆的营养物质,在陆地和海洋之间起到缓冲地带的作用。它是鱼类和其他水生生物的产卵繁殖场所。红树林也为我们提供了燃料、食物和药物等资源。它们同样具有经济和生态重要性。

◆ 简单的解决方法:

——尽可能遵循3R原则,减量化、再利用、再循环材料(Reduce、Reuse、Recycle)

——选择耐用的、无毒的、可再利用和再循环的产品,并减少使用包装。

——分类隔离,恰当地处置废弃物,尤其是那些包含有害原材料的废弃物。

珊瑚礁作为生态系统,它容纳了大量的多样化的物种,至少有数百万个物种。它也是海洋生物进食、繁殖和养育幼子的基地。珊瑚礁在风暴中起到保护海岸线的作用。然而,沉淀物的流失、工业和农业的废弃物、破坏性的渔业捕捞方法、海洋温度变暖等正在使它们消亡。世界上大约一半以上的礁石可能正因人类活动而遭受危险。

湿地是不被重视并且被认为是没有收益的地区。但是,湿地不仅是水生动物也是其他陆地动物(如鸟类)的重要栖息地。它们在营养物质循环和水循环中也发挥着重要的作用。

大约 3/4 的地球表面被海水覆盖。海洋生态系统储藏着巨大的资源,我们从中捕鱼、获取石油和天然气以及其他海洋产品。但是,这个巨大的资源生态系统已经被过度开采。我们现在的捕鱼量已经超过海洋鱼类繁殖能力。

1.1.3　环境退化

人类活动已经使许多物种灭绝。尽管很难获取物种灭绝的精确数字,但通常认为人口增长将加速物种灭绝,资源开发使剩余物种的栖息地面临更多的压力。栖息地的消失是物种灭绝的主要原因,在不久的将来数以万计的物种将因此而濒临灭绝。栖息地消失的情况在热带地区尤为严重。物种减少的其他原因还包括过度捕杀、引进非本土的物种以及污染等。

1. 固体废弃物、有毒、有害废弃物

目前人类每年产生数百万吨的固体废弃物。这是我们生存必然产生的结果,同时也给经济增长带来困扰。妥善处置固体废弃物是我们普遍关注的问题。

我们尤其关注的是有毒、有害废弃物。它们威胁到人类的健康和安全,同时也威胁到生态系统和其他生命形态。例如,被认为是便宜能源的核动力,引起了放射性废弃物的长期处置问题以及产生的经费问题。每年因工业而产生的重金属、溶剂、有害的污泥和其他废弃物达到数亿吨。特别是在近些年半导体行业爆炸性增长。据估计,晶体管类产品将随着电子产品(如手机)的快速增长而持续扩张。

2. 全球气候变暖

矿物燃料(如煤、石油、天然气等)的使用释放出温室气体。这些气体吸收了太阳的热量并导致空气温度升高。在过去的半个世纪,地球的温度已经急剧上升。2001 年被认定为气候反常的年度,包括在世界各地多发的飓风和热带风暴、严重的洪灾以及旱灾。如果气候由于温室气体的排放而持续变暖,可能导致如前所述的全球和地区气候的深刻变化并伴随灾难性影响。

3. 臭氧减少

氯氟烃(CFCs)被广泛地应用在制冷剂、散热剂和溶剂等行业,它已被证明对保护地球免受紫外线辐射的大气臭氧层极具破坏性。南极地区的臭氧空洞在 2000 年 9 月已经超过了 2 800 万立方米。尽管通过近期的努力,CFCs 产品已经大幅减少,但是还需要半个世纪才能将臭氧层完全治愈(生命特征 2002)。

◆ 简单的解决方法:

——使用节能的交通工具,并施以恰当的养护。

——节约能源。

——使用节能设备,如节能灯和绿色电脑。

——使用可再生能源,如风能、太阳能。

>>>> 1.2 可持续性发展的生态概念和环保原则

为推动可持续发展,我们需要了解如下几个重要的生态概念:

① 地球的资源是有限的

因为地球的资源和生态服务功能是有限的,所以我们应保护现有的资源,减少废物排放,尽量避免浪费。如水、碳、氮、土壤等重要物质的循环一样,绝大多数自然过程是循环的,而不是直线的。所以我们的生产过程应该仿效自然规律,遵循3R原则。

② 地球是一个内部互联的系统

人类活动作为地球系统的组成部分影响着系统其他部分。例如,使用CFCs导致臭氧层空洞,尤其在极地地区;在山区密集的地区,耕种会造成低地的水系淤积;某些家具使用的木材是通过破坏性采伐获得。因此,我们需要更加深刻意识到人类的活动对环境的影响。我们应该在决策过程中引入适当的机制,例如,环境影响评估中预先评价一个项目给环境带来的负面影响的方法,它能帮助规划者避免产生环境成本或尽量使其最小化。

③ 没有免费的午餐

确切地说,我们从地球获取的资源和使用的服务是有代价的。我们需要通过不同的方式来降低这种代价。我们可以投资高效的和清洁的技术。我们应该把生产、运输、消费与处置而带来的环境成本加到市场价格中去。这意味着,当消费者购买一个产品时,在某种程度上要承担产品的环境成本。我们也可以为环境遭受破坏的地区募集环境恢复资金。

除了这些生态概念之外,也应采纳以下的环保原则:①预防;②防范;③统筹兼顾;④参与;⑤效率与效果。

④ 预防

就可持续发展而言,主动预防比被动响应更加简单、经济。当环境存在被破坏的潜在可能时,即使科学情报不完善也必须采取行动,特别是在可能发生高成本和深度破坏的情况下更应该如此。例如,尽管某些团体在全球变暖问题上仍存争议,但人们还是一致认为,最好应该减少温室气体排放来进一步阻止全球变暖,而不应冒着温室气体排放所造成不良后果的危险,因为许多后果是不可逆转的。

⑤ 透明度

我们进行商业运营的方法必须是透明的,这是唯一能准确衡量我们影响环境的方法。因此,真实的信息交换是有效沟通的前提。

⑥ 责任感

这意味着我们必须考虑我们的决策和行为对环境产生的后果,并为这些后果承担责任。如果我们必须为我们的行为承担环境成本,那么我们必须有强烈的责任感。

⑦ 参与和合作

环境危机因每个人、每个家庭、商业、团体和国家的行为累积而产生。因此,每个人都应参与并合作解决各种复杂的环境问题。如果当前环境恶化的趋势被扭转,那必将是大量的个人和团体并肩工作,在全球范围的所有层面上实施解决方案的结果。可持续发展如图4-1-3所示。

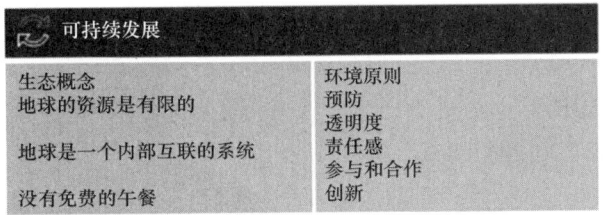

图 4-1-3 可持续发展

8. 创新

创新意味着继续寻找更好的做事方法。创新意味着继续提高环境变化的警觉性,及时响应环境问题引发的各种挑战。我们可以设计更加耐用的产品,改进我们的生产过程以提高效率,也可将环境危机变成提供环保产品和服务的时机。

>>>> 1.3 环境保护之中国承诺

全球变暖是人类的行为造成地球气候变化的后果。"碳"就是石油、煤炭、木材等由碳元素构成的自然资源。"碳"耗用得多,导致地球暖化的元凶"二氧化碳"也制造得多。随着人类的活动,全球变暖影响和改变着人们的生活方式,并带来越来越多的问题。

1.3.1 碳排放和温室效应

(1)碳排放。其是温室气体排放的一个总称或简称。人类活动或者自然形成的温室气体,如水汽(H_2O)、氟利昂、二氧化碳(CO_2)、氧化亚氮(N_2O)、甲烷(CH_4)、臭氧(O_3)、氢氟碳化物、全氟碳化物等的排放。

(2)温室效应:温室气体排放来源于人类生产和生活,温室气体排放一旦超出大气可消纳的标准,会造成温室效应。全球气温上升,是人类过度生产、过度消费的产物,直接威胁人类生存。

1.3.2 碳中和

碳中和,指企业、团体或个人测算在一定时间内直接或间接产生的温室气体排放量,通过植树造林、节能减排等形式,抵消自身产生的二氧化碳排放量,实现二氧化碳"零排放",达到碳平衡。

方案1:推动使用再生能源,减少因燃烧化石燃料而排放到大气中的二氧化碳,最终实现仅使用再生能源,而非石化燃料,使碳的释放与吸收回地球的量达平衡,即碳中和。

方案2:通过市场交易付钱给其他国家、地区或企业,以换取其二氧化碳排放权。注意:这种做法并未真正减少二氧化碳总排放量,实现不了真正的碳中和!

1.3.3 我国建筑业涉及的碳排放和能耗

2020年我国建筑业的碳排放和能耗如图4-3-4所示,数据来自中国能源统计年鉴2020。

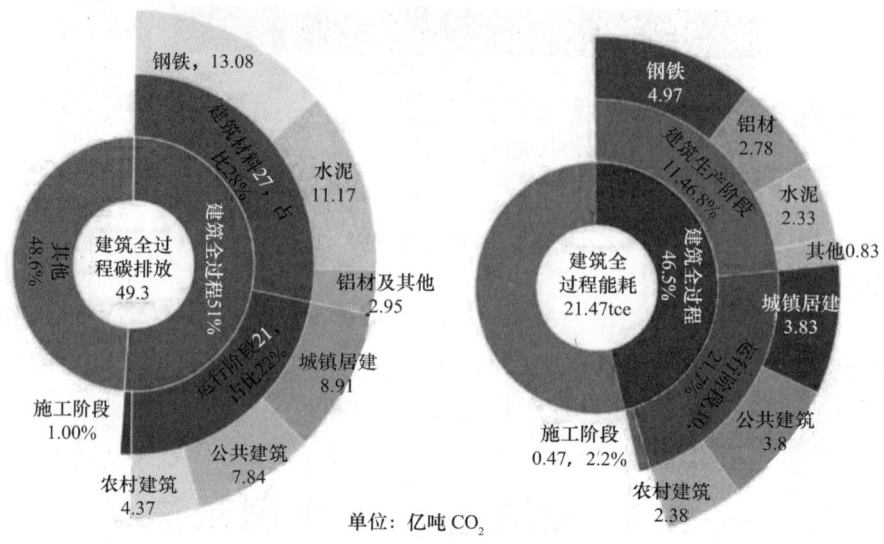

图 4-3-4　2020 年我国建筑业的碳排放和能耗示意图

1.3.4　环境保护之中国承诺

我国于 2016 年 4 月签署《巴黎协定》，2016 年 9 月，第十二届全国人民代表大会常务委员会第二十二次会议决定：批准 2016 年 4 月 22 日由中华人民共和国代表在纽约签署的《巴黎协定》。我国在"国家自主贡献"中提出将于 2030 年左右使二氧化碳排放达到峰值并争取尽早实现。

2020 年 9 月 22 日，我国正式向联合国大会宣布，努力：

（1）在 2030 年之前达到排放峰值；

（2）2050 实现碳中和。

>>>> 1.4　建筑业绿色发展机制的创新

绿色供应链管理，就是将产品生命周期管理和生产者责任延伸理念融入企业供应链管理中，依托上下游企业之间的供应关系，通过绿色供应商管理、绿色采购等工作，实现经济社会环境效益的协调统一。

中国在绿色低碳发展机制上做了三方面重要创新和探索。

一是标准与信息机制，应对气候变化、保护生态环境，需要规范的标准体系和完善的环境信息公开制度，这对于引导资金、资本等资源，在绿色部门和非绿色部门之间的配置尤为重要。2016 年 8 月，我国正式启动推进绿色金融体系建设的工作，其中就将标准和环境信息披露作为建设绿色金融体系的重中之重。

二是激励与约束机制，为了更好应对气候变化，推动社会经济发展的全面绿色转型，我国高度重视利用市场化机制来激励与约束各类主体的绿色转型，鼓励企业和金融机构的绿色转型。除了在税收补贴等方面采取直接的公共性激励之外，还采取绿色溢价的价格机制。中国人民银行宣布推出"碳减排支持工具"这一结构性货币政策工具，以稳步有序、精准直达方式，支持清洁能源、节能环保、碳减排技术等重点领域的发展。与此同时，2021 年 7 月 1

日,中国人民银行印发《关于开展银行业存款类金融机构绿色信贷业绩评价的通知》,通过绿色金融绩效评估、评价来形成更有效的绿色发展激励约束机制。

三是价值转化与实现机制。价值转化与实现是应对气候变化的关键一环,关系气候变化应对等生态环境保护的投入能否转化为经济发展的成效,同时也关系到气候变化应对的长效性。

对此,我国大力推进全国碳市场等环境权益市场建设,同步建立绿电、绿证、用能权、用水权、绿色技术等交易市场,并在全国开展绿色金融改革创新试点,借助绿色金融的市场化机制打通保护、应对与福利、产出之间的转化渠道,最终实现"绿水青山就是金山银山"的高质量发展。

 本章思考题

1. 全球的环境趋势主要受到哪几类影响?
2. 简述发展的含义。
3. 解释可持续发展的内涵。

第 2 章　采购与环境的关系

经商就是要赚取利润,通过生产产品和提供服务以满足消费者的需求,并通过提供工作机会和收入来保持经济正常运转。

在过去,产品和服务的竞争主要基于价格、质量和可获得性。然而,随着竞争加剧,很多组织意识到最低价格或合理的价格、更广泛的可获得性,甚至更时尚或耐用的产品并不足以满足竞争的要求,同样重要的是以更高效的方式去生产产品。

因此,我们看到许多公司将效率定义为低投入、多产出。更确切地说,以更低的成本、更少的浪费、更低的原材料投入、对人类和环境更小的负面影响,提供更多高质量的产品和服务。

◎ **本章目标**

> 1.理解清洁生产背景下的环保采购。
> 2.理解清洁生产和可持续性消费理念。

>>>> 2.1　关注地球生态环境

如第 1 章所述,商业和人类所依赖的自然资源基础正在衰竭和退化。今天,大多数人相比过去对环境问题有更为深刻的意识和警觉。特别是,公众期望组织的业务更具有环保责任感,并且组织应为其行为负责。政府也被期望能更好地协调公众问题,而且更为主动地执行环保计划。

政府正以更加严厉的环保法律来响应公众的要求。在国际方面,许多国家,针对如何处理全球变暖问题、跨国界污染、持续的有机污染、有毒废弃物的运输,已达成相关的国际协议。法律变得更加严格,尽管我们知道存在执行不力的情况,但我们必须意识到监控也不仅仅是政府的责任。从媒体到社会和环保团体,人们互相监督。

国际环境标准和生态标识计划也重新定义商业规则,尤其关注出口产业和发展中经济。虽然标准是非官方的,例如,ISO 1400 系列国际环境标准,可是它们决定了谁仍保有或失去哪些市场。在 2000 年,全世界有 22 897 个公司通过了 ISO 14001 标准的认证。因有日本和德国企业的带领,目前这个数字有大幅增加,现今这些企业比竞争对手更具优势。生态旅行标准同样也发生变化;许多景点被发现并未达标而且目前拒绝变化,以便保持现有的旅游市场。

当前,促进我们采取环保行为的因素包括污染成本、公众压力、市场力量以及国际法律和标准。如图 4-2-1 所示,许多集团和公共实体的反应是不同的,如下所述:

1. 否认

环境问题的存在是不以人们的意志为转移的。持否定态度的人经常希望无人注意到,或者无人发现环境问题,或者认为将不会发生严重的污染事件。不幸的是,这种风险会通常随着时间的积累而增加。

2. 控制

这是一种被动性的方法,只是在问题发生的时候才去解决。许多公司稀释污水、处置掉废弃物(认为眼不见心不烦),或者在排污管道末端安装处理装置,但这些都没有从源头上解决问题。事实上,这些例子只是在提醒我们关注环境问题,因为解决环境问题产生的成本已成为会计账簿上的一个固定的记录科目。例如,这种在排污管道末端安装处理装置的解决方案通常会使我们承担附加的成本。

3. 预防

预防是一个主动的解决方法,问题的根源通过这种方法被识别并得以解决。这也能改善整体的效率和生产力。如果因此而涉及资金的投入,那么这些投入可能会从预防措施产生的节约中重新获得。

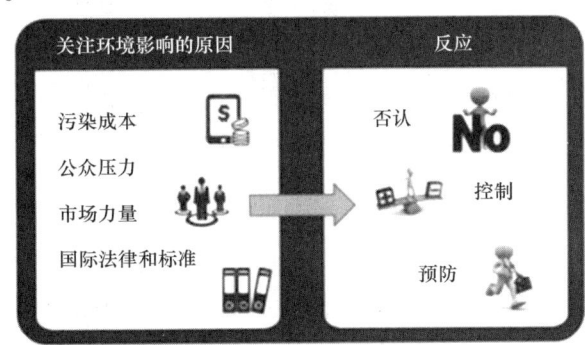

图 4-2-1　关注环境影响的原因和公共实体部门的反应

>>>> 2.2　清洁生产与可持续性消费

2.2.1　清洁生产

清洁生产(Clean Production,CP)是主动预防的一个范例。清洁生产和污染控制主要的差别是时段的不同。污染控制是在发生环境问题后采取的行动,而清洁生产方法预先考虑并预防环境问题发生。

近些年来,商业组织已经开始对环保相关的问题做出更积极的响应,从最初意识到它们的运营对环境存在消极的影响,到接受必须解决环境问题,最后到改变其经营业务的方式,在获利的同时,变得更有社会责任感。

清洁生产因此提倡"持续采用综合的、预防性的环保策略……将其应用于生产加工、产品和服务以提高生态效率并降低对人类和环境的风险"(联合国环境规划署 UNEP)。与预防污染、产业生态学、生态效率和绿色生产的概念是相似的,所有这些都不同于传统的生产模式,传统的生产模式是线性(非循环的)的并产生废弃物。

为加快淘汰产生严重污染环境的工业固体废物的落后生产工艺、设备,持续提高工业绿色发展水平,中华人民共和国工业和信息化部近日公布了《限期淘汰产生严重污染环境的工业固体废物的落后生产工艺设备名录》,自 2022 年 1 月 1 日起施行。

限期淘汰的石化化工工艺设备有 6 种,分别是:废旧橡胶和塑料土法炼油工艺;间歇焦炭法二硫化碳工艺;高汞催化剂生产设备(氯化汞含量 6.5% 以上);使用高汞催化剂的乙炔法聚氯乙烯生产装置;有钙焙烧铬化合物生产装置;使用汞或汞化合物的甲醇钠、甲醇钾、乙醇钠、乙醇钾、聚氨酯、乙醛、烧碱、农药生产装置。

2.2.2　清洁生产关注的环节 ◢◢◢

让我们来关注一项业务的几个具有代表性的方面,并从清洁生产观点出发,我们可能需要指出哪些类型的问题。经营的几个主要方面如图 4-2-2 所示。

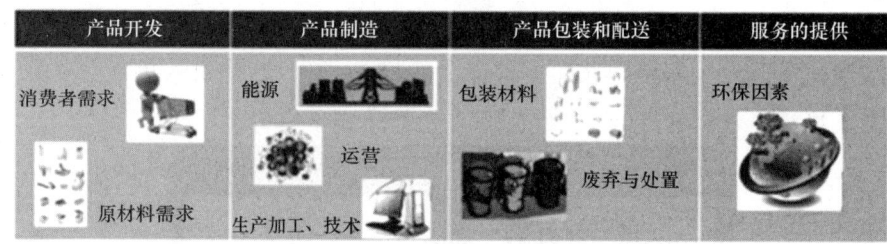

图 4-2-2　经营的几个主要方面

1. 产品开发

——消费者需求。

　　——如何满足消费者需求?是否有更加持续的方法来满足这些需求?例如:

　　● 家用能源的需求——使用可再充电的灯具或太阳能电池。

　　● 出行的需求——使用汽车合用组织、公共交通工具、公司服务或更高效的汽车。

　　● 交流/交易的需求——无纸化信息传输、网络购物。

——原材料需求。

　　——需要什么资源,是否有更好的、更耐用的可供选择的办法?(例如,用胶合板代替木材。)

　　——哪些有毒的原料能被取代?(例如,使用水基涂料代替溶剂涂料;消除使用氟氯化碳作为清洗剂;无汞/无铅电池。)

2. 产品制造

——能源方面。

　　——需要什么类型的能源,需要多少,如何能被更有效地利用?(例如,锅炉/计算机的自动关闭。)

　　——是否有更好的燃料来源?(例如,以废轮胎作为燃料的水泥窑。)

　　——运营方面。

　　——如何改进日常管理和生产计划来减少废弃物和污染?(例如,泄漏控制、日常的和工业的废水排水沟的分别排放、JIT、缺陷计划。)

　　——生产加工方面。

——需要哪些类型的原材料,这些原材料能被可更新的或可再循环的原料代替吗?

——能否使用较少的有毒的原材料?(例如,有机的代替合成的产品;在肥皂和清洁剂中使用生物能分解的活性成分。)

——能否重新利用、再使用或再循环化学药品、废水、金属零件?

——技术方面。

应如何通过升级和运用技术以更高的效率生产同样的产品?(例如,使用空气喷涂的粉末涂料;猪舍的独立进料器。)

3. 产品包装和配送

——包装材料。

——如何减少/再使用包装或增加包装的可再循环的内容和耐用性?

——如何减少散货包装的废弃物,尤其在原材料方面,如泡沫聚苯乙烯?

——废弃与处置。

——在产品使用生命周期结束后会发生什么?(例如,使用更多的可循环的零件生产计算机和汽车;使用可回收使用的容器。)

4. 服务的提供

——在采购时应考虑到哪些环保因素?(例如,无毒的清洁原料。)

——能否以更低的环境影响提供同样的服务?(例如,使用手巾还是干手器;使用肥皂和洗发液时,使用壁挂的还是小包装的。)

上述内容阐明了产品生命周期法(Life-Cycle Approach,LCA),这种方法从产品开始涉及生产加工、销售、使用和处置对环保绩效进行检查。在产品生命周期的每个阶段,主要关系到所消耗的资源的数量和产生的污染或环境结果,也会对企业的运营产生经济影响。

在此我们提前了解一下下节将要提到的环保原则:

——预防

预防性方法比被动性方法更经济。例如,设计使用无毒原料的产品,这些产品能够被安全再循环以实现最小化浪费。

——防范

防范意味着在你质疑某种活动会增加对人类健康或环境的威胁时,即使科学的数据还没有绝对确凿的结论,也应该选择稳妥警惕的做法。这也向客户表现了我们是一家有责任感的公司。例如,由于可能存在危险,生产厂家正逐步淘汰生产乙烯基/聚氯乙烯玩具时使用邻苯二甲酸盐软化剂。

——统筹兼顾

在解决现存的问题时,应纵览全局以避免引起新问题。例如,处理全部的问题,而不是部分问题。比如,焚烧垃圾仅是以不同的形态改变了废弃物,但是没有真正消除废物。

——参与

参与意味着公司的业务必须是毫无隐瞒的,并且完全与环保政策相符。公司的决策和行为应该符合环保政策的规定并予以执行。例如,如果替代产品会对客户产生影响,就应该咨询客户的意见;如果一个新工厂的建设或埋置管道会对公众产生影响,那么就应当咨询公众对此的意见。

——效率与效果

商业活动是经济行为,为了生存和繁荣,它必须平衡环境的、社会的和经济的目标。

>>>> 2.3　清洁生产背景下的环保采购（绿色采购）

2.3.1　环保采购（EPP）▂◢◢

环保采购(Environmentally Preferable Purchasing, EPP)应该做什么？我们曾讲过清洁生产(CP)是一个主动性的方法,目的是在发生浪费前进行防止,以减少污染。EPP 有时被称为"绿色采购"(Green Procurement),是基于以下的观念：

"就生产和使用而言,采购的产品和服务都有不良的影响,因为它们消耗了某些原材料并产生浪费。"

因此,EPP 包括采购对环境的负面影响较小的产品和服务。

许多减少污染的努力集中在生产方面,但是 EPP 将注意力转向消费方面。EPP 可以描述为：

"产品和服务的使用反映了人类的基本需求并为人类带来更好的生活品质,在产品生命周期内尽量减少使用天然资源和有毒原材料、减少浪费和污染的扩散,使其不会危及下一代人的需要。"

简言之,可持续消费意味着更明智地和更有效地消费。环保采购促进可持续发展,因为它是主动性的,问题如：是否真正需要这个产品？能否杜绝浪费？怎么做才能从开始时就减少开支？这将随后帮助我避免哪些麻烦？

从实践的观点出发,如果一个采购员不询问是否真正需要这个产品,是否有更好的选择,该产品的使用要消耗哪些资源或维护费用,在产品使用寿命结束后,还有没有可用的价值。即便采购价格低廉,组织还是会因此受到伤害,做出高代价的采购决策。此外,实施 EPP 表明了一个组织对社会和环境责任的承诺,并能提高它在合作伙伴、客户、委托人和大众中的形象。

一般情况,为了采购到可减轻环境负担的货物和服务,所有 EPP 均包括这样的决策,即"采购什么"和"向谁采购"。主动建立自己的"绿色办公室",联合国鼓励使用"4R"原则,即：

（1）重新考虑需求以减少对环境的影响(Rethink)。

（2）减少原料耗用(Reduce)。

（3）再循环使用原料/废弃物(Recycle)。

（4）减少能量消耗(Reduce)。

2.3.2　环保采购的标准 ▂◢◢

在"采购什么"方面的决定包括基于质量、功能、设计和价格等因素评估产品,但是也应考虑不同的反映清洁生产(CP)方法的环保标准。

——预防

产品是否从开始就避免浪费？

——防范

产品是否减少或消除有毒的原材料或有害物质在空气和水中的排放？

——统筹兼顾

产品的使用是否会给其他地方造成问题？是否存在可能由采购产品产生的其他"成本"？

——参与

产品是否由充分的调研或充足的信息而产生？是否努力提供了足够的、现成有用的产品信息？

——生产率

产品是否能满足实际需求并在随后的使用中不增加成本？是否给我的资金带来价值？"绿色产品"（Green Product）通常满足这些标准。

如图 4-2-3 所示，它们可以典型地描述为：

——节约资源，即在生产中更少地使用原始的原材料和能量。

——减少污染，即更少地使用有毒物质和不能降解的原材料，以及减少在空气和水中的有害排放。

——减少浪费，即在产品生命周期的各个阶段产生更少的浪费；使用可再循环的和/或耐用的产品。

无论如何，重要的是记住看起来是"绿色的"产品可能并不满足所有的标准（例如，一个再循环的产品可能是以不经济的方法生产的），因此，必须利用工具来评估产品。环保标识或生态标识就是这样的工具，其定义如下：

"在产品上或包装的商标上，以厂商产品资料、技术通报、广告或宣传的方式，在环保方面进行说明，以符号或图解或者其他方式所表示的要求。"（ISO 14020，环保标志和声明 通用原则）

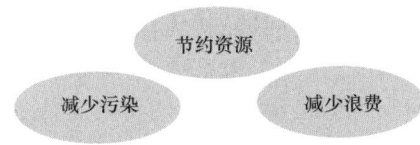

图 4-2-3 绿色产品

环保标识目的在于培养和帮助消费者制定采购决策，并激发和帮助企业销售环境可接受的产品。这些标识可被第三方证明或由制造商自己声明，根据不同的生态标识方法，例如，国际标准化组织 ISO 14000 系列国际环保标准。对于没有生态标识的产品，可制定简单的指导方针。

如图 4-2-4 所示，除产品的制造外，也必须考虑运输、使用、包装和处置特性，如下所述：

——运输

在产品的运输过程中，车辆排放的氮氧化物、气态铅、未燃的碳氢化合物等，会产生大量的空气污染。我们可通过选择本地产品和大宗定购的方法限定运输距离和鼓励使用大宗的或铁路运输方式。

——使用

某些产品的生产需要消耗大量资源，最终使产品更加昂贵。我们应该选择单位能耗低的产品（例如对能源/燃料、水等消耗低的产品），并应慎用那些专用的、更昂贵的产品（例如，需要特殊类型的纸张、墨水、胶卷等），而且应该意识到替换、维修、升级和维护的成本并寻找耐用品。

　　——包装

　　当今废弃物增长趋势最快,包装是其中之一。对商业而言,这方面的挑战是衡量产品安全、保护和市场要求与废弃物之间的关系。我们可以通过再利用、再循环,乃至在产品运输方面减少对包装的需求,或要求使用散装或使用可再利用的/可回收的容器等方法来帮助解决这个问题。我们也应该对我们销售的产品采用同样的方法。

　　——处置

　　产品废弃物,连同所有其他类型的废弃物一起,必须在垃圾掩埋场被烧弃或被处置。因此,除由包装产生的废弃物外,我们必须考虑我们所购买的或出售的产品在他们使用生命周期终止后会怎么办。可被再循环、被制造商回收或被再分配的产品应在我们的列表中排在前面。

图 4-2-4　与产品相关的考虑

显而易见,以上方法不可能应用到每个被采购或出售的产品上。

对于某一特定产品,应该在大量方案中做出最终选择。

一旦这个产品被确定下来,我们将必须得到这个产品。最好建议供应商或承包商不仅在技术和成本规格方面满足需求,也要在环保标准方面满足需求,并且鼓励他们增加这类产品的库存。

有些国家有所谓的"绿色"目录,列明了环保型产品的供应商。有些国家可邮购"绿色"产品目录。如果没有提出以上所讨论的问题,就无法判断包含在这类目录中的产品或供应商就是绿色的。为了解他们的答复,我们可考虑或要求潜在的供应商或承包商提供环保记录,包括询问他们的客户,并询问他们是否有必要的许可证书,尤其在化学产品或其他需要特殊处理的供应品方面。如果可能,向他们要一份年度环保报告。

供应商,尤其是零售商,很有可能无法控制产品的制造加工过程。那些能提供生产过程信息的供应商是应被肯定的,如果这种信息能保证满足你的环保标准。无论如何,对于他们的声明,最好做些独立的查证。

>>>> 2.4　绿色供应链

绿色供应链的概念最早由美国密歇根州立大学的制造研究协会在 1996 年进行一项"对环境负责制造(ERM)"的研究中首次提出,又称环境意识供应链(Environmentally Conscious Supply Chain,ECSC)或环境供应链(Environmentally Supply Chain,ESC),是一种在整个供应链中综合考虑环境影响和资源效率的现代管理模式。它以绿色制造理论和供应链管理技术为基础,涉及供应商、生产厂、销售商和用户,其目的是使得产品从物料获取、加工、包装、仓储、运输、使用到报废处理的整个过程中,对环境的影响(副作用)最小,资源效率最高。

近年来,世界经济持续、快速增长。尤其是中国,随着经济财富的增加,消耗的资源也越来越多,资源浪费与环境破坏事件频繁发生。围绕生态环境问题,人类社会提出了可持续发展战略——既满足当代人的需求,又不对满足子孙后代需要之能力构成危害。可持续发展战略将生态环境与经济发展视为人类社会存在的两大基石,两者缺一不可。而实施绿色供应链管理(Green Supply Chain Management,GSCM)正是将"绿色"或"环境意识"与"经济发展"两者并重的可持续发展的一种有效途径。

在绿色供应链的实施过程中存在许多具体问题,如绿色材料选择、绿色采购、绿色生产计划、绿色包装、绿色仓储、绿色运输、绿色分销和回收处理等,如何将这些过程有机集成起来,发挥整体最优化效益,是从真正意义上实现供应链绿色化的关键。其中应用到的信息技术包括信息集成和信息交换,必须建立一个强大的数据库和统一的数据传输格式,利用电子数据交换技术实现各节点企业内部数据和外部数据的信息集成与交换。

深化与国际同行在绿色低碳项目上的合作,学习引进国际油气公司先进技术和管理经验。加强与"一带一路"重点国家在打造绿色低碳产业链方面的合作,优化"一带一路"绿色产业布局。开展与国内顶尖新能源企业的全方位合作,构建完善绿色产业结构和低碳能源供应体系。深化与战略供应商在绿色低碳服务领域的全方面合作,探索建立上下游绿色供应链制度体系。加强联合研究及国际交流的务实合作,不断提升参与全球能源治理的能力水平。

 本章思考题

1.简述联合国鼓励使用的"4R"原则。
2.列举绿色产品的标准。
3.解释绿色供应链的含义。

第3章 环保采购实施

环保采购的实施分为四个步骤：

1. 评估采购实体的准备情况；
2. 评估当前采购业务；
3. 设计环保采购流程；
4. 执行环保采购流程。

◎ 本章目标

1. 熟悉环保采购的步骤。
2. 理解供应商环保绩效。
3. 理解启动环保采购的过程。
4. 理解设计和执行环保采购和供应执行。
5. 熟悉评价环保采购的流程。

≫≫ 3.1 审视采购业务

重新审视我们目前的采购业务是有帮助的。它经常具有以下特征：

① 需求的判定和分析不充分

采购经常是被动的，即判定需求的时间很短，致使从判定需求到所需采购的货物与服务交付之间的前置期很短。

② 不适当的说明

说明经常是受到采购品项的基础功能限制，这些功能阻断了针对改善产品特性和性能的可能性。

③ 基于价格的评价

由于财务的制约导致获取最低价格的趋势，而不是着眼于注重产品总性能和生命周期成本方面最有利的报价。

④ 凭直觉的采购决策

最终的采购决策经常依赖于个人的直觉，例如经理的直觉，而不是采用基于有充足信息支持的更系统的方法。

5. 检验和确单

特别是在检验和发货环节的随意行为较之正式的和按照系统程序的操作,更受到人们的青睐。

>>> 3.2 环保采购的步骤

本部分讨论整个 EPP 流程不同阶段以及对多种可能性方案的选择。

采购流程仅在完全满足产品生命周期各个阶段的需求时才是成功的。为此,应该把这些环节进行协调,诸如核实需求、规格描述、市场调研、询价、评估报价、谈判、合同、交付、跟踪、保修和引入/运行/废弃。

3.2.1 核实环保需求

为实施成功的采购,必须谨慎地核实组织的需求。应该能够适时决定产品必需的总性能,然后选择生命周期成本最低的产品。为达到这个目标,应询问如下问题:

——谁是实际的使用者? 这个产品涉及谁?(如搬运、使用或维修产品。)

——满足哪些实际的需求? 不受现有产品和供应商的影响,客观定义功能和性能需求。

——除了采购外,该需求是否能通过其他方法得到满足? 如果有,怎么做? 方法和常规是否能被改变? 产品是否能被再使用? 是否有更好的选择能降低耗费的总体水平?

——这种需求多长时间发生一次? 最经济的采购订货规模是什么,到底需要多少安全库存? 需要是稳定的还是有可能波动的?

——与用户互动。用户是指在产品生命周期内与产品打交道的人或人们,为实施正确的采购,我们需要知道来自用户的需求及其对产品的评价,只有交付的产品满足用户意识到的或没有意识到的需求时,才能使用户满意。

——识别必需的需求和性能。

对关于用户意识到的和没有意识到的需求方面的认识是获得成功的重要因素。在此阶段做出特别的努力能带来益处,确定用户的状况,提出启发性的问题,并理解用户需求的产品性能。关注产品性能可以防止我们和用户在充分理解实际需求之前过早地选择一个产品。

采用与现在所使用的不同的其他类型的产品或解决方案,也可能满足用户的需求,用户应能定义他们实际的需求,而无须指定具体的产品解决方案或供应商。

3.2.2 环保确认说明

只有采购的原材料/产品指标在经过核对后确认是正确的,核实需求才能完成。有五种说明:

① 详细的说明

提供恰到好处的详细产品信息。

② 供应商的说明

已知供应商的产品信息,例如某个特定品牌的标识。

③ 标准的说明

信息是基于市场上可获得的标准,例如 ISO 认证等。然而,创新产品还没有被纳入标准之内,所以在标准内找不到。因为标准是由个人选择的,我们必须确认所选择的标准是当前通用的而不是过时的。

④ 功能说明

功能是已知的,但其他信息是开放的。

⑤ 性能说明

性能是确定的。但是,如何实现它还有待决定。(例如,将货物 A 移动到 B,采取哪种方法,可能是通过陆运、空运或海运。)

在这五种说明类型中推荐使用性能说明,原因如下:

——由于没有限定解决问题的方法,因此它增加了潜在供应商的数量。

——它能帮助发展新供应商。因为有创造性的供应商有机会以一个新的或不同的方法为需求提供解决方案。

——它涵盖了其他类型的规格,并通常情况下将提供最低的总成本。

——以性价比为基准的说明,如图 4-3-1 所示。

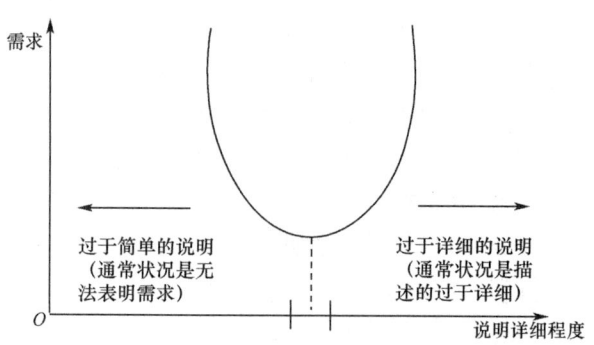

图 4-3-1 以性价比为基准的说明

3.2.3 市场调研提供环保方案

调查过公司的需求后,采购人员必须进行市场调研,最大可能地为满足被核实的需求提供解决方案,或者提供能满足性能要求的解决方案。其目标是找到能满足说明的供应商,而不要受习惯性随意的采购方法所限制。

——询价;

——明确产品需求。

》》》》3.3 供应商的环保绩效

对潜在供应商进行环保绩效评估将帮助你关注你的产品评估。

一个方法是通过使用由某个组织制定的程序或第三方认证团体。检验产品和供应商提供的服务。另一个方法是通过供应商在未来可提供的产品和服务的其他方面,评估他们如何运作和实施有效的环境管理。

绿色化供应链是环保采购(EPP)的自然结果。它是这样一个流程,即买方要求供应商在核心业务实务方面确保环保责任达到某一级别。

3.3.1 与供应商和承包商成为合作伙伴

1. 绿色产品设计和经营

通过绿色产品或流程的设计和在经营效率方面的提高,公司和其他供应商/承包商一定会从对方在环境和效率改善方面获利。第一个益处是,供应商能提高效率和减少浪费。因为供应商比其他任何人都更了解其产品;第二个益处是,当开始设计更环保的产品和流程时,合作的双方表现出不同方面的知识体系比单一的知识体系更好;第三个益处是,与供应商一起工作能加强我们和他们的关系;最后,共享节约和互利合作的结果将使得这种努力更有价值。

2. 合作案例:

(1)美国庄臣公司(SC Johnson Wax)与供应商在降低挥发性有机化合物(VOC)和减少包装方面合作。

(2)施乐公司(Xerox)与供应商合作为其办公设备制造"更智能的"零件和产品,尤其促进了施乐复印机和其他设备在使用寿命结束时的再利用。

作为采购人员,可以利用你的购买力来影响供应商,并能够帮助为更环保的产品建立一个更可靠的市场。

3.3.2 生产产品环保评估

使用清洁的生产流程和原材料、为环境进行产品设计、消耗更少的能源和水、最小化浪费、生产或排放更少有毒的产品。一些公司在这些方面使用的方法,包括:

1. 准备环保属性矩阵

当从供应商处得到报价后,准备环保属性矩阵。针对重要的属性来比较每个报价。

2. 赋值给供应商提供的报价

赋值给供应商提供的报价,赋值要反映出每个报价对首选的环保质量的符合程度。产品的环保性越高,赋值越高,最大权重值要分配给在使用期间的属性。

对于每个属性,以产品的最好性能作为参考(或基准),计算出每个报价的总分值,并设定报价的等级,这就是对这些报价的环境评估。

照明系统环境属性矩阵,如表4-3-1所示。

表4-3-1 照明系统环境属性矩阵

属性	首选的环保质量	最高分数	分配给报价的分类		
			供应商A的报价	供应商B的报价	供应商C的报价
设计的兼容性	建筑物设计合理,使能源消耗最少	10	8	9	8
对作业需求的适用性	适合作业活动的类型,使能源消耗最少	10	9	10	7
能源消耗	每小时能源消耗的最低标准	25	18	23	17
照明效应	每瓦特最高的照明等级,使能源消耗最少	15	11	14	10

（续表）

属性	首选的环保质量	最高分数	分配给报价的分类		
			供应商A的报价	供应商B的报价	供应商C的报价
控制系统	最高程度地控制照明系统,以避免不需要照明时的能源消耗	10	9	9	9
易于清洁和维护	便于清洁和维护,最小化劳动强度和使用洗涤液	10	7	9	8
可更换零件的装置	最多数量的可更换零件,以使需要更换整套装置的数量最少化	10	7	8	8
避免水银	含汞量最低,以使污染最小化	10	9	9	8
总分数		100	78	91	75
供应商报价的等级			2	1	3

◆巴塔哥尼亚(Patagonia),一个服装生产商/零售商,明确其纺织原料供应商要提供有机生长的棉花作为服装面料的原材料。

◆盖普(The Gap)、麦当劳(McDonald's)和金考(Kinkos)都要求供应商使用环保木材。

◆美国礼来公司(Eli Lily and Company)细化采购说明书以消除原材料中的铅,这种原材料因此消除了医药产品中凝固的红细胞中铅的含量。

3. 供应商应提供环保证书

可以利用检验表格或清单来评估产品或服务的环保属性,针对不同的产品,它可以是一般的或者是具体的。它应包括最少以下几个方面:

——一份证明产品通过一个独立的生态标识组织认证的确认书。

——再循环物质的级别(使用过的和使用前的)。

——产品的预期寿命(与保质期和耐用性相关的)。

——产品中化学成分和有害成分的报告书。

——与产品相关的包装标准;产品在生命周期结束后的可修复性和再循环性。

——供应商提供信息的证书是正确的。

——资源消耗/输入水平或比率(例如水、能源)。

供应商提供的信息应附有证明文件。另外,他们的执行官应书面证明所提供信息的准确性。

4. 全方位评估和证明供应商环保绩效

可以利用检验表格或清单来评估制造商或服务供应商的环保绩效和环保声明。许多公司制定自己的检验表格或清单来评估供应商的环保绩效和承诺。

这种方法在将来会带来很显著的变化,比如环保管理系统将会得到更广泛的认可。

环保绩效清单或检验表格涵盖了许多方面,包括:

——制定一个环保政策声明。

——包含在环保项目方面的高级管理人员。

——确定一个环境管理系统及其状况。

——雇员培训。

——管理化学的和有害的原材料。

——获得批准证书和许可证。

——监控排放污水和废弃物。

——资源保护和产品管理。

——环境的适应性。

——为供应商建立环保标准、准则和管理系统。

近些年，许多第三方检验/认证程序已经形成，以促进产品和服务的环保要求的标准化。这使人们对诸如生态标识有了深入的了解。

在绿化供应链的努力下，我们可能希望供应商能够达到的与公司内部的标准相当的水平。或者，可能要求供应商去实行正式的环境管理系统(EMS)或通过行业标准认证。以下这些公司使用了这种工具：

◆ 通用汽车公司(General Motors Company)和其他汽车制造商正要求供应商不久后保证执行 EMS 或通过 ISO 14001 认证。

◆ 爱立信公司(Ericsson)，通信设备制造商，有一个《供应商环保要求——产品生命周期评价方法手册》。这个手册描述了他们在环境管理系统方面对供应商的强制性要求。

◆ 诺基亚公司(Nokia)为供应商印制了环保指导方针。

在绿化供应链方面，我们可能希望主要的供应商甚至所有的供应商在其运作和实践中满足某些标准，甚至可能要求供应商达到的标准相当于公司内部的标准，通过现有的行业标准认证或执行一个正式的环境管理系统。如果供应商执行了这些标准，我们应该采用了不同的方法确认他们是否达到了那些要求。我们可能想使用调查问卷，对收到的他们的产品进行评估。

无论在什么情况下，尽可能采用基于性能的说明，这些说明是基于产品必需的性能，而不是基于其他特征，而且为新的、更具有成本效益的，能满足需求的方法敞开大门。

避免基于某个具体品牌的说明，它们会限制我们，使我们仅有一个供应商。

无论在什么情况下，尽可能使用国际公认的标准，通常这能帮助我们扩大供应选择范围并确保获得可接受的质量水平。国际公认的标准也将趋向综合考虑环境相关的方面。

如果按照环保法规(例如，保护性的装置)，被采纳的品项需要特别的特征或性能试验程序，那么把这些规定作为规格的组成部分。

在进行调查和测试方面不要犹豫，如果必要，应使用一个独立的检验机构。

特别指出的是，我们对质量的定义是基于以下原则：

——全面满足已核实的用户需求。

——在规定时间内产品的可获得性。

——合理的性价比。

以下一些参数用于从经济和环境双方面评定产品质量。

(1)原材料

产品的原材料应该满足环保要求。最好这些材料来自可再生的资源，或者这些原材料包含可再循环的和可再回收利用的材料。

(2)制造过程

产品的制造过程应不对环境产生污染或不对健康产生危害。

（3）能源消耗

产品不应是能源密集的（也就是，它的使用不应消耗太多的能源，同时这也与成本紧密相关）。

（4）水资源消耗

产品的使用不应消耗或导致消耗大量的水资源。

（5）服务期限

产品应是耐用的和优质的。

（6）包装

包装应在能够满足保护和容纳产品的前提下尽量减少对环境的影响。这对消费者的健康和幸福是至关重要的。

评估产品质量最需要考虑的参数见图4-3-2。

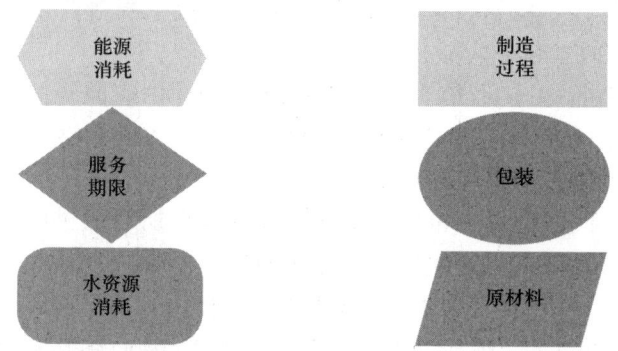

图4-3-2 评估产品质量最需要考虑的参数

据估计包装占城市废弃物的10%~30%。因此对于包装，可以通过采用"3R"原则帮助减少浪费：从满足"3R"原则这样的供应商那里进行采购，并把消费后的过程考虑在内。

关于明智地选择包装的指导方针如下：

——产品应拥有最小的包装或尽可能地采用散装。

——无论什么情况，应尽可能地消除包装。

——无论在哪里包装应该是可回收的，最好是能再利用。

——无论什么情况，包装容器都尽可能是适于再装的，或者如果是不能再装的，也应是能为其他用途再利用的。

——如果包装是不能再利用的，它应是可回收的。可回收的包装意味着作为收集、加工、销售的原材料有更广泛的经济价值。

——无论在什么情况下，包装应尽可能地由单一的原材料组成，反对采用多种原材料包装，以增加包装的可再循环性。

——可再循环的包装是首选的，如果它包含了消费过的再循环的材料。要求供应商明确这种再循环材料的比例。

——包装不应包含有毒成分。

——明确供应商要求。

3.3.3 利用信息网络改善环保绩效

对组织一个主要的挑战是真正得到供应商和新供应商的信息。为了更有效地获得信

息,建议如下:

在你的所在区域,与类似的组织建立一个信息交换网络。这样的合作会汇集大量的需求和资源信息,将有利于进行大宗采购和改善供应方案,案例如下:

案例 4-3-1　　Hara 的小型印刷商的绿色采购

在 20 世纪 80 年代,在 Hara 有大约 20 个小型印刷商。这些印刷商依赖少数的当地纸张供应公司供货。在 1985 年,这些公司由于外汇管制不能供应纸张。在这个危急时刻,印刷商们相互联系,建立了一个协会以促进他们之间的信息交流,这个协会通过使用其他成员的共同的资源开始实行大宗采购。通过这种做法,这些印刷商能够找到更好的供应源并以更低的价格获得纸张。虽然这种发展是为满足纸张供应需求而驱动的,但也因此节约了很多的成本。转向大宗采购通常是对环保有利的,因为零星的采购需要更频繁的运输和更高的库存水平。现今,这个协会组织有充足的资金去投资另外的项目:一家纸张再生厂,从当地印刷行业回收废弃的纸张。他们发现环保已使他们盈利。

根据需求,首先在相同的行业内的其他公司间寻找可选择的供应源。

案例 4-3-2　　Zala 橡胶工业公司的绿色采购

Zala 橡胶工业公司(Zala Rubber Industries)是一个发展中国家的小型橡胶制造厂。Zala 公司曾一度面临相当大的缺乏原材料的情况。这家公司的所有者开始搜寻一个可替代的供应源。在这个国家有一个大型的轮胎制造厂,它所有的原材料都以大宗的方式进口。Zala 公司在寻找可替代的供应源时,公司的经理参观了这家大型轮胎制造厂。他得知这家大公司总是收到一定比例的不合乎其质量标准的原材料,这些原材料只能储存起来处理掉。尽管这种原材料对轮胎生产而言是不符合标准的,对 Zala 公司而言却是理想的。Zala 公司设法按原价 50%的价格获得这种材料。结果对这两家公司而言,在经济和环保双方面,都是一个非常有益的解决。

在寻找供应源时,要求供应商提供环保绩效的信息,包括符合相关环保法规。

简单的做法就是查询那些独立机构的信息,例如环境保护和认证机构。这种做法能帮助我们逐步建立一个包含广泛的环保意识文化,另外也满足组织自身有关环保的考虑并优先选择能满足环保要求的供应源。

3.3.4　注重供应商环保形象

企业的环保形象,在某种程度上会受到供应商的环保形象的影响,因此通过获取提供供应商适当的信息能够区分他们的优势和劣势。为此,我们应该关注以下几点:

◆ 环境政策和环境报告

这家公司是否有环境策略或陈述,这些活动是否正式执行了,这些活动是否以正式的形式印发。

◆ 环境管理系统

这家公司是否有一个关于环境、健康和安全的内部控制系统。

◆ 原材料和能源

这家公司是否使用了环保健康的原材料,它是否减少并节约使用这些原材料,它是否节约能源,它是否使用清洁的和可再生的能源。

◆ 再循环计划

这家公司对于其产品是否有一个再循环的计划。

◆ 运输系统

这家公司是否使用了一个有效的、节能的配送系统。

3.3.5 评估采购产品报价的环保属性 ◢◢◢

不论报价或投标，都是供应商对询价的响应或者是其主动提供的。如图4-3-3所示，评估供应商的报价应包括三个主要方面：针对每个报价的成本效率的经济评估、针对所提供产品的技术可接受性的技术评估和针对环境的环境评估。

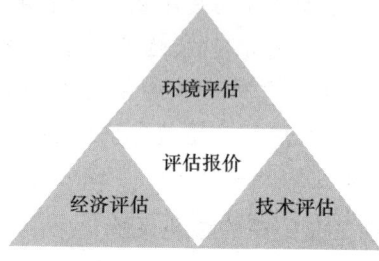

图4-3-3 评估报价

1. 经济评估

正如我们已经了解的，经济评估是基于对产品生命周期成本进行的分析，目的是减少隐含的浪费和利益最大化。应考虑到的三个主要的成本范畴是：

——单位采购价格。

——运营和维护成本。

——生命周期结束的成本(处置、转售等)。

2. 技术评估

技术评估应在以下标准的基础上执行：

——对所需求的性能的满足程度。

——操作和维护方便性。

——升级和再使用的可能性。

3. 环境评估

环境评估应基于产品主要环境属性的对比分析，主要从以下三个方面进行分析：

——资源消耗。

——污染和危害的影响。

——产品生命周期结束时的管理。

3.3.6 缔约环节注重环保属性 ◢◢◢

投标或报价的评估、谈判和形成合同必须与询价中的表述一致。

对许多投标价格进行评估后，现在要制定采购决策。然而，这并不是EPP的终点。在采购期间和采购过后仍有许多事情要考虑，如下所述：

1. 谈判和澄清

在谈判期间，主要的目标是除了弄清需求外，还要把这些需求体现在合同上，这也是一个对需求进行进一步说明的阶段。

2. 签署合同

合同是制约你和供应商之间关系的文件。它在获得可能最低的成本的同时,应与已核实的需求保持一致,因此这个文件将反映出,在询价和谈判(如果需要谈判的话)时,已经约定的报价或投标。

将标段失败的原因告知未中标的投标人是一个良好的习惯做法。利用这个机会会使你和供应商之间相互理解,使供应商明白我们所关注的是选择绿色的产品和供应商。在下次询价或邀标时,这些提供商将被考虑作为供应商的更好的基础。

3.3.7 履约环节注重环保属性

交付和产品跟踪包括两个方面的内容。

在形式上,我们应确保:

——交付的产品就是我们所订购的产品。

——表明货物已交付的发票。

——发票是基于我们所订购的产品。

——货物在订购之后交付而并非订购之前。

——这些类似的标准将确保合同的执行少出问题。这也是一个良好的质量保证的做法。

在定量和定性方面,我们应确保:

——收到正确数量的产品。

——交付的产品与说明一致。

——对于包装和废品有收回计划。

供应链上的延误和所采购货物的质量不合格,对组织的经济和环保绩效会产生实质性的损害,能导致昂贵的生产中断,过量的安全库存、设备损害,以及过多的废弃物和处置。

为有效地管理这个流程,组织应确保建立一个良好的系统,目的在于计划、监控和管理合同的执行情况。无论何时,必须与供应商和运输服务一起快速交付。此外,当货物的交付和质量对组织是关键的情况下,我们应确保与一个信誉好的检查服务机构一起,充分地对发货前数量进行检查并对质量进行测试。交货后被迫换货或处置损坏的或不适合的货物将带来更多的花费,并将对环境产生危害。

3.3.8 售后服务注重环保属性

1. 保修控制

如果保修没有被充分利用,组织就没有从保修中获益。保修控制差,就得为那些实际上仍在保质期范围内超出质量保证范围的修理支付费用。如果保修有附加条款,我们一定要注意这些条款的具体内容。进一步,应该将可适用的保修以附加条款的具体内容传达给使用单位,以确保更有效地利用保修条款。

2. 信息反馈

将产品生命周期内用户的体验反馈给供应商,在使用中产品将展现出其优点和缺点。记录下产品的哪些方面是客户喜欢或不喜欢是很重要的。这对我们更加深入了解产品和在下一次需求说明的改善上能提供帮助。为了使被选用的供应商能持续开发更好的产品,我们应该确认以上信息已传达给他们。这种反馈机制将使他们在将来能达到我们的预期。在可能的范围内,应该发展能提供目标和量化报告的跟踪系统。

3. 再生

要高效使用可再生的资源,但是对可再生资源的使用不能超过它们再生的速度。

4. 可替代性

要有效使用不可再生的资源。对不可再生资源的使用仅限高于其可被替代品抵消的水平,如通过使用可再生资源等。

5. 降解

排放到环境中的有害物质或污染物质不能超过环境的降解能力;为保护人类健康和环境,其浓度应该保持在必须保护人类健康和环境而颁布的标准之下。当降解能力趋近零时(例如,有害物质是持久存在的和/或生物积累的),必须控制该物质有效的零排放,以避免它们在环境中的积累。

6. 避免不可逆性

要避免人类行为对生态系统、生物化学系统和水循环系统产生的不可逆的、有害的影响。避免利于修复或恢复生态系统完整性的自然过程受到人类活动的负面影响。我们也必须考虑到生态系统不同的恢复水平及其承载能力。

总之,采购能为改善组织供应链系统的财政和环境绩效做出贡献。本部分已展现了这样的流程。这个流程已成为大公司业务整合中的组成部分环保的问题应在每个核心的业务流程中被统筹考虑。在全世界范围内,对于污染的防治过去被认为是组织的经营成本,现在这个观点转变为从源头上防止污染能为组织带来经济效益。这一观点在全球范围内得到了普遍关注。这种趋势已经在生态效率概念上产生结果,包括通过降低浪费、保护稀缺资源和避免生产不可降解的有毒的副产品而做到"少投入多产出"。

》》》3.4 环保采购理念的总结

可应用于环保采购(EPP)的 10 条原则概要如下:

(1)兼顾环保原则和公司业务。

(2)使 EPP 成为一个逐步发展的过程,而不是一个一次性的方法。

(3)在采购过程中尽早做环保方面的考虑并采用主动的方法,这将预先消除或减少对人类健康和环境潜在的危险。

(4)确保环境友好性反映了产品和服务生命周期的考虑,尽可能多地涵盖生产、销售、使用和产品生命周期结束阶段。

(5)只要合适,就要考虑产品和服务的环保绩效作为评估供应商报价的一个要素。

(6)基于前面讨论的主要的参数(资源消耗、污染和危害的影响,产品生命周期末的管理),你能确定多数采购品项的环境友好性。通常,只有少数的采购品项需要更详细的环境评估。

(7)识别当地环境所关注的事情,以这些环境因素为基础,来制定你的环保决策。不同地方有不同的考虑。你也应意识到供应商的当地环境所关注的事情。

(8)理解环境友好性是产品和服务的多重属性中的一个功能。了解当地对环境的关注之后,对每个属性给出权重。

（9）对供应商的产品信息和产品属性要确保准确。

（10）无论在什么情况下都尽可能使 EPP 与环境改善的努力联系起来,诸如清洁生产、生态效率、绿色生产力、产业生态学。

除以上列举的 10 条原则外,还应参考经济合作与发展组织(Organization for Economic Co-operation and Development,OECD)定义的环境可持续发展的标准,在实施 EPP 时谨记这些标准是有帮助的。

》》》》3.5 设计和执行环保采购与供应程序(EPS)

如果组织确立了坚定的信心并准备执行,并且十分清楚组织的采购和供应商政策需要做出哪些调整,那么就按照表 4-3-2 所列步骤着手设计环保采购程序。

表 4-3-2 设计环保采购程序

a.确定合理性地位	管理必须通过一个在组织范围内关于环保采购(EPP)/绿色采购政策的声明,确定流程的合理性
b.确定领导人员和组织结构	管理层必须任命一个领导人和一个领导组或部门来管理 EPP 团队,这个团队主要由来自组织内部不同单位的与流程紧密相关的成员构成,包括财务和人力资源部门
c.制订最初的 EPP 流程以及执行计划/策略	EPP 团队可以运用来自组织评估的结果,产品清单和供应商评估来制定 EPP 流程,流程特别要包含以下内容:组织的环境政策/EPP 政策、目的、总体策略、具体行动计划、责任单位、目标和时间表
	关于行动计划,EPP 团队可以最初针对一个或两个具体的产品/原材料而不是同时针对若干个产品/原材料。这确保最初的计划是实际的并且可以达到目的。接着再提供一个行动计划的样本。然后,EPP 团队为所选择的产品/原材料/服务起草环保政策
d.小规模试运行	EPP 团队启动一个小规模试验项目,这样做可以获得在 EPP 方面的实际经验并能决定应如何改善环保政策草案。这个小规模试验也让团队有机会开始将基础信息、潜在的利益以及成本节约形成文件
e.形成文件和准备一个 EPP 手册	EPP 团队最终确定 EPP 流程和政策,并把这个方案提交给管理层来获得批准以全面执行。同时,还要准备一个 EPP 手册
f.沟通 EPP 计划和流程并监控沟通的结果	管理层引导激发雇员,并与其对 EPP 计划和流程目标、前景、利益和如何参与方面进行沟通。EPP 团队可通过沟通交流 EPP 政策来实施 EPP 计划和流程,但是对组织而言,沟通 EPP 重要性的最好方法是确定从管理层开始的每个人都根据 EPP 政策办事
g.监控和汇报结果	为定期向管理层、雇员、供应商以及股东进行反馈,EPP 团队周期性地跟踪执行 EPP 的成本和节约带来的益处。EPP 团队也要考虑到客户需求的变化和环境及市场绩效的新驱动因素,定期地检查和修正 EPP 流程
h.认可和奖励有形的成效	当通过 EPP 产生的节约达到预期目标时,管理层可以建立一个认可计划,来更进一步地激励员工和供应商并且支持对 EPP 的承诺

如前所述,EPP 流程一旦设计完,EPP 团队就可以进入具体的行动计划,最初的工作重点可以集中在一个或两个具体的产品/原材料。而不是同时若干个,应该使用从步骤一和步骤二得到结果,来为刚才确定的产品或服务决定进一步的步骤,表 4-3-3 为纸张这一种产品提供的一个行动计划样表。

表 4-3-3 行动计划样表

主要相关的环保议题（组织的）	由产品/服务产生的环保议题	期望的产品/服务属性	目标区域/运营过程/流程	计划的 EPP（短、期、中期、长期）	目标日期	主要的责任人/单元	流程报告/状态
固体废弃物	废纸和废弃包装物 每天因废弃包装而产生的废纸	再循环的/可再利用的（以降低花费和对环境的影响）	秘书工作区（或文件复制品/打印测试区）	1.找到愿意购买废纸的回收单位，并且它能以折扣价格供应再循环的纸张 2.制定减少纸张使用的过程（通过办公室的内部互联网）	1个月 3个月	EPP团队管理信息系统办公室、人力资源部	

此刻我们正在实现 EPP 流程并因此而获益。只要能确保环保采购必要的条件和承诺是可持续性的，就可以确信我们正在为组织和环境做出重大的贡献，并且成为推动了 EPP 的重要一员。

案例 4-3-3 中国电建绿色·数字供应链实践

南水北调雄安调蓄库工程，是集供水、供料、抽水蓄能、生态环境修复、在线沉藻沉沙等综合效益为一体的创新实践工程。中国电建中标。

1.项目突出特点

（1）工期十分紧张：2020 年 5 月 17 日下达中标通知书，要求骨料加工系统一期工程在 2020 年 8 月 31 日前试运行，9 月 15 日投产，从开工到系统一期建成投产仅 3.5 个月。二期工程要求 12 月 31 日投产。

（2）体量十分庞大：骨料加工系统年产 2 500 万吨，建安期需钢筋 9 891 吨，混凝土 154 121 方。需高质量完成 416 台套（原值共 31 901.78 万元）主要设备的采购工作。

加之全球疫情危机等不确定因素，给雄安项目的设备物资保障工作带来巨大的考验。

2.绿色雄安

本工程建设始终坚持绿色发展理念，国际一流的绿色环保节能设备及工艺应用贯穿建设生产全过程。

料场爆破采用数字化微差挤压爆破等控制爆破技术，同时采用"矿山多功能抑尘车"进行爆破降尘作业，实现爆破零污染。钻机采用国际领先全新设备，作业条件好，自动化程度高，粉尘全收集，装车采用一对一雾炮车降尘，运输路面采用装配式路面，大幅度减少建筑垃圾的产生，确保开挖作业全过程安全环保。

骨料加工系统分为 8 个独立模块，采用三段破碎、立轴破+风选加湿制砂工艺，配置先进设备，采用高品质骨料精细冲洗工艺，加上全系统整体封闭除尘降噪、废水三级处理零排放等措施，确保绿色环保高质量生产。系统建成后，厂区将实现绿化全覆盖，通过生态修复及景观打造，形成与南水北调融为一体的水生态景观体系，助力雄安新区打造国家森林城市示范区。

成品骨料采用汽车运输，前期通过装车台装车，后期通过智能化全封闭长距离胶带机转运至中转仓，自动装车计量后，经容易线专用运输道路向雄安新区供料。

3.数字雄安

本工程致力打造数字化、智能化生产基地典范,助推"数字雄安"建设。

系统设置8个5G基站,保障工程建设管理系统和矿山智能调度系统、智慧运行管理系统、数字孪生展厅全息展示系统的高效稳定运行,使得探索应用无人操作、远程操作工程机械设备成为可能。通过开采、生产、运输全过程的数字化管理和控制确保每一吨砂石骨料都达到高品质质量要求。

本工程参建单位上下联动,众志成城,克服疫情防控,交叉作业点多面广,组织协调难度空前等困难,共同创造了高标准建设、高质量推进的良好局面。工程于8月31日实现一期试运行,创造了105天的"雄安效率"。

"千年大计,国家大事。"水电八局认真贯彻"创新、协调、绿色、开放、共享"发展理念,坚持"世界眼光、国际标准、中国特色、高点定位",全力建设绿色、环保、智能的高品质建材基地,持续不断地打造高质量发展的雄安新区。

【专家点评】

1.绿色供应链

绿色供应链是在传统供应链的基础上考虑环境问题,因此绿色供应链具有经济效益和环境效益两个目的,有更丰富的内容和更深刻的内涵。

2.数字化供应链

传统模式下,企业的供应链是"链式"运作,若上游供应商供应出现问题,下游厂商的出货必定受到影响,进而导致市场的短缺;随着云计算、物联网、大数据等数字化技术的运用,这一"链式"运行模式将被颠覆,企业供应链的运营将从"链式"变成"网状",这将极大加强企业与供应商、客户等商业伙伴间的快速互联互通,革命性地提升整体供应链的执行效率。

借助各种数字化技术,企业享有更高能见度,更出色的掌控力及更为充分的互动;企业通过互联获得更多供应链数据,充分利用认知及人工智能等技术进行数据分析,为企业决策提供支持;数字技术使供应链具备了更高的互联与智能水平,企业可以通过配置,更灵活满足市场环境的变化;新型的数字化模型,供应链合作伙伴的加入可以实现"即插即用",这样可以更快速地参与供应链的协同。

 本章思考题

1.简述建立环保采购流程的组织准备方法。

2.简述建立环保采购流程。

3.简述设计和执行环保采购与供应程序。

参考文献

［1］刘宝红. 采购与供应链管理. 3 版. 北京：机械工业出版社，2019.

［2］中国（双法）项目管理研究委员会. 中国项目管理知识体系. 北京：电子工业出版社，2006.

［3］STEPHEN P ROBBINS, MARY COULTER. 管理学. 11 版. 李原，孙健敏，黄小勇，译. 北京：中国人民大学出版社，2015.

［4］KARLOS MENA, REMKO VAN HOEK, et al. 战略采购与供应链管理. 张凤，樊丽娟，译. 北京：人民邮电出版社，2016.

［5］刘宝红，赵玲. 供应链的三道防线. 北京：机械工业出版社，2018.

［6］尚利强. 现代物流管理. 西安：西安交通大学出版社，2015.

［7］苏勇，罗殿军. 管理与沟通. 上海：复旦大学出版社，2014.

［8］任泽平，马家进，连一席. 新基建. 北京：中信出版集团股份有限公司，2020.

［9］井润田，席酉民. 国际商务谈判. 北京：机械工业出版社，2006.

［10］聂正安. 管理学. 北京：高等教育出版社，2010.

［11］李方武. 经济法基础. 北京：电子工业出版社，2010.

［12］唐隆基，潘永刚. 数字化供应链：转型升级路线与价值再造实践. 北京：人民邮电出版社，2021.

［13］陈川生，朱晋华. 企业采购与招标管理. 北京：电子工业出版社，2017.

［14］陈川生.《国有企业采购操作规范》释义. 北京：中国财富出版社，2019.

［15］陈川生.《国有企业采购管理规范》释义. 北京：中国财富出版社，2020.

［16］陈川生. 国有企业采购文件示范文本. 北京：中国财富出版社，2021.